"十二五"普通高等教育本科国家级规划教材

"十四五"普通高等教育本科河南省规划教材

河南省首届优秀教材一等奖

建设工程监理概论

(第3版)

顿志林　程建华　王　煊　主编

黄河水利出版社

·郑州·

内容提要

本书为“十二五”普通高等教育本科国家级规划教材、“十四五”普通高等教育本科河南省规划教材，荣获“河南省首届优秀教材一等奖”，主要内容包括14章和附录：绪论、工程监理企业与监理工程师、建设工程监理组织与协调、建设工程项目目标控制、建设工程项目质量控制、建设工程项目投资控制、建设工程项目进度控制、建设工程项目合同管理、建设工程项目信息管理、建设工程项目职业健康安全管理、建设工程项目环境管理、建设工程项目风险管理、建设工程项目监理文件资料管理、全过程工程咨询简介、建设工程监理范围和规模标准规定、注册监理工程师管理规定、关于推进全过程工程咨询服务发展的指导意见。本书按照当前最新法规、标准规范的有关要求编写，内容新颖、实用，可操作性强。

本书可作为土建类本科、电大、函授、自考教学用书及硕士研究生选修用书，也可作为建设工程从业人员参考用书。

图书在版编目(CIP)数据

建设工程监理概论/顿志林，程建华，王煊主编. —3版. —郑州：黄河水利出版社，2022.11

“十二五”普通高等教育本科国家级规划教材 “十四五”普通高等教育本科河南省规划教材

ISBN 978-7-5509-3442-9

Ⅰ.①建… Ⅱ.①顿… ②程… ③王… Ⅲ.①建设工程-监理工作-高等学校-教材 Ⅳ.①TU712.2

中国版本图书馆CIP数据核字(2022)第216839号

策划编辑：王志宽 电话：0371-66024331 E-mail：wangzhikuan83@126.com

出 版 社：黄河水利出版社

网址：www.yrcp.com

地址：河南省郑州市顺河路黄委会综合楼14层 邮政编码：450003

发行单位：黄河水利出版社

发行部电话：0371-66026940、66020550、66028024、66022620(传真)

E-mail：hhslcbs@126.com

承印单位：河南匠心印刷有限公司

开本：787 mm × 1 092 mm 1/16

印张：20.75

字数：480千字

版次：2009年8月第1版 印次：2022年11月第1次印刷

2017年5月第2版

2022年11月第3版

定价：48.00元

《建设工程监理概论(第3版)》

编写委员会

主　编　顿志林　程建华　王　煊

成　员　顿志林　程建华　王　煊　孙现军
胡文亮　王　辉　苑东亮　张建设

第 3 版前言

《建设工程监理概论》第 2 版教材自 2017 年正式出版以来，得到了同行专家的一致好评。该教材第 1 版于 2012 年 11 月被教育部评为第一批“十二五”普通高等教育本科国家级规划教材（教高函〔2012〕21 号）、第二届全国煤炭行业优秀教材（中煤教协〔2016〕46 号）；该教材第 2 版 2020 年获批河南省“十四五”规划教材，并被评为“河南省首届优秀教材一等奖”“第三届全国煤炭行业优秀教材”；被我国许多高等院校积极采用并获得了广大师生的良好赞誉。

在《建设工程监理概论》教材主编顿志林教授的带领下，河南理工大学组建了强大的建设工程监理概论教学团队。该教学团队有近 30 年讲授建设工程监理概论课程的经验及丰富的工程监理实践经验。以顿志林教授为课程负责人，河南理工大学的建设工程监理概论课程于 2011 年 11 月被河南省教育厅评为“2011 年度河南省高等学校精品课程”（豫教高〔2011〕173 号），并于 2015 年 1 月成功转型升级为“2014 年度河南省高等学校精品资源共享课程”（教高〔2015〕34 号），2021 年获批河南省一流本科课程。

时隔 5 年，《建设工程监理概论》第 3 版在第 2 版的基础上，经过不断改进、充实和完善，再次与读者见面。本次改版保持了第 2 版教材的基本框架，依据国家最新的建设法规、规范及示范文本等进行了调整和修订，使教材的前瞻性、实践性、适用性和系统性更加突出，也更显著地体现了具有中国特色的工程建设咨询（监理）制度。

本书共分 14 章和附录，其中第 1 章、附录由河南理工大学顿志林、张建设编写，第 3、5 章由河南理工大学程建华编写，第 8、10 章由河南理工大学王煊编写，第 4、6 章由河南理工大学孙现军编写，第 7、11、14 章由河南理工大学胡文亮编写，第 9 章由河南理工大学苑东亮编写，第 2、12、13 章由河南理工大学王辉编写。全书由顿志林教授组织编写委员会制定编写大纲、担任主编，并负责统稿、定稿工作。

本书难免有不妥之处，敬请读者和同行专家批评指正。

作　者

2022 年 10 月

第 2 版前言

《建设工程监理概论》第 1 版教材自 2009 年 9 月正式出版以来，得到了同行专家的一致好评。该教材于 2012 年 11 月被教育部评为第一批“十二五”普通高等教育本科国家级规划教材（教高函〔2012〕21 号）、第二届全国煤炭行业优秀教材（中煤教协〔2016〕46 号），被我国许多高等院校积极采用并获得了广大师生的良好赞誉。

河南理工大学在《建设工程监理概论》第 1 版教材主编顿志林教授带领下，组建了强大的建设工程监理概论教学团队。该教学团队有 20 余年讲授建设工程监理概论课程的经验及丰富的工程监理实践经验。以顿志林教授为课程负责人，河南理工大学的建设工程监理概论课程于 2011 年 11 月被河南省教育厅评为“2011 年度河南省高等学校精品课程”（豫教高〔2011〕173 号），并于 2015 年 1 月成功转型升级为“2014 年度河南省高等学校精品资源共享课程”（教高〔2015〕34 号）。

时隔 8 年，《建设工程监理概论》第 2 版在第 1 版的基础上，经过不断改进、充实和完善，再次与读者见面。本次改版保持了第 1 版教材的基本框架，依据国家最新的建设法规、规范及示范文本等进行了调整和修订，使教材的前瞻性、实践性、适用性和系统性更加突出，也更显著地体现了与国际惯例接轨。

本书共分 14 章和附录，其中第 1 章、附录由河南理工大学顿志林、张建设编写，第 3、5 章由河南理工大学程建华编写，第 8、10 章由河南理工大学王煊编写，第 4、6 章由河南理工大学孙现军编写，第 7、11、14 章由河南理工大学胡文亮编写，第 9 章由河南理工大学苑东亮编写，第 2、12、13 章由河南理工大学王辉编写。全书由顿志林教授组织编写委员会制定编写大纲、担任主编，并负责统稿、定稿工作。

本书难免有不妥之处，敬请读者和同行专家批评指正！

作　者

2017 年 4 月

前　言

自 1988 年开始，我国在工程建设领域实行了工程建设监理制度，这项制度已发挥了重要作用，这是我国工程建设领域管理体制的重大改革。

近些年来，在土木工程、工程管理等一些专业，许多学校都开设了建设工程监理课程，以完善学生的专业知识结构。本书是作者在多年开设建设工程监理课程基础上，结合最新颁布的有关法规、标准、规范等编著而成的。本书是按照注册监理工程师培训的知识结构基本要求编写的，注重监理理论与工程实践相结合，相关章节列举了一些实际工程案例，有助于学生更好地了解工程监理实务。本书参考学时为 32 学时。

全书共分 14 章和附录，其中第 1 章、附录由河南理工大学顿志林编写，第 2、3、5 章由河南理工大学程建华编写，第 8、10 章由河南理工大学王煊编写，第 4、6 章由河南理工大学孙现军编写，第 7、9、14 章由河南理工大学胡文亮编写，第 11、12 章由黄河科技学院张颖编写，第 13 章由洛阳理工学院胡磊编写，全书由顿志林教授组织编写委员会制定编写大纲，并负责统稿、定稿工作。

随着我国市场经济的发展与完善，监理理论与实务也在不断完善和发展，以适应我国工程建设需要。本书难免有不妥之处，敬请读者和同行专家批评指正。

编　者

2009 年 6 月

目　录

第 3 版前言
第 2 版前言
前　言
1　绪　论 …… (1)
1.1　建设工程监理制度 …… (1)
1.2　工程建设程序与建设工程管理制度 …… (6)
1.3　建设工程监理法规体系 …… (10)
1.4　中国建设工程监理的产生和发展 …… (13)
思考题 …… (18)
2　工程监理企业与监理工程师 …… (19)
2.1　工程监理企业 …… (19)
2.2　工程监理单位与工程建设各方的关系 …… (25)
2.3　监理工程师 …… (27)
思考题 …… (33)
3　建设工程监理组织与协调 …… (35)
3.1　组织的基本原理 …… (35)
3.2　建设工程监理委托模式及实施程序 …… (38)
3.3　项目监理机构及监理人员岗位职责 …… (43)
3.4　建设工程监理的组织协调 …… (54)
思考题 …… (58)
4　建设工程项目目标控制 …… (59)
4.1　建设工程项目目标体系 …… (59)
4.2　建设工程项目目标控制 …… (64)
思考题 …… (74)
5　建设工程项目质量控制 …… (75)
5.1　建设工程项目质量控制概述 …… (75)
5.2　施工阶段质量控制的依据和程序 …… (84)
5.3　施工准备阶段的质量控制 …… (88)
5.4　施工过程的质量控制 …… (91)
5.5　设备采购与制造安装的质量控制 …… (100)
5.6　建筑工程施工质量验收 …… (103)
5.7　工程质量缺陷与质量事故的处理 …… (109)
思考题 …… (114)

6 建设工程项目投资控制 …… (115)
6.1 概 述 …… (115)
6.2 建设工程项目施工招标投标阶段的投资控制 …… (123)
6.3 建设工程项目施工阶段的投资(造价)控制 …… (130)
思考题 …… (146)
7 建设工程项目进度控制 …… (147)
7.1 概 述 …… (147)
7.2 进度控制的主要方法和措施 …… (149)
7.3 施工准备阶段的进度控制 …… (155)
7.4 施工安装阶段的进度控制 …… (157)
思考题 …… (160)
8 建设工程项目合同管理 …… (161)
8.1 概 述 …… (161)
8.2 建设工程监理合同管理 …… (168)
8.3 建设工程施工合同管理 …… (172)
8.4 设备和材料采购合同管理 …… (183)
8.5 FIDIC 施工合同管理 …… (189)
思考题 …… (193)
9 建设工程项目信息管理 …… (195)
9.1 概 述 …… (195)
9.2 建设工程项目信息管理系统 …… (197)
9.3 建设工程项目监理资料文档管理 …… (200)
9.4 计算机在建设工程项目管理中的应用 …… (208)
9.5 BIM 简介 …… (210)
思考题 …… (218)
10 建设工程项目职业健康安全管理 …… (220)
10.1 职业健康安全管理体系 …… (220)
10.2 建设工程项目施工安全生产管理 …… (222)
10.3 建设工程项目生产安全事故及处理 …… (227)
10.4 建设工程项目职业健康安全事故 …… (232)
思考题 …… (235)
11 建设工程项目环境管理 …… (236)
11.1 概 述 …… (236)
11.2 建设工程项目环境管理体系 …… (239)
11.3 建设工程项目文明施工 …… (245)
11.4 建设工程项目绿色施工 …… (250)
11.5 建设工程项目施工现场环境保护 …… (255)
思考题 …… (259)

12　**建设工程项目风险管理** …………………………………………………………… (260)
12.1　概　述 …………………………………………………………………………… (260)
12.2　建设工程风险识别与评价 ……………………………………………………… (263)
12.3　建设工程风险对策及管控 ……………………………………………………… (270)
思考题 ………………………………………………………………………………… (273)
13　**建设工程项目监理文件资料管理** ………………………………………………… (275)
13.1　概　述 …………………………………………………………………………… (275)
13.2　监理大纲 ………………………………………………………………………… (276)
13.3　监理规划 ………………………………………………………………………… (277)
13.4　监理实施细则 …………………………………………………………………… (282)
13.5　监理日志、监理月报和监理会议纪要 ………………………………………… (283)
13.6　工程质量评估报告和监理工作总结 …………………………………………… (288)
思考题 ………………………………………………………………………………… (289)
14　**全过程工程咨询简介** ……………………………………………………………… (290)
14.1　概　述 …………………………………………………………………………… (290)
14.2　建设项目全过程工程咨询组织 ………………………………………………… (294)
14.3　建设项目全过程工程基本咨询 ………………………………………………… (297)
14.4　建设项目全过程工程专项咨询 ………………………………………………… (300)
思考题 ………………………………………………………………………………… (302)
附　录 ……………………………………………………………………………… (303)
附录1　建设工程监理范围和规模标准规定 ………………………………………… (303)
附录2　注册监理工程师管理规定 …………………………………………………… (305)
附录3　关于推进全过程工程咨询服务发展的指导意见 …………………………… (311)
参考文献 …………………………………………………………………………… (316)

1 绪 论

1.1 建设工程监理制度

建设工程监理制度自1988年实施以来,对于加快我国工程建设管理方式向社会化、专业化方向发展,促进工程建设管理水平和投资效益的提高发挥了重要作用。建设工程监理制与项目法人责任制、工程招标投标制、合同管理制等一起共同构成了我国工程建设领域的重要管理制度。

1.1.1 建设工程监理的含义和性质

1.1.1.1 建设工程监理的含义

建设工程监理(Construction Project Management)是指工程监理单位受建设单位委托,根据法律法规、工程建设标准、勘察设计文件及合同,在施工阶段对建设工程质量、进度、造价进行控制,对合同、信息进行管理,对工程建设相关方的关系进行协调,并履行建设工程安全生产管理法定职责的服务活动。

建设单位(业主、项目法人)是工程监理任务的委托方,工程监理单位是监理任务的受托方,工程监理单位在建设单位的委托授权范围内从事专业化服务活动。与国际上一般的工程咨询服务不同,工程监理是一项具有中国特色的工程建设管理制度。

建设工程监理的含义可从以下几方面理解。

1. 建设工程监理行为主体

《中华人民共和国建筑法》(2019年修正)(以下简称《建筑法》)第三十一条明确规定:"实行监理的工程,由建设单位委托具有相应资质条件的工程监理单位实施监理。"

建设工程监理的行为主体是工程监理单位。工程监理不同于政府主管部门的监督管理。后者属于行政性监督管理,其行为主体是政府主管部门。工程监理也不同于建设单位自行管理、工程总承包单位或施工总承包单位对分包单位的监督管理。

2. 建设工程监理实施前提

《建筑法》第三十一条明确规定:"建设单位与其委托的工程监理单位应当以书面形式订立建设工程监理合同。"

工程监理的实施需要建设单位的委托和授权。工程监理单位只有与建设单位以书面形式订立建设工程监理合同,明确监理工作的范围、内容、服务期限和酬金,以及双方义务、违约责任后,才能在规定的范围内实施监理。工程监理单位在委托监理的工程中拥有一定管理权限,是建设单位授权的结果。

3. 建设工程监理实施依据

建设工程监理实施依据包括法律法规、工程建设标准、勘察设计文件及合同。

(1)法律法规。包括《建筑法》、《中华人民共和国民法典》(以下简称《民法典》)、《中华人民共和国安全生产法》(以下简称《安全生产法》)、《中华人民共和国招标投标法》(2017年修正)(以下简称《招标投标法》)、《建设工程质量管理条例》、《建设工程安全生产管理条例》、《中华人民共和国招标投标法实施条例》(以下简称《招标投标法实施条例》)等法律法规,以及地方性法规等。

(2)工程建设标准。包括有关工程建设的国家标准、行业标准及团体标准等。

(3)勘察设计文件及合同。包括批准的初步设计文件、施工图设计文件、建设工程监理合同以及与所监理工程相关的施工合同、材料设备采购合同等。

4.建设工程监理实施范围

建设工程监理主要定位于工程施工阶段。工程监理单位在建设单位的委托下,也可以在工程勘察、设计、保修等阶段提供相关服务活动。工程监理单位可以拓展自身的经营范围,为建设单位提供投资决策、综合性咨询乃至工程建设全过程工程咨询。

5.建设工程监理基本职责

建设工程监理是一项具有中国特色的工程建设管理制度。工程监理单位的基本职责是在建设单位委托授权范围内,通过合同管理和信息管理,以及协调工程建设相关方关系,控制建设工程质量、造价和进度三大目标,即“三控两管一协调”。此外,还需履行建设工程安全生产管理的法定职责,这是《建设工程安全生产管理条例》赋予工程监理单位的社会责任。

1.1.1.2 建设工程监理的性质

建设工程监理的性质可概括为服务性、科学性、独立性和公平性四方面。

1.服务性

在工程建设中,工程监理人员利用自己的知识、技能和经验以及必要的试验、检测手段,为建设单位提供管理和技术服务。工程监理单位既不直接进行工程设计,也不直接进行工程施工;既不向建设单位承包工程造价,也不参与施工单位的利润分成。

工程监理单位的服务对象是建设单位,但不能完全取代建设单位的管理活动。工程监理单位不具有工程建设重大问题的决策权,只能在建设单位授权范围内采用规划、控制、协调等方法控制建设工程质量、造价和进度,并履行建设工程安全生产管理的监理职责,协助建设单位在计划目标内完成工程建设任务。

2.科学性

科学性是由建设工程监理的基本任务决定的。工程监理单位以协助建设单位实现其投资目的为己任,力求在计划目标内完成工程建设任务。由于工程建设规模日趋庞大,建设环境日益复杂,功能需求及建设标准越来越高,新技术、新工艺、新材料、新设备不断涌现,工程建设参与单位越来越多,工程风险日渐增加,工程监理单位只有采用科学的思想、理论、方法和手段,才能驾驭工程建设。

为了满足建设工程监理实际工作需求,工程监理单位应由组织管理能力强、工程建设经验丰富的人员担任领导;应有足够数量的、有丰富管理经验和较强应变能力的监理工程师组成的骨干队伍;应有健全的管理制度、科学的管理方法和手段;应积累丰富的技术、经济资料和数据;应有科学的工作态度和严谨的工作作风,能够创造性地开展工作。

3. 独立性

《建设工程监理规范》(GB/T 50319—2013)明确要求,工程监理单位应公平、独立、诚信、科学地开展建设工程监理与相关服务活动。独立是工程监理单位公平地实施监理的基本前提。为此,《建筑法》第三十四条规定:"工程监理单位与被监理工程的承包单位以及建筑材料、建筑构配件和设备供应单位不得有隶属关系或者其他利害关系。"按照独立性要求,工程监理单位应严格按照法律法规、工程建设标准、勘察设计文件、建设工程监理合同及有关建设工程合同等实施监理。在建设工程监理工作过程中,必须建立项目监理机构,按照自己的工作计划和程序,根据自己的判断,采用科学的方法和手段,独立地开展工作。

4. 公平性

国际咨询工程师联合会(FIDIC)《土木工程施工合同条件》(红皮书)自1957年第一版发布以来,一直都保持一个重要原则,要求(咨询)工程师"公正"(Impartiality)即不偏不倚地处理施工合同中的有关问题。该原则也成为我国工程监理制度建立初期的一个重要性质。然而,在FIDIC《土木工程施工合同条件》(1999)中,(咨询)工程师的公正性要求不复存在,而只要求"公平"(Fair)。(咨询)工程师不充当调解人或仲裁人的角色,只是接受业主委托负责进行施工合同管理。

尽管目前的FIDIC《土木工程施工合同条件》要求(咨询)工程师保持"中立"(Neutral),我国工程监理单位受建设单位委托实施建设工程监理,也无法成为公正或不偏不倚的第三方,但需要公平地对待建设单位和施工单位。公平性是建设工程监理行业能够长期生存和发展的基本职业道德准则。特别是当建设单位与施工单位发生利益冲突或者矛盾时,工程监理单位应以事实为依据,以法律法规和有关合同为准绳,在维护建设单位合法权益的同时,不能损害施工单位的合法权益。例如,在处理建设单位与施工单位之间争议、办理费用索赔和工程延期、进行工程款支付控制及结算时,应尽量客观、公平地对待建设单位和施工单位。

1.1.2　建设工程监理的法律地位和责任

1.1.2.1　工程监理的法律地位

自建设工程监理制度实施以来,有关法律、行政法规、部门规章等逐步明确了工程监理的法律地位。

1. 明确了强制实施监理的工程范围

《建筑法》第三十条规定:"国家推行建筑工程监理制度。国务院可以规定实行强制监理的建筑工程的范围。"《建设工程质量管理条例》第十二条规定,五类工程必须实行监理,即:①国家重点建设工程;②大中型公用事业工程;③成片开发建设的住宅小区工程;④利用外国政府或者国际组织贷款、援助资金的工程;⑤国家规定必须实行监理的其他工程。

2. 明确了工程建设监理需经建设单位委托

《建筑法》第三十一条规定:"实行监理的建筑工程,由建设单位委托具有相应资质条件的工程监理单位监理。建设单位与其委托的工程监理单位应当订立书面委托监理合同。”《建设工程质量管理条例》第十二条也规定:“实行监理的建设工程,建设单位应当委托具有相应资质等级的工程监理单位进行监理,也可以委托具有工程监理相应资质等级并与被监理工程的施工承包单位没有隶属关系或者其他利害关系的该工程的设计单位进行监理。”

3. 明确了工程监理单位的法律地位

《建筑法》第三十四条规定:“工程监理单位应当在其资质等级许可的监理范围内,承担工程监理业务。”《建设工程质量管理条例》第三十七条规定:“工程监理单位应当选派具备相应资格的总监理工程师和监理工程师进驻施工现场。”“未经监理工程师签字,建筑材料、建筑构配件和设备不得在工程上使用或者安装,施工单位不得进行下一道工序的施工。未经总监理工程师签字,建设单位不拨付工程款,不进行竣工验收。”

《建设工程安全生产管理条例》第十四条规定:“工程监理单位应当审查施工组织设计中的安全技术措施或者专项施工方案是否符合工程建设强制性标准。”“工程监理单位在实施监理过程中,发现存在安全事故隐患的,应当要求施工单位整改;情况严重的,应当要求施工单位暂时停止施工,并及时报告建设单位。施工单位拒不整改或者不停止施工的,工程监理单位应当及时向有关主管部门报告。”

4. 明确了工程监理人员的法律地位

《建筑法》第三十二条规定:“工程监理人员认为工程施工不符合工程设计要求、施工技术标准和合同约定的,有权要求建筑施工企业改正。工程监理人员发现工程设计不符合建筑工程质量标准或者合同约定的质量要求的,应当报告建设单位要求设计单位改正。”《建设工程质量管理条例》第三十八条规定:“监理工程师应当按照工程监理规范的要求,采取旁站、巡视和平行检验等形式,对建设工程实施监理。”

1.1.2.2 工程监理单位及监理工程师的法律责任

1. 工程监理单位的法律责任

(1)《建筑法》第三十五条规定:“工程监理单位不按照委托监理合同的约定履行监理义务,对应当监督检查的项目不检查或者不按照规定检查,给建设单位造成损失的,应当承担相应的赔偿责任。”《建筑法》第六十九条规定:“工程监理单位与建设单位或者建筑施工企业串通,弄虚作假、降低工程质量的,责令改正,处以罚款,降低资质等级或者吊销资质证书;有违法所得的,予以没收;造成损失的,承担连带赔偿责任;构成犯罪的,依法追究刑事责任。”“工程监理单位转让监理业务的,责令改正,没收违法所得,可以责令停业整顿,降低资质等级;情节严重的,吊销资质证书。”

(2)《建设工程质量管理条例》第六十条和第六十一条规定:“工程监理单位有下列行为的,责令停止违法行为或改正,处合同约定的监理酬金1倍以上2倍以下的罚款,可以责令停业整顿,降低资质等级;情节严重的,吊销资质证书:①超越本单位资质等级承揽工程的;②允许其他单位或者个人以本单位名义承揽工程的。”

《建设工程质量管理条例》第六十二条规定:“工程监理单位转让工程监理业务的,责令改正,没收违法所得,处合同约定的监理酬金25%以上50%以下的罚款;可以责令停业整顿,降低资质等级;情节严重的,吊销资质证书。”

《建设工程质量管理条例》第六十七条规定:“工程监理单位有下列行为之一的,责令改正,处50万元以上100万元以下的罚款,降低资质等级或者吊销资质证书;有违法所得的,予以没收;造成损失的,承担连带赔偿责任:①与建设单位或者施工单位串通,弄虚作假、降低工程质量的;②将不合格的建设工程、建筑材料、建筑构配件和设备按照合格签字的。”

《建设工程质量管理条例》第六十八条规定:“工程监理单位与被监理工程的施工承包单位以及建筑材料、建筑构配件和设备供应单位有隶属关系或者其他利害关系承担该项建设工程的监理业务的,责令改正,处5万元以上10万元以下的罚款,降低资质等级或者吊销资质证书;有违法所得的,予以没收。”

(3)《建设工程安全生产管理条例》第五十七条规定:“工程监理单位有下列行为之一的,责令限期改正;逾期未改正的,责令停业整顿,并处10万元以上30万元以下的罚款;情节严重的,降低资质等级,直至吊销资质证书;造成重大安全事故,构成犯罪的,对直接责任人员,依照刑法有关规定追究刑事责任;造成损失的,依法承担赔偿责任:①未对施工组织设计中的安全技术措施或者专项施工方案进行审查的;②发现安全事故隐患未及时要求施工单位整改或者暂时停止施工的;③施工单位拒不整改或者不停止施工,未及时向有关主管部门报告的;④未依照法律、法规和工程建设强制性标准实施监理的。”

(4)《中华人民共和国刑法》(以下简称《刑法》)第一百三十七条规定:“工程监理单位违反国家规定,降低工程质量标准,造成重大安全事故的,对直接责任人员,处五年以下有期徒刑或者拘役,并处罚金;后果特别严重的,处五年以上十年以下有期徒刑,并处罚金。”

2. 监理工程师的法律责任

工程监理单位是订立工程监理合同的当事人。监理工程师一般要受聘于工程监理单位,代表工程监理单位从事建设工程监理工作。工程监理单位在履行工程监理合同时,是由具体的监理工程师来实现的。因此,如果监理工程师出现工作过错,其行为将被视为工程监理单位违约,应承担相应的违约责任。工程监理单位在承担违约赔偿责任后,有权在企业内部向有过错行为的监理工程师追偿损失。

《建设工程质量管理条例》第七十二条规定:“监理工程师因过错造成质量事故的,责令停止执业1年;造成重大质量事故的,吊销执业资格证书,5年以内不予注册;情节特别恶劣的,终身不予注册。”《建设工程质量管理条例》第七十四条规定:“工程监理单位违反国家规定,降低工程质量标准,造成重大安全事故,构成犯罪的,对直接责任人员依法追究刑事责任。”

《建设工程安全生产管理条例》第五十八条规定:“注册监理工程师未执行法律、法规和工程建设强制性标准的,责令停止执业3个月以上1年以下;情节严重的,吊销执业资格证书,5年内不予注册;造成重大安全事故的,终身不予注册;构成犯罪的,依照刑法有关规定追究刑事责任。”

1.2 工程建设程序与建设工程管理制度

1.2.1 工程建设程序

1.2.1.1 工程建设程序的概念

所有工程项目都具有单件性的特点,但它们依然有共同的规律,有着自己的寿命阶段和周期。项目虽然千差万别,但它们都应遵循科学的建设程序来办事。所谓工程建设程序,是指工程项目从策划、选择、评估、决策、设计、施工到竣工验收、投入生产和交付使用的整个建设过程中,各项工作必须遵循的先后工作次序。工程建设程序是工程建设过程客观规律的反映,是工程项目科学决策和顺利进行的重要保证。

投资建设一项工程应当经过投资决策、建设实施和交付使用三个发展时期。每个时期又可分为若干个阶段,各阶段及每个阶段内的各项工作之间存在严格的先后顺序关系。科学的工程建设程序应当在坚持"先勘察,后设计,再施工"的原则基础上,突出优化决策、竞争择优、委托监理的原则。

严格遵守工程建设的内在规律和组织制度,是每一位建设工作者的分内职责,更是监理工程师的重要职责。建设工程监理的基本内容之一就是明确并监督实施科学的工程建设程序。

1.2.1.2 建设工程各阶段的工作内容

工程项目建设一般可分为八个阶段:项目建议书阶段、可行性研究阶段、勘察设计阶段、施工准备阶段、施工安装阶段、生产准备阶段、竣工验收阶段、项目后评价阶段。

1. 项目建议书阶段

项目建议书是向政府提出建设某一项目的建议性文件,是对拟建项目的初步设想。项目建议书的主要作用是推荐一个拟建项目,论述其建设的必要性、建设条件的可行性和获利的可能性,供政府决策机构选择并确定是否进行下一步工作。

2. 可行性研究阶段

可行性研究是指在项目决策过程中,通过调查、研究、分析与项目有关的工程、技术、经济等方面的条件和情况,对可能的多种方案进行比较论证,同时对项目建成后的社会经济效益进行预测和评价的一种投资决策分析研究方法和科学分析活动。

可行性研究的主要作用是为建设工程项目投资决策提供依据,同时也为建设工程项目设计、项目融资、申请开工建设、建设工程项目实施、项目评估、科学试验、设备制造等提供依据。

3. 勘察设计阶段

经批准立项的建设工程项目,一般应通过招标投标择优选择勘察设计单位。勘察设计是对拟建工程的实施方案在技术上和经济上所进行的全面而详尽的安排,是基本建设计划的具体化,同时勘察设计是组织施工的依据,亦是建设工程的决定性环节。

4. 施工准备阶段

施工准备是为了保证工程顺利开工和施工活动正常进行而必须事先做好的各项准备

工作。施工准备阶段主要工作包括组织准备、施工现场准备、设备准备和材料订货、项目报建、委托建设工程监理、施工招标、办理施工许可证等。

5. 施工安装阶段

施工安装依据计划、设计文件，确定实施方案，将建设工程项目的设计变成可供人们进行生产和生活活动的建筑物、构筑物等固定资产。在施工安装阶段，施工承包单位应当认真做好图纸会审工作，参加设计交底，了解设计意图，明确质量要求；选择合适的材料供应商；做好人员培训；合理组织施工；建立并落实技术管理、质量管理体系和质量保证体系；严格把好质量验收环节。

6. 生产准备阶段

在展开全面施工的同时，要做好各项生产准备工作，以便及时投产，并尽快达到生产能力。工程投产前，建设单位应当做好各项生产准备工作。生产准备阶段是由建设阶段转入生产经营阶段的重要衔接阶段。

生产准备阶段的主要工作包括：组建管理机构，制定有关制度规定；招聘并培训生产管理人员；组织有关人员参加设备安装、调试、工程验收；签订供货及运输协议；进行工具、器具、备品、备件等的制造或订货；其他需要做好的有关工作。

7. 竣工验收阶段

建设工程项目按规定的内容和标准全部完成，达到竣工验收条件后，建设单位即可组织竣工验收，勘察、设计、施工、监理等有关单位应参加竣工验收。竣工验收是考核建设成果、检验设计和施工质量的关键步骤，是由投资成果转入生产或使用的标志。竣工验收合格后，建设工程项目方可交付使用。

竣工验收合格后，建设单位应及时向建设行政主管部门或其他有关部门备案并移交建设工程项目档案。建设工程项目自办理竣工验收手续后，因勘察、设计、施工、材料等原因造成的质量缺陷，应及时修复，费用由责任方承担。

8. 项目后评价阶段

项目后评价是工程项目竣工投产、生产运营一段时间后，再对项目的立项决策、设计施工、竣工投产、生产运营等全过程进行系统评价的一种技术经济活动，是固定资产投资管理的一项重要内容，也是固定资产投资管理的最后一个环节。通过建设工程项目后评价，可以达到肯定成绩、总结经验、研究问题、吸取教训、提出建议、改进工作、不断提高工程项目决策水平和投资效果的目的。

1.2.2 工程建设领域的主要管理制度

1.2.2.1 项目法人制度(需求机制)

为了建立投资约束机制，规范建设单位的行为，建设工程应当按照政企分开的原则组建项目法人，实行项目法人责任制，即由项目法人对项目的策划、项目融资、建设实施、生产经营、债务偿还和资产的保值增值，实行全过程负责的制度。

1.2.2.2 资本金制度(信用机制)

在投资项目的总投资中，除项目法人从银行或资金市场筹措的债务性资金外，还必须拥有一定比例的资本金。投资项目资本金，是指在投资项目总投资中，由投资者认缴的出资额，对投资项目来说是非债务性资金，项目法人不承担这部分资金的任何利息和债务；投资者可按其出资的比例依法享有所有者权益，也可转让其出资，但不得以任何方式抽回。

中国从1996年开始，对各种经营性投资项目，包括国有单位的基本建设、技术改造、房地产开发项目和集体投资项目，试行资本金制度，投资项目必须首先落实资本金才能进行建设。

1.2.2.3　招标投标制度（竞争机制）

招标投标，是在市场经济条件下进行大宗货物的买卖、建设工程项目发包与承包，以及服务项目的采购时，所采用的一种交易方式。《招标投标法》及其他相关法律法规对招标投标制度进行了具体的规定。

1.2.2.4　合同管理制度（责权平衡机制）

建设工程的勘察、设计、施工、材料设备采购和建设工程监理都要依法订立合同。各类合同都要有明确的质量要求、履约担保和违约处罚条款。违约方要承担相应的法律责任。合同管理制度的实施对建设工程监理开展合同管理工作提供了法律上的支持。

1.2.2.5　建设工程监理制度（约束与协调机制）

1988年建设部发布的《关于开展建设监理工作的通知》中明确提出要建立建设工程监理制度；《建筑法》也做出了“国家推行建筑工程监理”的规定。

1.2.2.6　工程建设监督管理制度（质量、安全政府监督管理制）

为加强对建设工程质量与安全的管理，《建筑法》《建设工程质量管理条例》《建设工程安全生产管理条例》明确了政府行政主管部门设立专门机构对建设工程质量与安全行使监督职能，其目的是保证建设工程质量与生产安全。

1.2.2.7　建设工程许可制度（生产许可制）

为了加强对建设活动的监督管理，维护建设市场秩序，保证建设工程的质量和安全，建设部颁布了《建筑工程施工许可管理办法》对工程开工实行许可，规定必须申请领取施工许可证的建筑工程方可施工。依据该办法，在中华人民共和国境内从事各类房屋建筑及其附属设施的建造、装修装饰和与其配套的线路、管道、设备的安装，以及城镇市政基础设施工程的施工，建设单位在开工前应当依照规定，向工程所在地的县级以上人民政府建设行政主管部门申请领取施工许可证。

1.2.2.8　建设工程安全管理制度（行业安全生产管理制）

为了加强建设工程安全生产监督管理，保障人民群众生命和财产安全，根据《建筑法》《安全生产法》，中国于2003年11月24日公布，自2004年2月1日起施行《建设工程安全生产管理条例》。

《建设工程安全生产管理条例》对建设单位、勘察单位、设计单位、施工单位、工程监理单位及其他与建设工程安全生产有关的单位，在保证建设工程安全生产过程中所应承担的建设工程安全生产责任进行了具体的规定。

1.2.2.9　建设工程节能制度（可持续发展）

为保证经济社会可持续发展，中国实行建设工程节能制度。建设单位应当按照建设节能政策要求和建设节能标准委托工程项目的设计，建设单位不得以任何理由要求设计单位、施工单位擅自修改经审查合格的节能设计文件,降低建设节能标准,设计单位应当依据建设节能标准的要求进行设计,保证建设节能设计质量。

1.2.2.10 竣工验收备案制度(工程档案资料管理制)

2000年4月7日,建设部正式发布实施《房屋建筑工程和市政基础设施工程竣工验收备案管理暂行办法》,加强房屋建筑工程和市政基础设施工程档案管理。

此外,建设工程领域还有信用体系制度、标准化制度、信息化制度、环境保护制度、责任追究制度等。

1.2.3 建设工程监理的主要任务

建设工程监理的主要任务是通过质量控制、投资控制、进度控制、合同管理、信息管理、组织协调和履行安全生产管理法定职责等基本方法,与建设单位和承建单位一起实现建设工程项目目标。

1.2.3.1 质量控制

工程项目质量要求主要表现为工程合同、设计文件、技术规范规定的质量标准。因此,工程项目质量控制就是为了保证达到工程合同规定的质量标准而采取的一系列措施、手段和方法。工程监理单位受业主委托,为保证工程合同规定的质量标准对工程项目进行质量控制。

1.2.3.2 投资控制

投资控制是指在投资决策阶段、勘察设计阶段、招标投标阶段、施工阶段及竣工验收阶段,把建设工程项目投资控制在批准的投资限额以内,随时纠正偏差,以保证建设工程项目投资管理目标的实现,以求在建设过程中能合理使用人力、物力、财力,取得较好的投资效益。

1.2.3.3 进度控制

进度控制是指对建设工程项目各阶段的工作内容、工作程序、持续时间和衔接关系等,根据进度总目标及资源优化配置的原则,编制进度计划并付诸实施,然后在进度计划的实施过程中经常检查实际进度是否按计划要求进行,对出现的偏差情况进行分析,采取补救措施或调整、修改原计划后再付诸实施,如此循环,直到建设工程项目竣工验收交付使用。项目监理机构进度控制的主要工作是对进度计划的审批、跟踪检查、对比分析和纠偏等,其最终目的是确保建设工程项目按预定的时间动用或提前交付使用。

1.2.3.4 合同管理

合同管理是指监理方根据监理合同的要求,对工程建设合同的签订、履行、变更和解除进行监督、检查,对合同双方的各种争议进行调解和处理,以保证合同的依法签订和全面履行。合同管理对于监理方完成监理任务是必不可少的,起着控制整个工程项目实施的作用。

1.2.3.5 信息管理

信息管理是指监理组织在实施监理的过程中,监理人员对所需要的信息进行的收集、整理、处理、存储、传递、应用等一系列工作的总称。信息管理的目的是通过有组织的信息流通,使决策者能及时、准确地获得相应的信息,以便做出科学的决策。信息管理是建设工程监理工作的一项重要内容,信息管理工作的好坏,将会直接影响工程监理工作的成败。

1.2.3.6 组织协调

在工程建设过程中,监理单位要不断进行组织协调,它是实现项目目标不可缺少的方法和手段。组织协调就是要做好组织内外部关系的协调,使所有与项目有关的部门及人员都能同心协力地为实现建设工程项目的总目标而奋斗。

1.2.3.7 履行安全生产管理的法定职责

工程监理单位要依据《建设工程安全生产管理条例》等法规、政策,履行建设工程安全生产管理的法定职责。尽管《建筑法》第四十五条规定“施工现场安全由建筑施工企业负责”,但根据《建设工程安全生产管理条例》第四条,“建设单位、勘察单位、设计单位、施工单位、工程监理单位及其他与建设工程安全生产有关的单位,必须遵守安全生产法律、法规的规定,保证建设工程安全生产,依法承担建设工程安全生产责任”。为此,工程监理单位还应履行建设工程安全生产管理的法定职责。

1.3 建设工程监理法规体系

1.3.1 建设工程法规体系

1.3.1.1 概述

中国的建设立法工作经过多年来不断加强和推动,已逐步形成了体系。中国的建设法规是指由国家权力机关或其授权的行政机关制定的旨在调整国家及其有关机构、企事业单位、社会团体、公民之间,在建设活动中或建设行政管理活动中发生的各种社会关系的法律法规的统称。

建设法规调整的社会关系主要有以下三种:

(1)建设活动中的行政管理关系,如国家及其建设行政主管部门对建设工程项目的立项、计划、资金筹集、设计、施工、验收等实行的监督管理关系,对城乡规划与建设中的监督管理关系,对建筑业、房地产业、市政公用事业的监督管理关系,对建筑市场的监督管理关系等。

(2)建设活动中的经济关系,如建设单位、勘察设计单位、施工单位、材料设备供应单位等之间所发生的经济关系,通常以经济合同方式加以确立。

(3)建设活动中的民事关系,如土地征用、房屋征收补偿,房地产交易中有关买卖、租赁等发生的一系列民事关系。

因此,建设法规是具有行政法、经济法、民法等法律性质的综合性部门法规,并由一系列法律、行政法规和部门规章等组成建设法规体系。

1.3.1.2 建设法规体系的组成

中国的建设法规体系包含行政管理和技术经济两方面。本节中所指的建设法规体系,仅指行政管理方面的法律、条例和各种规章、政令。技术经济方面主要是一些标准、规范和定额方面的体系。

建设法规体系按立法权限划分,由五个权限层次组成。

1. 建设法律

建设法律是建设法规体系的核心。建设法律是指由全国人民代表大会及其常务委员会通过的规范工程建设活动的法律规范,由国家主席签署主席令予以公布。法律是行为准则,有强制性。属于建设方面的法律目前已颁布的有《中华人民共和国城乡规划法》(以下简称《城乡规划法》)、《建筑法》等。法律文件权威性大,条款原则性强,需要一系列配套法规使其具体化,以便操作。此外,在建筑实践和司法实践中,建设法律也必须与相关法律配合使用,如《招标投标法》《民法典》《中华人民共和国环境保护法》(以下简称《环境保护法》)、《中华人民共和国土地管理法》(以下简称《土地管理法》)、《中华人民共和国城市房地产管理法》(以下简称《房地产管理法》)等。

2. 建设行政法规

建设行政法规是指由国务院根据宪法和法律制定的规范工程建设活动的各项法规,由总理签署国务院令予以公布,全国各部门、各地方都必须执行。行政法规的名称可以是"条例""规定""办法"等,它们是建设法律的配套法规。

条例是对某一方面行政工作比较全面系统的规定,如国务院颁布的《建设工程勘察设计管理条例》、《建设工程质量管理条例》、《建设工程安全生产管理条例》、《招标投标法实施条例》、《中华人民共和国注册建筑师条例》(以下简称《注册建筑师条例》)等。

规定是对某一方面的行政工作的部分规定,如国务院批准的《工程建设项目招标范围和规模标准规定》等。

办法是对某一项行政工作进行比较具体的规定,如国务院批准的《城镇个人建造住宅管理办法》等。

3. 建设部门规章

建设部门规章是指国家建设行政主管部门按照国务院规定的职权范围,独立或同国务院有关部门联合根据法律和国务院的行政法规、决定、命令,制定的规范工程建设活动的各项规章,由部长令予以公布,在其管理权限内适用。它的名称可以是"规定""办法""实施细则"等,如《建设工程质量管理办法》《工程建设重大事故报告和调查程序规定》《中华人民共和国注册建筑师条例实施细则》(以下简称《注册建筑师条例实施细则》)等。

4. 地方建设法规

地方建设法规是由省、直辖市、自治区和具有立法权的市的人民代表大会及其常务委员会制定的法规,在其管辖区内适用。它的名称可以是"条例""规定""办法"等,如《河南省建筑市场管理条例》等。

5. 地方建设规章

地方建设规章是由各地方的人民政府颁发的规章、办法,在其管辖范围内适用。它的名称可以是"规定""办法"等,但不能用"条例"。

1.3.2 建设工程监理相关法规及规范性文件

与建设工程监理相关的法律法规及规范性文件的内容是十分丰富的,它不仅包括相关法律，还包括相关的行政法规、部门规章、地方法规、技术标准、规范性文件等。

1.3.2.1 法律

1.《建筑法》

《建筑法》是中国工程建设领域的一部基本法。其调整对象包括从事建筑活动的单位和个人以及监督管理的主体，调整的行为是各类房屋建筑及其附属设施的建造和与其配套的线路、管道、设备的安装活动。立法目的是加强对建筑活动的监督管理，维护建筑市场秩序，保证建筑工程的质量和安全，促进建筑业健康发展。

《建筑法》是中国建设工程监理活动的基本法律，它对建设工程监理的性质、目的、适用范围等都做出了明确的原则规定。

《建筑法》于1997年11月1日公布，1998年3月1日起施行，其修订版于2011年7月1日实施。

2.《民法典》

《民法典》是新中国第一部以法典命名的法律，在法律体系中居于基础性地位，被称为“社会生活的百科全书”。该法是为了保护民事主体的合法权益，调整民事关系，维护社会和经济秩序，适应中国特色社会主义发展要求，弘扬社会主义核心价值观。

该法典共7编，1 260条，各编依次为总则、物权、合同、人格权、婚姻家庭、继承、侵权责任，以及附则。该法调整平等主体的自然人、法人和非法人组织之间的人身关系和财产关系。

《民法典》于2020年5月28日由十三届全国人大三次会议表决通过，自2021年1月1日起施行。

3.《招标投标法》

《招标投标法》是为了规范招标投标活动，保护国家利益、社会公共利益和招标投标活动当事人的合法权益，提高经济效益。

《招标投标法》对建设工程项目的勘察、设计、施工、监理以及与工程建设有关的重要设备、材料等的招标投标行为做出了明确的原则规定，也是建设工程监理法律制度的重要组成部分。

《招标投标法》于1999年8月30日公布，2000年1月1日起施行。

1.3.2.2 行政法规

1.《建设工程质量管理条例》

《建设工程质量管理条例》以建设工程质量责任主体为基线，规定了建设单位、勘察单位、设计单位、施工单位和工程监理单位的质量责任和义务，明确了建设工程监理制度、工程质量监督制度等内容，并对各种违法违规行为的处罚做了原则规定。

《建设工程质量管理条例》于2000年1月30日公布并施行。

2.《建设工程安全生产管理条例》

《建设工程安全生产管理条例》是中国第一部规范建设工程安全生产的行政法规，它标志着中国建设工程安全生产管理进入法制化、规范化发展的新时期。《建设工程安全生产管理条例》对建设单位、勘察单位、设计单位、施工单位、工程监理单位及其他与建设工程安全生产有关的单位遵守安全生产法律法规的规定，保证建设工程安全生产，依法承担建设工程安全生产责任进行了规定。

《建设工程安全生产管理条例》于2003年11月24日公布,2004年2月1日起施行。

1.3.2.3 部门规章

(1)《建设工程监理范围和规模标准规定》(国家计委令第3号)。

(2)《工程监理企业资质管理规定》(建设部令第158号,住房和城乡建设部令第45号修订)。

(3)《注册监理工程师管理规定》(建设部令第147号)。

(4)《评标委员会和评标方法暂行规定》(建设部令第79号)。

(5)《房屋建筑和市政基础设施工程施工分包管理办法》(建设部令第124号)。

(6)《工程建设国家标准管理办法》(建设部令第24号)。

1.3.2.4 技术、管理标准

(1)《建设工程监理规范》(GB/T 50319—2013)。

(2)《建设工程项目管理规范》(GB/T 50326—2017)。

(3)《建设工程工程量清单计价规范》(GB 50500—2013)。

(4)《建筑施工组织设计规范》(GB/T 50502—2019)。

(5)《建设项目全过程工程咨询标准》(T/CECS 1030—2022)。

1.3.2.5 规范性文件

(1)住房和城乡建设部、国家工商行政管理总局《关于印发〈建设工程施工合同(示范文本)〉的通知》(建市〔2017〕56号)。

(2)住房和城乡建设部、国家工商行政管理总局《关于印发〈建设工程监理合同(示范文本)〉的通知》(建市〔2012〕46号)。

1.4 中国建设工程监理的产生和发展

1.4.1 建设工程监理制度的产生

新中国的建设工程项目管理模式大致经历了三个阶段。

1.4.1.1 第一阶段:计划经济下的管理模式

从新中国成立至20世纪80年代初,固定资产投资基本上是由国家统一安排计划(包括具体的项目计划),由国家统一财政拨款。建设工程项目管理主要采用两种模式:①一般建设工程项目,由建设单位组织筹建机构,自行管理;②重大建设工程项目,由上级主管部门从相关单位抽调人员组成工程建设指挥部进行管理。

1.4.1.2 第二阶段:改革开放初期的管理模式

20世纪80年代,中国进入改革开放时期,国务院在建设工程领域采取了一系列重大改革措施,如投资有偿使用(拨改贷)、投资包干责任制、工程招标投标制度等。在这种情况下,改革传统的建设工程管理形式,已经势在必行;否则,难以适应我国经济发展和改革开放新形势的要求。

特别是1983年,在鲁布革水电站的引水工程建设中,中国第一次利用世界银行贷款❶,并进行国际竞争性施工招标;第一次按国际惯例进行水电工程项目管理,取得了良好的效果。鲁布革引水工程于1984年10月15日正式施工,1987年全线贯通,比计划工期提前5个月;1988年7月全部竣工,比合同工期提前了122天;实际工程造价按开标汇率计算约为标底的60%。鲁布革水电工程施工是我国按国际惯例发包,按国际惯例进行项目管理,取得节省工程投资、保证工程质量、提前竣工三大成果的成功范例。鲁布革工程的实践,强烈地冲击了当时的建设工程项目管理理念,突破了计划经济体制下的建设管理模式,开创了中国建设工程监理的先河。

鲁布革工程之后,在一些大型工程项目的建设管理过程中,开始尝试将鲁布革工程的管理经验和建设工程管理体制改革的潮流相结合;同时,一些利用外资的工程项目,在建设实践中进一步和国际惯例磨合。这样,一种中国特色的建设工程项目管理模式——建设工程监理制度在中国大地上诞生了。广州抽水蓄能电站工程最早成建制地聘请工程监理单位,并取得了成功,它的经验加快了中国建设工程监理专业化和规范化的进程。

中国建设工程监理制度诞生的另一个因素是随着改革开放的逐步深入,利用外资、独资、合资、贷款兴建的项目越来越多。这些工程项目的投资者,大多要求实行国际通行的工程项目管理制度(包括中国后来建立的建设工程监理制度)。但由于中国当时没有建立这一制度,故常常处于被动和不利地位,很多工程项目不得不聘请外方来实行监理。随着中国建筑业企业逐渐进入国际市场,因不熟悉国际工程项目管理、建设工程监理等方面的知识、经验及国际惯例,往往导致企业经济收入和信誉蒙受巨大损失。据有关部门统计,在1979—1988年的10年中,中国利用外资建设的工程中,仅监理费一项就支出了近20亿美元,其中绝大多数被国际工程监理单位拿走;中国对外承包工程和劳务合作业务中,由于中国施工企业不熟悉和不适应建设工程监理制度,也少收入数亿美元。

因此,建设工程监理制度是当时中国建设工程领域亟待推行的一项工程管理制度,同时,推行这一制度也是中国建设工程管理模式的一次重大变革。

1.4.1.3 第三阶段:现代项目管理模式

建设部1988年7月25日发布了《关于开展建设监理工作的通知》(建设部〔88〕建建字第142号),明确提出了在中国建立建设工程监理制度。建设工程监理制度作为工程建设领域的一项重大改革举措,旨在改变陈旧的工程管理模式,建立专业化、社会化的建设工程监理机构,协助建设单位做好项目管理工作,以提高建设水平和投资效益。建设工程监理制度于1988年开始试点,5年后逐步推开,1997年颁布的《建筑法》以法律制度的形式做出规定,国家推行建设工程监理制度,从而使建设工程监理制度在全国范围内进入全面推行阶段。

1.4.2 建设工程监理制度的发展

受鲁布革水电站引水工程成功的启示,1985年12月,全国基本建设管理体制改革会

❶ 1980年左右,世界银行要求凡是使用其贷款的项目必须有国际咨询公司介入,鲁布革工程是中国第一个使用世界银行贷款的项目,也成为第一个按照国际惯例进行工程建设招标投标和整个建设管理活动的工程。

议对我国传统的工程建设管理体制进行了深刻的分析,指出综合管理基本建设是一项专门的学问,需要大批这方面的专业人才。1986 年开工的西安三原高速公路工程,实行了建设工程监理制度,不仅质量全部合格,保证了工期,还节约投资 200 多万元。1987 年 12 月,交通部部长宣布"将在全国公路工程中推行监理工程师制度"。随后,京津唐高速公路开工并实行了建设监理。

中国建设工程监理的历程从此开始,经历了 1988—1991 年的试点阶段、1992—1995 年的稳步发展阶段、1996—2012 年的全面推行阶段和 2013 年至今的深化改革阶段。

1.4.2.1 试点阶段

1988 年 7 月 25 日,建设部发布了《关于开展建设监理工作的通知》,明确提出建立具有中国特色的建设工程监理制度,并对中国开展建设工程监理的步骤做出统一有序的安排部署,对中国建设工程监理的工作性质、工作范围也提出了明确要求,标志着中国建设工程监理事业的正式开始;同年 11 月 28 日,又发出了《关于开展建设监理试点工作的若干意见》,决定建设工程监理制度率先在北京、上海、南京、天津、宁波、沈阳、哈尔滨、深圳八市和能源、交通的水电与公路系统进行试点。

1989 年 4 月 24 日,交通部颁发了《公路工程施工监理暂行办法》,并先后在京津唐高速等 9 条高等级公路建设中进行监理试点;同年 7 月 28 日,建设部发布《建设监理试行规定》,提出建立专业化、社会化的建设工程监理和以规划、协调、监督、服务为内容的政府监督管理的建设工程监理制度,标志着中国建设工程监理制度的正式实施。

1991 年底,建设工程监理试点工作已在中国 25 个省(区、市)和 15 个工业、交通部门开展,实施监理的工程在提高质量、缩短工期、降低造价等方面取得了显著的效果。

1.4.2.2 稳步发展阶段

1992 年,中国为建设工程监理制定了一系列的规章制度。1 月 18 日,建设部令第 16 号发布《工程建设监理单位资质管理试行办法》;6 月 4 日,建设部发布《监理工程师资格考试和注册试行办法》;9 月 18 日,国家物价局和建设部发布《关于发布建设工程监理费有关规定的通知》。1992 年底,中国 28 个省(区、市)以及国务院的 20 个工业、交通等部门先后开展了建设工程监理工作,累计对 1 636 项、投资额 2 396 亿元的工程项目实施了监理。

1993 年,在全国第五次建设监理工作会议上,建设部全面总结了监理试点的成功经验,并根据形势发展的需要和全国监理工作的现状,部署了结束试点、转向稳步发展阶段的各项工作。这个时期,中国的监理事业发展很快,队伍规模迅速扩大,实行监理的工程各方面效益显著,并指定若干高校举办培训班,为建设工程培训监理人员。

1995 年 10 月,建设部、国家工商行政管理局印发了《工程建设监理合同》示范文本;同年 12 月,建设部、国家计委颁发《工程建设监理规定》。在此阶段,北京、上海、河北、浙江、湖南等省(市)政府或人大常委会也发布了本地区的建设工程监理法规。

1.4.2.3 全面推行阶段

在 1995 年 12 月召开的全国第六次监理工作会议上,建设部决定按照原定计划,从 1996 年开始,在全国全面推行建设工程监理制度。

1997 年 11 月 1 日,第八届全国人大常委会第二十八次会议通过的《建筑法》第三十条规定:“国家推行建筑工程监理制度。”这是中国第一次以法律的形式对建设工程监理做出规定,这对中国建设工程监理制度的推行和发展、对规范建设工程监理工作行为具有十分重要的意义。

2000年1月30日发布实施的《建设工程质量管理条例》(国务院令第279号),对工程监理单位的质量责任和义务做出了具体的规定。2001年5月1日实施的《建设工程监理规范》(GB 50319—2000)进一步规范了中国的建设工程监理行为。2004年2月1日起实施的《建设工程安全生产管理条例》(国务院令第393号),对工程监理单位承担建设工程安全生产管理责任做出了规定。

2006年4月1日开始实施的《注册监理工程师管理规定》(建设部令第147号),对促进中国建设工程监理的健康发展、规范建设工程监理人员的行为具有重要的意义。

1.4.2.4　深化改革阶段

自1988年至今,建设工程监理制度在建设工程质量、进度、投资等方面发挥了重要作用,随着社会发展阶段和发展目标的变化,建设环境发生了改变,建设工程监理制度也在潜移默化中进行着深化和改革。

2013年3月,住房和城乡建设部修订发布了《建设工程监理规范》(GB/T 50319—2013),提出工程监理单位应公平、独立、诚信、科学地开展建设工程监理与相关服务活动等,是对《建设工程监理规范》(GB 50319—2000)进行的系统修订。本次修订体现出的改革亮点主要有以下几方面:

(1)讲实际。一名总监理工程师可担任一项建设工程监理合同的总监理工程师。当需要同时担任多项建设工程监理合同的总监理工程师时,应经建设单位书面同意,且最多不得超过3项。旁站工作不只是监理员的工作职责;其他监理人员不需要监理注册,但必须经过监理培训。

(2)说清楚。不提“安全监理”,监理工作就是“三控、两管、一协调”加“履行安全生产管理的法定职责”。“三控、两管、一协调”是建设单位通过合同委托监理单位的职责,“履行安全生产管理的法定职责”是国家法规对监理工作的社会责任要求。监理单位是服务机构,不是生产经营单位,不参与施工单位利润分成,因此不对质量、安全承担直接责任;明确“旁站”仅限于工程质量控制。

(3)促发展。《建设工程监理规范》与《建设工程监理合同(示范文本)》、《〈标准施工招标资格预审文件〉和〈标准施工招标文件〉试行规定》、九部委56号令配套使用,建设工程监理应努力成为合同管理的核心;将建设工程监理工作向前、向后延伸,鼓励建设工程监理与项目管理一体化服务;建设工程监理已经列入国家行政许可保留项目。政府投资及国有项目中的审计部门对是否委托监理、建设工程监理是否通过招标选择、监理人员是否到位均非常重视;区分了监理与相关工作(特别是保修阶段),建设工程监理仅限于施工阶段,保修阶段列入相关服务,需要另行收费。

交通运输部在2015年4月13日印发了《关于深化公路建设管理体制改革的若干意见》(以下简称《意见》),其中第四部分专门对改革建设工程监理制度做了论述。《意见》要求坚持和完善建设工程监理制度,更好地发挥监理作用。按照项目的投资类型及建设管理模式,由项目建设管理法人自主决定建设工程监理的实现形式。该《意见》关于建设工程监理制度改革的核心内涵体现在以下几点：

(1)建设工程监理制度必须坚持。一直以来，存在着要与不要监理的说法甚至争论，特别是2014年3月深圳取消强制监理制度的试点，激起业内人士的强烈反对。《意见》重申“监理制度必须坚持”，并明确在发展中不断完善这项制度，更好地发挥监理作用。这符合国务院提出的“法无规定不可为(对政府)、法无禁止皆可为(对企业)、法有规定必须为”的思路。而且从《建筑法》来看，不论是1997年11月版，还是2011年4月版，对第三十条“国家推行建筑工程监理制度”未做一字改动。

(2)监理方不再是独立的第三方。《意见》明确提出监理不再是独立的第三方，这种提法是符合国际惯例的。国际咨询工程师联合会发布的最新版《FIDIC合同条件》第1条一般规定中，第1.1.2款1.1.2.2雇主、1.1.2.4工程师、1.1.2.6雇主人员三个术语都明确界定“工程师是雇主的人员”，即监理方不是独立的第三方。我国《建筑法》第三十二条也明确指出，监理是代表建设单位实施监督。可见，“监理方不再是独立的第三方”的定位是符合国内外法律法规要求的。

(3)监理提供的是咨询服务。《意见》明确了监理工作是一种咨询服务，属于项目管理的一部分。这说明了监理存在的价值就是提供专业化的咨询服务，而不是简单的现场旁站、施工单位的质量安全员之类的角色定位。

(4)施工单位是质量、安全第一责任人。《意见》明确了施工单位是工程质量、安全的第一责任人，这一点是非常重要的，正符合《FIDIC合同条件》关于“工程师的任何检查、批准，并不解除承包人的任何责任”的国际惯例。众所周知，监理工程师依据监理合同和业主的授权为业主提供服务，因而监理责任是业主责任主体的组成部分，而不是独立的一方责任主体，所以不能作为独立主体承担主体责任。当发生工程质量、安全事故时，业主在承担相应责任后，可进一步向监理追究违约责任。

(5)监理以质量、安全控制为主。《意见》改进了监理工作方式，以质量、安全控制为主，重点抓好程序控制、工序验收和抽检评定，减少旁站量、内业量、试验量，这将从根本上减少监理人员目前繁重的体力劳动，减少监理资料普遍存在的造假等不规范行为，有利于监理人员集中精力开展预见性监理，抓好事前控制、结果控制和项目后评价，真正使监理回归高端咨询服务属性。

(6)监理企业和人员的转型发展。《意见》引导监理企业逐步向代建、咨询、可行性研究、设计和监理一体化方向发展，拓展业务范围，根据市场需求，提供高层次、多样化的管理咨询服务。

2017年2月，《国务院办公厅关于促进建筑业持续健康发展的意见》(国办发〔2017〕19号)中提出“培育全过程工程咨询。鼓励投资咨询、勘察、设计、监理、招标代理、造价等企业采取联合经营、并购重组等方式发展全过程工程咨询，培育一批具有国际水平的全过程工程咨询企业”。标志着我国对不同阶段的咨询服务条块分割的现状开始整合，各类专业型服务企业开始向全过程工程咨询综合型企业转型。

2019年3月15日，国家发展和改革委员会、住房和城乡建设部联合印发《关于推进全过程工程咨询服务发展的指导意见》(发改投资规〔2019〕515号)，意见指出：全过程咨询服务中承担工程勘察、设计、监理或造价咨询业务的负责人，应具有法律法规规定的相应执业资格并具有类似工程经验,标志着专业技术人员的素质要求也开始由专业型向复合型转型。

1.4.3　现阶段中国建设工程监理的特点

中国的建设工程监理经过长足的发展,已经取得有目共睹的成绩,并且已为社会各界所认同和接受,但目前仍处在发展完善阶段。与发达国家相比,现阶段中国建设工程监理具有以下特点:

(1)建设工程监理属于强制推行的制度。

建设工程项目管理是适应建筑市场中建设单位新的需求的产物,其发展过程是整个建筑市场发展的一个方面,没有来自政府部门的行政指导或干预。而中国的建设工程监理从一开始就是作为对计划经济条件下所形成的建设工程管理体制改革的一项新制度提出来的,也是依靠行政手段和法律手段在全国范围推行的。为此,不仅在各级政府部门中设立了主管建设工程监理有关工作的专门机构,而且制定了有关的法律、法规、规章,明确提出国家推行建设工程监理制度,并明确规定了必须实行建设工程监理的工程范围。其结果是在较短时间内促进了建设工程监理在中国的发展,形成了一批专业化、社会化的工程监理企业和监理工程师队伍,缩小了与发达国家建设工程项目管理的差距。

(2)建设工程监理的服务对象具有单一性。

在国际上,建设工程项目管理按服务对象主要可分为建设单位和承建单位。而中国的建设工程监理只接受建设单位的委托,即只为建设单位服务,不接受承建单位的委托。从这个意义上看,中国的建设工程监理就是为建设单位服务的工程项目管理。

(3)建设工程监理具有监督功能。

工程监理企业与建设单位构成委托与被委托关系,与承建单位虽无合同关系,但根据建设单位授权,有权对承建单位的建设行为进行监督,并且在建设工程监理中还强调对承建单位施工过程和施工工序的监督、检查和验收。

(4)市场准入的双重控制。

在建设工程项目管理方面,一些发达国家只对专业人士的执业资格提出要求,不对企业的资质管理做出规定。而中国对建设工程监理的市场准入采取了企业资质和人员资格的双重控制。

思考题

1. 简述建设工程监理的含义与性质。
2. 简述建设工程监理的法律地位和责任。
3. 工程建设领域的主要管理制度有哪些?
4. 建设法规体系按立法权限划分为哪些层次?
5. 建设工程监理有哪些主要任务?
6. 建设工程监理相关法规及规范性文件主要有哪些?
7. 中国建设工程监理制度是如何产生和发展的?

2 工程监理企业与监理工程师

2.1 工程监理企业

工程监理企业是指依法成立并取得行政主管部门颁发的工程监理企业资质证书,从事建设工程监理与相关服务活动的服务机构。

2.1.1 工程监理企业资质管理

2.1.1.1 工程监理企业的资质等级

工程监理企业资质是企业技术能力、管理水平、业务经验、经营规模、社会信誉等综合性实力指标的体现。对工程监理企业进行资质管理的制度是我国政府实行市场准入控制的有效手段。

工程监理企业应当按照所拥有的注册资本、专业技术人员数量和工程监理业绩等资质条件申请资质,经审查合格,取得相应等级的资质证书后,才能在其资质等级许可的范围内从事工程监理活动。

根据《工程监理企业资质管理规定》(2018 年 12 月 22 日修正版)、住房和城乡建设部《关于印发建设工程企业资质管理制度改革方案的通知》(建市〔2020〕94 号),工程监理企业资质分为综合资质和专业资质,综合资质不分等级,专业资质等级分为甲、乙两级(见表 2-1)。

表 2-1 土木建筑工程工程管理监理企业资质类型和等级

资质类别	序号	监理资质类型	等级
综合资质	1	综合资质	不分等级
专业资质	1	建筑工程专业	甲、乙级
	2	铁路工程专业	甲、乙级
	3	市政公用工程专业	甲、乙级
	4	电力工程专业	甲、乙级
	5	矿山工程专业	甲、乙级
	6	冶金工程专业	甲、乙级
	7	石油化工工程专业	甲、乙级
	8	通信工程专业	甲、乙级
	9	机电工程专业	甲、乙级
	10	民航工程专业	甲、乙级

根据《公路水运工程监理企业资质管理规定》(2022 年 3 月 30 日经交通运输部第 8 次部务会议通过,2022 年 6 月 1 日起施行),公路、水运工程监理企业资质分为甲级、乙级和机电专项。

根据《水利工程建设监理单位资质管理办法》(2019 年修正),水利工程监理单位资质分为水利工程施工监理、水土保持工程施工监理、机电及金属结构设备制造监理和水利工程建设环境保护监理四个专业。其中,水利工程施工监理专业资质和水土保持工程施工监理专业资质分为甲级、乙级和丙级三个等级,机电及金属结构设备制造监理专业资质分为甲级、乙级两个等级,水利工程建设环境保护监理专业资质暂不分级。

2.1.1.2　工程监理企业的业务范围

1. 综合资质

综合资质可以承担所有专业工程类别建设工程项目的工程监理业务,以及建设工程项目管理、技术咨询等相关业务。

2. 专业资质

1)专业甲级资质

专业甲级资质可承担相应专业工程类别建设工程项目的工程监理业务,还可以开展相应类别建设工程的项目管理、技术咨询等业务。

2)专业乙级资质

专业乙级资质可承担相应专业工程类别二级以下(含二级)建设工程项目的工程监理业务,可以开展相应类别建设工程的项目管理、技术咨询等业务。

2.1.1.3　工程监理企业监督管理

县级以上人民政府住房和城乡建设主管部门及其他有关部门应当依照有关法律法规和工程监理企业资质管理规定,加强对工程监理企业资质的监督管理。

1. 监督检查措施和职责

行政主管部门履行监督检查职责时,有权采取下列措施:

(1)要求被检查单位提供工程监理企业资质证书、监理工程师证书,有关工程监理业务的文档,有关质量管理、安全生产管理、档案管理等企业内部管理制度的文件。

(2)进入被检查单位进行检查,查阅相关资料。

(3)纠正违反有关法律法规及有关规范和标准的行为。

行政主管部门进行监督检查时,应当有两名以上监督检查人员参加,并出示执法证件,不得妨碍被检查单位的正常经营活动,不得索取或者收受财物、谋取其他利益。有关单位和个人对依法进行的监督检查应当协助与配合,不得拒绝或者阻挠。监督检查机关应当将监督检查的处理结果向社会公布。

2. 撤销工程监理企业资质的情形

工程监理企业有下列情形之一的,资质许可机关或者其上级机关,根据利害关系人的请求或者依据职权,可以撤销工程监理企业资质:

(1)资质许可机关工作人员滥用职权、玩忽职守做出准予工程监理企业资质许可的。

(2)超越法定职权做出准予工程监理企业资质许可的。

(3)违反资质审批程序做出准予工程监理企业资质许可的。

(4)对不符合许可条件的申请人做出准予工程监理企业资质许可的。

(5)依法可以撤销资质证书的其他情形。

以欺骗、贿赂等不正当手段取得工程监理企业资质证书的,应当予以撤销。

3. 注销工程监理企业资质的情形

有下列情形之一的,工程监理企业应当及时向资质许可机关提出注销资质的申请,交回资质证书,行政主管部门应当办理注销手续,公告其资质证书作废:

(1)资质证书有效期届满,未依法申请延续的。

(2)工程监理企业依法终止的。

(3)工程监理企业资质依法被撤销、撤回或吊销的。

(4)法律法规规定的应当注销资质的其他情形。

4. 信用管理

工程监理企业应当按照有关规定,向资质许可机关提供真实、准确、完整的工程监理企业的信用档案信息。工程监理企业的信用档案应当包括基本情况、业绩、工程质量和安全、合同违约等情况。被投诉举报和处理、行政处罚等情况应当作为不良行为记入其信用档案。工程监理企业的信用档案信息按照有关规定向社会公示,公众有权查阅。

2.1.2 工程监理企业的组织形式

工程监理企业按照组织形式分为公司制工程监理企业、合伙制工程监理企业、个人独资工程监理企业、中外合资经营工程监理企业和中外合作经营工程监理企业等。

2.1.2.1 公司制工程监理企业

中国公司制工程监理企业分为两类,即监理有限责任公司和监理股份有限公司。

1. 监理有限责任公司

监理有限责任公司是指由2人以上50人以下的股东共同出资,股东以其出资额对公司承担有限责任,公司以其全部资产对公司的债务承担责任的企业法人。

监理有限责任公司有以下特征:

(1)公司不对外发行股票,股东的出资额由股东协商确定。

(2)股东交付股金后,公司出具股权证书,作为股东在公司中拥有的权益凭证,这种凭证不同于股票,不能自由流通,必须在其他股东同意的条件下才能转让,且优先转让给公司原有股东。

(3)公司股东所负责任仅以其出资额为限,即把股东投入公司的财产与其个人的其他财产脱钩,公司破产或解散时,只以公司所有的资产偿还债务。

(4)公司具有法人地位。

(5)在公司名称中必须注明"有限责任公司"字样。

(6)公司股东可以作为雇员参与公司经营管理,通常公司管理者也是公司的所有者。

(7)公司账目可以不对外公开,尤其是公司的资产负债表一般不公开。

2. 监理股份有限公司

监理股份有限公司是指全部资本由等额股份构成,并通过发行股票筹集资本,股东以其所认购股份对公司承担责任,公司以其全部资产对公司债务承担责任的企业法人。

设立监理股份有限公司可以采取发起设立或者募集设立方式。发起设立,是指由发起人认购公司应发行的全部股份而设立公司。募集设立,是指由发起人认购公司应发行股份的一部分,其余部分向社会公开募集而设立公司。

监理股份有限公司主要有以下特征:

(1)公司资本总额分为金额相等的股份,股东以其所认购的股份对公司承担有限责任。

(2)公司可以公开向社会发行股票。

(3)公司以其全部资产对公司债务承担责任,公司作为独立的法人,有自己独立的财产,公司在对外经营业务时,以其独立的财产承担公司债务。

(4)公司股东的数量有最低限制,应当有5个以上发起人且半数以上在中国境内有住所。

(5)股东以其所持有的股份享受权利和承担义务。

(6)在公司名称中必须注明“股份有限公司”字样。

(7)公司账目必须公开,以便于股东全面掌握公司的经营状况。

(8)公司管理实行两权分离。董事会接受股东大会委托,监督公司财务的保值增值,行使公司财务所有者职权,经理由董事会聘任,掌握公司的经营权。

2.1.2.2 中外合资经营工程监理企业

中外合资经营工程监理企业是指以中国的企业或其他经济组织为一方,以外国的公司、企业、其他经济组织或个人为另一方,在平等互利的基础上,根据《中华人民共和国中外合资经营企业法》,签订合同、制定章程,经中国政府批准,在中国境内共同投资、共同经营、共同管理、共同分享利润、共同承担风险,主要从事工程监理业务的监理企业。其组织形式为有限责任公司。在合营企业的注册资本中,外国合营者的投资比例一般不得低于25%。

2.1.2.3 中外合作经营工程监理企业

中外合作经营工程监理企业是指中国的企业或其他经济组织同外国的企业、其他经济组织或者个人,按照平等互利的原则和中国的法律规定,用合同约定双方的权利义务,在中国境内共同举办的、主要从事工程监理业务的经济实体。

2.1.3 工程监理企业经营管理

2.1.3.1 工程监理企业经营活动准则

工程监理单位应“守法、诚信、公正、科学”地开展建设工程监理与相关服务活动。

1. 守法

守法,即遵守国家有关工程建设监理法律法规、规范、标准。对于监理企业而言,守法即是依法经营,具体表现在如下几个方面:

(1)监理企业应遵守国家关于企业法人生产经营的法律法规规定,遵守国家有关工程建设监理的法律法规、规范、标准的规定。

(2)监理企业能在营业执照规定的经营范围和资质证书规定的业务范围内开展经营活动。

(3)监理企业不得伪造、涂改、出租、出借、转让、出卖《监理企业资质等级证书》。

(4)监理企业在开展业务过程中应严格履行合同,在合同规定的范围和业主委托授权范围内开展工作。

(5)监理企业在生产经营过程中应主动接受建设行政主管部门的监督管理。

2. 诚信

诚信,即诚实守信用。监理企业在生产经营过程中不应损害他人利益和社会公共利益,维护市场道德秩序,在合同履行过程中履行自己应尽的职责、义务,建立一套完整的、行之有效的服务于企业、服务于社会的企业管理制度并贯彻执行,取信于业主、取信于市场。

3. 公正

公正,是指工程监理企业在监理活动中既要维护业主的利益,为业主提供服务,又不能损害承包商的合法利益,并能依据合同公平公正地处理业主与承包商之间的合同争议。公正性是监理行业的必然要求,是社会公认的执业准则,也是监理企业和监理工程师的基本职业道德准则。

4. 科学

科学,是指工程监理企业在开展监理业务时要制订科学的方案、运用科学的手段、采取科学的方法,在工程监理结束后要进行科学的总结。

2.1.3.2 工程监理企业管理

强化工程监理企业管理,提高科学管理水平,是建立现代企业制度的要求,也是工程监理企业提高市场竞争能力的重要途径。工程监理企业管理应抓好成本管理、资金管理、质量管理,依法经营管理,并重点做好以下几方面的工作:

(1)明确市场定位。工程监理企业要加强自身发展战略研究,适应竞争市场,并根据企业的实际情况,合理确定企业的市场地位,制定和实施明确的发展战略,并根据市场变化适时调整。

(2)提高企业核心竞争力。工程监理企业应积极拓展服务范围,完善服务功能,开拓咨询服务市场,建立市场信息系统,重视监理人才的培养,加强企业文化建设,完善企业内部管理规章制度,从而增强企业核心竞争力。

(3)坚决贯彻国家行业法规。工程监理企业应开展贯标活动,严格贯彻实施国家相关法律法规,确保工程监理行为的合规性。

2.1.3.3 工程监理业务承揽

1. 取得工程监理业务的基本方式

工程监理企业承揽监理业务的途径主要有两种:一是通过投标竞争取得监理业务;二是由业主直接委托取得监理业务。通过投标取得监理业务,是市场经济体制下比较普遍的形式。在不宜公开招标的机密工程或没有投标竞争对手的情况下,或者是工程规模比较小、比较单一的监理业务,或者是对原工程监理企业的续用等情况下,业主也可以直接委托工程监理业务。

2. 工程监理投标书的核心

工程监理投标书的核心是监理大纲,它反映着工程监理企业服务水平和管理水平的高低。建设单位在招标时,应以监理大纲的水平作为评定工程监理企业优劣的重要内容,而不应把监理费的高低当作主要评定标准;作为工程监理企业,也不应该以降低监理费作为竞争的主要手段去承揽监理业务。

2.1.4　工程监理费的计算

工程监理费指工程监理机构接受委托,提供建设工程施工阶段的质量、进度、造价控制管理,安全生产监督管理,合同、信息等方面协调管理等服务收取的费用。

2.1.4.1　工程监理费的构成

工程监理费是建设单位依据建设工程监理合同支付给工程监理企业的酬金,其构成是工程监理企业在监理活动中所需要的全部直接成本和间接成本,再加上应缴纳的税金和合理的利润。

1. 直接成本

直接成本是指工程监理企业在完成某项具体监理业务过程中所发生的成本,一般包括:

(1)监理人员和监理辅助人员的工资,包括津贴、附加工资、奖金等。

(2)用于监理人员和监理辅助人员的其他专项开支,包括差旅费、补助费、书报费、医疗费等。

(3)用于监理工作的计算机等办公设施的购置使用费和其他仪器、机械的租赁费等。

(4)所需的其他外部服务支出。

2. 间接成本

间接成本是指工程监理企业全部业务经营开支和非工程项目监理的特定开支。一般包括:

(1)管理人员、行政人员、后勤服务人员的工资、奖金、补助和津贴等。

(2)经营性业务开支,包括为承揽监理业务而发生的广告费、宣传费、有关合同的公证费等。

(3)办公费,包括办公用品、报刊、会议、文印、上下班交通费等。

(4)办公设施使用费,包括办公使用的水、电、气、环卫、保安等费用。

(5)业务培训费和图书、资料购置费等。

(6)附加费,包括劳动统筹、医疗统筹、福利基金、工会经费、人身保险、住房公积金、特殊补助等。

(7)其他费用。

3. 税金

税金是指按照国家规定,工程监理企业应缴纳的各种税金总额,如增值税、企业所得税等。

4. 利润

利润是指工程监理企业的监理活动收入扣除直接成本、间接成本和各种税金之后的余额。

2.1.4.2　工程监理费的计算方法

根据国家发展和改革委员会《关于进一步放开建设项目专业服务价格的通知》(发改价格〔2015〕299号)规定,自2015年3月1日起,在已放开非政府投资及非政府委托的建设项目专业服务价格的基础上,全面放开"建设项目前期工作咨询费、工程勘察设计费、招标代理费、工程监理费、环境影响咨询费"等5项实行政府指导价管理的建设项目专业服务价格,实行市场调节价。

根据该通知,工程监理费的计算方法将由市场竞争确定。可以采取的主要方法有以下几种:

(1)按建设工程投资的百分比计算法。即按委托监理工程概(预)算的百分比计收工程监理费。当工程结算时,再按实际工程投资进行调整。

(2)固定价格计算法。即建设单位与工程监理企业在协商一致的基础上形成的监理合同固定价格,实践中可进一步分为固定总价和固定单价计算法。其特点是:当实际监理工作量比计划工作量有所增减时,一般也不调整工程监理费的总价或者单价。这种方法适用于监理工作内容明确的中小型工程监理费的计算。

(3)工资加一定比例的其他费用计算法。即以项目监理机构监理人员的实际工资乘以一个大于1的系数,此系数通过综合考虑应有的其他直接费、间接成本、税金和利润来确定。

(4)按时计算法。即按建设单位和工程监理企业双方约定的单位时间监理费,乘以约定的监理服务时间来计算工程监理费总额。单位时间监理费一般以监理人员基本工资为基础,加上适当的管理费和利润而得到。这种方法适用于临时性的、短期的监理业务,或者不宜按其他方法计算监理费的监理业务。

2.2　工程监理单位与工程建设各方的关系

2.2.1　工程监理单位与建设单位的关系

建设单位是项目建设的责任主体,对工程质量负总责,其主要职责是按项目建设的规模、投资总额、建设工期、工程质量,实行项目建设的全过程管理,办理工程建设用地、招标申请、监督手续和组织工程验收等。建设单位应建立健全质量检查体系,解决工程建设中的有关问题,为施工单位创造良好的外部环境。

建设单位与监理单位之间是委托与被委托、授权与被授权的合同关系。建设单位是工程项目建设的直接组织者和实施者,负有建设中征地、移民、协调地方关系等职责,对建设工程项目向国家、项目主管部门负责。监理单位依据监理合同,在建设单位授权范围内,公正监督管理施工承包合同,解决和报告合同实施过程中出现的各种情况,完成所负任务,保证工程按合同正常进展。一般情况下,监理单位应是建设单位唯一的现场施工管理者,建设单位的决策和意见应通过监理单位贯彻执行,避免现场指挥系统的混乱。

2.2.2　工程监理单位与勘察设计单位的关系

勘察设计单位的主要职责是受建设单位的委托,向建设单位提供勘察设计文件、图纸和其他资料,派驻勘察设计代表参与工程项目的建设,参加设计交底和图纸会审,及时完成工程变更相关技术工作,参与工程验收。

在建设单位委托监理单位进行勘察设计监理时,监理单位与勘察设计单位之间的关系是监理与被监理的关系;在没有委托勘察设计监理时,是分工合作的关系。在监理过程中,监理单位应及时按照合同和有关规定处理设计变更,设计单位的有关通知、图纸、文件等须通过监理单位下发到施工单位。施工单位需要修改设计时,也必须通过监理单位、建设单位向设计单位提出设计变更或修改。

2.2.3　工程监理单位与施工单位的关系

施工单位是工程项目的承建者,是依法成立并具有独立法人地位的施工企业。其主要职责是参加工程项目的投标,签订施工合同,依据国家和行业规范、规定、设计文件和施工合同,编制施工方案,组织与所承包工程项目建设规模相适应的管理、技术、施工人员及施工机械进行施工,按工期要求完成施工任务;推行全面质量管理,建立健全质量保证体系,制定和完善岗位责任制,对工程质量负责;加强自检工作,认真执行"三检制",严格质量评定标准,及时做好分项、分部、单位工程的自评及报验工作,向建设单位提交工程建设资料。

监理企业与承包商都受聘于业主,两者之间没有任何合同或协议关系,也不得签署任何形式的合同或协议,监理企业不得参与承包商与工程建设有关的任何活动,双方只是在各自与业主签署的合同、设计文件、相关法律法规和规范约束下的监督与被监督、管理与被管理的关系。监理人员必须独立公正地行使监理权,认真维护业主与承包商的合法权益,承包商对监理人员的决定不能接受时,可以通过仲裁、诉讼等方式解决。

2.2.4　工程监理单位与质量安全监督机构的关系

质量安全监督机构是由政府行政部门授权、代表政府对工程质量安全实行强制性监督的专职机构。其主要职责是复核监理、设计、施工及有关产品制造单位的资质,监督参建各方质量体系的建立和运行情况,监督勘察设计单位的现场服务,认定工程项目划分,监督检查技术规程、规范和质量安全标准的执行情况及施工、监理、建设单位对工程质量安全的检验和评定情况;对工程质量安全等级进行核定,编制工程质量安全评定报告,并向验收委员会提出工程质量安全等级建议。

质量安全监督与建设工程监理都属于工程建设领域的监督管理活动。质量安全监督是政府行为,建设工程监理是社会行为。建设工程监理是发生在工程项目组织系统范围内平等主体之间的横向监督管理,质量安全监督是工程项目组织系统外监督管理主体对项目系统内建设行为主体进行的一种纵向监督管理行为。两者的性质、职责、权限、方式和内容有原则性的区别。

在建设工程监理过程中,监理单位要正确理解和公正、公平地处理与参建各方的关系,使参建各方在工程建设过程中相互配合、相互支持,更好地实施“三控、两管、一协调、一履行”,努力创造良好的监理环境,共同完成所委托工程的建设任务。

2.3 监理工程师

根据2020年2月28日住房和城乡建设部、交通运输部、水利部、人力资源和社会保障部联合发布的《监理工程师职业资格制度规定》《监理工程师职业资格考试实施办法》的规定,国家设置监理工程师准入类职业资格,纳入国家职业资格目录。凡从事工程监理活动的单位,应当配备监理工程师。监理工程师英文译为Supervising Engineer。住房和城乡建设部、交通运输部、水利部、人力资源社会保障部共同制定监理工程师职业资格制度,并按照职责分工分别负责监理工程师职业资格制度的实施与监管。各省(区、市)住房和城乡建设、交通运输、水利、人力资源社会保障行政主管部门,按照职责分工负责本行政区域内监理工程师职业资格制度的实施与监管。

2.3.1 监理工程师的资格考试与注册

监理工程师是指通过职业资格考试取得中华人民共和国监理工程师职业资格证书,并经注册后从事建设工程监理及相关业务活动的专业技术人员。

2.3.1.1 监理工程师资格考试

1. 监理工程师职业资格考试制度

监理工程师职业资格考试全国统一大纲、统一命题、统一组织。监理工程师职业资格考试设置基础科目和专业科目。

2. 监理工程师职业资格报考条件

凡遵守中华人民共和国宪法、法律法规,具有良好的业务素质和道德品行,具备下列条件之一者,可以申请参加监理工程师职业资格考试:

(1)具有各工程大类专业大学专科学历(或高等职业教育),从事工程施工、监理、设计等业务工作满6年。

(2)具有工学、管理科学与工程类专业大学本科学历或学位,从事工程施工、监理、设计等业务工作满4年。

(3)具有工学、管理科学与工程一级学科硕士学位或专业学位,从事工程施工、监理、设计等业务工作满2年。

(4)具有工学、管理科学与工程一级学科博士学位。

经批准同意开展试点的地区,申请参加监理工程师职业资格考试的,应当具有大学本科及以上学历或学位。

3. 考试科目与管理

监理工程师职业资格考试设《建设工程监理基本理论和相关法规》《建设工程合同管理》《建设工程目标控制》《建设工程监理案例分析》4个科目。其中,《建设工程监理基本理论和相关法规》《建设工程合同管理》为基础科目,《建设工程目标控制》《建设工程监理案例分析》为专业科目。

监理工程师职业资格考试专业科目分为土木建筑工程、交通运输工程、水利工程 3 个专业类别，考生在报名时可根据实际工作需要选择。其中，土木建筑工程专业由住房和城乡建设部负责，交通运输工程专业由交通运输部负责，水利工程专业由水利部负责。

监理工程师职业资格考试分 4 个半天进行，考试成绩实行 4 年为一个周期的滚动管理办法，在连续的 4 个考试年度内通过全部考试科目，方可取得监理工程师职业资格证书。

已取得监理工程师一种专业职业资格证书的人员，报名参加其他专业科目考试的，可免考基础科目。考试合格后，核发人力资源和社会保障部门统一印制的相应专业考试合格证明。该证明作为注册时增加执业专业类别的依据。免考基础科目和增加专业类别的人员，专业科目成绩按照 2 年为一个周期滚动管理。

2.3.1.2　监理工程师的注册

国家对监理工程师职业资格实行执业注册管理制度。取得监理工程师职业资格证书且从事工程监理及相关业务活动的人员，经注册方可以监理工程师名义执业。

住房和城乡建设部、交通运输部、水利部按专业类别分别负责监理工程师注册及相关工作。经批准注册的申请人，由住房和城乡建设部、交通运输部、水利部分别核发《中华人民共和国监理工程师注册证》（或电子证书）。

监理工程师执业时应持注册证书和执业印章。注册证书、执业印章样式以及注册证书编号规则由住房和城乡建设部会同交通运输部、水利部统一制定。执业印章由监理工程师按照统一规定自行制作。注册证书和执业印章由监理工程师本人保管和使用。

住房和城乡建设部、交通运输部、水利部按照职责分工建立监理工程师注册管理信息平台，保持通用数据标准统一。住房和城乡建设部负责归集全国监理工程师注册信息，促进监理工程师注册、执业和信用信息互通共享。

住房和城乡建设部、交通运输部、水利部负责建立完善监理工程师的注册和退出机制，对以不正当手段取得注册证书等违法、违规行为，依照注册管理的有关规定撤销其注册证书。

1. 初始注册

初始注册者，可自资质证书签发之日起 3 年内提出申请；逾期未申请者，须符合继续教育的要求后方可申请初始注册。

申请初始注册应当具备的条件是：经全国注册监理工程师职业资格统一考试合格，取得资格证书；受聘于一个相关单位；达到继续教育要求；没有不予注册、延续注册、变更注册中所列情形。

对申请初始注册的，省（区、市）人民政府建设行政主管部门应当自受理申请之日起 20 日内审查完毕，并将申请材料和初审意见报国务院建设行政主管部门。国务院建设行政主管部门自收到省（区、市）人民政府建设行政主管部门上报材料之日起，应当在 20 日内审批完毕并做出书面决定，并自做出决定之日起 10 日内，在公众媒体上公告审批结果。

2. 延续注册

注册监理工程师每一注册有效期为 3 年，注册有效期满需继续执业的，应当在注册有效期满30日前,按照注册监理工程师管理规定的程序申请延续注册。延续注册有效期为3年。

对申请延续注册的,省(区、市)人民政府建设行政主管部门应当自受理申请之日起5日内审查完毕,并将申请材料和初审意见报国务院建设行政主管部门。国务院建设行政主管部门自收到省(区、市)人民政府建设行政主管部门上报材料之日起,应当在10日内审批完毕并做出书面决定。

3. 变更注册

在注册有效期内,注册监理工程师变更执业单位,应当与原聘用单位解除劳动关系,并按注册监理工程师管理规定的程序办理变更注册手续,变更注册后仍延续原注册有效期。

4. 不予注册情形

申请人有下列情形之一的,不予初始注册、延续注册或者变更注册:

(1)不具有完全民事行为能力的。

(2)刑事处罚尚未执行完毕或者因从事工程监理或者相关业务受到刑事处罚,自刑事处罚执行完毕之日起至申请注册之日止不满2年的。

(3)未达到监理工程师继续教育要求的。

(4)在两个或者两个以上单位申请注册的。

(5)以虚假的职称证书参加考试并取得资格证书的。

(6)年龄超过65周岁的。

(7)法律法规规定不予注册的其他情形。

5. 注册证书和执业印章失效情形

注册监理工程师有下列情形之一的,其注册证书和执业印章失效:

(1)聘用单位破产的。

(2)聘用单位被吊销营业执照的。

(3)聘用单位被吊销相应资质证书的。

(4)已与聘用单位解除劳动关系的。

(5)注册有效期满且未延续注册的。

(6)年龄超过65周岁的。

(7)死亡或者丧失行为能力的。

(8)其他导致注册失效的情形。

6. 注销注册

注册监理工程师有下列情形之一的,负责审批的部门应当办理注销手续,收回注册证书和执业印章或者公告其注册证书及执业印章作废:

(1)不具有完全民事行为能力的。

(2)申请注销注册的。

(3)注册证书和执业印章失效的。

(4)依法被撤销注册的。

(5)依法被吊销注册证书的。

(6)受到刑事处罚的。

(7)法律法规规定应当注销注册的其他情形。

2.3.1.3　监理工程师的执业及继续教育

1.监理工程师的执业

取得资格证书的人员,应当受聘于一个具有建设工程勘察、设计、施工、监理、招标代理、造价咨询等一项或者多项资质的单位,经注册后方可从事相应的执业活动。从事工程监理执业活动的,应当受聘并注册于一个具有工程监理资质的单位。

监理工程师可以从事工程监理、工程经济与技术咨询、工程招标与采购咨询、工程项目管理服务以及国务院有关部门规定的其他业务。

因工程监理事故及相关业务造成的经济损失,聘用单位应当承担赔偿责任;聘用单位承担赔偿责任后,可依法向负有过错的注册监理工程师追偿。

2.继续教育

监理工程师在每一注册有效期内应当达到国务院建设行政主管部门规定的继续教育要求。继续教育是监理工程师逾期初始注册、延续注册和重新申请注册的条件之一。继续教育分为必修课和选修课,在每一注册有效期内各为48个学时。

2.3.2　监理工程师的素质要求和职业道德

2.3.2.1　监理工程师的素质要求

监理工程师的素质要求,主要体现在以下几个方面。

1.较高的学历和复合型的知识结构

监理服务是一种高智能的服务,是监理人员利用自己的知识、技能和经验、信息以及必要的试验和检测手段,为业主提供的管理服务。因而,业主对监理专业人员的要求也往往高于承包商,这就决定了监理从业人员必须具有一定的专业知识、较强的专业能力以及工程实践经验,才能提供基于自身专业技能的监督、管理、技术、咨询、协调服务。除此之外,注册监理工程师还应学习、掌握一定的建设工程经济、法律和组织管理等方面的理论知识,从而成为一专多能的复合型人才,肩负起在工程建设领域中的使命。

2.丰富的工程建设实践经验

工程建设实践经验就是理论知识在工程建设中的成功应用,是注册监理工程师工作能力的主要基础和必备条件。监理企业在选聘监理人员时,对其业务水平应进行全面的考核,一定要选用曾经全面主持过本专业工作并且有一定的实践经验,能独当一面,具有一定权威性的人员。

工程建设实践经验主要包括:①工程勘测实践经验;②工程规划实践经验;③工程设计实践经验;④工程施工实践经验;⑤设计管理实践经验;⑥施工管理实践经验;⑦构件、设备生产管理实践经验;⑧工程经济管理实践经验;⑨招标投标中介方面的实践经验;⑩立项评估、建设评价的实践经验;⑪建设工程监理实践经验。

3.良好的品德

监理工程师的良好品德主要体现在以下几个方面:①热爱本职工作;②具有科学的工作态度;③具有廉洁奉公、为人正直、办事公道的高尚情操;④能够听取不同方面的意见,冷静分析问题。

4. 健康的身体和充沛的精力

监理工程师应具有健康的身体和充沛的精力，这一点对于驻地工程师更为重要。监理工作环境差、流动性大，工作时间不规律、强度大、责任大，这就决定了监理工程师必须具备健康的身体和充沛的精力。

2.3.2.2 监理工程师的职业道德

监理工程师在执业过程中不能损害工程建设任何一方的利益，为了确保建设监理事业的健康发展，对监理工程师的职业道德和工作纪律都有严格的要求，在有关法规里也做了具体规定。监理工程师应遵守如下职业道德：

(1)维护国家的荣誉和利益，按照“守法、诚信、公正、科学”的准则执业。

(2)执行有关工程建设的法律法规、标准、规范、规程和制度，履行监理合同规定的义务和职责。

(3)努力学习专业技术和建设监理知识，不断提高业务能力和监理水平。

(4)不以个人名义承揽监理业务。

(5)不同时在两个或两个以上监理单位注册和从事监理活动，不在政府部门和施工、材料设备的生产供应等单位兼职。

(6)不为所监理项目指定承包商及建筑构配件、设备、材料生产厂家和施工方法。

(7)不收受被监理单位的任何礼金。

(8)不泄露所监理工程各方认为需要保密的事项。

(9)坚持独立自主地开展工作。

国际咨询工程师联合会(FIDIC)分别从对社会和职业的责任、能力、正直性、公正性、对他人的公正这5个问题计14个方面，规定了工程师的道德行为准则。

2.3.2.3 中国监理工程师的执业特点

在国际上流行的各种工程合同条件中，大多含有关于工程师的条款。在国际上多数国家的工程建设程序中，每一个阶段都有工程师的工作。特别是随着人类社会的不断进步，社会分工更趋向于专业化。在中国工程建设领域诞生的建设工程监理制度，正是社会分工发展的必然结果。国际咨询工程师联合会(FIDIC)对从事工程咨询业务人员的职业地位和业务特点所做的说明是：“咨询工程师从事的是一份令人尊敬的职业，他仅按照委托人的最佳利益尽责，他在技术领域的地位等同于法律领域的律师和医疗领域的医生。他保护其行为相对于承包商和供应商的绝对独立性，他不得从他们那里接受任何形式的好处，而使他的决定的公正性受到影响或不利于他的委托人赋予的职责。”这个说明同样适用于中国的监理工程师。

中国监理工程师执业特点主要表现在以下方面。

1. 执业范围广泛

建设工程监理，就其监理的工程类别来看，包括房屋建筑工程、公路工程和电力工程等类别，而各类工程所包含的专业累计多达200余项；就其监理的过程来看，可以包括工程项目前期决策、招标投标、勘察设计、施工安装、竣工验收等各阶段。

2. 执业内容复杂

监理工程师执业内容的基础是合同管理，主要工作内容是建设工程目标控制和协调管理，执业方式包括监督管理和咨询服务。执业内容包括：在工程项目前期决策阶段，为业主提供投资决策咨询，协助业主进行工程项目可行性研究，提出项目评估；在勘察设计阶段，审查、评选设计方案，选择勘察、设计单位，协助业主签订勘察、设计合同，监督管理合同的实施，审核设计概算；在施工安装阶段，监督、管理工程承包合同的履行，协调业主与工程建设有关各方的工作关系，控制工程质量、进度和造价；在竣工验收阶段，组织工程竣工预验收，参与工程竣工验收，审核工程结算；在工程保修期内，检查工程质量状况，鉴定质量问题责任，督促责任单位维修。

3. 执业技能全面

工程监理业务是高智能的工程管理服务，涉及多学科、多专业，监理工程师需要运用法律、经济、管理、技术等多方面的知识，执业资格条件要求高。监理工程师不仅要有理论知识，熟悉勘察设计、施工安装、经济管理，还要有组织、协调能力，能够综合应用各种知识解决工程建设中的各种问题。

4. 执业责任重大

监理工程师所承担的责任主要包括两个方面：一是国家法律法规赋予的行政责任；二是建设工程监理合同约定的监理人义务，体现为监理工程师的合同民事责任。

2.3.3 监理工程师的法律地位及法律责任

2.3.3.1 监理工程师的法律地位

监理工程师的法律地位是由国家法律法规确定的，并建立在建设工程监理合同的基础上。监理工程师所具有的法律地位，决定了监理工程师在执业中一般应享有的权利和应履行的义务。这些权利主要包括：①使用监理工程师称谓；②在规定范围内从事执业活动；③依据本人能力从事相应的执业活动；④保管和使用本人的注册证书和执业印章；⑤对本人执业活动进行解释和辩护；⑥接受继续教育；⑦获得相应的劳动报酬；⑧对侵犯本人权利的行为进行申诉。

监理工程师的义务主要有：①遵守法律法规和有关管理规定；②履行管理职责，执行技术标准、规范和规程；③保证执业活动成果的质量，并承担相应责任；④接受继续教育，努力提高执业水准；⑤在本人执业活动所形成的工程监理文件上签字、加盖执业印章；⑥保守在执业中知悉的国家秘密和他人的商业、技术秘密；⑦不得涂改、倒卖、出租、出借或者以其他形式非法转让注册证书或者执业印章；⑧不得同时在两个或者两个以上单位受聘或者执业；⑨在规定的执业范围和聘用单位业务范围内从事执业活动；⑩协助注册管理机构完成相关工作。

2.3.3.2 监理工程师的法律责任

根据《注册监理工程师管理规定》（建设部令第147号），注册监理工程师在执业活动中有下列行为之一的，由县级以上地方人民政府建设行政主管部门给予警告，责令其改正，没有违法所得的，处以1万元以下罚款，有违法所得的，处以违法所得3倍以下且不超过3万元的罚款；造成损失的，依法承担赔偿责任；构成犯罪的，依法追究刑事责任：

(1)以个人名义承接业务的。

(2)涂改、倒卖、出租、出借或者以其他形式非法转让注册证书或者执业印章的。

(3)泄露执业中应当保守的秘密并造成严重后果的。

(4)超出规定执业范围或者聘用单位业务范围从事执业活动的。

(5)弄虚作假提供执业活动成果的。

(6)同时受聘于两个或者两个以上的单位,从事执业活动的。

(7)其他违反法律法规、规章的行为。

监理工程师的法律责任主要来源于法律法规的规定和建设工程监理合同的约定。《建筑法》第三十五条规定:“工程监理单位不按照委托监理合同的约定履行监理义务,对应当监督检查的项目不检查或者不按照规定检查,给建设单位造成损失的,应当承担相应的赔偿责任。”《建设工程质量管理条例》第三十六条规定:“工程监理单位应当依照法律、法规以及有关技术标准、设计文件和建设工程承包合同,代表建设单位对施工质量实施监理并对施工质量承担监理责任。”《建设工程安全生产管理条例》第十四条规定:“工程监理单位和监理工程师应当按照法律、法规和工程建设强制性标准实施监理,并对建设工程安全生产承担监理责任。”

工程监理企业是订立建设工程监理合同的当事人。监理工程师一般主要受聘于工程监理企业,代表监理企业从事工程监理业务。监理企业在履行建设工程监理合同时,是由具体的监理工程师来实现的,因此如果监理工程师出现工作过错,其行为将被视为监理企业违约,监理企业应承担相应的违约责任。监理企业在承担违约赔偿责任后,有权在企业内部向有过错行为的监理工程师追偿损失。

《刑法》第一百三十七条规定:“建设单位、设计单位、施工单位、工程监理单位违反国家规定,降低工程质量标准,造成重大安全事故的,对直接责任人员,处五年以下有期徒刑或者拘役,并处罚金;后果特别严重的,处五年以上十年以下有期徒刑,并处罚金。”

如果监理工程师有下列行为之一,监理企业要承担一定的监理责任:

(1)未对施工组织设计中的安全技术措施或者专项施工方案进行审查。

(2)发现安全事故隐患未及时要求施工单位整改或者暂时停止施工。

(3)施工单位拒不整改或者不停止施工,未及时向有关行政主管部门报告。

(4)未依照法律法规和工程建设强制性标准实施监理。

如果监理工程师有下列行为之一,监理企业应当与责任方承担连带责任:

(1)违章指挥或者发出错误指令,引起安全事故的。

(2)将不合格的建设工程、建筑材料、建筑构配件和设备按照合格签字,造成工程质量事故,由此引发安全事故的。

(3)与建设单位或施工企业串通,弄虚作假、降低工程质量,从而引发安全事故的。

思考题

1. 试述工程监理单位的定义。

2. 工程监理企业的组织形式有哪几种?

3. 工程监理企业的资质等级有哪几种？其资质标准如何规定？

4. 试述工程监理企业的业务范围。

5. 工程监理企业在执业过程中不得有哪些行为？

6. 工程监理企业的经营活动准则是什么？

7. 工程监理费由哪几部分构成？其计算方法有哪几种？

8. 工程监理企业与建设单位、施工单位的关系如何？

9. 监理工程师需要具备哪些素质？

10. 试述全国监理工程师执业资格考试的报名条件和考试科目。

11. 监理工程师具有哪些权利和义务？

3 建设工程监理组织与协调

3.1 组织的基本原理

3.1.1 组织和组织结构

3.1.1.1 组织

组织,一般有两种含义:一种是动词,就是有目的、有系统集合起来,如组织运动会,这种组织是管理的一种职能;另一种是名词,指按照一定的宗旨和目标建立起来的集体,如学校、医院、各级政府部门等。从名词上说,组织又有广义和狭义之分。从广义上说,组织是指有诸多要素按照一定方式相互联系起来的系统;从狭义上说,组织就是指人们为实现一定的目标,互相协作结合而成的集体或团体,如党团组织、工会组织等。监理组织就是狭义上的组织。

它有三层意思:

(1)组织具有目标性。目标是组织存在的前提,即组织必须有目标。

(2)组织具有协作性。没有分工与协作就不是组织,组织必须有适当的分工和协作,这是组织效能的保证。

(3)组织具有制度性。没有不同层次的权利和责任制度就不能实现组织活动和组织目标。组织必须建立权利责任制度。

3.1.1.2 组织结构

组织内部的各构成部分及其相互间所确立的较为稳定的相互关系和联系方式,即组织中各部门或各层次之间所建立的相互关系,称为组织结构。以下几方面反映了组织结构的基本内涵:①确定正式关系与职责的形式;②向组织各部门或个人分派任务和各项活动的方式;③协调各项活动和任务的方式;④组织中权力、地位和等级关系。

1. 组织结构和职权的关系

组织结构和职权之间存在着一种直接的相互关系。因为组织结构与职位以及职位间关系的确立密切相关,组织结构为职权关系提供了一定的格局,职权指的是组织中成员之间的关系。职权关系的格局就是组织结构。

2. 组织结构与职责的关系

组织结构与组织中各部门及各成员的职责和责任的分派直接有关。有了职位也就有了职权,从而也就有了职责。组织结构为职责的分配和确定奠定了基础,依靠组织结构可以确定机构和人员职责的分派,从而可以有效地开展各项管理活动。

3. 组织结构图

组织结构图是描述组织结构的较为直观有效的办法,它是通过绘制能表明组织的正式职权和联系网络的图来表示组织结构的。组织结构图是组织结构简化了的抽象模型。

3.1.2 组织设计

组织设计就是针对组织活动和组织结构的设计过程。有效的组织设计在提高组织活动效能方面起着重大作用。对一个组织的结构进行规划、构造、创新或再构造,以便从组织结构上确保组织目标的有效实现。组织设计有以下要点:①组织设计是管理者在系统中建立一种高效相互关系的合理化的、有意识的过程;②该过程既要考虑系统的内部因素,又要考虑系统的外部因素;③组织设计的最终结果是形成组织结构。只有进行有效的组织设计,健全组织系统,才能提高组织活动的效能,才能使其发挥重大的管理作用。

3.1.2.1 组织构成因素

组织构成一般是上小下大的形式,由管理层次、管理跨度、管理部门、管理职能四大因素组成。各因素是密切相关、相互制约的。

1. 管理层次

管理层次是指从最高管理层到实际工作人员的等级层次的数目。管理层次通常分为决策层、协调层及执行层、操作层。决策层的任务是确定管理组织的目标和大政方针,它必须精干、高效;协调层主要是参谋、咨询职能,其人员应有较高的业务工作能力;执行层是直接调动和组织人力、财力、物力等具体活动内容的,其人员应有实干精神并能坚决贯彻管理指令;操作层是从事操作和完成具体任务的,其人员应有熟练的作业技能。这四个层次的职能和要求不同,标志着不同的职责和权限,同时仅反映出组织系统中的人数变化规律。它犹如一个三角形,从上至下权责递减,人数递增。管理层次不宜过多,否则是一种浪费,也会使信息传递慢、指令走样、协调困难。

2. 管理跨度

管理跨度是指一个上级管理人员所直接管理的下级人数。由于每一个人的能力和精力都是有限度的,所以一个上级领导人能够直接、有效地指挥下级的数目是有一定限度的。管理跨度大小取决于需要协调的工作量。

3. 管理部门

组织中各部门的合理划分对发挥组织效应是十分重要的。如果部门划分不合理,会造成控制、协调的困难,也会造成人浮于事,浪费人力、物力和财力。部门的划分要根据组织目标与工作内容确定,形成既有相互分工又有相互配合的组织系统。

4. 管理职能

组织设计中确定各部门的职能,应使纵向的领导、检查、指挥灵活,达到指令传递快,信息反馈及时;要使横向各部门间相互联系、协调一致,使各部门能够有职有责、尽职尽责。

3.1.2.2 组织设计原则

现场监理组织的设计,关系到建设工程项目监理工作的成败,现场监理组织设计中一般需考虑以下几项基本原则。

1. 集权与分权相统一的原则

集权是指把权力集中在主要领导手中;分权是指经过领导授权,将部分权力交给下级掌握。事实上,在组织中不存在绝对的集权,也不存在绝对的分权,只是相对集权和相对分权的问题。在现场监理组织设计中,采取集权形式还是分权形式,要根据工作的重要性,总监理工程师的能力、精力及监理工程师的工作经验、工作能力等综合考虑确定。

2. 专业分工与协作相结合的原则

随着企业规模的扩大和市场竞争的加剧,企业的生产技术及经营活动日益复杂化,而人的知识和经验总是有限的。在这种情况之下,人们为了有效地完成自己的工作,就必须实行专业化分工,使每个人仅仅担当一种主要职能,专门从事某一方面的专业工作。组织中除了分工还必须有协作,协作就是明确部门间和部门内的协调与配合关系。两者之间的关系是:在专业化分工的基础上实行高度的协作,分工是基础,协作是为了获得更高的效率。因此,分工与协作是一个问题的两个方面,其目的是一致的。

3. 管理跨度与管理层次相协调的原则

管理跨度与管理层次是反比关系。也就是说,管理跨度如果加大,那么管理层次就可以适当减少;反之,如果缩小管理跨度,那么管理层次肯定就会增多。一般来说,应该在通盘考虑决定管理跨度的因素后,在实际运用中根据具体情况确定管理层次。

4. 权责一致原则

权责一致原则就是在监理组织中明确划分职责、权力范围,同等的岗位职务赋予同等的权力,做到责任和权力相一致。从组织结构的规律来看,一定的人总是在一定的岗位上担任一定的职务,这样就产生了与岗位职务相应的权力和责任,只有做到有职、有权、有责,才能使组织系统得以正常运行。权责不一致对组织的效能损害是很大的。权大于责就很容易产生瞎指挥、滥用权力的官僚主义;责大于权就会影响管理人员的积极性、主动性、创造性,使组织缺乏活力。

5. 才职相称原则

使每个人现有的和可能有的才能与其职务上的要求相适应,做到才职相称,人尽其才,才得其用,用得其所。

6. 经济效率原则

现场监理组织设计必须将效率原则放在重要地位。组织结构中的每个部门、每个人为了一个统一的目标,应组合成最适宜的结构形式,实行最有效的内部协调,使事情办得简捷而正确,减少重复和扯皮,并且具有灵活的应变能力。现代化管理的一个要求就是组织高效化。一个组织办事效率高不高,是衡量这个组织中的结构是否合理的主要标准之一。

7. 弹性原则

组织结构既要有相对的稳定性,不要轻易变动,又必须随组织内部和外部条件的变化,根据长远目标做出相应的调整变化,使组织结构具有一定的适应性。

3.1.3 组织活动的基本原理

3.1.3.1 要素有用性原理

一个组织系统中的基本要素有人力、物力、财力、信息、时间等,这些要素都是有作用的,但实际情况经常是有的要素作用大,有的要素作用小;有的要素起核心作用,有的要素起辅助作用;有的要素暂时不起作用,将来才有可能起作用;有的要素在某种条件下、在某一方面、在某个地方不能发挥作用,但在另一种条件下、在另一方面、在另一个地方就能发挥作用。运用要素有用性原理,首先应看到人力、物力、财力等要素在组织活动中的有用性,充分发挥各要素的作用,根据各要素作用的大、小、主、次、好、坏进行合理安排、组合和使用,做到人尽其才、才尽其利、物尽其用,尽最大可能提高各要素的有用率。一切要素都有作用,这是要素的共性,然而要素不仅有共性,而且有个性。例如,同样是监理工程师,由于专业、知识、能力、经验等水平的差异,所起的作用也就不同。因此,管理者不但要看到一切要素都有作用,还要具体分析各要素的特殊性,以便充分发挥每一要素的作用。

3.1.3.2　动态相关性原理

组织系统处在静止状态是相对的,处在运动状态则是绝对的。组织系统内部各要素之间既相互联系,又相互制约,既相互依存,又相互排斥,这种相互作用推动组织活动的进行与发展。这种相互作用的因子,叫相关因子。充分发挥相关因子的作用,是提高组织管理效应的有效途径。事物在组合过程中,由于相关因子的作用,可以发生质变。1 加 1 可以等于 2,也可以大于 2,还可以小于 2。“三个臭皮匠,顶个诸葛亮”,就是相关因子起了积极作用;“一个和尚挑水吃,两个和尚抬水吃,三个和尚没水吃”,就是相关因子起了内耗作用。整体效应不等于其各局部效应的简单相加,这就是动态相关性原理。

3.1.3.3　主观能动性原理

人和宇宙中的各种事物,运动是其共有的根本属性,它们都是客观存在的物质,不同的是,人是有生命、有思想、有感情、有创造力的。人的特征是:能够制造工具,并使用工具进行劳动;在劳动中改造世界,同时也改造自己,能继承并在劳动中运用和发展前人的知识;通过劳动,人的能动性得以发挥。人是生产力中最活跃的因素,组织管理者的重要任务就是要把人的主观能动性发挥出来,当能动性发挥出来后就会取得很好的效果。

3.1.3.4　规律效应原理

规律是客观事物内部的、本质的、必然的联系。组织管理者在管理过程中要掌握规律,按规律办事,把注意力放在抓事物内部的、本质的、必然的联系上,以达到预期目标,取得良好效应。规律与效应的关系非常密切,一个成功的管理者只有努力揭示规律,才有取得效应的可能;而要取得好的效应,就要主动研究规律,按规律办事。

3.2　建设工程监理委托模式及实施程序

3.2.1　建设工程监理委托模式

建设工程监理委托模式的选择与建设工程组织管理模式密切相关。建设工程可采用平行承发包、设计/施工总分包、工程项目总承包等组织管理模式,在不同的建设工程组织管理模式下,可选择不同的建设工程监理委托模式。

3.2.1.1 平行承发包模式下工程监理委托模式

1. 平行承发包模式

1) 平行承发包模式的概念

建设工程项目的平行承发包模式,是业主将建设工程项目的设计、施工以及材料和设备采购任务按一定的方式进行分解,分别发包给若干个设计单位、施工单位和材料设备供应商,并分别与各方签订合同。各设计单位之间、各施工单位之间、各材料设备供应商之间的关系均是平行的。平行承发包模式如图 3-1 所示。

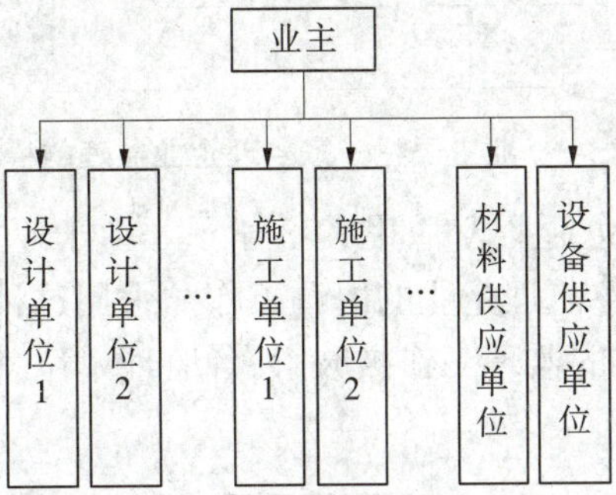

图 3-1 平行承发包模式

平行承发包模式的重点是将项目进行合理分解、分类综合,以确定每个合同的发包内容,便于择优选择承包商。在进行任务分解、确定合同数量及内容时,应考虑以下因素:

(1) 建设工程项目情况。建设工程项目的性质、规模、结构等是决定合同数量和内容的重要因素。建设规模大、范围广、专业多的项目往往比规模小、范围窄、专业单一的项目合同数量要多。建设工程项目实施时间、计划安排也对合同的数量有一定影响。

(2) 市场结构状况。由于各类承包商的专业性质、规模大小在不同市场的分布状况不同,因此建设工程项目的分解发包应力求与其市场结构相适应,合同任务和内容也要对市场有吸引力。中小合同对中小承建商有吸引力,但又不妨碍大承包商参与竞争。此外,还应按市场惯例、市场范围和有关规定来决定合同的内容和大小。

(3) 贷款协议要求。对两个以上贷款人的情况,在拟订合同结构时应考虑不同贷款人可能对贷款使用范围有不同的要求、对承包人的资格有不同的要求等。

2) 平行承发包模式的优缺点

优点:①有利于缩短工期;②有利于工程质量控制;③有利于择优选择承包商。

缺点:①合同多,管理较为困难;②投资控制难度大。一是总合同价短期内不易确定,影响项目投资控制实施;二是工程招标任务量大,需控制多项合同价格,增加了投资控制的工作量及难度;三是施工过程中设计变更和修改较多,导致投资增加。

2. 平行承发包模式下的监理模式

与平行承发包模式相适应的监理委托模式有以下两种类型:

(1) 业主委托一家监理企业监理,如图 3-2 所示。这种监理模式要求监理企业具有较强的合同管理和组织协调能力,并应做好全面规划工作。

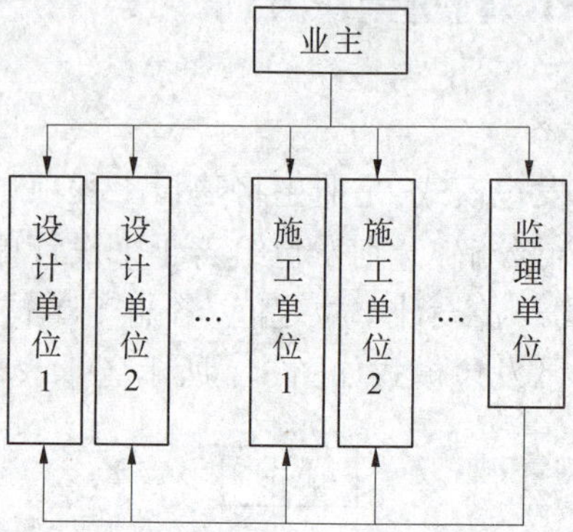

图 3-2　业主委托一家监理企业监理的模式

(2)业主委托多家监理企业监理,如图 3-3 所示。由于业主分别与监理企业签订监理合同,所以必须由业主做好各监理企业的协调工作。采用这种模式,监理企业的监理对象单一,便于管理,但工程项目的监理工作被肢解,各监理单位各负其责,不利于监理工作的总体规划与协调控制的实现。

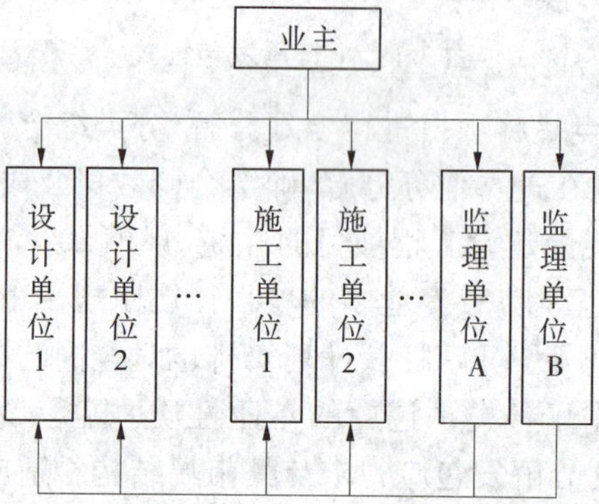

图 3-3　业主委托多家监理企业监理的模式

3.2.1.2　设计/施工总分包模式及其监理模式

1. 设计/施工总分包模式

1)设计/施工总分包模式的概念

设计/施工总分包就是业主将全部设计任务发包给一个设计单位作为设计总承包,将全部施工任务发包给一个施工单位作为施工总承包,总承包单位还可以将其任务的一部分分包给其他的承包单位,从而形成一个设计总合同、一个施工总合同以及若干个分包合同的模式。设计/施工总分包模式如图 3-4 所示。

2)设计/施工总分包模式的优缺点

优点:①有利于建设工程的组织管理;②有利于质量控制;③有利于投资控制;④有利于进度控制;⑤有利于发包方的合同管理。

缺点:①建设周期相对较长;②总包报价一般较高。

2. 设计/施工总分包模式下的监理模式

针对设计/施工总分包模式,业主可以按设计阶段和施工阶段委托两家监理企业进行

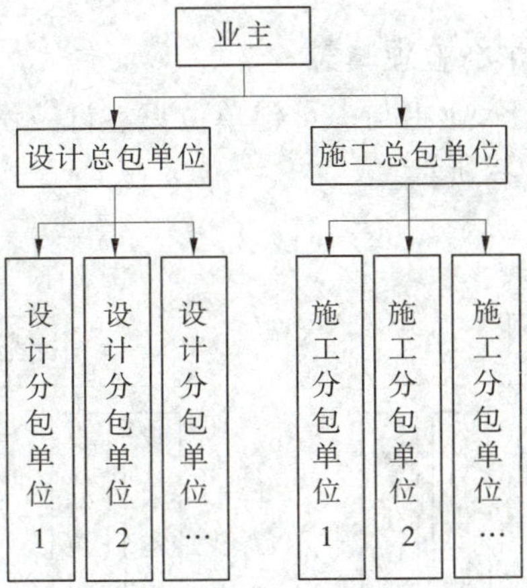

图 3-4 设计/施工总分包模式

监理,如图 3-5 所示。业主也可以委托一家监理企业进行全过程监理,如图 3-6 所示。一般来讲,业主委托一家监理企业更易于实现设计阶段和施工阶段的统筹兼顾。此模式中虽然承包合同的乙方最终责任由总包单位来承担,但是监理工程师必须做好对分包单位的资质审查和确认工作。

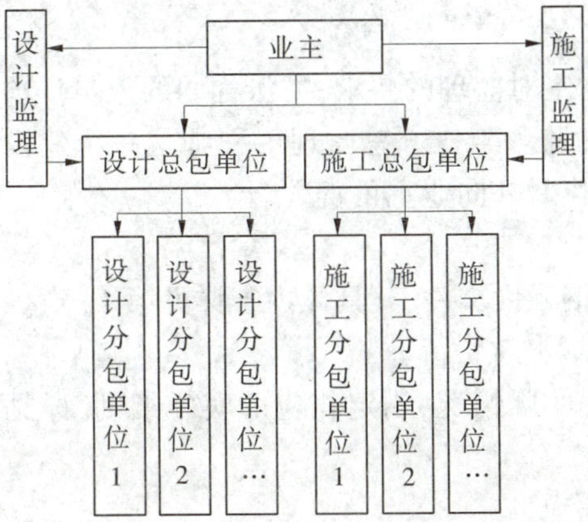

图 3-5 设计/施工总分包按阶段委托监理模式

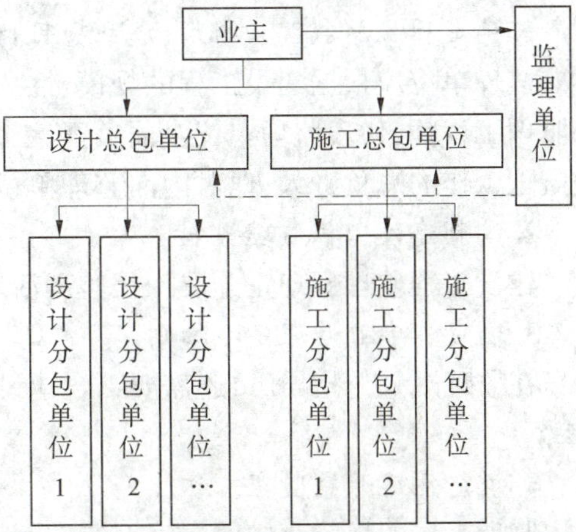

图 3-6 设计/施工总分包委托一家监理企业的监理模式

3.2.1.3 工程项目总承包模式及其监理模式

1. 工程项目总承包模式

1) 工程项目总承包模式的概念

工程项目总承包是指业主把工程设计、施工、材料和设备采购等一系列工作全部发包给一家承包商,由其负责设计、施工和采购等全部工作,最后向业主交付一个能达到动用条件的工程,如图 3-7 所示。这种承发包模式又称“交钥匙工程”。

2) 工程项目总承包模式的优缺点

优点:①合同关系简单,协调工作量小;②有利于投资控制;③有利于缩短建设周期。

缺点:①合同管理难度大;②合同价格较高,业主择优选择承包商范围小;③不利于质量控制。

2. 工程项目总承包模式下的监理模式

在工程项目总承包模式下,业主与总承包单位只签订一份总承包合同,一般宜委托一家监理企业进行监理,如图 3-8 所示。

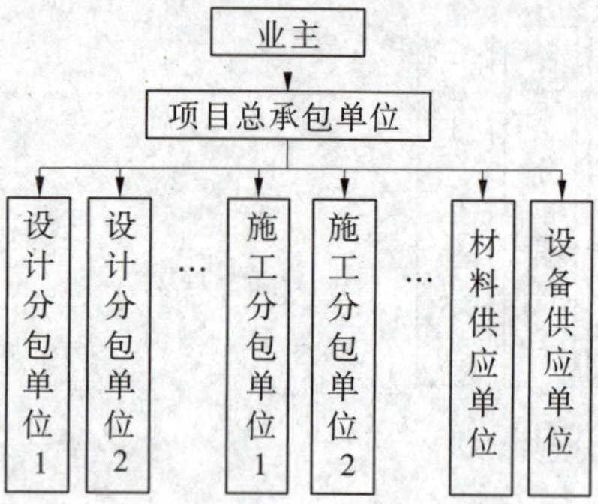

图 3-7　工程项目总承包模式

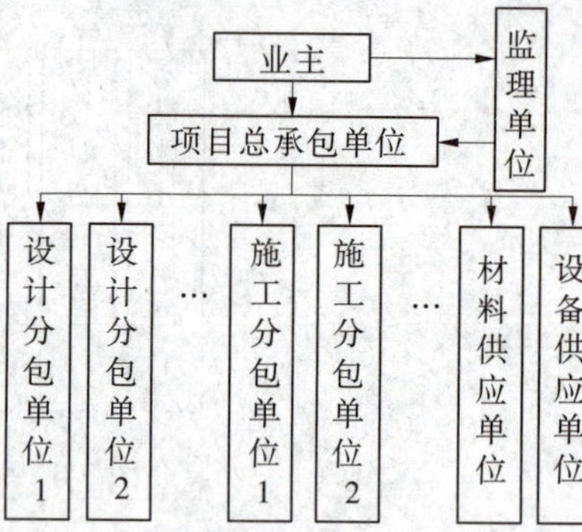

图 3-8　项目总承包模式下的监理模式

3.2.2　建设工程监理实施程序与实施原则

3.2.2.1　建设工程监理实施程序

1. 确定项目总监理工程师,成立项目监理机构

监理单位应根据建设工程的规模、性质和业主对监理的要求,委派称职的人员任项目总监理工程师,代表监理单位全面负责该工程的监理工作。总监理工程师是一个建设工程监理工作的总负责人,他对内向监理单位负责,对外向业主负责。

2. 编制建设工程监理规划

建设工程监理规划是开展工程监理活动的纲领性文件,其具体内容详见第 13 章。

3. 制定各专业监理实施细则

在监理规划的指导下,还需要结合建设工程实际情况,制定相应的实施细则,详见第 13 章。

4. 规范化地开展监理工作

监理工作的规范化体现在以下三方面:

(1)工作的时序性。这是指监理的各项工作都应按一定的逻辑顺序先后展开,从而使监理工作能有效地达到目标而不致造成工作状态的无序和混乱。

(2)职责分工的严密性。监理工作是由不同专业、不同层次的专家群体共同来完成的,他们之间严密的职责分工是协调进行监理工作的前提和实现监理目标的重要保证。

(3)工作目标的确定性。在职责分工的基础上,每一项监理工作的具体目标都应是确定的,完成的时间有时限规定,从而能通过报表资料对监理工作及其效果进行检查和考核。

5. 参与验收,签署建设工程监理意见

建设工程项目施工完成以后,监理单位应在正式验交前组织竣工预验收,应参加业主组织的工程竣工验收,签署监理意见。

6. 向业主提交建设工程监理档案资料

监理单位向业主提交的监理档案资料应在建设工程监理合同文件中约定。

7. 监理工作总结

监理工作完成后,项目监理机构应及时从以下两方面进行监理工作总结:其一,是向业主提交的监理工作总结;其二,是向监理单位提交的监理工作总结。

3.2.2.2 建设工程监理实施原则

1. 公平、独立、诚信、科学的原则

监理工程师必须尊重科学、尊重事实,组织各方协调配合,维护业主的合法权益,不损害承包商的合法权益。

2. 权责一致原则

监理工程师承担的职责应与业主授予的权限一致,即承担合同中监理单位与业主方约定的监理责任与义务,同时监理单位应给总监理工程师充分授权。

3. 总监理工程师负责制的原则

总监理工程师负责制的内涵包括:①总监理工程师是工程监理的责任主体,是向业主和监理单位所负责任的承担者;②总监理工程师是工程监理的权力主体,全面领导建设工程监理工作。

4. 严格监理、热情服务的原则

监理工程师应对承建单位在工程建设中的建设行为进行严格的监理。监理工程师还应为业主提供热情的服务。

5. 综合效益的原则

监理工程师既要对业主负责,谋求最大的经济效益,又要对国家和社会负责,取得最佳的综合效益。

6. 实事求是的原则

在监理工作中,监理工程师应尊重事实。监理工程师的任何指令、判断应以事实为依据,有证明、检验、试验资料等。

3.3 项目监理机构及监理人员岗位职责

项目监理机构是工程监理单位实施监理时,派驻工地负责履行建设工程监理合同的组织机构。项目监理机构的组织结构模式和规模,可以根据建设工程监理合同约定的服务内容、服务期限,以及工程特点、规模、技术复杂程度、环境等因素确定。在施工现场监理工作全部完成或建设工程监理合同终止时,项目监理机构可撤离施工现场。撤离施工现场前,应由监理单位书面通知建设单位,并办理相关移交手续。

3.3.1 项目监理机构的设立

委托监理合同一经签订,监理企业便可组织实施监理工作,在设立项目监理机构时,一般按以下步骤进行,如图 3-9 所示。

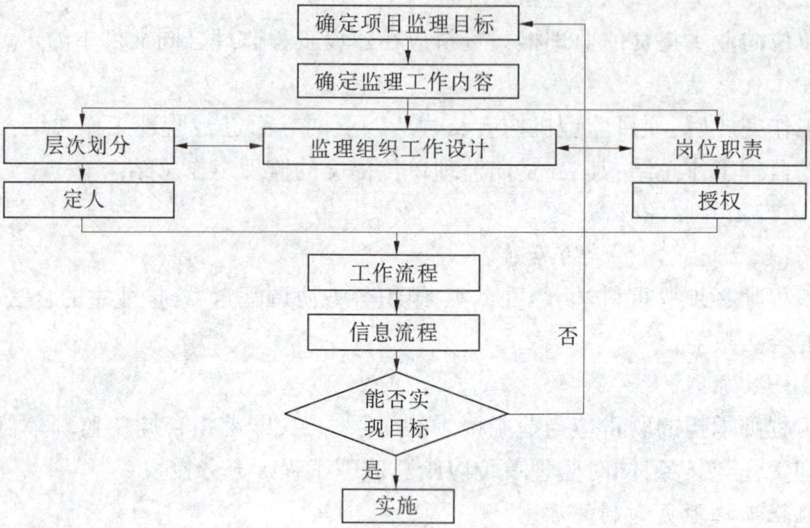

图 3-9　项目监理机构设立步骤

3.3.1.1　确定项目监理目标

工程监理目标是项目监理组织设立的前提，项目监理组织的建立应根据工程监理合同中确定的监理目标，制定总目标并明确划分监理组织的分解目标。

3.3.1.2　确定监理工作内容

根据监理目标和建设工程监理合同中规定的监理任务，明确列出监理工作内容，进行分类归纳及组合，这是一项重要的组织工作。对各项工作进行归纳及组合应以便于监理目标控制为目的，并考虑监理项目的规模、性质、工期、工程复杂程度以及监理企业自身技术业务水平、监理人员数量、组织管理水平等。如进行全过程监理，监理工作可按勘察设计阶段和施工安装阶段分别归纳和组合。如果进行施工阶段监理，可按投资、进度、质量目标进行归纳和组合，如图 3-10 所示。

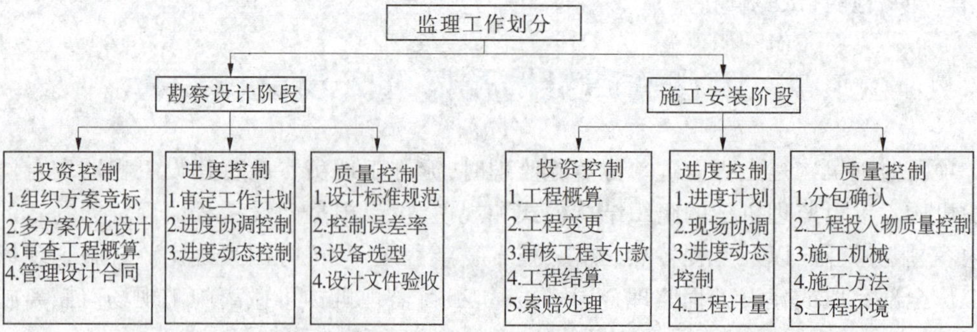

图 3-10　实施监理阶段工作划分

3.3.1.3　项目监理机构组织结构设计

项目监理机构组织结构设计程序如图 3-11 所示。

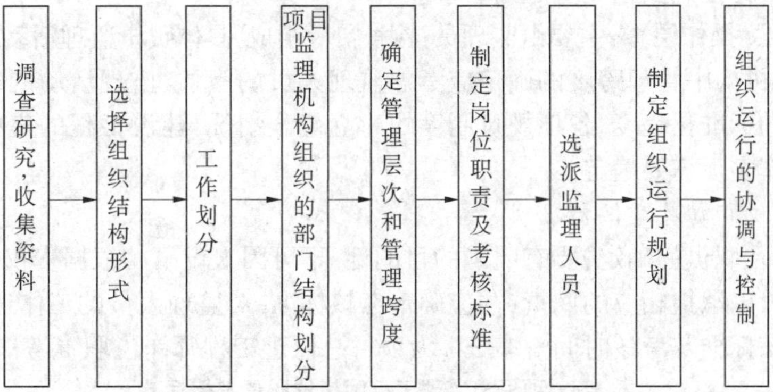

图 3-11 项目监理机构组织结构设计程序

1. 调查研究,收集资料

在进行项目监理机构组织结构设计或调整时,主要应收集下述几方面的资料:①工程建设市场资料;②国内外项目监理机构组织结构设计资料;③对项目监理机构组织结构调整时,还应收集本监理机构单位过去运行状态的某些资料。

2. 选择组织结构形式

由于建设工程规模、性质、建设阶段等的不同,项目监理机构组织结构设计时应选择适宜的组织结构形式以适应监理工作的需要。组织结构形式选择的基本原则是:有利于工程合同管理、有利于监理目标控制、有利于决策指挥、有利于信息沟通。

3. 工作划分

工作划分是项目监理机构组织结构设计的一项基础工作,应根据工作划分来确定组织的组成结构、部门设置、管理层次、人员配备等。

建设工程监理工作可以划分为作业工作和管理工作两种基本类型。作业工作是以工程项目的建设工程监理实际作业来划分的,如投资控制、质量控制、进度控制、合同管理、信息管理等。作业划分的目的是确定建设工程监理组织机构各部门的业务、性质、职能、职责、人员及配置等。管理工作可以按建设工程监理企业所从事的管理职能及管理业务划分。一般管理工作可以按管理内容、管理目标、管理专业、管理活动以及工程项目的建设工程监理模式划分出不同管理层次及其责权的管理工作。

4. 项目监理机构组织的部门结构划分

工作划分后,按组织分工协作原则,将性质相同或相近的工作划归同一类型,再将相同或相近的类型划归同一部门。依据监理机构组织目标、可利用的人力和物力资源以及合同结构情况等,将"三控、两管、一协调、一履行"的监理工作按不同职能活动形成相应的管理部门。

5. 确定管理层次和管理跨度

项目监理机构组织中一般应有以下三个层次:

(1)决策层。由总监理工程师和其助手组成,主要根据建设工程监理合同的要求和监理活动内容进行科学化、程序化、规范化、精细化决策与管理。

(2)中间控制层(协调层和执行层)。由各专业监理工程师组成,具体负责监理规划的落实、监理目标控制及合同实施的管理。

(3)作业层(操作层)。主要由监理员、检查员等组成,具体负责监理活动的操作实施。

项目监理机构中管理跨度的确定应考虑监理人员的素质、监理活动的复杂性和相似性、监理业务的标准化程度、各项规章制度的建立健全情况、建设工程的集中或分散情况等,按监理工作实际需要确定。

6. 制定岗位职责及考核标准

岗位职务及职责的确定,要有明确的目的性,不可因人设事。根据责权一致的原则进行适当的授权,以承担相应的职责;并应确定考核标准,对监理人员的工作进行考核,包括考核内容、考核标准及考核时间。表 3-1 为项目总监理工程师岗位职责考核标准。

表 3-1　项目总监理工程师岗位职责考核标准

项目	职责内容	考核要求	
		标准	时间
工作目标	1. 项目投资控制	符合投资控制计划	每月末
	2. 项目进度控制	符合合同工期及总控制进度计划	每月末
	3. 项目质量控制	符合质量控制计划	工程各阶段末
基本职责	1. 根据监理合同,建立和管理项目监理组织	1. 监理组织机构科学合理; 2. 监理机构有效运行	每月末
	2. 主持编写与组织实施监理规划;审批监理实施细则	1. 对工程监理工作系统策划; 2. 监理实施细则符合监理规划要求,具有可操作性	编写和审核完成后
	3. 审查分包单位资质	符合合同要求	一周内
	4. 监督和指导专业监理工程师对投资、进度、质量进行监理;审核、签发有关文件资料;处理有关事项	1. 监理工作处于正常状态; 2. 工程处于受控状态	每月末
	5. 做好监理过程中有关各方的协调工作	工程处于受控状态	每月末
	6. 主持整理建设工程的监理资料	及时、准确、完整	按合同约定

7. 选派监理人员

根据监理工作的任务,选择适当的监理人员,包括总监理工程师、专业监理工程师和监理员,必要时可配备总监理工程师代表。监理人员的选择除考虑个人素质外,还应考虑人员总体构成的合理性与协调性。

8. 制定组织运行规划

制定组织运行规划,即建立组织运行的保证体系,并编制相应的工作计划。其主要工作内容是制定工作制度,建立岗位责任制度,建立监督与检查制度,建立组织运行档案和报告制度。

9. 组织运行的协调与控制

项目监理组织运行规划是组织结构设计的一种静态管理方法。由于各级监理组织正式投入运行,在各种内部或外部因素变化影响下,有可能出现组织结构矛盾、组织目标矛盾、组织职能矛盾、组织行为矛盾以及组织与外部环境的矛盾等，将直接影响到组织的运行效率和效果。

组织运行的控制与协调就是依据各种工作程序、标准、规程、制度、准则等，一旦发现组织运行中出现问题就立即解决，发生矛盾就立即化解，使矛盾的双方或多方通过协商达成共识。因此，控制与协调是保持组织平衡运行状态的重要手段。

3.3.1.4　制定工作流程和信息流程

为使监理工作科学、有序进行，应按监理工作的客观规律制定工作流程和信息流程，规范化开展监理工作。图3-12为施工阶段监理工作流程。

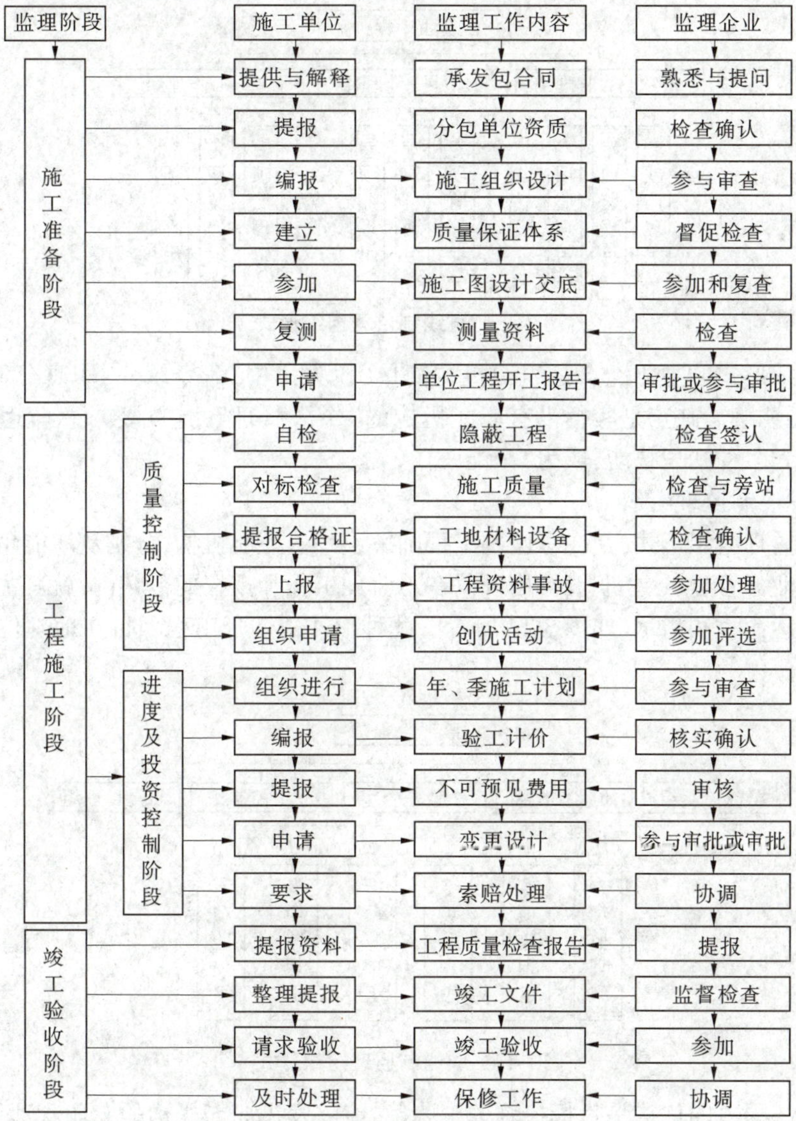

图3-12　施工阶段监理工作流程

3.3.2 项目监理机构的组织形式

常见的建设工程项目监理组织形式有直线制、职能制、直线职能制和矩阵制等。

3.3.2.1 直线制监理组织

这种组织形式是最简单的,它的特点是组织中各种职位是按垂直系统直线排列的。它适用于监理项目能划分为若干相对独立子项的大、中型建设工程项目,如图 3-13 所示。总监理工程师负责整个项目的规划、组织和指导,并着重整个项目范围内各方面的协调工作。子项目监理组分别负责子项目的目标控制,具体领导现场专业或专项监理组的工作。

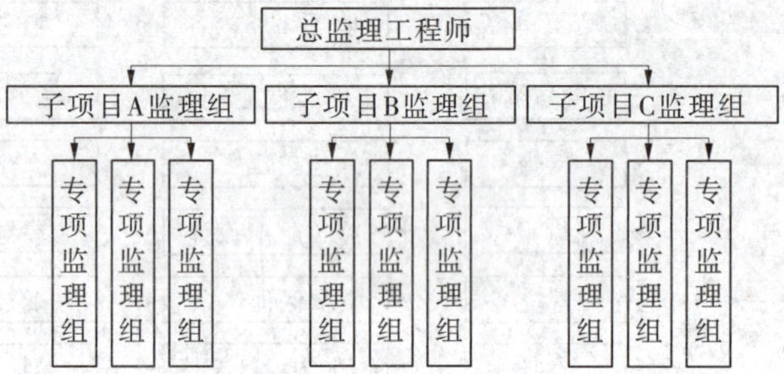

图 3-13 直线制监理组织形式

这种组织形式的主要优点是组织机构简单,权力集中,命令统一,职责分明,决策迅速,隶属关系明确。缺点是实行没有职能机构的"个人管理",这就要求总监理工程师通晓各种业务和多种知识技能,成为"全能"式人物。

3.3.2.2 职能制监理组织

职能制监理组织形式,是在总监理工程师下设一些职能机构,分别从职能角度对基层监理组进行业务管理,这些职能机构可以在总监理工程师授权的范畴内,就其主管的业务范围向下下达命令和指示,如图 3-14 所示。此种形式适用于工程项目在地理位置上相对集中的工程。

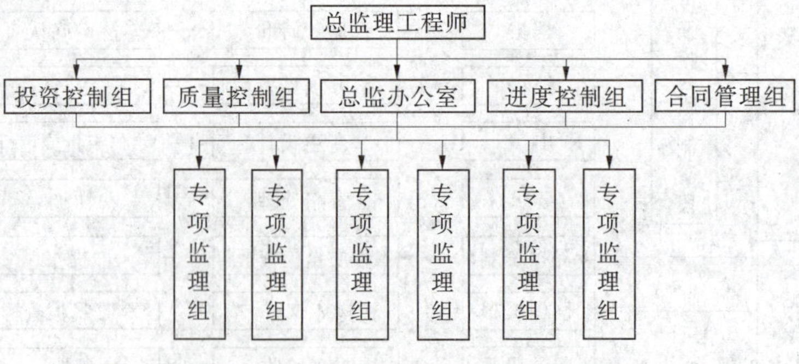

图 3-14 职能制监理组织形式

这种组织形式的优点是目标控制分工明确,能够发挥职能机构的专业管理作用,专家参加管理,能够提高管理效率,减轻总监理工程师负担。缺点是多头领导,易造成职责不清。

3.3.2.3　直线职能制监理组织

直线职能制监理组织形式是吸收了直线制和职能制两种监理组织形式的优点而形成的一种组织形式。这种组织形式把管理部门和人员分为两类：一类是直线指挥部门和人员，他们拥有对下级部门进行指挥和发布命令的权力，并对该部门的工作全面负责；另一类是职能部门和人员，他们是直线指挥人员的参谋，他们只能对下级部门进行业务指导，而不能对下级部门直接进行指挥和发布命令。直线职能制监理组织形式如图 3-15 所示。

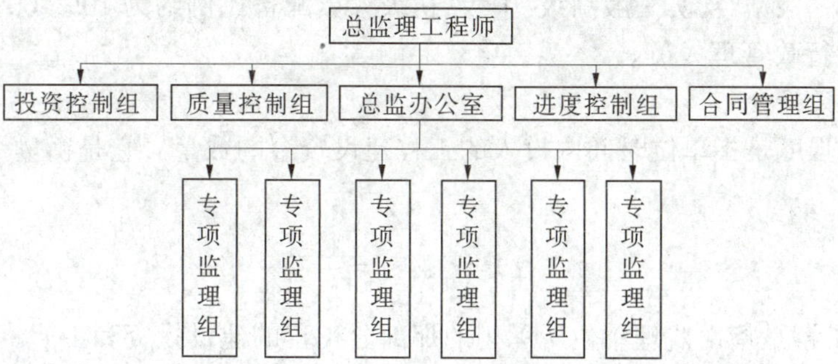

图 3-15　直线职能制监理组织形式

这种形式保持了直线制监理组织实行直线领导、统一指挥、职责清楚的优点，也保持了职能制监理组织目标管理专业化的优点。其缺点是职能部门与指挥部门易产生矛盾，信息传递路线长，不利于互通情报。

3.3.2.4　矩阵制监理组织

矩阵制监理组织形式是由纵横两套管理系统组成的矩阵式组织结构：一套是纵向的职能系统，另一套是横向的子项目系统，如图 3-16 所示。

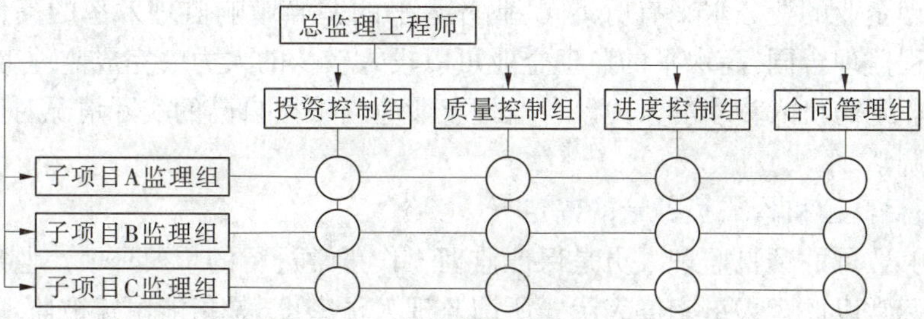

图 3-16　矩阵制监理组织形式

这种形式的优点是加强了各职能部门的横向联系，具有较大的机动性和适应性，把上下左右集权和分权实行最优的结合，有利于解决复杂难题，有利于监理人员业务能力的培养。缺点是纵横向协调工作量大，处理不当会造成扯皮现象，产生矛盾。

3.3.3　项目监理机构的人员配备

3.3.3.1　监理人员配备应考虑的因素

监理组织人员的配备一般应考虑专业结构、人员层次、工程建设强度、工程复杂程度和监理企业的业务水平。

1. 专业结构

项目监理组织专业结构应针对监理项目的性质和建设工程监理合同进行设置。专业人员的配备要与所承担的监理任务相适应。在监理人员数量确定的情况下，应做适当调整，保证监理组织结构与任务职能分工的要求得到满足。

2. 人员层次

监理人员根据其技术职称分为高级、中级、初级三个层次。合理的人员层次结构有利于管理和分工。根据经验，一般高级、中级、初级人员配备比例约为10%、60%、20%，其余的10%左右为行政管理人员。

3. 工程建设强度

工程建设强度是指单位时间内投入的工程建设资金的数量。它是衡量一项工程紧张程度的标准。

$$\text{工程建设强度}=\frac{\text{投资}}{\text{工期}} \tag{3-1}$$

其中，投资和工期是指由监理单位所承担的那部分工程的建设投资和工期。

一般投资额是按合同价确定的，工期是根据进度总目标及分目标确定的。显然，工程建设强度越大，投入的监理人员就越多，工程建设强度是确定监理人员数量的重要因素。

4. 工程复杂程度

工程项目的复杂程度不同，则投入的人力也就不同。根据一般工程情况，工程复杂程度要考虑的因素有设计活动多少、气候条件、地形条件、工程地质、施工方法、工程性质、工期要求、材料设备供应和工程分散程度等。根据工程复杂程度的不同，可以将工程项目划分为简单、一般、一般复杂、复杂、很复杂五个级别。

5. 监理企业的业务水平

每个监理企业的业务水平有所不同，业务水平的差异影响监理效率的高低。对于同一份建设工程监理合同，高水平的监理企业可以投入较少的人力去完成监理工作，而低水平的监理企业则需投入较多的人力。各监理企业应当根据自己的实际情况对监理人员数量进行适当调整。

3.3.3.2 项目监理机构人员数量的确定

配备足够数量的项目监理人员是保证监理工作正常进行的重要环节。监理人员应配备的数量指标常以监理人员密度表示。所谓监理人员密度，是指能覆盖被监理工程范围，且能保证有效地开展监理活动所需要的监理人员数量。监理人员密度应根据工程项目类型、规模、复杂程度，以及监理人员的素质和监理企业管理水平等因素决定。目前中国尚无公认的标准和定额，但可以参考世界银行的有关定额指标来估算监理人员的数量。

世界银行认为，监理人员数量可根据施工密度和工程复杂程度决定。所谓施工密度，可以用工程建设强度即年造价（百万美元/年）来度量。工程复杂程度分为五级，按指标值0~10评定，如表3-2所示。工程复杂程度指标值及其评估，按10项指标的有利程度，分别以0~10分进行评定，取其平均值为工程复杂程度指标值。

表 3-2 工程复杂程度指标值

工程复杂程度等级		指标值
一级	简单	0~3
二级	一般	3~5
三级	一般复杂	5~7
四级	复杂	7~9
五级	很复杂	9~10

这10项指标所反映的工程特点是:设计活动由简单到复杂;工程位置方便或偏僻;工地气候温和或恶劣;工地地形平坦或崎岖;工程地质简单或复杂;施工方法简单或复杂;工期紧迫或宽松;工程性质(专业项目数)简单或复杂;材料供应能够保证或不能保证;分散程度分散或集中等。

根据工程复杂程度分值的平均值和施工密度规定的每年支付100万美元的监理人数的定额标准(见表3-3),然后根据工程年度投资额计算出当年应配备各类监理人员数及监理人员总数。

表 3-3 监理人员配备定额标准

工程复杂程度	每年支付100万美元所需监理人员数		
	监理工程师	监理员或技术员	行政人员或秘书
一级	0.20	0.75	0.10
二级	0.25	1.00	0.10
三级	0.35	1.10	0.25
四级	0.50	1.50	0.35
五级	>0.50	>1.50	>0.35

【例3-1】 某大厦建筑高度188 m,地上主楼41层,裙房7层,地下3层。总建筑面积约7.1万m^2,主楼采用钢筋混凝土核心筒和钢结构外框架;裙楼采用全钢结构。整个大厦功能和设施先进,最大程度地运用当代先进信息技术。工程总造价约8 000万美元,工期为30个月。该工程评估的复杂程度指标值如表3-4所示。估算该建设工程项目监理人员配备。

表 3-4　工程复杂程度指标及评估示例

项次	工程特征	复杂程度	估计分值
1	设计活动	复杂	8
2	工程位置	较方便	4
3	气候条件	较温和	5
4	地形条件	平坦	4
5	工程地质	复杂	7
6	施工方法	复杂	7
7	工期要求	中等紧张	6
8	工程性质	项目多,集中	7
9	材料供应	较为紧张	7
10	分散程度	一般	6
平均分值			6.1

解:计算平均分值:(8+4+5+4+7+7+6+7+7+6)÷10=6.1。

查表 3-2 可知,该工程复杂程度三级,属于一般复杂程度。

工程建设强度=8 000÷30×12=3 200(万美元/年)=32(百万美元/年)

由表 3-3 的定额指标,各类监理人员的配备人数分别为:

监理工程师:0.35×32=11.2,按 12 人计。

监理员或技术员:1.10×32=35.2,按 36 人计。

行政人员或秘书:0.25×32=8,按 8 人计。

因此,该建设工程项目监理人员可配备 56 人。

3.3.4　项目监理机构各类人员的岗位职责

监理人员的岗位职责应按照工程建设阶段和建设工程项目的情况确定。

3.3.4.1　总监理工程师

总监理工程师简称总监,是由监理企业法定代表人书面授权,全面负责建设工程监理合同的履行、主持项目监理机构工作的注册监理工程师。对项目监理应实行总监理工程师负责制,一方面总监作为监理企业的派出代表,应对监理企业承担全部责任;另一方面,总监是执行项目监理合同授权下的法定代表,应对业主承担全部责任。因此,在建设工程项目监理中,总监理工程师扮演着一个极为重要的角色。一名总监理工程师可担任一项建设工程监理合同的总监理工程师,当需要同时担任多项建设工程监理合同的总监理工程师时,应经建设单位书面同意,且最多不得超过 3 项。

1. 总监理工程师的选择

总监理工程师应由注册监理工程师担任。选择总监理工程师直接关系到监理企业与业主的双重利益,对建设工程监理合同执行效果起着关键性的作用。因此,监理企业对总监理工程师人选应给予高度的重视。一般应选择政治思想好、法纪意识强、技术水平高、管理经验丰富,具有高度的协调组织能力、综合知识能力和创新能力的注册监理工程师担任。

2. 总监理工程师的主要职责

(1)确定项目监理机构人员及其岗位职责。

(2)组织编制监理规划,审批监理实施细则。

(3)根据工程进展及监理工作情况调配监理人员,检查监理人员工作。

(4)组织召开监理例会。

(5)组织审核分包单位资格。

(6)组织审查施工组织设计、(专项)施工方案。

(7)审查开复工报审表,签发工程开工令、暂停令和复工令。

(8)组织检查施工单位现场质量、安全生产管理体系的建立及运行情况。

(9)组织审核施工单位的付款申请,签发工程款支付证书,组织审核竣工结算。

(10)组织审查和处理工程变更。

(11)调解建设单位与施工单位的合同争议,处理工程索赔。

(12)组织验收分部工程,组织审查单位工程质量检验资料。

(13)审查施工单位的竣工申请,组织工程竣工预验收,组织编写工程质量评估报告,参与工程竣工验收。

(14)参与或配合工程质量安全事故的调查和处理。

(15)组织编写监理月报、监理工作总结,组织整理监理文件资料。

3.3.4.2 总监理工程师代表

总监理工程师代表是经监理企业法定代表人同意,由总监理工程师书面授权,代表总监理工程师行使其部分职责和权力的项目监理机构中的监理工程师。

总监理工程师代表应履行以下职责:

(1)负责总监理工程师指定或交办的监理工作。

(2)按总监理工程师的授权,行使总监理工程师的部分职责和权力。

总监理工程师不得将施工阶段的下列工作委托总监理工程师代表:

① 组织编制监理规划,审批监理实施细则。

② 根据工程进展及监理工作情况调配监理人员。

③ 组织审查施工组织设计、(专项)施工方案。

④ 签发工程开工令、暂停令和复工令。

⑤ 签发工程款支付证书,组织审核竣工结算。

⑥ 调解建设单位与施工单位的合同争议,处理工程索赔。

⑦ 审查施工单位的竣工申请,组织工程竣工预验收,组织编写工程质量评估报告,参与工程竣工验收。

⑧ 参与或配合工程质量安全事故的调查和处理。

3.3.4.3 专业监理工程师

专业监理工程师是根据项目监理岗位职责分工和总监理工程师的指令,负责实施某一专业或某一方面的监理工作,具有相应监理文件签发权的监理工程师。

专业监理工程师应履行以下职责:

(1)参与编制监理规划,负责编制监理实施细则。

(2)审查施工单位提交的涉及本专业的报审文件,并向总监理工程师报告。

(3)参与审核分包单位资格。

(4)指导、检查监理员工作,定期向总监理工程师报告本专业监理工作实施情况。

(5)检查进场的工程材料、构配件、设备的质量。

(6)验收检验批、隐蔽工程、分项工程,参与验收分部工程。

(7)处置发现的质量问题和安全事故隐患。

(8)进行工程计量。

(9)参与工程变更的审查和处理。

(10)组织编写监理日志,参与编写监理月报。

(11)收集、汇总、参与整理监理文件资料。

(12)参与工程竣工预验收和竣工验收。

3.3.4.4 其他监理工作人员

其他监理工作人员是总监理工程师或专业监理工程师的助手,包括监理员、检查员、试验员、测量员、打字员、秘书及其他有关的技术、经济、管理人员。其他监理人员的配备数量、专业配置、业务能力等应根据监理项目的规模、工程特点、授权范围、项目监理机构等确定。

专业监理工程师在选定监理员或检查员时,应全面考核他们的思想品质、敬业精神、技术能力、组织能力、业务能力。一名优秀的监理员或检查员是专业监理工程师的得力助手;反之,一名不合格的监理员或检查员将给专业监理工程师造成极大的困难或负担。因此,专业监理工程师有权建议将不称职的监理员或检查员调离监理现场。

监理员应履行以下职责:

(1)检查施工单位投入工程的人力、主要设备的使用及运行状况。

(2)进行见证取样。

(3)复核工程计量有关数据。

(4)检查工序施工结果。

(5)发现施工作业中的问题,及时指出并向专业监理工程师报告。

3.4 建设工程监理的组织协调

3.4.1 组织协调的概念及分类

3.4.1.1 组织协调的概念

在建设工程监理过程中,为了实现项目目标,组织协调工作是必不可少的。所谓组织协调,是指以一定的组织形式、手段和方法,对工程建设相关方的关系进行沟通,对产生的干扰和障碍予以排除的过程。组织协调是监理工作能否成功的关键,只有通过积极的组织协调，才能实现整个系统全面协调控制的目标。

3.4.1.2 组织协调的分类

按监理人员与被协调对象之间的组织关系的“远、近”程度可分为组织内部协调、“近外层”协调、“远外层”协调三类。

1. 组织内部协调

组织的内部关系，主要有人际关系、组织关系、需求关系或配合关系等。项目组织内部关系的协调管理，就是对这几个关系进行及时有效的协调。

1）组织内部人际关系的协调

组织是由人组成的工作体系。工作的效率如何，很大程度上取决于人际关系的协调程度。为提高工作效率，顺利实现项目目标，组织内部应首先抓好人际关系的协调。人际关系协调管理主要表现在以下几个方面：①在人员安排上要量才录用；②在工作委任上要职责分明；③在绩效评价上要实事求是；④在矛盾调解上要恰到好处。

2）组织内部组织关系的协调

组织是由若干个子系统（部门）组成的工作体系，每个部门都有自己的目标和任务。如果每个部门都能从组织的整体出发，理解和履行自己的职责，那么整个系统就会处于有序的良性状态，确保顺利实施项目计划，实现项目目标；否则，整个系统将处于无序的紊乱状态，导致功能失调、效率低下。因此，要用相当多的精力进行组织关系协调管理。组织关系协调管理工作可从以下几个方面入手：①要在职能划分的基础上设置组织机构；②要明确规定每个机构的目标职责、权限；③要事先约定各个机构在工作中的相互关系；④要建立信息沟通制度；⑤要及时消除工作中的矛盾和冲突。

3）组织内部需求关系的协调

项目目标实施过程中随时都会产生某些特殊需求，如对人员的需求、对配合力量的需求等。因此，内部需求平衡至关重要。协调不好，既影响工程的进度，又影响工作人员的情绪。所以，需求关系的协调也是协调管理的重要内容。需求关系的协调可抓住几个关键环节来进行：①对人、财、物等资源的需求，要抓住计划环节；②实施力量的平衡，要抓住“瓶颈”环节；③对专业工种的配合，要抓住调度环节。

2.“近外层”协调

“近外层”协调主要是指监理组织（企业）与建设单位（业主）、设计单位、施工单位、材料设备供应商等参与工程建设单位之间关系的协调。

1）监理企业与业主之间关系的协调

工程项目业主责任制与建设工程监理制这两大体制的关系，决定了业主与监理企业这两类法人之间是一种平等的关系，是一种委托与被委托、授权与被授权的关系，更是相互依存、相互促进、共兴共荣的紧密关系。监理工程师应从以下几方面加强与业主的协调：

（1）监理工程师要清楚建设工程总目标，理解业主的建设意图。中国的实际情况是监理工程师一般不能参与项目决策过程，因此在开展监理工作之前必须了解项目构思的基础、起因和出发点，否则可能对监理目标及完成任务有不完整的理解，导致实际监理工作困难。

(2)监理工程师要利用工作之便做好监理宣传工作，增进业主对监理工作的理解，特别是对建设工程管理各方职能及监理程序的理解，以科学化、规范化、程序化、精细化的工作去影响和促进双方工作的协调一致。

(3)监理工程师要尊重业主，让业主一起投入到建设工程的全过程中，力求业主满意。对于业主提出的不适当要求，应寻求适当时机，以合适的方式进行说明和解释，以避免不必要的误解。

2)监理企业与承建商之间关系的协调

这里所说的承建商，不但是指施工企业，还包括规划单位、勘察单位、设计单位、施工单位以及设备、工程构件和配件的加工制造单位在内的大概念，也就是说，凡是承接工程建设业务的单位，相对于业主来说，都叫作承建商。与承建商之间的协调，监理工程师要注意以下两方面：

(1)要坚持原则，实事求是，严格按规范、规程办事，讲究科学的态度。在监理工作中，监理工程师应强调各方面利益和建设工程总目标的一致性，鼓励承建商将工程的实际进展状况、实施结果和遇到的困难及意见及时向监理方汇报，以找出影响目标控制可能的干扰因素。双方了解得越多、越深刻，监理工作中的对抗和争执就会越少。

(2)要注意协调的方式和方法。与承建商的协调工作不仅是方法问题、技术问题，更是语言艺术、感情交流和用权适度的问题。如何用高超的协调能力，把正确的协调意见表达出来，使对方容易接受，使各方都能满意，这是监理工程师必须仔细研究的问题。

3. “远外层”协调

“远外层”协调是指监理组织与政府有关部门、社会团体等单位之间关系的协调。

1)监理组织与政府有关部门之间关系的协调

政府有关部门负有管理工程建设工作的职能。为了保证工程项目的顺利实施、项目目标的实现，在建设工程监理过程中，监理组织应注意在以下几个主要阶段协调好与政府部门的关系：

(1)施工准备阶段应注意协调的问题。监理组织必须严格遵守工程建设程序，配合建设单位做好建设前期准备工作。对列入国家计划的项目，建设前期工作没有做好、不具备开工条件的，不得施工。施工准备期间，必须在施工现场明显处设置标有监理企业名称的标志牌，以利于有关单位和群众监督检查。还要注意现场消防设施的配置，并应得到当地公安消防部门的认可。若要分包工程，不得将工程分包给无证或不具备承接该项工程资质等级的施工单位，否则政府主管部门有权责令停止分包，并视情节予以处理。

(2)正式施工阶段应注意协调的问题。项目在施工中应注重工程质量，文明施工。质检人员应经培训合格，持证上岗，否则建筑行政主管部门有权责令其下岗，并宣布所提供的质检资料无效。工程质量指标完成情况，要经政府质量监督部门认证。若因管理不善造成工程质量不合格或建筑物倒塌、人身伤亡等重大事故，不得隐瞒，在采取急救、补救措施的同时，应立即向政府有关部门报告情况，接受检查和处理。施工中还应注意防止污染环境，特别要注意防止噪声污染，坚持做到施工不扰民。特殊情况下的短时骚扰，应与被扰单位或居委会取得联系，说明情况，求得谅解。

2)监理组织与社会团体关系的协调

社会团体很多,其性质、任务、权限各不相同。与项目有一定关系的社会团体主要有金融机构、服务部门、新闻单位等。监理组织协调好与这些社会团体的关系,有助于工程项目的实施。

(1)监理组织与金融机构关系的协调。与监理组织关系最密切的金融机构是开户银行。对于建筑安装工程价款,甲乙双方都要通过银行进行结算。

(2)监理组织与服务部门关系的协调。工程建设离不开社会服务部门的服务,监理组织应主动联系,求得其对工程项目建设的支持和帮助。

(3)监理组织与其他单位关系的协调。一个大中型工程项目建成后,不仅会给建设单位带来好处,而且会给一个地区的经济发展带来好处,同时会给当地人民生活的方便带来好处。因此,建设期间会引起社会各界的关注,监理组织应做好协调工作,求得社会各界对工程项目建设的关心和支持。

3.4.2 组织协调的方法

组织协调工作涉及面广,受主观和客观因素影响较大,所以监理工程师知识面要宽,要有较强的工作能力,能够因地制宜、因时制宜处理问题。监理工程师组织协调可采用如下方法。

3.4.2.1 会议协调法

会议协调法是建设工程监理中常用的一种协调方法,实践中常用的会议协调法包括第一次工地会议、工地例会、专题监理会议等。

3.4.2.2 书面文件协调法

书面文件协调方法的特点是具有合同效力,一般常用于以下几个方面:

(1)不需双方直接交流的书面报告、报表、指令和通知等。

(2)需要以书面形式向各方提供详细信息和情况通报的报告、信函和备忘录等。

(3)事后对会议记录、交谈内容或口头指令的书面确认。

3.4.2.3 交谈协调法

交谈包括面对面的交谈和电话交谈两种形式。无论是内部协调还是外部协调,这种方法的使用频率都是相当高的,其原因在于:

(1)它是一条保持信息畅通的最好渠道。由于交谈方便及时,所以建设工程参与各方之间及监理机构内部都愿意采用这一方法进行协调。

(2)它是寻求协作和帮助的最好方法。在寻求别人帮助和协作时,往往要及时听取对方的反馈和意见,以便采取相应的对策。另外,相对于书面寻求协作,人们更难于拒绝面对面的请求。因此,采用交谈方式请求协作与帮助比采用书面形式实现的可能性要大。

(3)它是正确及时地发布工程指令的有效方法。在实践中,监理工程师一般常采用交谈方式先发布口头指令,这样,一方面可以使对方及时地执行指令,另一方面可以和对方交流,了解对方是否正确理解了指令。随后,再以书面形式加以确认。

3.4.2.4 访问法

访问法主要用于外部协调,有走访和邀访两种形式。走访是指监理工程师在建设工程施工前或施工过程中,对与工程施工有关的各政府部门、公共事业机构、新闻媒介或工程毗邻单位等进行访问,向他们解释工程的情况,了解他们的意见。邀访是指监理工程师邀请上述各单位(包括业主)代表到施工现场对工程进行指导性巡视,了解现场工作。因为在多数情况下,这些有关方面并不了解工程项目,不清楚现场的实际情况,如果进行一些不恰当的干预,会对工程产生不利影响。这个时候,采用访问法可能是一个相当有效的协调方法。

3.4.2.5 情况介绍法

情况介绍法通常是与其他协调方法紧密结合在一起的,它可能是在一次会议前,或是一次交谈前,或是一次走访或邀访前向对方进行的情况介绍。形式上主要是口头的,有时也伴有书面的。介绍往往作为其他协调的引导,目的是使别人首先了解情况。因此,监理工程师应重视任何场合下的每一次介绍,要使别人能够理解自己介绍的内容、问题和困难、自己想得到的协助等。

总之,组织协调是一种管理艺术和技巧,监理工程师尤其是总监理工程师需要掌握领导科学、心理学、行为科学方面的知识和技能,如激励、交际、表扬和批评的艺术,开会的艺术,谈话的艺术,谈判的技巧等。只有这样,监理工程师才能进行有效的协调。

思考题

1. 试述组织的含义。
2. 组织活动有哪些基本原理?
3. 如何进行组织设计?
4. 工程项目的承发包模式及其对应的监理模式有哪些?其优缺点如何?
5. 监理组织的管理层次一般分为几层?
6. 试述工程监理的实施程序及实施原则。
7. 项目监理机构的组织形式有哪几种?
8. 项目监理机构如何进行人员配备?世界银行是如何规定的?
9. 项目监理机构中各类人员的职责是什么?
10. 项目监理组织在工作中如何进行各方协调?

4　建设工程项目目标控制

工程项目目标必须明确、可行、具体和可以度量,并需在投资方与业主、承包商之间达成一致,建设工程监理的目标与工程项目建设的目标一致。确定了工程项目目标,实际上也就明确了业主努力的方向。控制是对各项实施活动的监视,以保证这些活动按计划进行,从而能够实现既定目标。在工程项目实施过程中,控制主要发挥两个方面的作用:其一,判断工程项目是否按计划进行;其二,保证工程项目按计划进行。

所谓判断工程项目是否按计划进行,主要通过检查活动来收集工程实际进展信息,并通过其与工程计划目标之间的比较来判断工程实际进展是否与计划相符合。检查是建设工程项目目标控制的关键,即便所有的工程实施环节都在按照计划进行,也需要进行检查活动,因为影响工程实施的环境是动态变化的,不通过检查活动,就无法获取可靠的工程实际进展信息,也就无法对已经完成的工作与计划所应达到的标准进行比较,从而无法判断具体的工作是否在正常进行。所谓保证工程项目按计划进行,即当工程的实际进展情况与计划目标相比较出现了显著偏差时,需要采取一系列调整活动,包括采取必要的组织、技术、经济、合同等措施来纠正偏差或在必要时调整目标,以保证工程建设的顺利进行。

4.1　建设工程项目目标体系

4.1.1　建设工程项目目标及其关系

4.1.1.1　建设工程项目目标系统

工程项目无论何种规模、何种类型,其目标往往不是单一的,它至少是由项目的质量、投资(成本)、进度(工期)、安全和环境5个最主要的目标构成的一个目标系统。其中,质量目标、投资目标和进度目标是工程项目的基本目标。

工程项目的目标系统实质上是工程项目所要达到的最终状态的描述系统。任何工程项目在实施前都必须建立明确的目标系统,并进行精心论证、详细设计,寻求目标系统的整体最优化。

在构建项目目标系统时,应对工程项目进行充分的战略研究、风险分析,制定正确的、科学的、符合客观实际的、具有可行性的项目目标系统。构建目标系统结构时,可以按照层次分析的思路,首先根据工程项目的投资目的,确定总体目标,然后以项目的具体要求、环境和资源条件、合同条件等为依据,对目标系统进行分解,构建项目目标系统,如图4-1所示。

建设工程项目目标系统至少由系统目标、子目标和可执行目标3个层次构成。图4-1中位于第1层次的是工程项目的总目标(A),它用来阐明实施该项目的目的、意义和项目的使命；第 2 层次是项目的子目标（B_i），由系统目标分解得到，它仅适用于工程项目的某一方面，相当于目标系统中的子系统目标，它们表明实施该项目应达到的具体结果或边界条件对目标系统的约束；第 3 层次是将子目标再分解成项目的可执行目标（C_j），它们指明了解决问题的具体目标和计划；可执行目标还可以分解为更细的目标因素，它们决定了项目目标的详细构成。该级目标应具有可操作性，也称作操作目标，用于确定工程项目的详细构成。更细的目标分解，一般在可行性研究以及技术设计和计划中形成，并得到进一步解释和定量化，逐渐转化为具体的工作任务。

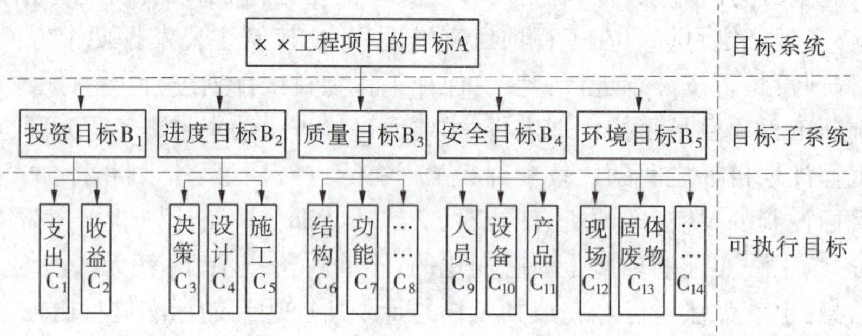

图 4-1　工程项目目标系统结构

4.1.1.2　建设工程项目目标之间的关系

1. 建设工程项目基本目标之间的关系

1）基本目标之间的对立关系

从业主的角度出发，往往希望该工程的投资少、工期短（或进度快）、质量好。通常情况下，如果业主对工程质量有较高的要求，那么就要投入较多的资金和花费较长的建设时间；如果要抢时间、争速度地完成工程项目，把进度目标定得很高，那么投资就要相应地提高，或者质量要求适当下降；如果要降低投资、节约费用，那么势必要考虑降低项目的功能要求和质量标准。所有这些表现都反映了工程项目三大目标存在着对立的关系。

2）基本目标之间的统一关系

建设工程项目目标控制系统作为一个矛盾统一体，作为基本要素的质量、进度、投资三大目标，它们之间也存在着相互统一、相互联系、相互依存的关系，并在一定条件下相互转化。

适当增加投资，为采取加快进度措施提供经济条件，就可以加快项目建设速度，缩短工期，使项目提前动用，尽早收回投资，项目全寿命经济效益得到提高。

如果适当提高项目的功能要求和质量标准，虽然会造成一次性投资的提高和工期的增加，但能节约项目动用后的经常维修费，降低产品成本，从而获得更好的投资效益。

如果项目进度计划制定得既可行又优化，使工程进度具有连续性、均衡性，则不但可以使工期得以缩短，而且有可能获得较好的质量和较低的费用。严格控制工程质量，可以避免返工，进度则会加快。

3）不同建设工程三大目标可具有不同的优先等级

由于建设背景、复杂程度、投资方及利益相关者需求等的不同，不同建设工程的质量、造价、进度三大目标的优先顺序往往并不相同。有的建设工程工期要求紧迫,有的建设工程资金紧张等,从而决定了三大目标在不同建设工程中具有不同的优先等级。如奥运工程、抢险救灾工程,其进度目标是约束最为严格的目标,等级也最高。

总之,建设工程三大目标之间密切联系、相互制约,需要运用多目标决策、多级梯阶、动态规划等理论统筹考虑,分析论证,努力在“质量优、投资省、工期短”之间寻求最佳的匹配。

2. 安全目标与基本目标之间的关系

1) 安全目标与投资目标的关系

没有一定的资金投入,是无法有效实现安全目标的。实现安全生产的目标,就必须进行必要的投入,主要包括:用于施工现场安全防护、设备和机具安全技术改造、应急抢险措施、改善劳动环境、除烟除尘、防毒害、防噪声、安全施工隐患治理、安全网和脚手架等安全装置、安全措施以及劳动者个人劳动防护用品等的相关费用,安全生产管理费用,以及突发事件的处理费用。

安全投入与提高经济效益是对立统一的,二者有着不可分割的联系。必要的安全投入可以避免或减少事故的发生,也就会减少事故带来的损失,实质上就是安全投入的回报。实践证明,安全对工程施工起着不可忽视的作用。

安全生产对施工企业成本和信誉具有重要影响。当企业安全工作到位,安全生产正常运行时,企业成本处于受控状况;当安全生产出现问题,随着事故的发生而导致的人员伤亡所需的费用支出必然对企业的成本、利润产生影响。在市场竞争条件下,施工企业如果不能实现安全生产,事故频繁,会使业主和企业员工缺乏安全感,降低对企业的信任度,直接影响到企业的商业信誉。

2) 安全目标与进度目标的关系

安全目标与进度目标在施工过程中是统一的。进度必须具有安全保障,才能持续、稳定地保持。如果出现安全事故,则必然需要花费一定的时间,投入一定的物力、人力处理事故,这样会影响工程的顺利实施,甚至停工、整改,进度目标也就无法实现。保证工程的安全,杜绝各类事故的出现,必须按照正常的技术要求和作业进度安排施工。

3) 安全目标与质量目标的关系

安全目标与质量目标在施工过程中是统一的。施工过程中,只有管理严格、安全防护到位,才能保证安全的作业环境,为提供质量合格的产品提供保障。建设工程项目质量缺陷往往会带来安全隐患,甚至造成严重的安全事故。

4) 安全目标与三大目标的主次之分

人是最重要的因素,是社会存在和发展的价值所在,设备、材料可以再购买,但人的生命是不可逆的,工程建设过程中必须以人为本。当质量、进度、投资与安全发生冲突或不能均衡的时候,安全第一应该是首要的原则。

3. 环境目标与基本目标之间的关系

1) 环境目标与投资目标的关系

施工现场文明、整洁,物料堆放整齐有序,将为工人和机械设备有序的工作和高效的生产提供有效的保证,这从一定程度上会提高工程的投资效益。

工程项目建设一方面可以改善一个地区的经济和环境,另一方面也会对项目所在的地区或周边环境产生不良的影响。大型建设工程项目在决策阶段一般要进行环境影响评价和社会评价,如果建设工程项目给周边的环境带来废水、废气、噪声、固体废弃物等污染,则势必影响周边居民的正常生活以及对生态环境造成不良的影响,这势必带来他人生产或生活成本的提高以及增加社会治理污染成本的支出,从而产生重大的负面影响,从其社会效益的角度而言,也会降低项目的可行性,还可能会招致环境管理部门的处罚。

2)环境目标与质量目标的关系

施工现场良好的作业环境,有利于工程质量目标的顺利实现。绿色低碳、节能减排设计有利于社会的可持续发展,并可增加建设产品的质量内涵。特殊工程的部分分部分项工程或工序的质量指标包含了一定的环境指标和标准,如半导体工厂、实验室、生物医药工程、精密仪器工厂等施工安装过程的超净要求等。

3)环境目标与进度目标的关系

从项目环境影响的角度来看,项目对环境的影响一定程度上决定了项目能否顺利地实施。如工程施工过程带来大量影响周围居民的噪声,会被政府相关管理部门要求错开施工时间,从而影响项目的正常进度。环境目标没有处理好的更为严重的后果是会带来工程停建的危险,如 1995 年,二滩水电站过木机道工程动工,整个工程到 1998 年已完成投资 8 亿元,但是随着国家对长江上游天然林保护工程的实施,二滩水电站过木机道工程随之停建,整个过木机道工程为此损失约 8 亿元。

4)环境目标与安全目标的关系

施工现场环境对工程施工安全具有重要影响。建筑施工的特点为:高空交叉作业多,工作流动性大,作业时间长,体力劳动繁重,且工作内容单调,使人容易产生沉闷、忧郁、烦躁的情绪。当作业者受到生活或工作上意外的刺激时,其视觉和心理再受到建筑工地浮躁色彩及杂乱环境的影响,更容易激化其焦虑、忧郁和不安的情绪,增加事故发生的概率。施工现场种植一些绿色植物,布置一些趣味宜人的安全卡通画,将防护网设置为绿色,在一定程度上可以起到缓释工人紧张心情和烦躁情绪的作用。

工程环境目标的顺利实现,不仅关系本工程的安全,而且也深深影响着周边生态环境的安全和周边居民的健康与安全,乃至对整个社会产生重大影响。

4.1.2　建设工程项目目标系统的建立过程

工程项目目标系统建立过程包括工程项目构思、识别需求、提出项目目标和建立目标系统等工作。

4.1.2.1　工程项目构思

任何一个工程项目都是从构思开始的,中央政府、地方政府、部门或企业为实现其发展战略都可能需要建造某些工程项目,这就需要工程项目构思。

工程项目构思常常是下列的一个或多个因素导致的结果。

(1)市场需求。如某公司因为市场产品短缺问题而兴建一座新工厂。

(2)经营需要。如某公司为谋求自身发展,与其他公司合作开发新的项目。

(3)客户要求。如电力公司应客户要求建立一个为新工业园区服务的配电项目。

(4)技术进步。如某公司为提高劳动生产率、降低产品费用而进行的技术改造项目。

(5)法律要求。如因新环境法律的制定和实施,一些公司兴建污水处理项目。

(6)解决社会问题。如政府为了解决洪水泛滥问题,批准兴建一座水利枢纽工程。

4.1.2.2 识别需求

在工程项目构思的基础上,需要对工程项目投资方的具体需求进行识别和评价,形成理性的目标概念,使投资方的需求更加合理化。

4.1.2.3 提出项目目标

通过对工程项目本身和工程项目环境的分析,确定符合实际情况的需求目标。

分析的具体内容包括:①工程项目拟提供的产品或服务的市场现状分析和前景预测;②投资方的发展战略、现状和能力分析;③工程项目环境分析,包括政治、法律、经济、技术、社会文化、自然环境分析等。

通过上述分析,可以发现阻碍满足需求的问题,解决这些问题的程度就是工程项目的各个目标。

4.1.2.4 建立目标系统

工程项目目标系统是一种层次结构,将工程项目的总目标分解成子目标,子目标再分解成可执行的第三级目标,如此一直分解下去,形成层次性的目标结构。

4.1.3 建设工程项目目标分解

为了在建设工程实施过程中有效地进行目标控制,仅有总目标还不够,还需要将总目标进行适当分解。

4.1.3.1 目标分解原则

1. 能分能合原则

这要求建设工程的总目标能够自上而下逐层分解,也能够根据需要自下而上逐层综合。这一原则实际上是要求目标分解要有明确的依据并采用适当的方式,避免目标分解的随意性。

2. 按工程部位分解原则

这是因为建设工程的建造过程也是工程实体的形成过程,这样分解比较直观,而且可以将质量、投资、进度三大目标联系起来,也便于对偏差原因进行分析。

3. 粗细恰当原则

根据建设工程目标的具体内容、作用和所具备的数据,目标分解的粗细程度应当有所区别。对不同工程内容目标分解的层次或深度,不必强求一律,要根据目标控制的实际需要和可能来确定。

4. 数据来源可靠原则

目标分解本身不是目的而是手段,是为目标控制服务的。目标分解的结果是形成不同层次的分目标,这些分目标就成为各级目标控制组织机构和人员进行目标控制的依据。如果数据来源不可靠,分目标就不可靠,就不能作为目标控制的依据。因此,目标分解所达到的深度应当以能够取得可靠的数据为原则,并非越深越好。

5. 目标分解结构与组织分解结构相适应原则

目标控制必须要有组织加以保障，要落实到具体的机构和人员，因而就存在一定的目标控制组织分解结构。只有使目标分解结构与组织分解结构相对应，才能进行有效的目标控制。当然，一般而言，目标分解结构较细、层次较多，而组织分解结构较粗、层次较少，目标分解结构在较粗的层次上应当与组织分解结构一致。

4.1.3.2　目标和任务的 WBS 分解方法

WBS(Work Breakdown Structure)是一种分解建设工程项目目标的常用方法，所谓WBS，即工作分解结构，是有效地计划和控制建设工程项目的工具。它是由一组可交付使用的项目产品、设施组成的，表现为一种层次化的树状结构，定义了整个工程项目的工作范围。根据建设工程项目管理工作需要，进行不同层次的分解，以满足对建设工程项目进行质量、时间、费用的计划和控制管理。随着分解层次的深入，所定义的项目产品或设施也就越详细、越具体，位于整个 WBS 分解结构最底层的是不能再进一步细分的产品或设施，也称为工作包。

建设项目的目标要通过相关任务、完成任务的工作以及活动来实现。如图 4-2 所示，通过 WBS 方法可以确立建设项目的目标和任务的分解体系，将建设项目的目标分解成相应的工作任务，将任务分解为相应的工作，将工作分解成相应的活动，通过控制各项活动的内容、质量、资源消耗、进度、安全和环境等要求，从而实现项目的目标。

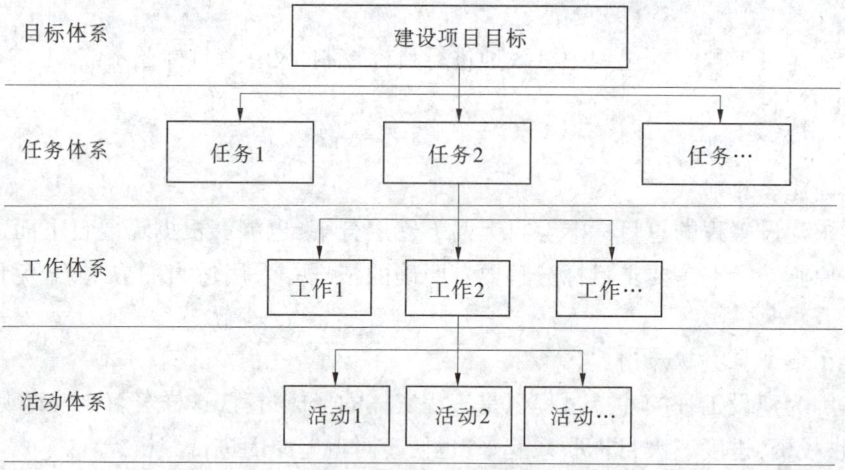

图 4-2　工程项目目标和任务分解体系

4.2　建设工程项目目标控制

4.2.1　建设工程项目目标控制的 PDCA 原理

PDCA 循环、PDSA 循环或称戴明循环，其研究起源于 20 世纪 20 年代，先是统计学家休哈特(Walter A. Shewhart，1891—1956)引入计划—执行—检查(Plan-Do-See)的方式进行统计质量控制,随后由戴明(W. Edwards. Deming,1900—1993)进一步完善,发展成为计划—执行—检查—处置(Plan-Do-Check/Study-Action)质量持续改进模型,并逐渐在目标管理领域得到广泛的应用,成为目标控制的基本方法。

4.2.1.1 PDCA 循环的四个阶段

PDCA 管理循环共分为计划、实施、检查和处置 4 个阶段,如图 4-3 所示。

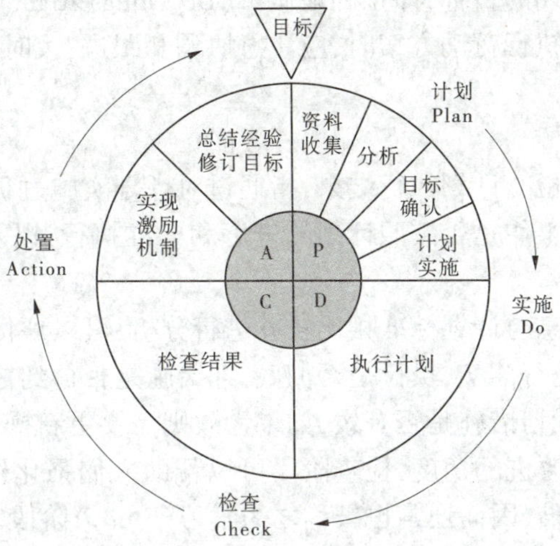

图 4-3 PDCA 管理循环

1. 计划(Plan)

计划阶段需要在分析过去事实、立足于现状的基础上提出对未来的假设,并设计出行动方案,以实现预期的目标。计划阶段包括 4 个工作步骤:第一步,分析现状,找出存在的问题;第二步,分析产生问题的各种原因或影响因素;第三步,找出主要影响因素;第四步,针对主要因素,制定改进的目标和要达到目标的具体措施和方法。

计划阶段的核心是明确目标并制定行动方案,需要回答如下 6 个基本问题,通常称之为"5W1H"。

- Why? ——为什么制定该措施?
- What? ——达到什么目标?
- Where? ——在何处执行?
- Who? ——由谁负责完成?
- When? ——什么时间完成?
- How? ——如何完成?

"5W1H"是一种富有创造性的思考方法,可以广泛地运用到管理和日常学习生活中,以提高效率。运用这种方法分析问题、制订计划时,在收集信息的基础上,先将这 6 个问题分别列出,然后反复思考回答这 6 个问题,并考虑衍生出的一些小问题,在得到较为全面的回答后,进行合并和简化,对问题进行整合分析,从而产生出创造性的设想和行动方案。

2. 实施(Do)

实施阶段指按照计划推进工作,包括计划交底和方案执行两个密切联系的工作环节。计划交底的目的在于使具体的管理者和作业者明确方向,领会计划的意图和要求,在工作之前对工作中的要点、标准和目的有清晰的认识,即做正确的事情(Do Right Thing);方案执行指按计划规定的方法与要求展开工程作业技术活动,全面地执行计划的行动方案,步调一致地去努力实现预期的目标,即正确地做事(Do Things Right)。

在按照既定的计划执行行动方案时,应注意协调和跟进,及时收集工程实际进展情况的数据。

3. 检查(Check)

检查阶段的目的是检查计划执行结果,指通过对计划实施过程进行各种检查,包括自检、互检和专检,以确认工作是否按照计划的进度和标准执行,以及是否完成预定的计划目标。

通过检查获取的信息与计划标准相比较并进行分析,可以评估实际执行情况,获得两方面的信息:一是计划是否落实,执行是否彻底,即措施是否得到标准化的执行;二是执行结果与目标是否相符,计划措施是否有效,如果无效则需要更新操作标准。

从获得经验和问题改进的角度,检查阶段可以帮助人们强化经验并在解决问题的过程中获得新的方案和标准,因而通常也被称之为学习(Study)阶段。

4. 处置(Action)

处置阶段的目的是总结经验、制定标准,即把成功的经验加以肯定,失败的教训加以总结,制定或修改工作规程、检查规程及其他有关规章制度,以巩固成绩,克服缺点,并把未解决或新出现的问题转入下一个 PDCA 循环。

4.2.1.2 PDCA 循环的特点

1. 周而复始,持续改进

上述 PDCA 的 4 个过程不是运行一次就结束,而是周而复始地运行,一个循环结束了,解决了一些问题,可能还有一些问题没有解决,未解决的问题将进入下一个循环,并以此类推,如图 4-4 所示。任何一个工作都需要经过制订计划、执行计划、检查计划、对计划进行调整并不断改善的 4 个阶段,持续改进,每次改善一点点,其积累起来的效果将十分惊人。

2. 大环带小环

不仅从总体上看,整体控制工作是 PDCA 循环,如图 4-5 所示,对制订计划、执行计划、检查计划、计划调整 4 个阶段的每个阶段都可以看作是一个小的 PDCA 循环。如对 P 阶段而言,可以有自己的 PDCA,制订计划时的现状分析可以看作是 P,编写计划方案是 D,方案检查是 C,方案的完善和定稿是 A。整个控制环节及其阶段是大环带小环,小环保大环,互相促进的逻辑系统,推动大循环。

3. 上升式循环

如图 4-6 所示,PDCA 循环不是停留在一个水平上的循环,其不断解决问题的过程就是水平不断上升的过程。

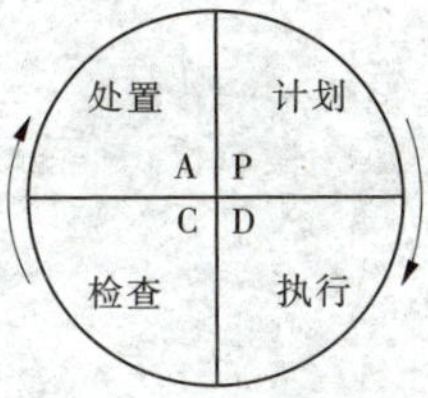

图 4-4 周而复始循环

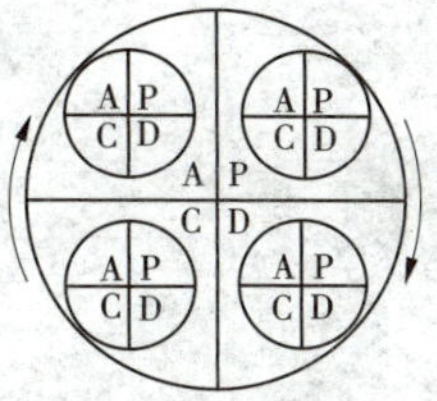

图 4-5 大环带小环

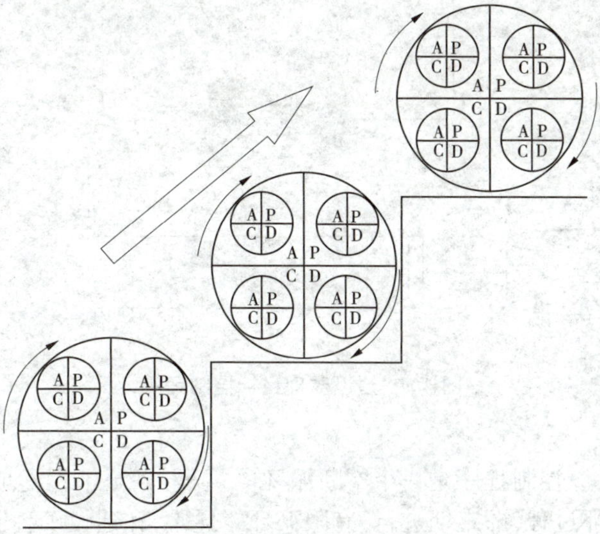

图 4-6 上升式循环

需要注意的是,PDCA 循环是一个综合性的循环,在目标控制过程中,其 4 个阶段是相对的,并不是截然分开的。推动 PDCA 循环的关键是处置阶段,只有不停地巩固成绩、克服缺点,不停地发现新的问题,才能推动工作的持续改进。

4.2.2 建设工程项目目标控制程序及基本环节

4.2.2.1 建设工程监理目标控制的程序

建设监理目标控制的程序如图 4-7 所示。确定工程建设的计划目标和相应的标准后,即可按计划投入必要的资源,进入工程实施阶段。在工程建设实施过程中,通过一定的检查方法和手段收集反映工程实际情况的信息,编写工程实际状况报告,以此来了解和掌握工程实际情况。

为了判断工程是否按计划进行,需将工程实际情况与工程计划目标或相应标准进行比较,如果实际情况表明计划情况执行得很好,无偏差,或偏差在可接受的范围内,即可认定计划执行正常,则仍按照原计划投入资源,安排施工,并继续实施工程管控过程。

如果出现不可接受的偏差,则需要对偏差产生的原因进行具体分析,从而采取具体的措施纠正偏差。如果分析发现是由于计划目标不当的原因引起的偏差,则需要调整计划;如果是由于执行不当引起的偏差,则需要采取必要的措施来纠正偏差,保证工程按照计划

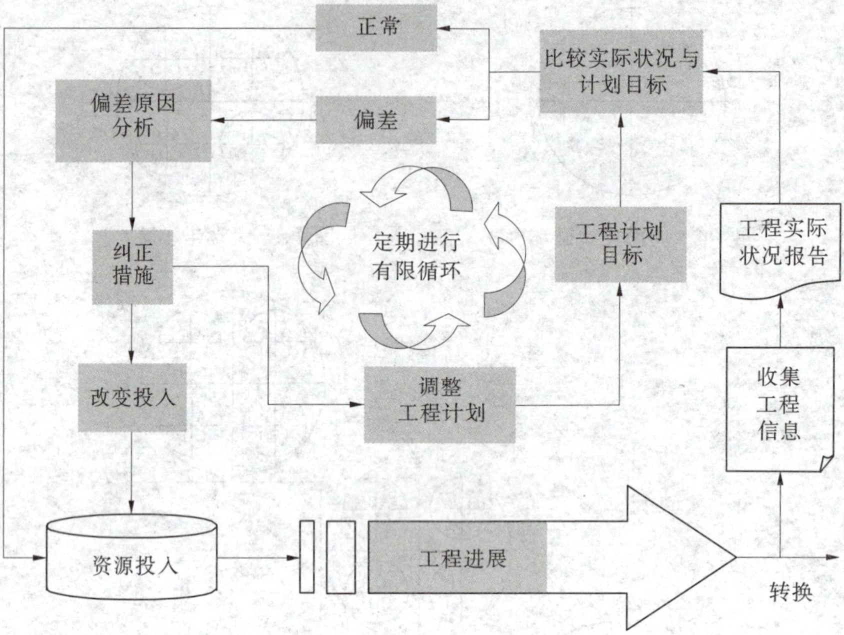

图 4-7　建设监理目标控制程序

进行。

需要注意的是,该控制程序是一个不断循环的过程,直至工程建成交付使用,因而是一个有限的动态循环过程,即定期进行、有限循环。通常,在建设工程监理的实践中,投资控制、进度控制和常规质量控制问题的控制周期按周或月计,而严重的工程质量问题和事故,则需要及时加以控制。目标控制也可能包含着对已采取的目标控制措施的调整或控制。

4.2.2.2　建设工程监理目标控制的基本环节

建设监理目标控制流程可以分为投入、转换、反馈、对比、纠偏 5 个基本环节。

1. 投入

控制流程的每一循环始于投入。对于建设工程的目标控制流程来说,投入首先涉及的是传统的生产要素,包括人力(管理人员、技术人员、工人)、建筑材料、工程设备、施工机具、资金等;此外还包括施工方法、信息等。要使计划能够正常实施并达到预定的目标,就应当保证将质量、数量符合计划要求的资源按规定时间和地点投入到建设工程实施过程中去。

2. 转换

所谓转换,是指由投入到产出的转换过程,如建设工程的建造过程、设备购置等活动。转换过程,通常表现为劳动力(管理人员、技术人员、工人)运用劳动资料(如施工机具)将劳动对象(如建筑材料、工程设备等)转变为预定的产出品。在转换过程中,计划的运行往往受到外部环境和内部系统的多因素干扰,从而造成实际状况偏离预定的目标和计划。

3. 反馈

控制部门和控制人员需要全面、及时、准确地了解计划的执行情况及其结果,而这就需要通过反馈信息来实现。需要设计信息反馈系统,预先确定反馈信息的内容、形式、来源、传递等,使每个控制部门和人员都能及时获得他们所需要的信息。

信息反馈方式可以分为正式和非正式两种。正式信息反馈是指通过正式组织,按照规则以正式的书面或言谈反馈信息的形式;非正式信息反馈是一种通过正式规章制度和正式组织程序以外的其他各种渠道进行的信息反馈。非正式信息反馈比较方便,内容广泛,方式灵活,反馈速度快,可用以传播一些不便正式反馈的信息,而且比较容易把反馈者真实的思想、情绪、动机表露出来,因而能提供一些正式反馈中难以获得的信息。因而,管理者对非正式信息反馈也应当予以足够的重视。非正式信息反馈应当适时转化为正式信息反馈,才能更好地发挥其对控制的作用。

4. 对比

对比是将目标的实际值与计划值进行比较,以确定是否发生偏离。目标的实际值来源于反馈信息。在对比工作中,要注意以下几点:

(1)明确目标实际值与计划值的内涵。从目标形成的时间来看,前者为计划值,后者为实际值。

(2)合理选择比较的对象。

(3)建立目标实际值与计划值之间的对应关系。目标的分解深度、细度可以不同,但分解的原则、方法必须相同,从而可以在较粗的层次上进行目标实际值与计划值的比较。

(4)确定衡量目标偏离的标准。要正确判断某一目标是否发生偏差,就要预先确定衡量目标偏离的标准。

5. 纠偏

根据偏差的具体情况,可以分为以下 3 种情况进行纠偏:

(1)直接纠偏。所谓直接纠偏,是指在轻度偏离的情况下,不改变原定目标的计划值,基本不改变原定的实施计划,在下一个控制周期内,使目标的实际值控制在计划值范围内。例如,某建设工程某月的实际进度比计划进度拖延了 1~2 天,则在下个月中采取适当措施即可消除进度偏差。

(2)不改变总目标的计划值,调整后期实施计划。这是在中度偏离情况下所采取的对策。

(3)重新确定目标的计划值,并据此重新制订实施计划。这是在重度偏离情况下所采取的对策。纠偏一般是针对正偏差(实际值大于计划值)而言,如投资增加、工期拖延。对于负偏差的情况,要仔细分析其原因,排除假象。

建设工程监理目标控制程序是 PDCA 原理在目标控制中的具体运用,其工程计划目标的制定属于计划(Plan)阶段,投入和转换属于实施(Do)阶段,反馈和对比属于检查(Check)阶段,而纠偏则属于处置(Action)阶段,整个程序也是一个持续改进、动态循环的过程。

4.2.3 建设工程项目目标控制类型

根据不同的分类方法,目标控制活动可分为多种类型。如按照控制环节所处的事物发展阶段的不同,可以划分为事前控制、事中控制和事后控制;按照控制对象是否覆盖事物发展的全过程,可以划分为全过程控制和阶段性控制;按照控制措施制定的出发点在于预防还是纠偏,可划分为主动控制和被动控制;按照是否系统把握各控制目标之间的关系,可以划分为系统控制和非系统控制;按照是否形成闭合回路,可以分为开环控制和闭环控制;根据纠偏措施或控制信息的来源,可以分为前馈控制和反馈控制。需要注意的是,控制类型的划分是主观的,是根据不同的分析目的而选择的,而控制措施本身是客观的。因此,同一控制措施可以表述为不同的控制类型,或者说,不同划分依据的不同控制类型之间存在内在的同一性。

4.2.3.1 事前控制、事中控制和事后控制

建设工程监理的控制活动可以在工作付诸实施之前、进行之中或结束之后进行。第一种称为事前控制,又叫前馈控制;第二种称为事中控制,又叫同期控制;最后一种称为事后控制,又叫反馈控制,如图 4-8 所示。

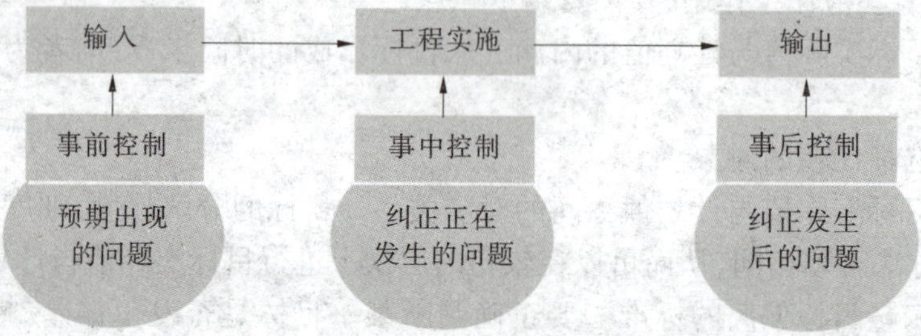

图 4-8 事前控制、事中控制和事后控制

1. 事前控制

事前控制能避免预期问题的出现,是以未来为导向的,所以又称之为前馈控制。比如,根据历年天气信息和天气预报,分析雨季来临的时间,从而在施工过程中灵活地安排工作,根据工程技术工艺特点将室外施工的工作适当提前进行,在雨季出现时,更多地进行室内作业,从而有效保证进度目标的实现。为保证设备安装质量而提前对工人进行一定的培训和训练、施工现场的安全教育、施工现场提前采取的一些安全措施、建筑工程施工组织安排中的一些预防性措施都属于事前控制。

事前控制的关键是在问题发生之前采取行动,因此属于主动控制。事前控制期望提前防止问题的发生,而不是问题发生之后再补救。

事前控制需要及时和准确的信息,以对发生何种问题及其发生的可能性提前进行预测,但准确及时的信息获取往往是很难办到的。因此,目标控制不得不借助于事中控制和事后控制。

2. 事中控制

事中控制是发生在实施活动进行中的控制。在工程实施活动中进行控制,可以在发生重大损失之前予以及时的纠正。

事中控制最常见的方式是施工现场的直接监督管理。如建设工程监理活动中旁站监理、巡视、平行检验等都是很有效的事中控制手段。

事中控制需要监理人员时时处处与工程实施活动在一起,由于监理人员数量的有限性及施工现场作业的分散性,事中控制有着一定的局限性,需要配合采用事前控制和事后

控制。

3. 事后控制

事后控制是最常用的控制类型,其控制作用发生在行动之后。

事后控制的主要缺点在于,在获得信息时浪费或损失就已经发生了,因而事后控制具有非常明显的"亡羊补牢"的性质。但在许多情况下,由于信息获取的难度以及无法进行事中控制,事后控制往往是唯一可用的控制手段。

与事前控制和事中控制相比,事后控制具有两个方面的优势:其一,由于事情已经发生,事后控制为监理人员提供了关于计划执行效果的真实信息。如果反馈显示现实与计划目标及其标准之间的偏差很小,说明计划的目的达到了;如果偏差很大,就可以利用这一信息使新计划制订得更有效,或采取措施、调整资源投入,使后面的执行更有效。其二,事后控制揭示了施工人员的真实工作效果。

4. 事前控制、事中控制和事后控制之间的关系

控制是监理工作中相当重要的一环。但要做好控制,需要讲究方法。事前控制、事中控制和事后控制各有其特点,要根据不同情况采取不同的控制方法,并且要有效地将 3 种控制方法结合起来,并且制定规范的操作流程,才能达到最满意的效果。

4.2.3.2 主动控制和被动控制

1. 主动控制

所谓主动控制,就是控制部门、控制人员预先分析实际目标成果与计划目标偏离的可能性,并以此为前提拟定和采取各项预防性措施,从而减少乃至避免目标偏离,以使计划目标得以实现。主动控制是一种事前控制,它必须在计划实施之前就采取控制措施,以降低目标偏离的可能性或其后果的严重程度,起到防患于未然的作用,因而,主动控制是一种面向未来的前馈式的事前控制。

工程实施前进行技术交底,提前分析和掌握工程控制要点和关键因素,或运用 BIM 技术进行虚拟建造和提前演练,做好风险分析和应对措施、应急准备等都属于主动控制的范畴。

2. 被动控制

所谓被动控制,是指当系统按照计划进行时,控制人员对计划实施的计划情况进行跟踪,把输出的工程项目信息进行加工、整理,传递给控制部门,使控制人员从中发现问题、找出偏差,通过对产生偏差原因的分析,研究制定纠偏措施,以使偏差得以纠正。

被动控制是一种针对当前工作的反馈控制,是一种事中控制和事后控制。被动控制是一种闭环控制,也是一种面对现实的控制。

3. 主动控制与被动控制的关系

在建设工程实施过程中,如果仅仅采取被动控制措施,难以实现预定的目标。但是,仅仅采取主动控制措施却是不现实的,或者说是不可能的。这表明,是否采取主动控制措施以及究竟采取什么主动控制措施,应在对风险因素进行定量分析的基础上,通过技术经济分析和比较来决定。因此,对于建设工程项目目标控制来说,主动控制和被动控制两者缺一不可,都是实现建设工程项目目标所必须采取的控制方式,应将主动控制与被动控制紧密结合,如图 4-9 所示。

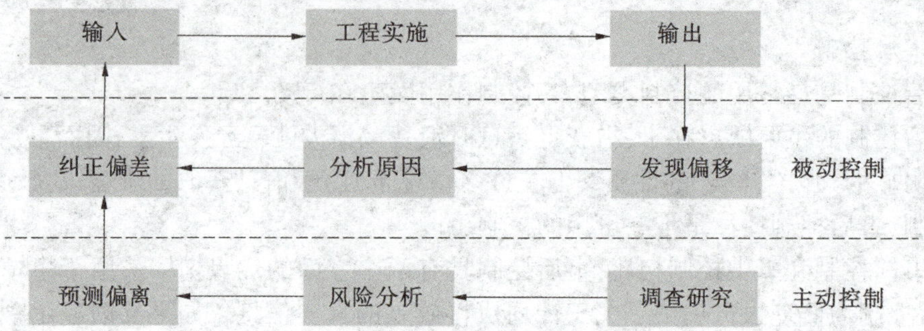

图 4-9 主动控制和被动控制的关系

主动控制和被动控制相结合的关键在于处理好以下两方面的问题:一是要扩大信息来源,即不仅要从本工程获得实施情况的信息,而且要从外部环境获得有关信息,包括已建同类工程的有关信息,甚至包括运用虚拟建造技术等获取的信息,这样才能对风险因素进行定量分析,使纠偏措施有针对性;二是要把握好输入这个环节,即要输入两类纠偏措施,不仅有纠正已经发生的偏差的措施,而且有预防和纠正可能发生的偏差的措施,这样才能取得较好的控制效果。需要说明的是,虽然在建设工程实施过程中仅仅采取主动控制是不可能的,有时是不经济的,但不能因此而否定主动控制的重要性。实际上,牢固确立主动控制的思想,认真研究并制定多种主动控制措施,往往会取得更好的控制效果。

4.2.3.3 系统控制、全过程控制和全方位控制

1. 系统控制

建设工程项目的基本目标及其他目标是一个系统的整体,应该科学合理地把握建设项目各目标之间的关系,实施最佳的控制。

工程项目目标系统的各要素是相互联系的,对任一目标的过分追求和控制往往会对其他目标造成不利的影响,从而降低工程的总体价值,因而必须对工程项目目标体系有一个理性的认识,避免过分追求某一目标的倾向。适当地提高某一目标的标准时,要尽量做到把对其他目标的不利影响降到最低,同时要注意发挥某一目标控制对其他目标的积极促进作用,提高工程项目的总体价值。

2. 全过程控制

从时间维度来看,建设工程项目是一个从决策到实施的过程系统,这个过程的每个阶段都有特定的功能和目标,建设工程监理应该涵盖工程建设全过程的各阶段,实现目标控制与工程建设各阶段的有效对接,实施全过程的目标控制。

3. 全方位控制

现代建设工程项目实施环节的各项控制活动是一个全方位的立体控制,既有工程产品(服务)的构成内容的控制,也有对控制目标的构成要素的控制,还有对工程目标的影响因素的控制,是一个全方位(三维结构)的立体控制。

建设工程项目的构成内容可以分解为单项工程、单位工程、分部工程、分项工程甚至工作过程和工序,针对这些分解内容进行的控制包含了工程的全部对象系统。任何一项工程控制目标都是由相应的标准构成的,这些具体标准称之为工程目标的构成要素,要素

控制是完成目标的必然手段。在工程实施的过程中,很多因素会影响工程目标的实现,这些因素称之为干扰因素。工程项目目标的全方位控制就是要针对这些影响具体目标实现的干扰因素进行控制。

4.2.4　建设工程项目目标控制的任务和要求

工程项目管理的核心任务是通过对建设工程项目质量、投资、进度等目标的控制,最终实现项目的功能,以满足使用者的需求。建设工程项目目标控制的任务是采取合理的控制手段,实现建设工程项目的一系列预期目标。

要保证目标控制的有效性,应做到以下几点:

(1)确定合理的目标控制标准。

计划目标对实施活动进行了总体的界定,其相应的控制标准是判定执行是否与计划之间存在偏差的依据,因而控制过程中的首要环节是要制定出合理的控制标准。

控制标准的选择需要考虑项目规模、技术难度、人员素质、项目经理能力、风险状况等因素。控制标准不宜过高和过低,且应易于理解、易于操作、易于使用,过高和过低或难以理解的控制标准会妨碍控制的有效进行。

(2)选择恰当的目标控制方法。

根据建设工程项目的目标及已经确定的目标控制标准,充分结合建设工程项目的内外各种影响因素,并考虑各种目标控制方法的优缺点及适用条件来选取恰当的目标控制方法,实现目标的有效控制。

(3)设计完善的目标控制工作程序。

依据施工企业项目管理的各种制度、规程、标准,结合建设工程项目的具体特点和监理企业自身的实际情况,设计出科学的建设工程项目监理目标控制工作程序,确保目标控制手段的有效性。

4.2.5　建设工程项目目标控制的措施

为了有效地控制建设工程项目目标,应从组织、技术、经济、合同等多方面采取措施。

4.2.5.1　组织措施

组织措施是其他各类措施的前提和保障,为了有效地进行目标控制,需要做好以下几方面的组织工作:①设置目标控制机构;②配备合适的目标控制人员;③实行有效的管理职能分工;④明确目标控制机构和人员的任务分工;⑤合理组织目标控制的工作流程和信息流程。

除此之外,对工作进行考评,以便评估工作、改进工作、挖掘潜在工作能力、加强相互沟通;在控制过程中激励人们以调动和发挥工作人员实现目标的积极性、创造性,培训人员等,都是在控制过程中需要考虑采取的组织措施。

任何资源的投入归根到底需要人去实现,因而组织是项目目标能否实现的决定性因素,应当充分重视组织措施对项目目标控制的作用。只有采取适当的组织措施,保证目标控制的组织工作明确、完善,才能使目标控制取得良好的效果。

4.2.5.2　技术措施

控制在很大程度上要通过技术来解决问题。为了实施有效的目标控制，需要对多个可能的建设方案、施工方案等进行技术可行性分析。为此，需要对各种技术数据进行审核、比较，需要对施工组织设计、施工方案等进行审查、论证等。此外，在整个建设工程实施过程中，还需要采用工程网络计划技术、信息化技术等实施动态控制。

4.2.5.3　经济措施

无论是对工程造价实施控制还是对工程质量、进度实施控制，都离不开经济措施。经济措施不仅是审核工程量、工程款支付申请及工程结算报告，还需要编制和实施资金使用计划，对工程变更方案进行技术经济分析等。通过投资偏差分析和未完工工程投资预测，可发现一些可能引起未完工程投资增加的潜在问题，从而便于以主动控制为出发点，采取有效的控制措施。

一个工程项目的建成动用，归根结底是投资的实现。从项目的提出到项目的实现，始终伴随着资金的筹集和使用工作。如果项目监理机构在目标控制时忽视了经济措施，不但使工程造价目标难以实现，而且会影响到工程质量和进度目标的实现。

4.2.5.4　合同措施

加强合同管理是控制建设工程目标的重要措施。建设工程总目标及分目标将反映在建设单位与工程参建主体所签订的合同之中，所以监理工程师也必须紧紧地依靠工程建设合同来进行目标控制。

项目监理机构协助业主确定对目标有利的工程承发包模式和合同计价方式，选定满意的施工单位及材料设备供应单位，拟订完善的合同条款，参加合同谈判，处理合同执行过程中的问题，做好防止和处理索赔工作等都是重要的目标控制措施。

思考题

1. 什么是建设工程项目的基本目标，它们之间有什么关系？
2. 安全目标与基本目标之间有什么关系？
3. 环境目标与基本目标之间有什么关系？
4. 如何确定建设工程项目的目标？
5. 建设工程项目目标分解的原则是什么，如何对建设工程项目的目标进行分解？
6. 什么是工程项目目标控制的 PDCA 循环原理？
7. 为什么说 PDCA 循环是一个持续改进的过程？
8. 试述建设工程项目的目标控制程序。
9. 什么是事前控制、事中控制和事后控制？
10. 什么是主动控制和被动控制？
11. 什么是系统控制，如何实施建设项目目标系统控制？
12. 什么是全过程控制，如何实施建设项目目标全过程控制？
13. 什么是全方位控制，如何实施建设项目目标全方位控制？
14. 建设工程项目的目标控制措施有哪些？

5 建设工程项目质量控制

5.1 建设工程项目质量控制概述

5.1.1 工程质量和工程质量控制

5.1.1.1 工程质量

质量是指一组固有特性满足要求的程度。固有特性包括了明示的和隐含的特性。明示的特性一般以书面阐明或明确向顾客指出,隐含的特性是指惯例或一般做法。满足要求是指满足顾客和相关方的要求,包括法律法规及标准规范的要求。

建设工程质量简称工程质量。工程质量是指建设工程满足业主需要的,且符合国家法律法规、技术规范、标准、设计文件及合同约定的特性综合。

建设工程作为一种特殊的产品,除具有一般产品共有的质量特性,如性能、寿命、可靠性、安全性、经济性等满足社会需要的使用价值及其属性外,还具有特定的内涵。建设工程质量的特性主要表现在以下六个方面:

(1)适用性,即功能,是指工程满足使用目的的各种性能,包括理化性能、结构性能、使用性能、外观性能等。

(2)耐久性,即寿命,是指工程在规定的条件下,满足规定功能要求的使用年限,即工程竣工后的合理使用寿命周期。

(3)安全性,是指在工程建成后的使用过程中,保证结构安全、保证人身和环境免受危害的程度。具体包括结构安全度、抗震、耐火及防火能力,人防工程的抗辐射、抗核污染、抗爆炸波等能力。

(4)可靠性,是指工程在规定的时间和规定的条件下,完成规定功能的能力。它不仅要求工程在交工验收时达到规定的指标,而且要在规定的使用期限内保持正常的功能。

(5)经济性,是指工程从规划、勘察、设计、施工到整个寿命期间内的成本和消耗的费用。它具体表现为设计成本、施工成本与使用成本三个方面。

(6)与环境的协调性,是指工程与其周围生态环境协调,与所在地区经济环境协调以及与周围已建工程相协调,以满足可持续发展的要求。

5.1.1.2 工程质量的形成过程

建设工程质量形成的全过程,就是工程建设程序的全过程。不同的建设阶段,对建设项目的质量有不同的影响。

1. 项目建议书阶段

由于项目建议书对建设项目提出轮廓设想,其中包括产品方案、拟建规模、建设地点、投资估算等,故对建设项目的功能和建设决策产生重要影响,为可行性研究提供依据。所以,这个阶段起着机会研究和初步可行性研究的作用,对建设项目质量有潜在的影响。

2. 可行性研究阶段

在可行性研究阶段,要对建设项目在技术上、经济上和对国家及社会影响上进行论证,并做多方案比较,从而推荐最佳方案,为设计提供依据。根据可行性研究报告做出的项目决策,是对项目质量的决定性影响,是项目成败的关键。与建设项目质量相关的论证工作主要有以下几项:

(1)生产能力、产品类型是否满足市场需求。

(2)建设地点的选择是否符合城市、地区总体规划要求,有无发展余地。

(3)资源来源是否可靠,有无充足的水源、能源。

(4)工程地质、水文地质、气象等自然条件是否良好。

(5)交通、运输条件是否便利,是否有利于生产、生活。

(6)如何治理"三废",如何保护文物、环境以减少公害。

(7)生产工艺、技术是否先进、成熟,设备是否配套。

(8)对设计和施工有哪些要求,如何获得较好的社会效益、经济效益和环境效益。

3. 勘察设计阶段

可行性研究阶段提出的质量要求,要通过勘察设计工作具体化,勘察设计的质量决定着建设项目建成后的功能和使用价值。勘察设计阶段是影响建设项目工程质量的决定性环节,应对勘察设计质量进行严格的监督和管理。

4. 施工安装阶段

施工安装阶段的质量要求与前几个阶段的质量要求是不同的,如果说可行性研究阶段解决的是"能否做"和"做什么"的问题,勘察设计阶段解决的是"如何做"的问题,那么施工安装阶段要解决的是"做出来"的问题。前几个阶段都与决策有关,施工安装阶段则是生产实践,是生产与操作的质量问题。质量控制工作量最大的阶段就是施工安装阶段,所有与工程建设活动有关的单位都在此时参与质量形成的活动,所以施工安装阶段是质量控制的最重要环节。

5. 竣工验收阶段

在项目竣工验收阶段,要对施工安装阶段的质量效果进行检验、评定与考核,看是否达到了决策阶段和勘察设计阶段的质量目标。这个阶段对工程投入使用后能否正常发挥作用有重要的影响。所以,工程竣工验收对质量的影响是保证最终产品的质量。

5.1.1.3　影响工程质量的因素

影响工程质量的因素很多,归纳起来主要有五个方面,即人(Man)、材料(Material)、机械(Machine)、方法(Method)和环境(Environment),简称为"4M1E"因素。

1. 人的因素

人是工程建设活动的主体,也是建设工程项目的决策者、管理者和操作者。人员的素质将直接或间接地对规划、决策、勘察、设计和施工的质量产生影响。因此,建设工程领域实行企业资质证书制度、执业资格制度和特种岗位持证上岗制度,是保证人员素质的重要制度。

2. 材料因素

工程材料选用是否合理、产品是否合格、材质是否经过检验、保管使用是否得当等，都将直接影响建设工程的耐久性和可靠性、观感、使用功能和安全。

3. 机械因素

机械设备对工程质量也有重要的影响。工程机械设备质量的优劣，直接影响工程的质量。施工机械设备的类型是否符合工程施工特点、性能是否先进稳定、操作是否方便安全等，都将影响工程项目的质量。

4. 方法因素

在工程施工中，施工方案是否合理、施工工艺是否先进、施工操作是否正确，都将对工程质量产生重大影响。大力推进采用新技术、新工艺、新方法、新设备，不断提高工艺技术水平，是保证工程质量稳定提高的重要因素。

5. 环境因素

环境因素是指对工程质量特性起重要作用的环境条件，包括工程技术环境、工程作业环境、工程管理环境、周边环境等。环境条件往往对工程质量产生特定的影响。加强环境管理，改进作业条件，把握好技术环境，辅以必要的措施，是控制环境对质量影响的重要保证。

5.1.1.4 工程质量的特点

(1)影响因素多。直接或间接地影响到工程质量的因素很多，从最初的投资决策到最后的投入使用，工程建设过程中的各个阶段均有众多主、客观因素影响到工程质量。

(2)质量波动大。建筑生产的单件性、流动性直接导致工程质量具有较大的波动性。影响工程质量的偶然性、系统性因素变动后，都将造成工程质量的波动。因此，要防止系统性因素产生质量变异，并将质量波动控制在偶然性因素的范围之内。

(3)隐蔽性强。由于工程施工过程中存在着大量的交叉作业、中间产品以及隐蔽工程，因此其质量的隐蔽性相当突出。所以，若在施工中不及时进行质量检查，而依靠事后的表面检查很难发现内在的质量问题，这样容易产生判断错误，即第一类判断错误(将合格品判断为不合格品)和第二类判断错误(将不合格品判断为合格品)。

(4)终检的局限性。仅仅依靠工程项目的终检(竣工验收)，难以发现隐蔽起来的质量缺陷，无法科学地评估工程的内在质量。因此，质量控制应该以预防为主，重视事前控制、事中控制，重视档案资料的积累并将其作为终检的重要依据。

(5)评价方法的特殊性。工程质量评价通常按照“验评分离、强化验收、完善手段、过程控制”的思想，在施工单位按照质量合格标准自行检查评定的基础上，由监理单位或建设单位组织有关单位、人员进行确认验收。而且，工程质量的检查评定及验收是按照检验批、分项工程、分部工程、单位工程依次进行的。其中，主要由主控项目、一般项目构成的检验批的质量是分项工程乃至整个工程质量检验的基础；隐蔽工程在隐蔽前必须检查验收合格；涉及结构安全的试块、试件、材料应按规定进行见证取样；涉及结构安全和使用功能的重要分部工程需进行抽样检测。

5.1.1.5 工程质量控制

1. 建设工程质量控制的概念

根据 2015 版 GB/T 19000/ISO 9000 族标准，质量控制是质量管理的一部分，致力于满足质量要求。

质量控制是质量管理的重要组成部分，其目的是使产品、体系或过程的固有特性达到规定的要求，即满足顾客、法律法规等方面所提出的质量要求（如适用性、安全性等）。所以，质量控制是通过采取一系列的作业技术和活动对各个过程实施控制的，应贯穿于产品形成和体系运行的全过程。

工程质量控制是指致力于满足工程项目质量要求所采取的各种作业技术和活动。由于工程质量要求主要表现为法律法规、工程合同、设计文件、技术规范等所规定的质量标准，因此工程质量控制就是为了保证达到工程合同等规定的质量标准而采取的一系列措施、手段和方法。

1）工程质量的全过程控制

在实施工程质量控制时，应当进行全过程控制。按照工程质量形成过程，全过程控制主要包括以下三个阶段：

（1）决策阶段的质量控制。主要是通过项目的可行性研究选择最佳建设方案，使项目的质量要求符合业主的意图，并与投资目标相协调，与所在地区环境相协调。

（2）勘察设计阶段的质量控制。在择优选定勘察设计单位的基础上，使工程设计满足规范标准、现场以及施工等要求。

（3）施工安装阶段的质量控制。在择优选定施工安装单位的基础上，严格督促其按图施工，并形成符合合同文件规定的最终建筑产品。

2）工程质量的全员控制

在实施工程质量控制时，应当进行全员控制。实施工程质量全员控制的主体包括以下四个方面：

（1）政府的工程质量控制。作为管控主体的政府有关职能部门主要以法律法规为依据，通过工程报建、施工图设计文件审查、施工许可、材料与设备准用、工程质量监督、工程竣工验收备案等环节实施质量管控。

（2）监理单位的工程质量控制。作为管控主体的工程监理单位是受建设单位的委托，代表建设单位对工程实施的全过程开展质量管控。

（3）勘察设计单位的工程质量控制。作为自控主体的勘察设计单位主要以法律法规和合同为依据，对勘察设计全过程进行控制，以满足建设单位对勘察设计质量的要求。

（4）施工单位的工程质量控制。作为自控主体的施工单位通常以法律法规、工程合同、设计文件和技术规范等为依据，对施工全过程的工程质量、工作质量进行控制，以达到合同文件规定的质量要求。

2. 建设工程质量控制的原则

监理工程师在进行工程质量控制过程中，应遵循以下几项原则：

（1）坚持质量第一。建筑产品作为一种特殊的商品，使用年限长，直接关系到人民生命财产的安全，属于“百年大计”。因此，监理工程师在处理质量、进度、投资三者关系时，应始终把“质量第一”作为对工程质量控制的基本原则。

(2)坚持以人为核心。人是工程建设的决策者、组织者、管理者和操作者。质量控制必须“以人为核心”,把人作为质量控制的动力,发挥人的积极性、创造性,以人的工作质量保证工序质量、工程质量。

(3)坚持预防为主。在重点做好质量事前控制、事中控制的基础上,严格进行工作质量、工序质量和中间产品质量的检查控制,进而确保工程质量。

(4)坚持质量标准。质量标准是评价建筑产品质量的尺度,工程质量是否符合合同规定的质量标准,必须通过严格检查,以数据为依据,对照质量标准,对于不符合质量标准要求的所有不合格部分,按规定处理。

(5)贯彻科学、公正、守法的职业规范。监理人员在工程质量控制过程中,应当做到尊重客观事实、尊重科学,客观公正、不持偏见,遵纪守法、坚持原则,严格要求、秉公监理。

5.1.2 工程质量管理制度

5.1.2.1 工程质量管理制度体系

1. 工程质量管理体制

1)建设工程管理的行为主体

根据我国投资建设项目管理体制,建设工程管理的行为主体可分为三类。

第一类是政府部门,包括中央政府和地方政府的发展和改革部门、城乡和住房建设部门、国土资源部门、环境保护部门、安全生产管理部门等相关部门。政府部门对建设工程的管理属行政管理范畴,主要是从行政上对建设工程进行管理,其目标是保证建设工程符合国家的经济和社会发展的要求,维护国家经济安全,监督建设活动不危害社会公众利益。其中,政府对工程质量的监督管理就是为保障公众安全与社会利益不受到危害。

第二类是建设单位。在建设工程管理中,建设单位自始至终是建设工程管理的主导者和责任人,其主要责任是对建设工程的全过程、全方位实施有效管理,保证建设工程总体目标的实现,并承担项目的风险以及经济、法律责任。

第三类是工程建设参与方,包括工程勘察设计单位、工程施工承包单位、材料设备供应单位,以及工程咨询、工程监理、招标代理、造价咨询单位等工程服务机构。他们的主要任务是按照合同约定,对其承担的建设工程相关任务进行管理,并承担相应的经济和法律责任。

2)工程质量管理体系

工程质量管理体系是指为实现工程项目质量管理目标,围绕着工程项目质量管理而建立的管理体系。工程质量管理体系包含三个层次:一是承建方的自控,二是建设方(含监理等咨询服务方)的管控,三是政府和社会的监督。其中,承建方包括勘察单位、设计单位、施工单位、材料供应单位等,咨询服务方包括监理单位、咨询单位、项目管理公司、审图机构、检测机构等。

因此,我国工程建设实行“政府监督、社会监理与检测、企业自控”的质量管理与保证体系。但社会监理的实施,并不能取代建设单位和承建方按法律法规规定的应有的质量责任。

2. 政府监督管理职能

(1)建立和完善工程质量管理法规。包括行政性法规和工程技术规范标准,前者如《建筑法》《招标投标法》《建设工程质量管理条例》等,后者如工程设计规范、建筑工程施工质量验收统一标准、工程施工质量验收规范等。

(2)建立和落实工程质量责任制。包括工程质量行政领导的责任、项目法定代表人的责任、参建单位法定代表人的责任和工程质量终身负责制等。

(3)建设活动主体资格的管理。国家对从事建设活动的单位实行严格的从业许可证制度,对从事建设活动的专业技术人员实行严格的执业资格制度。建设行政主管部门及有关专业部门按各自分工,负责各类资质标准的审查、从业单位的资质等级的最后认定、专业技术人员资格等级的核查和注册,并对资质等级和从业范围等实施动态管理。

(4)工程承发包管理。包括规定工程招标投标承发包的范围、类型、条件,对招标投标承发包活动的依法监督和工程合同管理。

(5)工程建设程序管理。包括工程报建、施工图设计文件审查、工程施工许可、工程材料和设备准用、工程质量监督、施工验收备案等管理。

5.1.2.2　工程质量管理主要制度

近年来,我国建设行政主管部门先后颁发了多项建设工程质量管理规定。工程质量管理的主要制度有:

(1)工程质量监督制度。国务院建设行政主管部门对全国的建设工程质量实施统一监督管理。国务院铁路、交通、水利等有关部门按国务院规定的职责分工,负责对全国的有关专业建设工程质量的监督管理。县级以上地方人民政府建设行政主管部门对本行政区域内的建设工程质量实施监督管理。

(2)施工图设计文件审查制度。施工图设计文件(以下简称施工图)审查是政府主管部门对工程勘察设计质量监督管理的重要环节。施工图审查是指国务院建设行政主管部门和省(区、市)人民政府建设行政主管部门委托依法认定的设计审查机构,根据国家法律法规,对施工图涉及公共利益、公众安全和工程建设强制性标准的内容进行的审查。

(3)建设工程施工许可制度。建设工程开工前,建设单位应当按照国家有关规定向工程所在地县级以上地方人民政府建设行政主管部门申请领取施工许可证;但是,国务院建设行政主管部门确定的限额以下的小型工程除外。

(4)工程质量检测制度。工程质量检测工作是对工程质量进行监督管理的重要手段之一。工程质量检测机构依法对建设工程、建筑构件、制品及现场所用的有关建筑材料、设备质量进行检测,其出具的检测报告具有法定效力。

(5)工程竣工验收备案制度。项目建成后必须按国家有关规定进行竣工验收,并由验收人员签字负责。

建设单位收到建设工程峻工报告后,应当组织设计、施工、工程监理等有关单位进行竣工验收。

建设工程经验收合格,方可交付使用。建设单位应当自工程竣工验收合格起 15 日内,向工程所在地的县级以上地方人民政府建设行政主管部门备案。

备案机关收到建设单位报送的竣工验收备案文件,验证文件齐全后,应当在工程峻工验收备案表上签署文件收讫。工程峻工验收备案表一式二份,一份由建设单位保存,一份留备案机关存档。

(6)工程质量保修制度。建设工程质量保修制度是指建设工程在办理竣工验收手续后,在规定的保修期限内,因勘察、设计、施工、材料等原因造成的质量问题,要由施工单位负责维修、更换,由责任单位负责赔偿损失。质量问题是指工程不符合国家工程建设强制性标准、设计文件以及合同中对质量的要求。

5.1.3 工程项目参建各方的质量责任和义务

在工程项目建设中,参与工程建设的各方,应根据国家颁布的《建设工程质量管理条例》以及合同、协议和有关文件的规定承担相应的质量责任。

5.1.3.1 建设单位的质量责任和义务

(1)建设单位要根据工程的特点和技术要求,按有关规定选择相应资质等级的勘察设计单位和施工单位。建设单位对其自行选择的勘察设计、施工单位发生的质量问题承担相应责任。

(2)建设单位应根据工程的特点,配备相应的质量管理人员。对国家规定强制实行监理的工程项目,必须委托有相应资质等级的工程监理单位进行监理。建设单位应与监理单位签订监理合同,明确双方的责任和义务。

(3)建设单位在工程开工前,负责办理有关施工图设计文件审查、工程施工许可证和工程质量监督手续,组织勘察设计单位和施工单位认真进行设计交底和图纸会审;工程项目竣工后,应及时组织勘察设计、施工、工程监理等有关单位进行竣工验收,未经验收备案或验收备案不合格的,不得交付使用。

(4)建设单位按合同的约定负责采购供应的建筑材料、建筑构配件和设备,应符合设计文件和合同要求,对发生的质量问题,应承担相应的责任。

5.1.3.2 勘察、设计单位的质量责任和义务

(1)勘察、设计单位必须在其资质等级许可范围内承揽相应的勘察设计业务。不许承揽超越其资质等级许可范围的业务,不得将承揽业务转包或违法分包,不得以任何形式用其他单位的名义承揽业务或允许其他单位或个人以本单位的名义承揽业务。

(2)勘察、设计单位必须按照国家现行的有关规定、工程建设强制性技术标准和合同要求进行勘察设计工作,并对所编制的勘察设计文件的质量负责。

5.1.3.3 施工单位的质量责任和义务

(1)施工单位必须在其资质等级许可范围内承揽相应的施工业务。不许承揽超越其资质等级许可范围的业务,不得将承揽工程转包或违法分包,不得以任何形式用其他单位的名义承揽工程或允许其他单位或个人以本单位的名义承揽工程。

(2)施工单位对所承包的工程项目的施工质量负责。实行总承包的工程,总承包单位应对全部建设工程质量负责。建设工程勘察、设计、施工、设备采购的一项或多项实行总承包的,总承包单位应对其承包的建设工程或采购的设备的质量负责;实行总分包的工程,分包单位应按照分包合同约定对其分包工程的质量向总承包单位负责,总承包单位与分包单位对分包工程的质量承担连带责任。

(3)施工单位必须按照工程设计图纸和施工技术标准施工,不得擅自修改工程设计,不得偷工减料。

(4)施工单位必须按照工程设计要求、施工技术标准和合同约定,对建筑材料、建筑构配件、设备和预拌混凝土进行检验,检验应有书面记录和专人签字;未经检验或检验不合格的,不得使用。

5.1.3.4 工程监理单位的质量责任和义务

(1)工程监理单位应按其资质等级许可范围承担工程监理业务,禁止超越许可范围承揽工程监理业务,禁止其他单位或个人以本单位名义承揽监理业务,不得转让监理业务。

(2)工程监理单位应依照法律法规以及有关技术标准、设计文件和建设工程承包合同,与建设单位签订建设工程监理合同,代表建设单位对工程质量实施监理,并对工程质量承担监理责任。

(3)监理责任主要有违法责任和违约责任两个方面。如果工程监理单位故意弄虚作假,降低工程质量标准,造成质量事故的,要承担法律责任;若工程监理单位与承包单位串通,谋取非法利益,给建设单位造成损失的,应当与承包单位承担连带赔偿责任;如果监理单位在责任期内,不按照监理合同约定履行监理职责,给建设单位或其他单位造成损失的,属违约责任,应当向建设单位赔偿。

5.1.3.5 材料设备供应单位的质量责任和义务

(1)材料设备供应单位须对其生产或供应产品的质量负责。

(2)生产或供应商必须具备相应的生产条件、技术装备和质量管理体系,所生产或供应的建筑材料、构配件及设备的质量应符合现行国家和行业的技术标准和设计要求,并与说明书和包装上的质量标准相符,且应有相应的产品检验合格证,设备应有详细的使用说明。

5.1.3.6 施工图审查机构的质量责任和义务

(1)施工图审查机构应当依据法律法规和国家与地方的技术标准认真履行审查职责。施工图审查机构应当对审查的图纸质量负相应的审查责任,但不代替设计单位承担设计质量责任。

(2)施工图审查机构不得对本单位或与本单位有直接经济利益关系的单位完成的施工图进行审查。

(3)施工图审查机构的审查人员要在审查过的图纸上签字。对玩忽职守、徇私舞弊、贪污受贿的审查人员和机构,由建设行政主管部门依法暂停或者吊销其审查资格,并处以相应的经济处罚;构成犯罪的,依法追究其刑事责任。

5.1.3.7 工程质量检测机构的质量责任和义务

(1)工程质量检测机构应当对其检测数据和检测报告的真实性和准确性负责。

(2)工程质量检测机构违反法律法规和工程建设强制性标准,给他人造成损失的,应当依法承担相应的赔偿责任。

(3)工程质量检测机构伪造检测数据,出具虚假检测报告或者鉴定结论的,县级以上地方人民政府建设主管部门给予警告,并处罚款;给他人造成损失的,依法承担赔偿责任;

构成犯罪的,依法追究其刑事责任。

5.1.4 ISO 质量管理体系

随着市场经济的不断发展,产品质量已成为市场竞争的焦点。为了更好地推动企业建立更加完善的质量管理体系,实施充分的质量保证,建立国际贸易所需要的关于质量的共同语言和规则,国际标准化组织(ISO)于 1976 年成立了 TC176(质量管理和质量保证技术委员会),着手研究制定国际间遵循的质量管理和质量保证体系。1987 年,ISO/TC176 发布了举世瞩目的 ISO 9000 系列标准。中国于 1992 年开始由全国质量管理和质量保证标准化技术委员会(SAC/TC151)提出并发布与之“等同采用”的 GB/T 19000 系列标准。

为了更好地发挥 ISO 9000 族标准的作用,使其具有更好的适用性和可操作性,ISO 先后发布了 ISO 9000:2000、ISO 9000:2008、ISO 9000:2015 等版本。与之对应,中国也等同发布了 GB/T 19000—2000、GB/T 19000—2008、GB/T 19000—2015 对应版本。

5.1.4.1 GB/T 19000—2015 族标准的构成

GB/T 19000—2015 族有以下三个核心标准:

(1)GB/T 19000—2015 质量管理体系——基础和术语。

基础和术语由三部分组成:第一部分介绍了标准适用范围;第二部分是质量管理体系的基本概念和质量管理原则;第三部分是术语和定义,新标准共给出了 138 个术语。

(2)GB/T 19001—2015 质量管理体系——要求。

要求旨在为组织的产品和服务提供信任,从而增强顾客满意。正确实施本标准也能为组织带来其他预期利益,如改进内部沟通,更好地理解和控制组织的过程。

(3)GB/T 19004—2015 追求组织的持续成功——质量管理方法。

质量管理方法为组织选择超出本标准要求的质量管理方法提供指南,关注能够改进组织整体绩效的更加广泛的议题。其中的自我评价方法指南用于对组织管理体系的成熟度进行评价。

5.1.4.2 ISO 9000—2015 族标准质量管理原则

1. 以顾客为关注焦点

质量管理的主要关注点是满足顾客要求并且努力超越顾客的期望。组织只有赢得顾客和其他相关方的信任才能获得持续成功。与顾客相互作用的每个方面,都提供了为顾客创造更多价值的机会。理解顾客和其他相关方当前及未来的需求,有助于组织的持续成功。

2. 领导作用

各级领导建立统一的宗旨和方向,并且创造全员积极参与的条件,以实现组织的质量目标。统一的宗旨和方向的建立,以及全员的积极参与,能够使组织将战略、方针、过程和资源保持一致,以实现其目标。

3. 全员参与

在整个组织内各级人员的胜任、被授权和参与,是提高组织创造和提供价值能力的必要条件。为了有效和高效地管理组织,各级人员得到尊重并参与其中是极其重要的。通过表彰、授权和提高能力,促进在实现组织的质量目标过程中的全员积极参与。

4. 过程方法

将活动作为相互关联、功能连贯的过程系统来理解和管理时,可更加有效和高效地得到一致的、可预知的结果。质量管理体系是由相互关联的过程所组成的。理解体系是如何产生结果的,能够使组织尽可能地完善体系和绩效。

5. 改进

成功的组织持续关注改进。改进对于组织保持当前的绩效水平,对其内、外部条件的变化做出反应并创造新的机会都是非常必要的。

6. 循证决策

基于数据和信息的分析和评价的决策,更有可能产生期望的结果。决策是一个复杂的过程,并且总是包含一些不确定因素。它经常涉及多种类型和来源的输入及其解释,而这些解释可能是主观的。重要的是理解因果关系和可能的非预期后果。对事实、证据和数据的分析可导致决策更加客观、可信。

7. 关系管理

为了持续成功,组织需要管理与有关的相关方(如供方)的关系。有关的相关方影响组织的绩效。组织管理与所有相关方的关系,以尽可能地发挥其在组织绩效方面的作用时,持续成功更有可能实现。对供方及合作伙伴的关系网的管理是尤为重要的。

5.2 施工阶段质量控制的依据和程序

施工阶段是形成工程实体的阶段,也是形成建筑工程产品质量的重要阶段,因此施工阶段的质量控制是监理工作的重点。项目监理机构应基于施工质量控制的依据和程序,抓好施工质量控制工作。施工阶段的质量控制应重点做好图纸会审与设计交底、施工组织设计(方案)的审查、施工准备、施工过程控制等工作。项目监理机构的质量控制的方法和手段包括审查、巡视、监理指令、旁站、见证取样、验收和平行检验,工程变更的控制和质量记录资料的管理等。

5.2.1 施工阶段质量控制的依据

5.2.1.1 工程合同文件

建设工程监理合同、建设单位与其他相关单位签订的合同,包括与施工单位签订的施工合同、与材料设备供应单位签订的材料设备采购合同等。

5.2.1.2 工程勘察设计文件

工程勘察包括工程测量、工程地质和水文地质勘察等内容,工程勘察成果文件为工程项目选址、工程设计和施工提供科学可靠的依据,也是项目监理机构审批工程施工组织设计或施工方案、工程地基基础验收等工程质量控制的重要依据。经过审查、批准的设计图纸和技术说明书等设计文件,是质量控制的重要依据。

5.2.1.3 有关质量管理方面的法律法规、部门规章与规范性文件

(1)法律:《建筑法》《民法典》《城乡规划法》《中华人民共和国消防法》等。

(2)行政法规:《建设工程质量管理条例》《民用建筑节能条例》等。

(3)部门规章:《建筑工程施工许可管理办法》《实施工程建设强制性标准监督规定》《房屋建筑和市政基础设施工程质量监督管理规定》等。

(4)规范性文件:《房屋建筑工程施工旁站监理管理办法(试行)》《建设工程质量责任主体和有关机构不良记录管理办法(试行)》《关于建设行政主管部门对工程监理企业履行质量责任加强监督的若干意见》等。

5.2.1.4 质量标准与技术规范(规程)

质量标准与技术规范(规程)是针对不同行业、不同的质量控制对象而制定的,包括各种有关的标准、规范和规程。工程建设强制性标准(条文)是指直接涉及工程质量、安全、卫生及环境保护等方面的工程建设标准强制性条文。项目监理机构在质量控制中,依据的质量标准与技术规范(规程)主要有以下几类:

(1)工程项目施工质量验收标准。

(2)有关工程材料、半成品和构配件质量控制方面的专门技术法规性依据。

(3)控制施工作业活动的技术规程。

5.2.2 施工阶段质量控制的工作程序

在施工阶段,监理工程师要进行全过程、全方位的质量监督、检查与控制,不仅涉及最终产品的检查、验收,而且涉及施工过程的各环节及中间产品的监督、检查与验收。为了科学化、规范化、程序化、精细化地做好施工阶段质量控制的各项工作,要建立完善的质量控制工作流程,如图 5-1 所示,并严格实施。

在工程开始前,施工单位须做好施工准备工作,待开工条件具备时,应向项目监理机构报送工程开工报审表及相关资料。监理工程师要重点审查施工单位的施工组织设计,是否已建立相应的现场质量、安全生产管理体系,管理及施工人员是否已到位,主要施工机械是否已具备使用条件,主要工程材料是否已落实到位。设计交底和图纸会审是否已完成;进场道路及水、电、通信等是否已满足开工要求。审查合格后,由总监理工程师签署审核意见,并报建设单位批准后,总监理工程师签发开工令;否则,施工单位应进一步做好施工准备,待条件具备时,再次报送工程开工报审表。

在施工过程中,专业监理工程师应督促施工单位加强内部质量管理,严格质量控制。施工作业过程均应按规定工艺和技术要求进行。在每道工序完成后,施工单位应进行自检,只有上一道工序被确认质量合格后,方能准许下道工序施工。当隐蔽工程、检验批、分项工程完成后,施工单位应自检合格,填写相应的隐蔽工程或检验批或分项工程报审、报验表,并附有相应工序和部位的工程质量检查记录,报送项目监理机构。经专业监理工程师现场检查及对相关资料审核后,符合要求予以签认;反之,则指令施工单位进行整改或返工处理。

施工单位按照施工进度计划完成分部工程施工,且分部工程所包含的分项工程全部检验合格后,应填写相应分部工程报验表,并附有分部工程质量控制资料,报送项目监理机构验收。由总监理工程师组织相关人员对分部工程进行验收,并签署验收意见。

按照单位工程施工总进度计划,施工单位已完成施工合同所约定的所有工程量,并完成自检工作，工程验收资料已整理完毕，应填报单位工程竣工验收报审表，报送项目监理机构竣工验收。总监理工程师组织竣工预验收，并签署预验收意见。

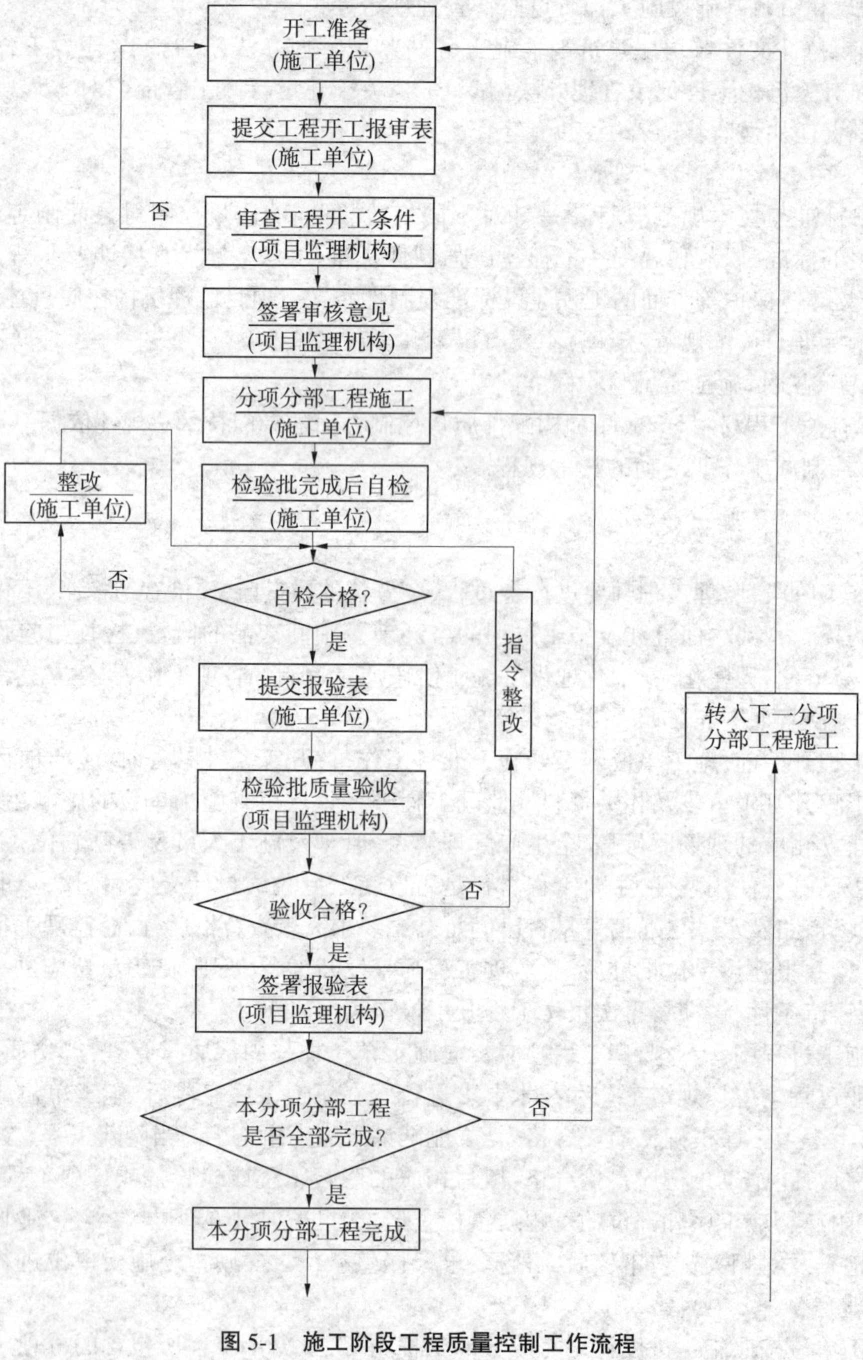

图 5-1　施工阶段工程质量控制工作流程

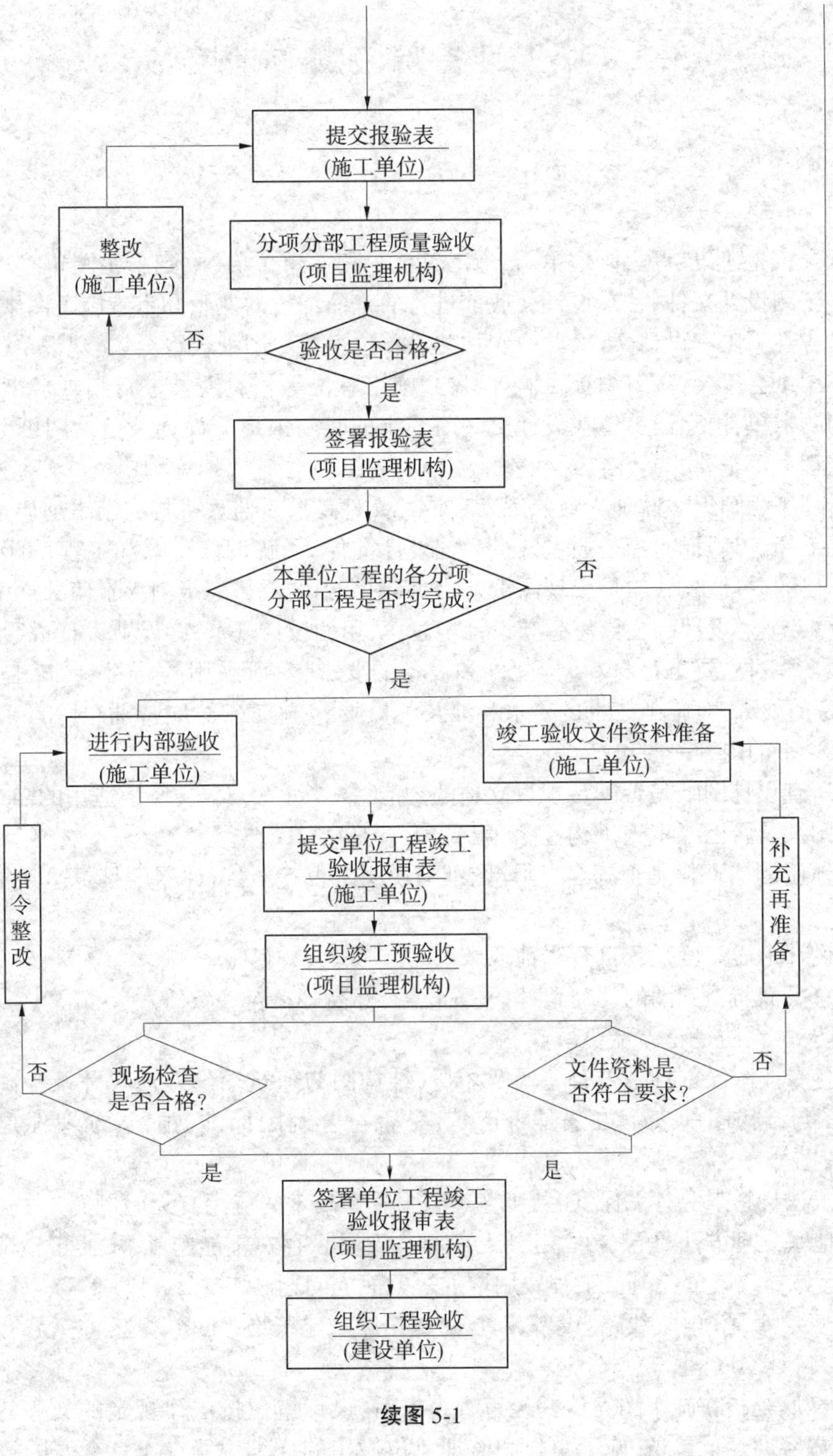
提交报验表
(施工单位)
整改
(施工单位)
分项分部工程质量验收
(项目监理机构)
否
验收是否合格?
是
签署报验表
(项目监理机构)
本单位工程的各分项
分部工程是否均完成?
否
是
进行内部验收
(施工单位)
竣工验收文件资料准备
(施工单位)
提交单位工程竣工
验收报审表
(施工单位)
指令整改
补充再准备
组织竣工预验收
(项目监理机构)
否
现场检查
是否合格?
文件资料是
否符合要求?
否
是
是
签署单位工程竣工
验收报审表
(项目监理机构)
组织工程验收
(建设单位)

续图 5-1

5.3 施工准备阶段的质量控制

5.3.1 图纸会审与设计交底

5.3.1.1 图纸会审

图纸会审是建设单位、监理单位、施工单位等相关单位，在收到施工图审查机构审查合格的施工图设计文件后，在设计交底前进行的全面细致的熟悉和审查施工图纸的活动。监理人员应熟悉工程设计文件，并应参加建设单位主持的图纸会审会议，建设单位应及时主持召开图纸会审会议，组织项目监理机构、施工单位等相关人员进行图纸会审，并整理成会审问题清单，由建设单位在设计交底前约定的时间内提交设计单位。图纸会审由施工单位整理会议纪要，与会各方会签。

总监理工程师组织监理人员熟悉工程设计文件是项目监理机构实施事前质量控制的一项重要工作。其目的：一是通过熟悉工程设计文件，了解设计意图和工程设计特点、工程关键部位的质量要求；二是发现图纸差错，将图纸中的质量隐患消灭在萌芽之中。监理人员应重点熟悉：设计的主导思想与设计构思，采用的设计规范、各专业设计说明等，以及工程设计文件对主要工程材料、构配件和设备的要求，对所采用的新材料、新工艺、新技术、新设备的要求，对施工技术的要求和涉及工程质量、施工安全应特别注意的事项等。

图纸会审的内容一般包括：

(1)审查设计图纸是否满足项目立项的功能，技术可靠、安全、经济适用的需求。

(2)图纸是否已经审查机构签字、盖章。

(3)地质勘探资料是否齐全，设计图纸与说明是否齐全，设计深度是否达到相关规范要求。

(4)设计地震烈度是否符合当地要求。

(5)总平面与施工图的几何尺寸、平面位置、标高等是否一致。

(6)防火、消防是否满足要求。

(7)各专业图纸本身是否有差错及矛盾，结构图与建筑图的平面尺寸及标高是否一致，建筑图与结构图的表示方法是否清楚，是否符合制图标准，预留、预埋件是否表示清楚。

(8)工程材料来源有无保证，新工艺、新材料、新技术的应用有无问题。

(9)地基处理方法是否合理，建筑与结构构造是否存在不能施工、不便于施工的技术问题，或容易导致质量、安全、工程费用增加等方面的问题。

(10)工艺管道、电气线路、设备装置、运输道路与建筑物之间或相互间有无矛盾。

5.3.1.2 设计交底

设计交底是指在施工图完成并经审查合格后，设计单位按法律规定的义务就工程设计文件的内容向建设单位、施工单位和监理单位做出的详细说明。设计交底的目的是帮助施工单位和监理单位正确贯彻设计意图，使其加深对设计文件特点、难点、疑点的理解，掌握关键工程部位的质量要求，以确保工程质量。设计交底的主要内容一般包括：施工图设计文件总体介绍;设计的意图说明;特殊的工艺要求,建筑、结构、工艺、设备等各专业在施工中的难点、疑点和容易发生的问题说明;对施工单位、监理单位、建设单位等关于设计图纸疑问的解释等。

工程开工前,建设单位应组织并主持召开工程设计技术交底会。先由设计单位进行设计交底,后转入图纸会审问题解释,设计单位对图纸会审问题清单予以解答。通过建设单位、设计单位、监理单位、施工单位及其他单位研究协商,确定图纸存在的各种技术问题的解决方案。

设计交底会议纪要由设计单位整理,与会各方会签。

5.3.2 施工组织设计审查

施工组织设计的审查是为了进一步完善施工组织设计,使之更科学、更合理、更有针对性,使所有的施工活动安全有序。审查时应本着全面性、可操作性、针对性、先进性、程序性等原则进行审查,其主要内容如下:

(1)编审程序应符合相关规定。

(2)施工进度、施工方案及工程质量保证措施应符合施工合同要求。

(3)资金、劳动力、材料、设备等资源供应计划应满足工程施工需要。

(4)安全技术措施应符合工程建设强制性标准。

(5)施工总平面布置应科学合理。

(6)专项施工方案编审程序和内容应符合审查要求。

5.3.3 施工现场准备质量控制

5.3.3.1 施工现场质量管理检查

工程开工前,项目监理机构应审查施工单位现场的质量管理组织机构、管理制度及专职管理人员和特种作业人员的资格,主要内容包括:

(1)项目部质量管理体系。

(2)现场质量责任制。

(3)主要专业工种操作岗位证书。

(4)分包单位管理制度。

(5)图纸会审记录。

(6)地质勘察资料。

(7)施工技术标准。

(8)施工组织设计、施工方案编制及审批。

(9)物资采购管理制度。

(10)施工设施和机械设备管理制度。

(11)计量设备配备。

(12)检测试验管理制度。

(13)工程质量检查验收制度等。

5.3.3.2　分包单位资质的审核确认

分包工程开工前,项目监理机构应审核施工单位报送的分包单位资格报审表及有关资料,专业监理工程师进行审核并提出审查意见,符合要求后,应由总监理工程师审批并签署意见。分包单位资格审核应包括的基本内容:①营业执照、企业资质等级证书;②安全生产许可文件;③类似工程业绩;④专职管理人员和特种作业人员的资格。

专业监理工程师应在约定的时间内,对施工单位所报资料的完整性、真实性和有效性进行审查。在审查过程中需与建设单位进行有效沟通,必要时会同建设单位对施工单位选定的分包单位的情况进行实地考察和调查,核实施工单位申报材料与实际情况是否相符。

专业监理工程师审查分包单位资质材料时,应查验《建筑业企业资质证书》《企业法人营业执照》《安全生产许可证》。注意拟承担分包工程内容与资质等级、营业执照是否相符。分包单位的类似工程业绩,要求提供工程名称、工程质量验收等证明文件;审查拟分包工程的内容和范围时,应注意施工单位的发包性质,禁止转包、肢解分包、层层分包等违法行为。

总监理工程师对报审资料进行审核,在报审表上签署书面意见前需征求建设单位意见。如分包单位的资质材料不符合要求,施工单位应根据总监理工程师的审核意见,或重新报审,或另选择分包单位再报审。

5.3.3.3　查验施工控制测量成果

专业监理工程师应检查、复核施工单位报送的施工控制测量成果及保护措施,签署意见,并应对施工单位在施工过程中报送的施工测量放线成果进行查验。施工控制测量成果及保护措施的检查、复核包括:①施工单位测量人员的资格证书及测量设备检定证书;②施工平面控制网、高程控制网和临时水准点的测量成果及控制桩的保护措施。

项目监理机构收到施工单位报送的施工控制测量成果报验表后,由专业监理工程师审查。专业监理工程师应审查施工单位的测量依据、测量人员资格和测量成果是否符合规范及标准要求,符合要求的,予以签认。

5.3.3.4　施工试验室的检查

专业监理工程师应检查施工单位为本工程提供服务的试验室(包括施工单位自有试验室或委托的试验室)。试验室的检查应包括下列内容:①试验室的资质等级及试验范围;②法定计量部门对试验设备出具的计量检定证明;③试验室管理制度;④试验人员资格证书。

项目监理机构收到施工单位报送的试验室报审表及有关资料后,总监理工程师应组织专业监理工程师对施工试验室审查。专业监理工程师在熟悉本工程的试验项目及其要求后对施工试验室进行审查。

根据有关规定,为工程提供服务的试验室应具有政府主管部门颁发的资质证书及相应的试验范围。试验室的资质等级和试验范围必须满足工程需要;试验设备应由法定计量部门出具符合规定要求的计量检定证明;试验室还应具有相关管理制度,以保证试验、检测过程和结果的规范性、准确性、有效性、可靠性及可追溯性,试验室管理制度应包括试验人员工作记录、人员考核及培训制度、资料管理制度、原始记录管理制度、试验检测报告管理制度、样品管理制度、仪器设备管理制度、安全环保管理制度、外委试验管理制度、对比试验以及能力考核管理制度、施工现场(搅拌站)试验管理制度、检查评比制度、工作会议制度以及报表制度等。从事试验、检测工作的人员应按规定具备相应的上岗资格证书。专业监理工程师应对以上制度逐一进行检查,符合要求后予以签认。

5.3.3.5　工程材料、构配件、设备的质量控制

项目监理机构收到施工单位报送的工程材料、构配件、设备报审表后,应审查施工单位报送的用于工程的材料、构配件、设备的质量证明文件,并应按有关规定、建设工程监理合同约定,对用于工程的材料进行见证取样。用于工程的材料、构配件、设备的质量证明文件包括出厂合格证、质量检验报告、性能检测报告以及施工单位的质量抽检报告等。对于工程设备,应同时附有设备出厂合格证、技术说明书、质量检验证明、有关图纸、配件清单及技术资料等。对已经进场但检验不合格的工程材料、构配件、设备,应要求施工单位限期将其撤出施工现场。

5.3.3.6　工程开工条件审查与开工令的签发

总监理工程师应组织专业监理工程师审查施工单位报送的工程开工报审表及相关资料,同时具备下列条件时,应由总监理工程师签署审查意见,并应报建设单位批准后,总监理工程师签发工程开工令:

(1)设计交底和图纸会审已完成。

(2)施工组织设计已由总监理工程师签认。

(3)施工单位现场质量、安全生产管理体系已建立,管理及施工人员已到位,施工机械具备使用条件,主要工程材料已落实。

(4)进场道路及水、电、通信等已满足开工要求。

总监理工程师应在开工日期7天前向施工单位发出工程开工令。工期自总监理工程师发出的工程开工令中载明的开工日期起计算。总监理工程师应组织专业监理工程师审查施工单位报送的开工报审表及相关资料,并对开工应具备的条件进行逐项审查,全部符合要求时签署审查意见,报建设单位得到批准后,再由总监理工程师签发工程开工令。施工单位应在开工日期后尽快施工。

5.4　施工过程的质量控制

5.4.1　巡视与旁站

5.4.1.1　巡视

1. 巡视的内容

巡视是项目监理机构对施工现场进行的定期或不定期的检查活动,是项目监理机构对工程实施建设监理的方式之一。

项目监理机构应安排监理人员对工程施工质量进行巡视。巡视应包括下列主要内容:

(1)施工单位是否按工程设计文件、工程建设标准和批准的施工组织设计、(专项)施

工方案施工。施工单位必须按照工程设计图纸和施工技术标准施工,不得擅自修改工程设计,不得偷工减料。

(2)使用的工程材料、构配件和设备是否合格。应检查施工单位使用的工程原材料、构配件和设备是否合格。不得在工程中使用不合格的原材料、构配件和设备,只有经过复试检测合格的原材料、构配件和设备才能够用于工程。

(3)施工现场管理人员,特别是施工质量管理人员是否到位。应对其是否到位及履职情况做好检查和记录。

(4)特种作业人员是否持证上岗。应对施工单位特种作业人员是否持证上岗进行检查。根据《建筑施工特种作业人员管理规定》,建筑电工、建筑架子工、建筑起重信号司索工、建筑起重机械司机、建筑起重机械安装拆卸工、高处作业吊篮安装拆卸工、焊接切割操作工以及经省级以上人民政府建设主管部门认定的其他特种作业人员,必须持施工特种作业人员操作证上岗。

2. 巡视检查要点

1)检查原材料

施工现场原材料、构配件的采购和堆放是否符合施工组织设计(方案)要求;其规格、型号等是否符合设计要求;是否已见证取样,并检测合格;是否已按程序报验并允许使用;有无使用不合格材料,有无使用质量合格证明资料欠缺的材料。

2)检查施工人员

(1)施工现场管理人员,尤其是质检员、安全员等关键岗位人员是否到位,能否确保各项管理制度和质量保证体系的落实。

(2)特种作业人员是否持证上岗,人证是否相符,是否进行了技术交底并有记录。

(3)现场施工人员是否按照规定佩戴安全防护用品。

3)检查基坑土方开挖工程

(1)土方开挖前的准备工作是否到位,开挖条件是否具备。

(2)土方开挖顺序、方法是否与设计要求一致。

(3)挖土是否分层、分区进行,分层高度和开挖面放坡坡度是否符合要求,垫层混凝土的浇筑是否及时。

(4)基坑坑边和支撑上的堆载是否在允许范围,是否存在安全隐患。

(5)挖土机械有无碰撞或损伤基坑围护和支撑结构、工程桩、降压(疏干)井等现象。

(6)是否限时开挖,尽快形成围护支撑,尽量缩短围护结构无支撑暴露时间。

(7)每道支撑底面黏附的土块、垫层、竹笆等是否及时清理;每道支撑上的安全通道和临边防护的搭设是否及时、符合要求。

(8)挖土机械工作是否有专人指挥,有无违章、冒险作业现象。

4)检查砌体工程

(1)基层清理是否干净,是否按要求用细石混凝土或水泥砂浆进行了找平。

(2)是否有“碎砖”集中使用和外观质量不合格的块材使用现象。

(3)是否按要求使用皮数杆,墙体拉结筋形式、规格、尺寸、位置是否正确,砂浆饱满度是否合格,灰缝厚度是否超标,有无透明缝、“瞎缝”和“假缝”。

(4)墙上的架眼、工程需要的预留和预埋等有无遗漏等。

5)检查钢筋工程

(1)钢筋有无锈蚀、被隔离剂和淤泥等污染现象。

(2)垫块规格、尺寸是否符合要求,强度能否满足施工需要,有无用木块、大理石板等代替水泥砂浆(或混凝土)垫块的现象。

(3)钢筋搭接长度、位置、连接方式是否符合设计要求,搭接区段箍筋是否按要求加密;对于梁柱或梁梁交叉部位的"核心区"有无主筋被截断、箍筋漏放等现象。

6)检查模板工程

(1)模板安装和拆除是否符合施工组织设计(方案)的要求,支模前隐蔽内容是否已经验收合格。

(2)模板表面是否清理干净、有无变形损坏,是否已涂刷隔离剂,模板拼缝是否严密,安装是否牢固。

(3)拆模是否事先按程序和要求向项目监理机构报审并签认,拆模有无违章冒险行为;模板捆扎、吊运、堆放是否符合要求。

7)检查混凝土工程

(1)现浇混凝土结构构件的保护是否符合要求。

(2)构件拆模后构件的尺寸偏差是否在允许范围内,有无质量缺陷,缺陷修补处理是否符合要求。

(3)现浇构件的养护措施是否有效、可行、及时。

(4)采用商品混凝土时,是否留置标养试块和同条件试块,是否抽查砂与石子的含泥量和粒径等。

8)检查钢结构工程

主要检查内容:钢结构零部件加工条件是否合格(如场地、温度、机械性能等),安装条件是否具备(如基础是否已经验收合格等);施工工艺是否合理、符合相关规定;钢结构原材料及零部件的加工、焊接、组装、安装及涂饰质量是否符合设计文件和相关标准、要求等。

9)检查屋面工程

(1)基层是否平整坚固、清理干净。

(2)防水卷材搭接部位、宽度、施工顺序、施工工艺是否符合要求,卷材收头、节点、细部处理是否合格。

(3)屋面块材搭接、铺贴质量如何,有无损坏现象等。

10)检查装饰装修工程

(1)基层处理是否合格,是否按要求使用垂直、水平控制线,施工工艺是否符合要求。

(2)需要进行隐蔽的部位和内容是否已经按程序报验并通过验收。

(3)细部制作、安装、涂饰等是否符合设计要求和相关规定。

(4)各专业之间工序穿插是否合理,有无相互污染、相互破坏现象等。

11)检查安装工程等

重点检查是否按规范、规程、设计图纸、图集和批准的施工组织设计(方案)施工;是否有专人负责，施工是否正常等。

12）检查施工环境

(1)施工环境和外界条件是否对工程质量、安全等造成不利影响，施工单位是否已采取相应措施。

(2)各种基准控制点、周边环境和基坑自身监测点的设置、保护是否正常，有无被压(损)现象。

(3)季节性天气中，工地是否采取了相应的季节性施工措施，比如暑期、冬季和雨季施工措施等。

5.4.1.2 旁站

旁站是指项目监理机构对工程的关键部位或关键工序的施工质量进行的监督活动。项目监理机构应根据工程特点和施工单位报送的施工组织设计，将影响工程主体结构安全的、完工后无法检测其质量的或返工会造成较大损失的部位及其施工过程作为旁站的关键部位、关键工序，安排监理人员进行旁站，并应及时记录旁站情况。旁站记录应按《建设工程监理规范》(GB/T 50319—2013)的要求填写。

1. 旁站工作程序

(1)开工前，项目监理机构应根据工程特点和施工单位报送的施工组织设计，确定旁站的关键部位、关键工序，并书面通知施工单位。

(2)施工单位在需要实施旁站的关键部位、关键工序进行施工前书面通知项目监理机构。

(3)接到施工单位书面通知后，项目监理机构应安排旁站监理人员实施旁站。

2. 旁站工作要点

(1)编制监理规划时，应明确旁站的部位和要求。

(2)根据部门规范性文件，房屋建筑工程旁站的关键部位、关键工序如下：

①基础工程方面包括土方回填，混凝土灌注桩浇筑，地下连续墙、土钉墙、后浇带及其他结构混凝土、防水混凝土浇筑，卷材防水层细部构造处理，钢结构安装。

②主体结构工程方面包括梁柱节点钢筋隐蔽工程、混凝土浇筑、预应力张拉、装配式结构安装、钢结构安装、网架结构安装、索膜安装。

(3)其他工程的关键部位、关键工序，应根据工程类别、特点及有关规定和施工单位报送的施工组织设计确定。

(4)旁站人员的主要职责是：

①检查施工单位现场质检人员到岗、特殊工种人员持证上岗及施工机械、建筑材料准备情况。

②在现场监督关键部位、关键工序的施工执行施工方案以及工程建设强制性标准情况。

③核查进场建筑材料、构配件、设备和商品混凝土的质量检验报告等，并可在现场监督施工单位进行检验或者委托具有资格的第三方进行复验。

④做好旁站记录，保存旁站原始资料。

(5)对施工中出现的偏差及时纠正，保证施工质量。发现施工单位有违反工程建设强制性标准行为的,应责令施工单位立即整改;发现其施工活动已经或者可能危及工程质量的,应当及时向专业监理工程师或总监理工程师报告,由总监理工程师下达暂停令,指令施工单位整改。

(6)对需要旁站的关键部位、关键工序的施工,凡没有实施旁站监理或者没有旁站记录的,专业监理工程师或总监理工程师不得在相应文件上签字。工程竣工验收后,项目监理机构应将旁站记录存档备查。

(7)旁站记录内容应真实、准确并与监理日志相吻合。对旁站的关键部位、关键工序,应按照时间或工序形成完整的记录。必要时可进行拍照或摄影,记录当时的施工过程。

5.4.2 见证取样与平行检验

5.4.2.1 见证取样

见证取样是指项目监理机构对施工单位进行的涉及结构安全的试块、试件及工程材料现场取样、封样、送检工作的监督活动。

1. 见证取样的工作程序

(1)工程项目施工前,由施工单位和项目监理机构共同对见证取样的检测机构进行考察确定。对于施工单位提出的试验室,专业监理工程师要进行实地考察。试验室一般是与施工单位没有行政隶属关系的第三方。试验室要具有相应的资质,经国家或地方计量、试验主管部门认证,试验项目满足工程需要,试验室出具的报告对外具有法定效果。

(2)项目监理机构要将选定的试验室报送负责本项目的质量监督机构备案并得到认可,同时要将项目监理机构中负责见证取样的专业监理工程师在该质量监督机构备案。

(3)施工单位应按照规定制订检测试验计划,配备取样人员,负责施工现场的取样工作,并将检测试验计划报送项目监理机构。

(4)施工单位在对进场材料、试块、试件、钢筋接头等实施见证取样前,要通知负责见证取样的专业监理工程师,在该专业监理工程师现场监督下,施工单位按相关规范的要求,完成材料、试块、试件等的取样过程。

(5)完成取样后,施工单位取样人员应在试样或其包装上做出标识、封志。标识和封志应标明工程名称、取样部位、取样日期、样品名称和样品数量等信息,并由见证取样的专业监理工程师和施工单位取样人员签字。如钢筋样品、钢筋接头,则贴上专用加封标志,然后送往试验室。

2. 实施见证取样的要求

(1)试验室要具有相应的资质并进行备案、认可。

(2)负责见证取样的专业监理工程师要具有材料、试验等方面的专业知识,并经培训考核合格,且要取得见证人员培训合格证书。

(3)施工单位从事取样的人员一般应由试验室人员或专职质检人员担任。

(4)试验室出具的报告一式两份,分别由施工单位和项目监理机构保存,并作为归档材料,是工序产品质量评定的重要依据。

(5)见证取样的频率,国家或地方主管部门有规定的,执行相关规定;施工承包合同中如有明确规定的，执行施工承包合同的规定。

(6)见证取样和送检的资料必须真实、完整，符合相应规定。

5.4.2.2　平行检验

平行检验是指项目监理机构在施工单位自检的同时，按有关规定、建设工程监理合同约定对同一检验项目进行的检测试验活动。项目监理机构应根据工程特点、专业要求，以及建设工程监理合同约定，对施工质量进行平行检验。

平行检验的项目、数量、频率和费用等应符合建设工程监理合同的约定。对平行检验不合格的施工质量，项目监理机构应签发监理通知单，要求施工单位在指定的时间内整改并重新报验。

例如，高速公路工程中，工程监理单位应按工程建设监理合同约定组建项目监理中心试验室进行平行检验工作。公路工程检验试验可分为验证试验、标准试验、工艺试验、抽样试验和验收试验。验证试验是对材料或商品构件进行预先鉴定，以决定是否可以用于工程；标准试验是对各项工程的内在品质进行施工前的数据采集，它是控制和指导施工的科学依据，包括各种标准击实试验、骨料的级配试验、混合料的配合比试验、结构的强度试验等；工艺试验是依据技术规范的规定，在动工之前对路基、路面及其他需要通过预先试验方能正式施工的分项工程预先进行工艺试验，然后依其试验结果全面指导施工；抽样试验是对各项工程实施中的实际内在品质进行符合性的检查，内容应包括各种材料的物理性能、土方及其他填筑施工的密实度、混凝土及沥青混凝土的强度等的测定和试验；验收试验是对各项已完工程的实际内在品质做出评定。项目监理中心试验室进行平行检验试验的有：

(1)验证试验。材料或商品构件运入现场后，应按规定的批量和频率进行抽样试验，不合格的材料或商品构件不准用于工程。

(2)标准试验。在各项工程开工前合同规定或合理的时间内，应由施工单位先完成标准试验。监理中心试验室应在施工单位进行标准试验的同时或以后，平行进行复核(对比)试验，以肯定、否定或调整施工单位标准试验的参数或指标。

(3)抽样试验。在施工单位的工地试验室(流动试验室)按技术规范的规定进行全频率抽样试验的基础上，监理中心试验室应按规定的频率独立进行抽样试验，以鉴定施工单位的抽样试验结果是否真实可靠。当施工现场的监理人员对施工质量或材料产生疑问并提出要求时，监理中心试验室随时进行抽样试验。

5.4.3　监理通知与监理指令

5.4.3.1　监理通知单的签发

在工程质量控制方面，项目监理机构发现施工存在质量问题的，或施工单位采用不适当的施工工艺，或施工不当造成工程质量不合格的，应及时签发监理通知单，要求施工单位整改。监理通知单由专业监理工程师或总监理工程师签发。

监理通知单对存在问题部位的表述应具体。如问题出现在主楼二层楼板某梁的具体部位时应注明“主楼二层楼板⑥轴、(A)~(B)列 L2 梁”；应用数据说话，详细叙述问题存在的违规内容。一般应包括监理实测值、设计值、允许偏差值、违反规范种类及条款等，如:“梁钢筋保护层厚度局部实测值为 16 mm,设计值为 25 mm,已超出允许偏差±5 mm,违反《混凝土结构工程施工质量验收规范》(GB 50204)规定”;反映的问题如果能用照片予以记录,应附上照片。要求施工单位整改时限应叙述具体,如“在 72 h 内”;并注明施工单位申诉的形式和时限,如“对本监理通知单内容有异议,请在 24 h 内向监理提出书面报告”。

项目监理机构签发监理通知单时,应要求施工单位在发文本上签字,并注明签收时间。施工单位应按监理通知单的要求进行整改。整改完毕后,向项目监理机构提交监理通知回复单。项目监理机构应根据施工单位报送的监理通知回复单对整改情况进行复查,并提出复查意见。

5.4.3.2 工程暂停令的签发

监理人员发现可能造成质量事故的重大隐患或已发生质量事故的,总监理工程师应签发工程暂停令。

项目监理机构发现下列情形之一时,总监理工程师应及时签发工程暂停令:

(1)建设单位要求暂停施工且工程需要暂停施工的。

(2)施工单位未经批准擅自施工或拒绝项目监理机构管理的。

(3)施工单位未按审查通过的工程设计文件施工的。

(4)施工单位违反工程建设强制性标准的。

(5)施工存在重大质量、安全事故隐患或发生质量、安全事故的。

对于建设单位要求停工的,总监理工程师经过独立判断,认为有必要暂停施工的,可签发工程暂停令;认为没有必要暂停施工的,不应签发工程暂停令。施工单位拒绝执行项目监理机构的要求和指令时,总监理工程师应视情况签发工程暂停令。对于施工单位未经批准擅自施工或分别出现上述(3)、(4)、(5)三种情况时,总监理工程师应签发工程暂停令。总监理工程师在签发工程暂停令时,可根据停工原因的影响范围和影响程度,确定停工范围。

总监理工程师签发工程暂停令,应事先征得建设单位同意。在紧急情况下,未能事先征得建设单位同意的,应在事后及时向建设单位书面报告。施工单位未按要求停工,项目监理机构应及时报告建设单位,必要时应向有关主管部门报送监理报告。

暂停施工事件发生时,项目监理机构应如实记录所发生的情况。对于建设单位要求停工且工程需要暂停施工的,应重点记录施工单位人工、设备在现场的数量和状态;对于因施工单位原因暂停施工的,应记录直接导致停工发生的原因。

5.4.3.3 工程复工令的签发

因建设单位原因或非施工单位原因引起工程暂停的,在具备复工条件时,应及时签发工程复工令,指令施工单位复工。

1. 审核工程复工报审表

因施工单位原因引起工程暂停的,施工单位在复工前应向项目监理机构提交工程复工报审表,申请复工。工程复工报审时,应附有能够证明已具备复工条件的相关文件资料,包括相关检查记录、有针对性的整改措施及其落实情况、会议纪要、影像资料等。当导致暂停的原因是危及结构安全或使用功能时,整改完成后,应有建设单位、设计单位、监理单位各方共同认可的整改完成文件，其中涉及建设工程鉴定的文件必须由有资质的检测单位出具。

对需要返工处理或加固补强的质量缺陷，项目监理机构应要求施工单位报送经设计等相关单位认可的处理方案，并应对质量缺陷的处理过程进行跟踪检查，同时应对处理结果进行验收。

对需要返工处理或加固补强的质量事故，项目监理机构应要求施工单位报送质量事故调查报告和经设计等相关单位认可的处理方案，并对质量事故的处理过程进行跟踪检查，对处理结果进行验收。项目监理机构应及时向建设单位提交质量事故书面报告，并应将完整的质量事故处理记录整理归档。

2. 签发工程复工令

项目监理机构收到施工单位报送的工程复工报审表及有关材料后，应对施工单位的整改过程、结果进行检查、验收，符合要求的，总监理工程师应及时签署审批意见，并报建设单位批准后签发工程复工令，施工单位接到工程复工令后组织复工。施工单位未提出工程复工申请的，总监理工程师应根据工程实际情况指令施工单位恢复施工。

5.4.4 工程变更的控制

施工过程中，由于前期勘察设计的原因，或由于外界自然条件的变化，未探明的地下障碍物、管线、文物、地质条件不符等，以及施工工艺方面的限制、建设单位要求的改变，均会涉及工程变更。做好工程变更的控制工作，是工程质量控制的一项重要内容。

工程变更单由提出单位填写，写明工程变更原因、工程变更内容，并附必要的附件，包括工程变更的依据、详细内容、图纸，对工程造价、工期的影响程度分析，以及对功能、安全影响的分析报告。

对于施工单位提出的工程变更，项目监理机构可按下列程序处理：

(1)总监理工程师组织专业监理工程师审查施工单位提出的工程变更申请，提出审查意见。对涉及工程设计文件修改的工程变更，应由建设单位转交原设计单位修改工程设计文件。必要时，项目监理机构应建议建设单位组织设计、施工等单位召开论证工程设计文件修改方案的专题会议。

(2)总监理工程师组织专业监理工程师对工程变更费用及工期影响做出评估。

(3)总监理工程师组织建设单位、施工单位等共同协商确定工程变更费用及工期变化，会签工程变更单。

(4)项目监理机构根据批准的工程变更文件监督施工单位实施工程变更。

施工单位提出工程变更的情形一般有：①图纸出现错、漏、碰、缺等缺陷而无法施工；②图纸不便施工，变更后更经济、方便；③采用新材料、新产品、新工艺、新技术的需要；④施工单位考虑自身利益，为费用索赔而提出工程变更。

施工单位提出的工程变更，当为要求进行某些材料、工艺、技术方面的技术修改时，即根据施工现场具体条件和自身的技术、经验和施工设备等，在不改变原设计文件原则的前提下，提出的对设计图纸和技术文件的某些技术上的修改要求，例如，对某种规格的钢筋用替代规格的钢筋、对基坑开挖边坡的修改等，应在工程变更单及其附件中说明要求修改的内容及原因或理由，并附上有关文件和相应图纸。经各方同意签字后，由总监理工程师组织实施。

当施工单位提出的工程变更要求对设计图纸和设计文件所表达的设计标准、状态有改变或修改时，项目监理机构经与建设单位、设计单位、施工单位研究并做出变更决定后，由建设单位转交原设计单位修改工程设计文件，再由总监理工程师签发工程变更单，并附设计单位提交的修改后的工程设计图纸交施工单位按变更后的图纸施工。

建设单位提出的工程变更，可能是由于局部调整使用功能，也可能是方案阶段考虑不周，项目监理机构应对于工程变更可能造成的设计修改、工程暂停、返工损失、增加工程造价等进行全面的评估，为建设单位正确决策提供依据，避免工程反复和不必要的浪费。对于设计单位要求的工程变更，应由建设单位将工程变更设计文件下发项目监理机构，由总监理工程师组织实施。

如果变更涉及项目功能、结构主体安全，该工程变更还要按有关规定报送施工图原审查机构及管理部门进行审查与批准。

5.4.5　质量记录资料的管理

质量资料是施工单位进行工程施工或安装期间，实施质量控制活动的记录，还包括对这些质量控制活动的意见及施工单位对这些意见的答复，它详细地记录了工程施工阶段质量控制活动的全过程。因此，它不仅在工程施工期间对工程质量的控制有重要作用，而且在工程竣工和投入运行后，对于查询和了解工程建设的质量情况以及工程维修和管理提供大量有用的资料和信息。

质量记录资料包括以下三方面内容：

(1)施工现场质量管理检查记录资料。主要包括施工单位现场质量管理制度、质量责任制，主要专业工种操作上岗证书，分包单位资质及总承包施工单位对分包单位的管理制度，施工图审查核对资料(记录)、地质勘察资料，施工组织设计、施工方案及审批记录，施工技术标准，工程质量检验制度，混凝土搅拌站(级配填料拌和站)及计量设置，现场材料、设备存放与管理等。

(2)工程材料质量记录。主要包括进场工程材料、构配件、设备的质量证明资料，各种试验检验报告(如力学性能试验、化学成分试验、材料级配试验等)，各种合格证，设备进场维修记录或设备进场运行检验记录。

(3)施工过程作业活动质量记录资料。施工或安装过程可按分项、分部、单位工程建立相应的质量记录资料。在相应质量记录资料中应包含有关图纸的图号、设计要求，质量自检资料，项目监理机构的验收资料，各工序作业的原始施工记录，检测及试验报告，材料、设备质量资料的编号、存放档案卷号。此外，质量记录资料还应包括不合格项的报告、通知以及处理和验收资料等。

质量记录资料应在工程施工或安装开始前，由项目监理机构和施工单位一起，根据建设单位的要求及工程竣工验收资料组卷归档的有关规定，研究列出各施工对象的质量资料清单。以后，随着工程施工的进展，施工单位应不断补充和填写关于材料、构配件及施工作业活动的有关内容，记录新的情况。当每一阶段(如检验批、一个分项或分部工程)

施工或安装工作完成后,相应的质量记录资料也应随之完成,并整理组卷。

施工质量记录资料应真实、齐全、完整,相关各方人员的签字齐备、字迹清楚、结论明确,与施工过程的进展同步。在对作业活动效果的验收中,如缺少资料和资料不全,项目监理机构应拒绝验收。

监理资料的管理应由总监理工程师负责,并指定专人具体实施。总监理工程师作为项目监理机构的负责人,应根据合同要求,结合监理项目的大小、工程复杂程度配备一至多名专职熟练的资料管理人员具体实施资料的管理工作。对于建设规模较小、资料不多的监理项目,可以结合工程实际,指定一名受过资料管理业务培训、懂得资料管理的监理人员兼职完成资料管理工作。

除配置资料管理员外,还需要包括项目总监理工程师、各专业监理工程师、监理员在内的各级监理人员自觉履行各自监理职责,保证监理文件资料管理工作的顺利完成。

5.5 设备采购与制造安装的质量控制

5.5.1 设备采购的质量控制

5.5.1.1 市场采购设备的质量控制

建设单位采购时,监理工程师要协助编制设备采购方案,监理工程师应熟悉和掌握设计文件中设备的各项要求、技术说明和规范标准;施工单位采购时,监理工程师要对施工单位编制的采购方案进行审查,并对存在的问题提出意见和建议。

5.5.1.2 向生产厂家订购设备的质量控制

设备订购前要做好厂商的评审和实地考察。主要考察供货厂商的资质,设备供货能力,近几年供应、生产、制造类似设备的情况,企业的财务状况,以及生产厂商要分包采购的原材料、配套零部件及元器件的情况等。然后由项目监理机构会同建设单位或施工单位一起对供货厂商做进一步现场实地考察调研,提出监理单位的意见,与建设单位一起做出考察结论。

5.5.1.3 招标采购设备的质量控制

当采用招标采购设备时,监理单位应该当好建设单位的参谋和帮手,把好设备订货合同中技术标准、质量标准的审查关。

(1)掌握设计对设备提出的要求,协助建设单位起草招标文件,审查投标单位的资质情况和投标单位的设备供货能力,做好资格预审工作。

(2)参加对设备供货厂商或投标单位的考察,提出建议,与建设单位一起做出考察结论。

(3)参加评标、定标会议,协助建设单位进行综合比较和确定中标单位,评标时对设备的制造质量、设备的使用寿命和成本、维修的难易、备件的供应、安装调试以及投标单位的生产管理、技术管理、质量管理和企业信誉等几个方面做出评价。

(4)协助建设单位向中标单位或设备供货厂商移交必要的技术文件。

5.5.2 设备制造的质量控制

设备监造是指项目监理机构按照建设工程监理合同和设备采购合同约定，对设备制造过程进行的监督检查活动。其管控方式主要有驻厂监造、巡回管控、设置质量控制点管控三种。设备监造的主要内容如下：

(1)项目监理机构应检查设备制造单位的质量管理体系，并应审查设备制造单位报送的设备制造生产计划和工艺方案。

(2)项目监理机构应审查设备制造的检验计划和检验要求，并应确认各阶段的检验时间、内容、方法、标准，以及检测手段、检测设备和仪器。

(3)专业监理工程师应审查设备制造的原材料、外购配套件、元器件、标准件，以及坯料的质量证明文件和检验报告，并应审查设备制造单位提交的报验资料，符合规定时应予以签认。

(4)项目监理机构应对设备制造过程进行监督和检查，对主要及关键零部件的制造工序应进行抽检。

(5)项目监理机构应要求设备制造单位按批准的检验计划和检验要求进行设备制造过程的检验工作，并做好检验记录。项目监理机构应对检验结果进行审核，认为不符合质量要求时，应要求设备制造单位进行整改、返修或返工。当发生质量失控或重大质量事故时，应由总监理工程师签发暂停令，提出处理意见，并应及时报告建设单位。

(6)项目监理机构应检查和监督设备的装配过程。

(7)在设备制造过程中，如需要对设备的原设计进行变更，项目监理机构应审查设计变更，并应协调处理因变更引起的费用和工期调整，同时应报建设单位批准。

(8)项目监理机构应参加设备整机性能检测、调试和出厂验收，符合要求后应予以签认。

(9)在设备运往现场前，项目监理机构应检查设备制造单位对待运设备采取的防护和包装措施，并应检查是否符合运输、装卸、储存、安装的要求，以及随机文件、装箱单和附件是否齐全。

(10)设备运到现场后，项目监理机构应参加设备制造单位按合同约定与接收单位的交接工作。

5.5.3 设备运输与交接的质量控制

5.5.3.1 出厂前的检查

在设备运往现场前，项目监理机构应按设计要求检查设备制造单位对待运设备采取的防护和包装措施，并应检查是否符合运输、装卸、储存、安装的要求，以及相关的随机文件、装箱单和附件是否齐全，符合要求后由总监理工程师签认同意后方可出厂。

5.5.3.2 设备运输的质量控制

为保证设备的质量，制造单位在设备运输前应做好包装工作和制订合理的运输方案。项目监理机构要对设备包装质量进行检查，并审查设备运输方案。

1. 包装的基本要求

(1)设备在运输过程中可能要经受多次装卸和搬运,为此,必须采取良好的防湿、防潮、防尘、防锈和防震等保护措施,确保设备安全无损运抵安装现场。

(2)必须按照国家或国际包装标准及订货合同约定的运输包装条款进行包装,满足验箱机构的检验。

(3)运输前应对放置形式、装卸起重位置等进行标识。

(4)运输前应核对、检查设备及其配件的相关随机文件、装箱单和附件等资料。

2. 运输方案的审查

(1)审查设备运输方案,特别是大型、关键设备的运输,包括运输前的准备工作、运输时间、运输方式、人员安排、起重和加固方案。

(2)对承运单位的审查,包括考察其承运实力、技术水平、运输条件及服务、信誉等。

(3)有需要的,应审查办理海关、保险业务的情况。

(4)审查运货台账、运输状态报告的准备情况。

(5)运输安全措施。

3. 设备交货地点的检查与清点

除现场接货准备工作的检查外,设备交货的检查和清点内容还应包括:

(1)审查制订的开箱检验方案,以及检查措施的落实情况。

(2)开箱前按合同规定确定是否需要由设备制造单位、订货单位、建设单位代表、设计单位代表参加。

(3)参加设备交货的清点,并做好必要的检查。

5.5.4 设备安装的质量控制

设备安装应从设备开箱起,直到设备的无负荷试运转,必须进行负荷试运转的应进行负荷试运转。在安装过程中,监理工程师要做好安装过程的质量监督和控制,对安装过程中的每一个分项、分部工程和单位工程进行质量检查验收。

安装过程中的隐蔽工程,隐蔽前必须进行检查验收,合格后方可进入下道工序。设备安装中,要坚持施工人员的自检、下道工序的互检、安装单位专职质检人员的专检及监理工程师的复检,并对每道工序进行检查和记录。安装过程中使用的材料必须符合设计和产品标准的规定,有出厂合格证明及安装单位自检结果。

设备安装单位认为达到试运行条件时,应向项目监理机构提出申请试运转。经现场监理工程师检查并确认满足设备试运行条件时,由总监理工程师批准,设备安装单位进行设备试运行。试运行时,建设单位及设计单位应有代表参加。监理工程师在设备试运行过程的质量控制主要是监督安装单位按规定的步骤和内容进行试运行。试运行一般可分为准备工作、单机试车、联动试车、投料试车和试生产几个阶段来进行。试运行中应坚持下述步骤:①由无负荷到有负荷;②由部件到组件,由组件到单机,由单机到机组;③分系统进行,先主动系统,后从动系统;④先低速,逐级增到高速;⑤先手控运转,后遥控运转,最后进行自控运转。

5.6 建筑工程施工质量验收

5.6.1 建筑工程施工质量验收标准规范体系简介

工程施工质量验收包括工程施工质量的中间验收和工程的竣工验收两个部分。通过对工程建设中间产出品和最终产品的质量验收,确保建筑工程达到要求的功能和使用价值。其中,工程项目的竣工验收,是全面考核项目建设成果,检查设计与施工质量,确认项目能否投入使用的重要步骤。竣工验收的顺利完成,标志着项目建设阶段的结束和生产使用阶段的开始。

根据建筑工程施工质量验收标准、规范体系,工程施工质量验收坚持“验评分离,强化验收,完善手段,过程控制”的指导思想。

目前,建筑工程施工质量验收标准、规范体系由现行《建筑工程施工质量验收统一标准》(GB 50300—2013)和各专业验收规范共同组成,在使用过程中它们必须配套使用。

5.6.2 工程施工质量验收的术语和基本规定

5.6.2.1 工程施工质量验收的有关术语

(1)验收:工程在施工单位自行质量检查评定的基础上,参与建设活动的有关单位共同对检验批和分项、分部、单位工程的质量进行抽样复验,根据相关标准以书面形式对工程质量达到合格与否做出确认。

(2)检验批:按同一生产条件或按规定的方式汇总起来供检验用的由一定数量样本组成的检验体。检验批是施工质量验收的最小单位,是分项工程乃至整个建筑工程质量验收的基础。

(3)主控项目:工程中对安全、卫生、环境保护和公众利益起决定性作用的检验项目。例如,混凝土结构工程中,“钢筋安装时,受力钢筋的品种、级别、规格和数量必须符合设计要求”等都是主控项目。

(4)一般项目:除主控项目外的项目都是一般项目。例如,混凝土结构工程中,除主控项目外,“钢筋的接头宜设置在受力较小处。钢筋应平直、无损伤,表面不得有裂纹、油污、颗粒状或片状老锈”“施工缝的位置应在混凝土浇筑前按设计要求和施工技术方案确定。施工缝的处理应按施工技术方案执行”等都是一般项目。

(5)观感质量:通过观察和必要的量测所反映的工程外在质量。

(6)返修:对不符合标准规定的部位采取的整修等措施。

(7)返工:对不合格工程部位采取的重新制作、重新施工等措施。

5.6.2.2 施工质量验收的基本规定

施工现场质量管理应有相应的施工技术标准、健全的质量管理体系、施工质量检验制度和综合施工质量水平评价考核制度,并做好施工现场质量管理检查记录。建筑工程施工质量应按下列要求进行验收:

(1)建筑工程施工质量应符合《建筑工程施工质量验收统一标准》(GB 50300—

2013)和相关专业验收规范的规定。

(2)建筑工程施工质量应符合工程勘察、设计文件的要求。

(3)参加工程施工质量验收的各方人员应具备规定的资格。

(4)工程质量的验收均应在施工单位自行检查评定的基础上进行。

(5)隐蔽工程在隐蔽前应由施工单位通知有关单位进行验收并应形成验收文件。

(6)涉及结构安全的试块、试件以及有关材料,应按规范进行抽样检测。

(7)检验批的质量应按主控项目和一般项目验收。

(8)对涉及结构安全和使用功能的重要分部工程应进行抽样检测。

(9)承担见证取样检测及有关结构安全检测的单位应具有相应资质。

(10)工程的感观质量应由验收人员通过现场检查,并应共同确认。

5.6.3 建筑工程质量验收的划分

5.6.3.1 单位工程的划分

单位工程的划分应按下列原则确定:

(1)具备独立施工条件并能形成独立使用功能的建筑物及构筑物为一个单位工程。

(2)对于规模较大的单位工程,可将其能形成独立使用功能的部分划分为一个子单位工程。子单位工程的划分一般可根据工程的建筑设计分区、使用功能的显著差异、结构缝的设置等实际情况,在施工前由建设、监理、施工单位自行商定,并据此收集整理施工技术资料和验收。

(3)室外工程可根据专业类别和工程规模划分子单位工程、分部工程和分项工程。

5.6.3.2 分部工程的划分

分部工程的划分应按下列原则确定:

(1)分部工程的划分应按专业性质、建筑部位确定。如建筑工程划分为地基与基础、主体结构、建筑装饰装修、屋面、建筑给水排水及供暖、通风与空调、建筑电气、智能建筑、建筑节能、电梯等10个分部工程。

(2)当分部工程较大或较复杂时,可按材料种类、施工特点、施工程序、专业系统及类别等划分为若干个子分部工程。如主体结构分部工程中就包含了混凝土结构、砌体结构、钢结构、钢管混凝土结构、型钢混凝土结构、铝合金结构、木结构等7个子分部工程。

5.6.3.3 分项工程的划分

分项工程应按主要工种、材料、施工工艺、设备类别等进行划分。如混凝土结构子分部工程可分为模板、钢筋、混凝土、预应力、现浇结构、装配式结构等分项工程。

建筑工程分部(子分部)工程、分项工程的具体划分见《建筑工程施工质量验收统一标准》(GB 50300—2013)。

5.6.3.4 检验批的划分

检验批是指按相同的生产条件或按规定的方式汇总起来供抽样检验用的,由一定数量样本组成的检验体。分项工程可由一个或若干个检验批组成,检验批可根据施工及质量控制和专业验收需要按工程量、楼层、施工段、变形缝等进行划分。施工前应由施工单位制订分项工程和检验批的划分方案,并由监理单位审核。对于验收规范未涵盖的分项工程和检验批,可由建设单位组织监理、施工等单位协商确定。

5.6.4 建设工程质量的统计分析方法

5.6.4.1 统计调查表法

统计调查表法又称统计调查分析法,它是利用专门设计的统计调查表对质量数据进行收集、整理和粗略分析质量状态的一种方法。在建设工程质量控制活动中,利用统计调查表收集数据,简便灵活,便于整理,实用有效。它没有固定格式,可根据需要和具体情况,设计出不同的统计调查表。

5.6.4.2 分层法

分层法又叫分类法,是将调查收集的原始数据,根据不同的目的和要求,按某一性质进行分组、整理的分析方法。分层法是建设工程质量统计分析方法中最基本的一种方法。其他统计方法一般都要与分层法配合使用。

5.6.4.3 排列图法

排列图又叫帕累托图或主次因素分析图,它是由两个纵坐标、一个横坐标、几个连起来的直方形和一条曲线所组成的。排列图法是利用排列图寻找影响工程质量主次因素的一种有效方法。

5.6.4.4 因果分析图法

因果分析图也称特性要因图,又因其形状常被称为树枝图或鱼刺图。因果分析图由质量特性、要因、枝干、主干等所组成。因果分析图法常用于分析某个工程质量缺陷与其产生原因之间的关系。

5.6.4.5 直方图法

直方图法是将收集到的工程质量数据进行分组整理,绘制成频数分布直方图,又称质量分布图法。直方图法是用以描述质量分布状态的一种分析方法。

通过对直方图的观察与分析,可以了解工程质量的波动情况,掌握工程质量特性的分布规律,估算施工过程总体的不合格品率,评价过程能力等。

正常型直方图就是中间高、两侧低、左右接近对称的图形。非正常型直方图的分布有各种不同缺陷,一般有以下五种类型:

(1)折齿型,是由分组组数不当或者组距确定不当造成的。

(2)左(或右)缓坡型,是由于操作中对上限(或下限)控制太严造成的。

(3)孤岛型,是由原材料发生变化,或者临时他人顶班作业造成的。

(4)双峰型,是由用两种不同方法或两台设备或两组工人进行生产,然后把两方面数据混在一起整理造成的。

(5)绝壁型,是由数据收集不正常,可能有意识地去掉了下限以下的数据或是在检测过程中存在某种人为因素所造成的。

常见的直方图图形如图 5-2 所示。

5.6.4.6 控制图法

控制图又称管理图,是在直角坐标系内画控制界线,描述施工过程中工程质量波动状态的图形。利用控制图可以区分工程质量波动原因,判明施工过程是否处于稳定状态。

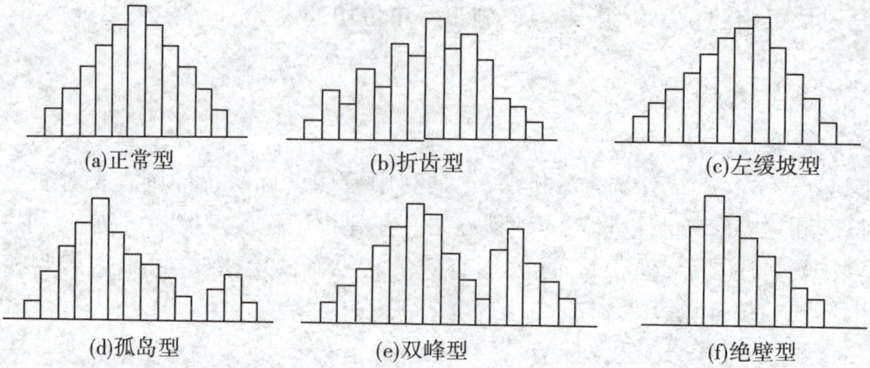

图 5-2　常见的直方图图形

控制图上一般有三条线:上面的一条虚线称为上控制界线,用符号 UCL 表示;下面的一条虚线称为下控制界线,用符号 LCL 表示;中间的一条实线称为中心线,用符号 CL 表示。中心线标志着质量特性值分布的中心位置,上、下控制界线标志着质量特性值允许波动范围。

5.6.5　建筑工程施工质量验收

5.6.5.1　检验批的质量验收

检验批的质量验收由专业监理工程师组织施工单位项目专业质量检查员、专业工长等进行验收。检验批质量验收合格应符合下列规定:

(1)主控项目的质量经抽样检验均应合格。

(2)一般项目的质量经抽样检验合格。

(3)具有完整的施工操作依据、质量验收记录。

5.6.5.2　分项工程质量验收

分项工程质量应由专业监理工程师(建设单位项目专业技术负责人)组织施工单位项目专业技术负责人等进行验收。分项工程质量验收合格应符合下列规定:

(1)所含检验批的质量均应验收合格。

(2)所含的检验批的质量验收记录应完整。

5.6.5.3　分部工程质量验收

分部工程应由总监理工程师组织施工单位项目负责人和项目技术负责人进行验收,勘察、设计单位项目负责人和施工单位技术、质量部门负责人应参加地基与基础分部工程的验收。设计单位项目负责人和施工单位技术、质量部门负责人应参加主体结构、节能分部工程的验收。分部工程质量验收合格应符合下列规定:

(1)所含分项工程的质量均应验收合格。

(2)质量控制资料应完整。

(3)有关安全、节能、环境保护和主要使用功能抽样检验结果应符合相应规定。

(4)观感质量应符合要求。

5.6.5.4　单位工程质量验收

单位工程质量验收也称质量竣工验收,是建筑工程投入使用前的最后一次验收,也是最重要的一次验收。

单位工程中分包工程完成后,分包单位应对所承包的工程项目进行自检,并应按规定程序进行验收。验收时总包单位派人参加,分包单位应将所分包工程的质量控制资料整理完整,并移交给总包单位。

单位工程完成后,施工单位应组织有关人员进行自检。总监理工程师应组织各专业监理工程师对工程质量进行竣工预验收。存在施工质量问题时,应由施工单位整改,整改完毕后,由施工单位向建设单位提交工程竣工报告,申请工程竣工验收。

建设单位收到工程竣工报告后,应由建设单位项目负责人组织监理、施工、设计、勘察等单位项目负责人进行单位工程验收。单位工程质量验收合格应符合下列规定:

(1)所含分部工程的质量均应验收合格。

(2)质量控制资料应完整。

(3)所含分部工程中有关安全、节能、环境保护和主要使用功能的验收资料应完整。

(4)主要使用功能的抽查结果应符合相关专业验收规范的规定。

(5)观感质量应符合要求。

5.6.5.5 编写工程质量评估报告

工程竣工预验收合格后,项目监理机构应编写工程质量评估报告。工程质量评估报告一般由总监理工程师组织专业监理工程师编写,经总监理工程师签字并报监理单位技术负责人审核签认后,报送建设单位。工程质量评估报告应包括以下主要内容:①工程概况;②工程各参建单位;③工程质量验收情况;④工程质量事故及其处理情况;⑤竣工资料审查情况;⑥工程质量评估结论。

5.6.5.6 竣工验收

项目监理机构应参加由建设单位组织的竣工验收,对验收中提出的整改问题,应督促施工单位及时整改。工程质量符合要求的,总监理工程师应在工程竣工验收报告中签署意见。

工程竣工验收由建设单位组织,项目监理机构应参加竣工验收,对于验收中提出的整改问题,应督促施工单位及时整改、直至工程质量符合要求,总监理工程师在竣工验收报告中应签署监理意见。

工程竣工验收一般应具备的条件:①完成建设工程设计和合同规定的各项内容;②有工程使用的主要建筑材料、建筑构配件和设备的进场报告;③有完整的技术档案和施工管理资料;④有勘察、设计、施工、监理等单位签署的质量合格文件;⑤有施工单位签署的工程保修书;⑥有规划行政主管部门及公安消防、环保等部门出具的认可文件或者准许使用文件。

5.6.6 工程施工质量不符合要求时的处理

不合格现象一般在检验批的验收时应发现并及时处理,所有质量隐患必须尽快消灭在萌芽状态,否则将影响后续检验批和相关的分项工程、分部工程的验收。但非正常情况下可按下述规定进行处理:

(1)经返工或返修的检验批,应重新进行验收。

(2)经有资质的检测单位鉴定达到设计要求的检验批,应予以验收。

(3)经有资质的检测机构鉴定达不到设计要求,但经原设计单位核算认可能够满足结构安全和使用功能的检验批,可予以验收。

(4)经返修或加固的分项、分部工程,满足安全及使用功能要求时,可按技术处理方案和协商文件的要求予以验收。

(5)经返修或加固处理仍不能满足安全或重要使用要求的分部工程及单位工程,严禁验收。

(6)工程质量控制资料应齐全完整。当部分资料缺失时,应委托有资质的检测机构按有关标准进行相应的实体检测或抽样试验。实际工程中偶尔会遇到因遗漏检验或资料丢失而导致部分施工验收资料不全的情况,使工程无法正常验收。对此可有针对性地进行工程质量检验,采取实体检测或抽样试验的方法确定工程质量状况。

5.6.7　工程质量保修

建设工程承包单位在向建设单位提交工程竣工验收报告时,应向建设单位出具工程质量保修书,质量保修书中应明确建设工程保修范围、保修期限和保修责任等。

在正常使用条件下,建设工程的最低保修期限为:

(1)基础设施工程、房屋建筑工程的地基基础和主体结构工程,为设计文件规定的该工程的合理使用年限。

(2)屋面防水工程、有防水要求的卫生间、房间和外墙面的防渗漏工程,为5年。

(3)供热与供冷系统,为2个采暖期、供冷期。

(4)电气管线、给排水管道、设备安装和装修工程,为2年。

其他项目的保修期由发包方与承包方约定。保修期自竣工验收合格之日起计算。建设工程在保修范围和保修期限内发生质量问题的施工单位应当履行保修义务。保修义务的承担和经济责任的承担应按下列原则处理:

(1)施工单位未按国家有关标准、规范和设计要求施工,造成的质量问题,由施工单位负责返修并承担经济责任。

(2)由设计方面的原因造成的质量问题,先由施工单位负责维修,其经济责任按有关规定通过建设单位向设计单位索赔。

(3)因建筑材料、构配件和设备质量不合格引起的质量问题,先由施工单位负责维修,属于施工单位采购的,由施工单位承担经济责任;属于建设单位采购的,由建设单位承担经济责任。

(4)因建设单位(含监理单位)错误管理造成的质量问题,先由施工单位负责维修,其经济责任由建设单位承担,如属监理单位责任,则由建设单位向监理单位索赔。

(5)因使用单位使用不当造成的损坏问题,先由施工单位负责维修,其经济责任由使用单位自行负责。

(6)因地震、洪水、台风等不可抗拒原因造成的损坏问题,先由施工单位负责维修,建设参与各方根据国家具体政策分担经济责任。

5.7 工程质量缺陷与质量事故的处理

5.7.1 工程质量缺陷

5.7.1.1 工程质量缺陷的含义

工程质量缺陷是指工程不符合国家或行业的有关技术标准、设计文件及合同中对质量的要求。工程质量缺陷可分为施工过程中的质量缺陷和永久质量缺陷,施工过程中的质量缺陷又可以分为可整改质量缺陷和不可整改质量缺陷。

5.7.1.2 工程质量缺陷的成因

1. 违背工程建设程序

工程建设程序是工程项目建设过程及其客观规律的反映,不按工程建设程序办事,例如,未搞清地质情况就仓促开工,边勘察、边设计、边施工,无图施工,不经竣工验收就交付使用等常是导致工程质量缺陷的重要原因。

2. 违反法律法规

例如,无证设计,无证施工,越级设计,越级施工,转包、挂靠,工程招标投标中的不公平竞争、超常的低价中标,违法分包,擅自修改设计等行为。

3. 勘察数据失真

例如,未认真进行地质勘察或勘察时钻孔深度、间距、范围不符合规定要求,岩土工程勘察报告不详细、不准确、不能全面反映实际的地基情况,从而使得地下情况不清,或对基岩起伏、土层分布误判,或未查清地下软土层、墓穴、孔洞等,均会导致采用不恰当或错误的基础方案,造成地基基础不均匀沉降、失稳,使上部结构或墙体开裂、破坏,或引发建筑物倾斜、倒塌等质量缺陷或质量事故。

4. 设计差错

例如,盲目套用图纸,采用不正确的结构方案,计算简图与实际受力情况不符,荷载取值过小,内力分析有误,沉降缝、变形缝设置不当,悬挑结构未进行抗倾覆验算,以及计算错误等,都是引发质量缺陷的原因。

5. 施工与管理不到位

不按图施工或未经设计单位同意擅自修改设计。例如,将铰接做成刚接,将简支梁做成连续梁,导致结构破坏;挡土墙不按图纸要求设置滤水层、排水孔,导致压力增大,墙体破坏或倾覆;不按有关的施工规范和操作规程施工,浇筑混凝土时振捣不良,造成薄弱部位;砌体砌筑上下通缝、灰浆不饱满等,导致砌体破坏。施工组织管理紊乱,不熟悉图纸,盲目施工;施工方案考虑不周,施工顺序颠倒;图纸未经会审,仓促施工;技术交底不清,违章作业,疏于检查、验收等,均可导致质量缺陷。

6. 操作工人素质差

熟练工人的总体数量无法满足大量开工的工程建设需求,工人流动性大,缺乏培训,操作技能差,质量意识和安全意识差。

7. 使用不合格的原材料、构配件和设备

假冒伪劣材料、构配件和设备大量出现,一旦把关不严,不合格的建筑材料及制品被用于工程,将导致质量隐患,造成质量缺陷和质量事故。例如,钢筋物理力学性能不良会导致钢筋混凝土结构破坏;骨料中碱活性物质会导致碱骨料反应,使混凝土产生破坏;水泥安定性不合格会造成混凝土爆裂;水泥受潮、过期、结块,沙石含泥量及有害物含量超标,外加剂掺量等不符合要求时,会影响混凝土强度、和易性、密实性、抗渗性,从而导致混凝土结构强度不足、裂缝、渗漏等质量缺陷。此外,预制构件截面尺寸不足、支承锚固长度不足、未可靠地建立预应力值、漏放或少放钢筋、板面开裂等均可出现断裂、坍塌;变配电设备质量缺陷可导致自燃或火灾。

8. 自然环境因素

空气温度、湿度、暴雨、大风、洪水、雷电、日晒和浪潮等。

9. 盲目抢工

盲目压缩工期,不尊重质量、进度、造价的内在规律。

10. 使用不当

对建筑物或设施使用不当。例如,装修中未经校核验算就任意对建筑物加层,任意拆除承重结构部件,任意在结构物上开槽、打洞、削弱承重结构截面等。

5.7.1.3 工程质量缺陷的处理

对需要返工处理加固补强的工程质量缺陷,项目监理机构应要求施工单位报送经设计等相关单位认可的处理方案,并应对工程质量缺陷的处理过程进行跟踪检查,做好记录,同时应对工程质量缺陷的处理结果进行验收、确认。这也是工程质量事后控制的重要手段。特别要注意的是,根据《建筑工程施工质量验收统一标准》(GB 50300—2013)的规定,经返工或加固处理的分项、分部工程,虽然改变外形尺寸,但仍能满足安全使用要求,可按技术处理方案和协商文件进行验收。工程质量缺陷处理程序和要求如下:

(1)发生工程质量缺陷后,项目监理机构签发监理通知单,责成施工单位进行处理。

(2)施工单位进行工程质量缺陷调查,分析工程质量缺陷产生的原因,并提出经设计等相关单位认可的处理方案。

(3)项目监理机构审查施工单位报送的工程质量缺陷处理方案,并签署意见。

(4)施工单位按审查合格的处理方案实施处理,项目监理机构对处理过程进行跟踪检查,对处理结果进行验收。

(5)工程质量缺陷处理完毕后,项目监理机构应根据施工单位报送的监理通知回复单对工程质量缺陷处理情况进行复查,并提出复查意见。

(6)处理记录整理归档。

5.7.2 工程质量事故

5.7.2.1 工程质量事故的含义

工程质量事故是指由于建设、勘察、设计、施工、监理等单位违反工程质量有关法律法规和工程建设标准,使工程产生结构安全、重要使用功能等方面的质量缺陷,造成人身伤亡或者重大经济损失的事故。

工程质量事故具有复杂性、严重性、可变性和多发性的特点。

(1)复杂性。影响工程质量的因素繁多,造成工程质量事故的原因错综复杂,即使是同一类工程质量事故,其原因也可能多种多样。这使得对工程质量事故进行分析,判断其性质、原因及发展,确定处理方案与措施等都增加了复杂性。

(2)严重性。工程项目一旦出现工程质量事故,其影响较大。轻者影响施工顺利进行、拖延工期、增加工程费用,重者则会留下隐患成为危险的建筑,影响使用功能或不能使用,更严重的还会引起建筑物的失稳、倒塌,造成人民生命财产的巨大损失。所以,对于建设工程质量缺陷和质量事故均不能掉以轻心,必须予以高度重视。

(3)可变性。许多工程质量缺陷出现后,其质量状态并非稳定于发现的初始状态,而是随着时间不断地发展、变化。在分析、处理工程质量缺陷时,一定要注意工程质量缺陷的可变性,应及时采取可靠措施,防止其进一步恶化而发生工程质量事故;或加强观测与试验,取得数据,预测未来变化趋势。

(4)多发性。建设工程中的质量事故,往往在一些工程部位中经常发生。

5.7.2.2 工程质量事故的等级划分

根据住房和城乡建设部《关于做好房屋建筑和市政基础设施工程质量事故报告和调查处理工作的通知》(建质〔2010〕111 号)规定,工程质量事故按照造成的人员伤亡或者直接经济损失,划分为以下 4 个等级:

(1)特别重大事故,是指造成 30 人以上死亡,或者 100 人以上重伤,或者 1 亿元以上直接经济损失的事故。

(2)重大事故,是指造成 10 人以上 30 人以下死亡,或者 50 人以上 100 人以下重伤,或者 5 000 万元以上 1 亿元以下直接经济损失的事故。

(3)较大事故,是指造成 3 人以上 10 人以下死亡,或者 10 人以上 50 人以下重伤,或者 1 000 万元以上 5 000 万元以下直接经济损失的事故。

(4)一般事故,是指造成 3 人以下死亡,或者 10 人以下重伤,或者 100 万元以上 1 000 万元以下直接经济损失的事故。

注:本等级划分所称的"以上"包括本数,所称的"以下"不包括本数。

5.7.2.3 工程质量事故处理的依据

1. 相关法律法规

(1)《建筑法》《建设工程质量管理条例》等。

(2)从业者资格管理方面的法规。

(3)建筑市场方面的法规。

(4)建筑施工方面的法规。

(5)关于标准化管理方面的法规。

(6)勘察、设计、施工、监理等单位资质管理方面的法规。

2. 有关合同文件

工程施工合同、设计合同、材料设备采购合同及监理合同等是界定质量责任的重要依据,在处理工程质量事故中具有重要作用,可以确定在施工过程中有关各方是否按照合同有关条款实施其活动,借以探寻产生事故的可能原因。

3. 工程质量事故的实况资料

工程质量事故实况资料主要包括以下几个方面。

1) 施工单位的工程质量事故调查报告

工程质量事故发生后,施工单位有责任就所发生的工程质量事故进行周密的调查、研究,并在此基础上写出调查报告,提交监理工程师和业主。调查报告内容应包括:

(1) 工程质量事故发生的时间、地点、工程部位及工程情况。

(2) 工程质量事故发生的简要经过描述。例如发生的事故类型、发生的部位、分布状态及范围、严重程度。

(3) 工程质量事故发展变化的情况。

(4) 有关工程质量事故的观测记录、事故现场状态的照片或录像。

2) 监理单位调查研究资料

监理单位调查研究资料的内容与施工单位调查报告的内容基本一致,可用来与施工单位所提供的资料对照、核实。

4. 有关的技术文件和档案

1) 有关的设计文件

设计文件是施工的重要依据。其作用是:一方面可以对照设计文件,核查施工质量是否完全符合设计的规定和要求;另一方面可以根据所发生的工程质量事故情况,核查设计中是否存在技术问题或缺陷,是否是导致工程质量事故的原因。

2) 施工技术文件、档案和资料

(1) 施工组织设计或施工方案、施工计划。

(2) 施工记录、施工日志等。

(3) 有关建筑材料的质量证明资料。

(4) 现场制备材料的质量证明资料。

(5) 工程质量事故发生后,对事故状况的观测记录、试验记录或试验报告等。

(6) 其他有关资料。

5.7.2.4　工程质量事故处理程序

工程质量事故发生后,监理工程师可按以下程序进行处理:

(1) 工程质量事故发生后,总监理工程师应签发工程暂停令,要求暂停工程质量事故部位和与其有关联部位的施工,要求施工单位采取必要的措施,防止事故扩大并保护好现场;要求施工单位迅速报告相应的行政主管部门。

(2) 项目监理机构要求施工单位进行工程质量事故调查、分析工程质量事故产生的原因,并提交工程质量事故调查报告。对于由工程质量事故调查组处理的,项目监理机构应积极配合,客观地提供相应证据。

(3) 根据施工单位的工程质量事故调查报告或工程质量事故调查组提出的处理意见,项目监理机构要求相关单位完成技术处理方案。

(4) 技术处理方案经相关方签认后,项目监理机构应要求施工单位制订详细的施工方案。对处理过程进行跟踪检查,对处理结果进行验收。

(5) 工程质量事故处理完毕后,具备工程复工条件时,施工单位提出复工申请,项目监理机构应审查施工单位报送的工程复工报审表及有关资料，符合要求后，总监理工程师签署审核意见，报建设单位批准后，签发工程复工令。

(6)项目监理机构向建设单位提交工程质量事故书面报告，应包括下列主要内容：

①工程及各参建单位名称。

②工程质量事故发生的时间、地点、工程部位。

③工程质量事故发生的简要经过，造成工程损伤状况、伤亡人数和直接经济损失的初步估计。

④工程质量事故发生原因的初步判断。

⑤工程质量事故发生后采取的措施及处理方案。

⑥工程质量事故处理的过程及结果。

5.7.2.5 工程质量事故处理方法

1. 修补处理

这是最常用的一类处理方案。通常当工程的某个检验批、分项工程或分部工程的质量虽未达到规范、标准或设计要求，存在一定工程质量缺陷，但通过修补或更换器具、设备后还可达到标准的要求，又不影响使用功能和外观时，可以进行修补处理。

修补处理具体方法很多，诸如封闭保护、复位纠偏、结构补强、表面处理等。当影响结构的安全性和使用功能时，必须按一定的技术方案进行加固补强处理，这样往往会造成一些永久性质量缺陷，如改变结构外形尺寸，影响一些次要的使用功能等。

2. 返工处理

当工程质量未达到规定的要求和标准，对结构的使用和安全构成重大影响，且又无法通过修补处理的情况下，可对检验批、分项工程、分部工程甚至整个工程做返工处理。

3. 不做处理

某些工程质量事故，虽然不符合规定的要求和标准，但视其严重情况，经过分析、论证、法定检测单位鉴定和设计等有关单位认可，对工程或结构使用及安全影响不大，也可不做专门处理。不用专门处理的情况通常有以下几种：

(1)不影响结构安全和正常使用。如某些隐蔽部位结构混凝土表面裂缝，经检查分析，属于表面养护不够的干缩微裂，不影响使用及外观，可不做处理。

(2)某些工程质量问题，经过后续工序可以弥补。如混凝土墙表面轻微麻面，可通过后续的抹灰、喷涂等工序弥补，亦可不做专门处理。

(3)经法定检测单位鉴定合格。如某检验批混凝土试块强度值不满足规范要求，强度不足，经法定检测单位对混凝土实体采用无破损检验等方法测定其实际强度已达规范允许和设计要求值时，可不做处理。对经检测未达要求值，但相差不多，经分析论证，只要使用前经再次检测能达到设计强度，也可不做处理，但应严格控制施工荷载。

(4)出现的质量问题，经检测鉴定达不到设计要求，但经原设计单位核算，仍能满足结构安全和使用功能，可不进行专门处理。

思考题

1. 施工质量控制的依据主要有哪些方面?
2. 简要说明施工阶段监理工程师质量控制的工作程序。
3. 简要说明专业监理工程师审查施工组织设计的基本内容与程序。
4. 专业监理工程师对施工方案审查的重点是什么?
5. 专业监理工程师如何审查分包单位的资格?
6. 专业监理工程师如何查验施工控制测量成果?
7. 专业监理工程师如何进行施工试验室的检查?
8. 专业监理工程师如何进行进场材料、构配件的质量控制?
9. 项目监理机构如何做好开工条件审查?
10. 专业监理工程师如何做好巡视与旁站?
11. 什么情况下可以签发工程暂停令?
12. 如何做好工程质量记录资料的管理?

6 建设工程项目投资控制

6.1 概 述

6.1.1 建设工程项目投资构成

6.1.1.1 建设工程项目投资的概念

投资是指人们把一定资源投入某项经济活动，以期获取收益的经济行为。从这个意义上讲，建设工程项目投资是指投资主体为获取预期收益，在选定的建设工程项目上投入所需全部资金的经济行为。建设工程项目投资也可以从费用发生的角度界定为：建设工程项目从筹建开始到项目全部建成投产为止的全过程所发生的费用的总和。

6.1.1.2 建设工程项目总投资的构成

建设工程项目总投资构成如图 6-1 所示。

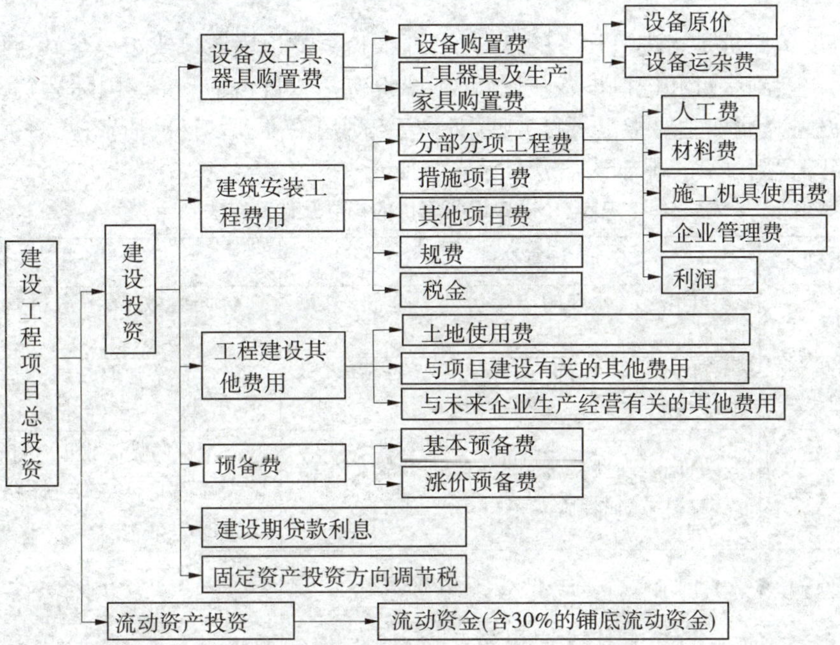

图 6-1 建设工程项目总投资构成

建设工程项目可以是生产性工程项目，也可以是非生产性工程项目。生产性建设工程项目总投资包括建设投资和铺底流动资金两部分；非生产性工程项目仅有固定资产投资，也称之为建设投资。建设投资可分为静态投资部分和动态投资部分。静态投资部分由建筑安装工程费、设备及工器具购置费、工程建设其他费和基本预备费构成。动态投资部分，是指在建设期内，因建设期利息和国家批准的税费、汇率、利率变动以及建设期价格变动引起的建设投资增加额，包括涨价预备费和建设期利息。

工程造价一般指一项工程预计开支或实际开支的全部固定资产投资费用，从这个意义上，工程造价与建设投资的概念是一致的。因而在讨论建设投资时，也经常使用工程造价这个概念。需要注意的是，工程造价在实际中还有工程价格的含义，即为建成一项工程，预计或实际在土地市场、设备市场、技术劳务市场以及承包市场等交易活动中所形成的建筑安装工程的价格和建设工程的总价格。

6.1.1.3　设备、工器具购置费的构成

设备、工器具购置费用是设备购置费用和工具、器具及生产家具购置费用。设备购置费是指为建设工程购置或自制的达到固定资产标准的设备、工具、器具的费用。所谓固定资产标准，是指使用年限在一年以上，单位价值在国家或各主管部门规定的限额以上的资产。新建项目和扩建项目的新建车间购置或自制的全部设备、工具、器具，均计入设备、工器具购置费中。设备购置费包括设备原价和设备运杂费，即：

$$设备购置费 = 设备原价或进口设备抵岸价 + 设备运杂费 \tag{6-1}$$

式(6-1)中，设备原价系指国产标准设备、非标准设备的原价。设备运杂费系指设备原价中未包括的包装和包装材料费、运输费、装卸费、采购费及仓库保管费、供销部门手续费等。

进口设备原价是指进口设备的抵岸价，即抵达买方边境港口或边境车站，且交完关税的价格。包括到岸价和进口设备从属费，到岸价包括货价(离岸价)、国际运费、运输保险费；进口设备从属费主要指银行财务费、外贸手续费、关税、增值税、消费税、海关监管手续费和车辆购置附加费。其计算方法如表6-1所示。

表6-1　进口设备原价的构成及计算方法

费用名称	计算公式	说明
货价	合同中硬、软件的离岸价外币金额×外汇牌价	合同生效，第一次付款日期的牌价
国际运费	合同中硬件货价×国际运费费率或运量×单位运价	海运费率常取6%；空运费率常取8.5%；铁路运费率常取1%
国际运输保险费	(合同中硬件货价+国际运费)×运输保险费率/(1-运输保险费率)	海运保险费率常取3.5‰；空运保险费率常取4.55‰；铁路保险运费率常取2.66‰
银行财务费	合同中硬、软件货价×银行财务费率	常取0.4%~0.5%
外贸手续费	(合同中硬件到岸价+完关税软件货价)×外贸手续费率	常取1.5%
关税	关税=到岸价×关税税率	
海关监管手续费	减免关税部分的到岸价×海关监管手续费率	常取3‰

续表 6-1

费用名称	计算公式	说明
消费税	(到岸价+关税)×消费税率/(1-消费税率)	越野车、小汽车取 5%;小轿车取 8%;轮胎取 10%
进口环节增值税	(到岸价+关税+消费税)×增值税率	常取 17%
车辆购置税	(到岸价+关税+消费税)×车辆购置税率	进口车辆才征收

6.1.1.4 建筑安装工程费的构成

现行建筑安装费的构成由住建部和财政部 2013 年 3 月联合颁布实施的《建筑安装工程费用项目组成》(建标〔2013〕44 号文件)进行了规定,财政部《财政部国家税务总局关于全面推开营业税改征增值税试点的通知》(财税〔2016〕36 号文件)对营业税改增值税的具体内容进行了规定。

1. 建筑安装工程费按照费用构成要素划分

建筑安装工程费用项目按费用构成要素可以划分为人工费、材料费(包含工程设备,下同)、施工机具使用费、企业管理费、利润、规费和税金,如表 6-2 所示。

表 6-2 建筑安装工程费用项目按费用构成要素划分

我国建筑安装工程费用	人工费	计时工资或计件工资、奖金、津贴补贴、加班加点工资和特殊情况下支付的工资
	材料费	材料原价、运杂费、运输损耗费、采购及保管费
	施工机具使用费	施工机械使用费,含折旧费、大修理费、经常修理费、安拆费及场外运费、人工费、燃料动力费、税费 7 项费用
		仪器仪表使用费
	企业管理费	管理人员工资、办公费、差旅交通费、固定资产使用费、工具用具使用费、劳动保险和职工福利费、劳动保护费、检验试验费、工会经费、职工教育经费、财产保险费、财务费、税金和其他
	利润	施工企业完成所承包工程获得的盈利
	规费	社会保险费,含养老保险费、失业保险费、医疗保险费、生育保险费和工伤保险费
		住房公积金
		工程排污费❶
		其他按实际计取的应列而未列入的规费
	税金	增值税❷

❶ 根据《关于停征排污费等行政事业性收费有关事项的通知》(财税〔2018〕4 号),自 2018 年 1 月 1 日起,在全国范围内统一停征排污费和海洋工程污水排污费。

❷ 此处在建标〔2013〕44 号文件中为营业税,根据财税〔2016〕36 号文件,自 2016 年 5 月 1 日起,中国在全国范围内全面推行营业税改征增值税,建筑业、房地产业、金融业、生活服务业等全部营业税纳税人,由缴纳营业税改为缴纳增值税。实际计价环节,城市维护建设税、教育费附加和地方教育费附加计入企业管理费中。

1）人工费

人工费是指按工资总额构成规定，支付给从事建筑安装工程施工的生产工人和附属生产单位工人的各项费用。

2）材料费

材料费是指施工过程中耗费的原材料、辅助材料、构配件、零件、半成品或成品、工程设备的费用。

3）施工机具使用费

施工机具使用费是指施工作业所发生的施工机械、仪器仪表使用费或其租赁费。施工机械使用费以施工机械台班耗用量乘以施工机械台班单价表示；仪器仪表使用费指工程施工所需使用的仪器仪表的摊销及维修费用。

4）企业管理费

企业管理费是指建筑安装企业组织施工生产和经营管理所需的费用。

5）利润

利润是指施工企业完成所承包工程获得的盈利。施工企业根据企业自身需求并结合建筑市场实际自主确定，列入报价中。

6）规费

规费是指按国家法律法规规定，由省级政府和省级有关权力部门规定必须缴纳或计取的费用。

7）税金

税金是指国家税法规定的应计入建筑安装工程造价内的增值税销项税额。

2. 建筑安装工程费按照工程造价形成划分

建筑安装工程费按照工程造价形成由分部分项工程费、措施项目费、其他项目费、规费、税金组成，如表6-3所示。

1）分部分项工程费

分部分项工程费是指各专业工程的分部分项工程应予列支的各项费用。专业工程指按国家现行计量规范划分的房屋建筑与装饰工程、仿古建筑工程、通用安装工程、市政工程、园林绿化工程、矿山工程、构筑物工程、城市轨道交通工程、爆破工程等各类工程。分部分项工程指按国家现行计量规范对各专业工程划分的项目，如房屋建筑与装饰工程划分的土石方工程、砌筑工程、钢筋及钢筋混凝土工程等。

2）措施项目费

措施项目费是指为完成建设工程施工，发生于该工程施工前和施工过程中的技术、生活、安全、环境保护等方面的费用。措施项目及其包含的内容详见各类专业工程的现行国家或行业计量规范。

3）其他项目费

其他项目费包括暂列金额、暂估价、计日工、总承包服务费以及根据工程实际情况补充的其他费用。

表 6-3 建筑安装工程费按照工程造价形成划分

建筑安装工程费用	分部分项工程费	人工费
		材料费
		施工机具使用费
		企业管理费,包括管理人员工资、办公费、差旅交通费、固定资产使用费、工具用具使用费、劳动保险费、工会经费、职工教育经费、财产保险费、财务费、税金、其他
		利润
		一定范围内的风险费用
	措施项目费	安全文明施工费(含环境保护费、文明施工费、安全施工费和临时设施费)、夜间施工增加费、二次搬运费、冬雨季施工增加费、已完工程及设备保护费、工程定位复测费、特殊地区施工增加费、大型机械设备进出场及安拆费、脚手架工程费等
	其他项目费	暂列金额、暂估价、计日工、总承包服务费以及根据工程实际情况补充的其他费用
	规费	社会保险费(养老保险费、失业保险费、医疗保险费、生育保险费和工伤保险费)、住房公积金、工程排污费和其他按实际计取的应列而未列入的规费
	税金	增值税

暂列金额指建设单位在工程量清单中暂定并包括在工程合同价款中的一笔款项。用于施工合同签订时尚未确定或者不可预见的所需材料、工程设备、服务的采购,施工中可能发生的工程变更、合同约定调整因素出现时的工程价款调整以及发生的索赔、现场签证确认等的费用。

暂估价指招标人在工程量清单中提供的用于支付必然发生但暂时不能确定价格的材料、工程设备的单价以及专业工程的金额。

计日工指在施工过程中,施工企业完成建设单位提出的施工图纸以外的零星项目或工作所需的费用。

总承包服务费指总承包人为配合、协调建设单位进行的专业工程发包,对建设单位自行采购的材料、工程设备等进行保管以及施工现场管理、竣工资料汇总整理等服务所需的费用。

4)规费

与前文相同。

5)税金

与前文相同。

6.1.1.5 工程建设其他费用的构成

工程建设其他费用是指从工程筹建到工程竣工验收交付使用为止的整个建设期间,除建筑安装工程费用和设备、工器具购置费外的,为保证工程建设顺利完成和交付使用后能够正常发挥效用而发生的一些费用。

工程建设其他费用,按其内容大体可分为三类:第一类为土地使用费,第二类是与项目建设有关的其他费用，第三类是与未来企业生产和经营活动有关的其他费用。工程建设其他费用的构成如表 6-4 所示。

表 6-4　工程建设其他费用构成

<table>
<tr><td rowspan="4">工程建设其他费用</td><td rowspan="2">土地使用费</td><td>农用土地征用费</td><td>土地补偿费、安置补助费、土地投资补偿费、土地管理费、耕地占用税等</td></tr>
<tr><td>取得国有土地使用费</td><td>土地使用权出让金、城市建设配套费、房屋征收补偿与临时安置补助费等</td></tr>
<tr><td>与项目建设有关的其他费用</td><td colspan="2">建设单位管理费、可行性研究费、研究试验费、勘察设计费、环境影响性评价费、劳动安全卫生评价费、临时设施费、建设工程监理费、工程保险费、引进技术和进口设备其他费、特殊设备安全监督检验费、市政公用设施费等</td></tr>
<tr><td>与未来企业生产经营有关的其他费用</td><td colspan="2">联合试运转费、生产准备费及办公和生活家具购置费</td></tr>
</table>

1. 土地使用费

1) 农用土地征用费

农用土地征用费由土地补偿费、安置补助费、土地投资补偿费、土地管理费、耕地占用税等组成，并按被征用土地的原用途给予补偿。

征用耕地的补偿费用包括土地补偿费、安置补助费及地上附着物和青苗补偿费等。

2) 取得国有土地使用费

取得国有土地使用费包括土地使用权出让金、城市建设配套费、房屋征收补偿与临时安置补助费等。

土地使用权出让金指建设工程通过土地使用权出让方式，取得有限期的土地使用权，依照《中华人民共和国城镇国有土地使用权出让和转让暂行条例》规定，支付的土地使用权出让金。城市建设配套费指因进行城市公共设施的建设而分摊的费用。房屋征收补偿与临时安置补助费由房屋征收补偿费和临时安置补助费或搬迁补助费两部分构成，征收补偿的形式可分为产权调换和货币补偿两种形式。产权调换的面积按照所征收房屋的建筑面积计算；货币补偿的金额按被征收房屋的结构和折旧程度划档，按平方米单价计算。在过渡期内，被征收人或者房屋承租人自行安排住处的，征收人应当支付临时安置补助费。

2. 与项目建设有关的其他费用

1) 建设单位管理费

建设单位管理费是指建设工程从立项、筹建、建设、联合试运转、竣工验收、交付使用及后评估等全过程管理所需的费用，包括建设单位开办费和建设单位经费。

2) 可行性研究费

可行性研究费是指在工程项目投资决策阶段，依据调研报告对有关建设方案、技术方案或生产经营方案进行的技术经济论证，以及编制、评审可行性研究报告所需的费用。

3)研究试验费

研究试验费是指为建设工程提供或验证设计参数、数据资料等进行必要的研究试验以及设计规定在施工中进行的试验、验证所需费用,包括自行或委托其他部门研究试验所需人工费、材料费、试验设备及仪器使用费,支付的科技成果、先进技术的一次性技术转让费。

4)勘察设计费

勘察设计费是为建设工程项目开展勘察设计工作所发生的费用。包括项目的各项勘探、勘察费用,初步设计、施工图设计费、竣工图文件编制费,施工图预算编制费,以及设计代表的现场技术服务费等。

5)环境影响性评价费

环境影响性评价费是指按照《中华人民共和国环境保护法》《中华人民共和国环境影响评价法》等规定,在工程项目投资决策过程中,为全面、详细评价本建设项目对环境可能产生的污染或造成的重大影响所需的费用。

6)劳动安全卫生评价费

劳动安全卫生评价费是指按照《建设项目(工程)劳动安全卫生监察规定》和《建设项目(工程)劳动安全卫生预评价管理办法》等规定,为预测和分析建设项目存在的职业危险、危害因素的种类和危险危害程度,并提出先进、科学、合理可行的劳动安全卫生技术和管理对策所需的费用。

7)临时设施费

临时设施费是指建设期间建设单位所需临时设施的搭设、维修、摊销费用或租赁费用。临时设施包括临时宿舍、文化福利及公用事业房屋与构筑物、仓库、办公室、加工厂,以及规定范围内道路、水、电、管线等临时设施和小型临时设施。

8)建设工程监理费

建设工程监理费是指委托工程监理单位对工程实施监理工作所需费用。

9)工程保险费

工程保险费是指建设工程项目在建设期间根据需要,实施工程保险所需费用。

10)引进技术和进口设备其他费

引进技术及进口设备其他费用,包括出国人员费用、国外工程技术人员来华费用、技术引进费、分期或延期付款利息、担保费以及进口设备检验鉴定费等。

11)特殊设备安全监督检验费

特殊设备安全监督检验费是指安全监察部门对在施工现场组装的锅炉及压力容器、压力管道、消防设备、燃气设备、电梯等特殊设备和设施实施安全检验收取的费用。

12)市政公用设施费

市政公用设施费是指使用市政公用设施的工程项目,按照项目所在地人民政府有关规定缴纳的市政公用设施建设配套费用,以及绿化工程补偿费用。

3.与未来企业生产经营有关的其他费用

与未来企业生产经营有关的其他费用包括联合试运转费、生产准备费及办公和生活家具购置费。

联合试运转费是指新建企业或新增加生产工艺过程的扩建企业在竣工验收前，按照设计规定的工程质量标准，进行整个车间的有负荷试运转发生的费用支出大于试运转收入的亏损部分。

生产准备费是指新建企业或新增生产能力的企业，为保证竣工交付使用进行必要的生产准备所发生的费用。

办公和生活家具购置费是指为保证新建、改建、扩建项目初期正常生产、使用和管理所必须购置的办公和生活家具、用具的费用。改、扩建项目所需的办公和生活用具购置费，应低于新建项目。其范围包括办公室、会议室、资料档案室、阅览室、文娱室、食堂、浴室、理发室和单身宿舍等。

6.1.1.6 预备费、调节税和建设期贷款利息

1. 预备费

按中国现行规定，包括基本预备费和涨价预备费。

基本预备费是指在项目实施中可能发生难以预料的支出，需要事先预留的费用，又称不可预见费。主要指设计变更及施工过程中可能增加工程量的费用。计算公式为：

$$基本预备费=(设备及工器具购置费+建筑安装工程费+工程建设其他费)\times基本预备费率 \tag{6-2}$$

涨价预备费是指建设工程在建设期内由于价格等变化引起投资增加，需要事先预留的费用。包括人工、设备、材料、施工机械的价差费，建筑安装工程费及工程建设其他费用调整，利率、汇率调整等增加的费用。涨价预备费以建筑安装工程费、设备工器具购置费之和为计算基数。计算公式为：

$$PF = \sum_{t=1}^{n} I_t [(1+f)^m (1+f)^{0.5} (1+f)^{t-1} - 1] \tag{6-3}$$

式中 PF——涨价预备费；

n——建设期年份数；

I_t——建设期第 t 年的投资计划额，包括工程费用、工程建设其他费及基本预备费，即第 t 年的静态投资额；

f——建设期价格上涨指数；

m——建设前期年限（从编制估算到开工建设），年。

2. 固定资产投资方向调节税

固定资产投资方向调节税是根据国家产业政策而征收的。目前，此项税已暂停征收。

3. 建设期贷款利息

建设期贷款利息是指项目借款在建设期内发生并计入固定资产的利息。为了简化计算，在编制投资估算时，通常假定借款均在每年的年中支用，当年借款按一半金额计息，上年借款按全额计息。计算公式为：

$$各年应计利息=(年初借款本息累计+本年借款额/2)\times年利率 \tag{6-4}$$

6.1.1.7 铺底流动资金

铺底流动资金是指生产性建设工程为保证生产和经营正常进行，按规定应列入建设工程总投资的铺底流动资金。一般可按流动资金的30%计算。

6.1.2 工程监理单位在投资控制中的任务

所谓建设工程项目投资控制，就是在投资决策、勘察设计、招标投标、施工安装以及竣工验收等阶段，把建设工程投资控制在批准的投资限额以内，随时纠正发生的偏差，以保证建设工程项目投资管理目标的实现，以求建设工程项目能合理地使用人力、物力、财力，取得较好的投资效益和社会效益。

投资控制是建设工程监理的一项主要任务，贯穿于监理工作的各个环节。工程监理单位要依据法律法规、工程建设标准、勘察设计文件及合同，在施工阶段对建设工程进行造价控制。同时，工程监理单位还应根据建设工程监理合同的约定，在工程勘察、设计、保修等阶段为建设单位提供相关服务工作。

(1)在投资决策阶段，对拟建项目进行市场调查和预测，编制、协助编制、审核项目建议书、可行性研究报告，编制或审核投资估算，协助审核环境影响性评价、财务评价和社会评价报告。

(2)在勘察设计阶段，协助编制工程勘察设计任务书和选择勘察设计单位，协助评选设计方案，协助设计单位开展限额设计工作，编制本阶段资金使用计划，并进行付款控制。审查设计概算和施工图预算，尽量使概算不超估算、预算不超概算。

(3)在施工招标投标阶段，准备与发送招标文件，编制、审核工程量清单和招标控制价；协助评审投标书，提出评标建议；协助建设单位与中标单位签订工程合同。

(4)在施工安装阶段，进行工程计量和付款签证，对完成的工程量进行偏差分析，审核工程进度款，处理施工单位提出的工程费用变更，处理费用索赔。

(5)在竣工验收阶段，审核工程结算文件，审查工程验收报告中的各项技术经济指标，处理费用索赔，协助编制项目决算书。

(6)在工程保修阶段，审核工程质量保修金的支付；核实施工单位申报的非施工单位原因造成的工程质量缺陷修复工程费用，签认工程款支付证书，处理最终结清。

6.1.3 工程监理单位在投资控制中的作用

建设工程监理的中心工作是对工程项目实施投资、质量、进度三方面的控制，使工程项目在保证质量和满足进度要求的前提下，实现实际投资不超过计划投资。工程监理单位具有工程造价文件的审核权和审批权、工程计量的审核权、支付工程进度款的审核权，对维护国家和社会公共利益，维护建设单位和承包商利益，维护监理单位自身权益，有着不可替代的地位和作用。

工程监理单位通过专业化的技术服务，在建设工程项目实施的各个阶段，合理确定投资控制目标，采取有效的组织、技术、经济、合同等措施，使建设工程项目各阶段的投资始终处于受控状态，取得令人满意的效果。

6.2 建设工程项目施工招标投标阶段的投资控制

工程招标是招标人选择工程承包商、确定工程合同价格的过程。招标人在组织工程招标的过程中,最重要的工作是编制招标文件和确定合同价格。

在工程建设的各阶段都存在招标投标活动,包括工程招标投标、服务招标投标、材料设备采购招标投标等。本节重点介绍施工阶段招标投标阶段的投资控制。

工程量清单计价已成为建设工程招标投标中的主要计价方式;按工程量清单计价方式编制的招标控制价已逐渐取代传统的标底,并对围标、串标哄抬报价起着很好的限制作用,也对形成合理的工程合同价格起着十分重要的作用。

6.2.1 建设工程项目的招标投标程序

6.2.1.1 建设工程招标投标的基本概念

建设工程招标投标从广义上讲是一种市场交易行为,它包括招标、投标两方面的内容。

建设工程招标是指招标人通过公共媒介发布招标公告或直接邀请潜在的投标人,通过法定的程序和方式吸引投标人根据招标文件的要求提出实施方案及报价进行投标,经开标、评标、定标等环节,从投标人中择优选定承包人的一种经济活动。

建设工程投标是指具有合法资格和能力的投标人根据招标文件的要求,提出实施方案和报价,在规定的期限内提交投标文件,并参加开标,努力争取中标并与招标人签订合同的经济活动。

6.2.1.2 建设工程招标投标的一般程序

建设工程招标方式有公开招标和邀请招标两种。招标投标的一般程序为:①招标申请,确定招标方式;②发布招标公告或投标邀请书;③接收投标报名,资格预审,确定合格的投标人;④编制、发售招标文件;⑤踏勘现场、招标答疑;⑥确定招标控制价;⑦投标人编制、提交投标文件;⑧开标;⑨评标;⑩定标,确定中标人;⑪发出中标通知书;⑫谈判、签订合同。

6.2.2 招标控制价的编制与审查

招标控制价是招标人根据国家或省级、行业建设主管部门颁发的有关计价依据和办法,以及拟定的招标文件和招标工程量清单,结合工程具体情况编制的招标工程的最高投标限价。

6.2.2.1 招标控制价的编制

1. 招标控制价的编制要求

《建设工程工程量清单计价规范》(GB 50500—2013)规定,国有资金投资的建设工程招标,招标人必须编制招标控制价。招标控制价应由具有编制能力的招标人或受其委托具有相应资质的工程造价咨询人编制和复核。

2. 招标控制价的编制依据

(1)现行《建设工程工程量清单计价规范》。

(2)国家或省级、行业建设主管部门颁发的计价定额和计价办法。

(3)建设工程设计文件及相关资料。

(4)招标文件中的工程量清单及有关要求。

(5)与建设项目相关的标准、规范、技术资料。

(6)工程造价管理机构发布的工程造价信息;工程造价信息没有发布的参照市场价。

(7)其他的相关资料。主要指施工现场情况、工程特点及常规施工方案等。

3. 招标控制价的编制过程

一般采用综合单价法来编制招标控制价,首先依据现行计量规范、工程图纸和其他工程资料编制工程量清单,然后根据编制依据,确定各项费用及税金,并汇总形成招标控制价。

4. 各项费用及税金的确定方法

1)分部分项工程费确定

分部分项工程费由各分项工程的综合单价与对应的工程量(清单所列工程量)相乘后汇总而得。

综合单价应根据拟定的招标文件和招标工程量清单项目中的特征描述及有关要求确定,综合单价还应包括招标文件中划分的应由投标人承担的风险范围及其费用。工程量按国家有关行政主管部门颁布的不同专业的工程量计算规范确定。如招标文件提供了暂估单价材料的,按暂估的单价计入综合单价。

2)措施项目费确定

措施项目应按招标文件中提供的措施项目清单确定,措施项目采用分部分项工程综合单价形式进行计价的工程量,应按措施项目清单中的工程量确定综合单价;以"项"为单位计价的,价格包括除规费、税金外的全部费用。措施项目费中的安全文明施工费应当按照国家或省级、行业建设主管部门的规定标准计价。

3)其他项目费确定

暂列金额应按招标工程量清单中列出的金额填写。

暂估价中的材料、工程设备单价、控制价应按招标工程量清单列出的单价计入综合单价。暂估价中专业工程金额应按招标工程量清单中列出的金额填写。

编制招标控制价时,对计日工中的人工单价和施工机械台班单价应按省级、行业建设主管部门或其授权的工程造价管理机构公布的单价计算;材料应按工程造价管理机构发布的工程造价信息中的材料单价计算,工程造价信息未发布材料单价的,其价格应按市场调查确定的单价计算。

编制招标控制价时,总承包服务费应按照省级或行业建设主管部门的规定计算,或参考相关规范计算。

4)规费和税金的确定

规费和税金应按国家或省级、行业建设主管部门规定的标准计算。

6.2.2.2 招标控制价的应用

招标人应在招标文件中如实公布招标控制价,不得对所编制的招标控制价进行上浮或下调。为体现招标的公开、公平、公正,防止招标人有意抬高或压低工程造价,给投标人以错误信息,招标人在招标文件中应公布招标控制价各组成部分的详细内容,不得只公布招标控制价总价,并应将招标控制价报工程所在地工程造价管理机构备查。

6.2.3 投标报价审核

工程投标是投标人通过投标竞争,获得工程承包权的一种方式。投标价是投标人投标时,响应招标文件要求所报出的对已标价工程量清单(或项目涉及的工作内容)汇总后标明的总价。它是投标人对拟建工程的期望价格。

招标人必须熟悉投标人投标报价的流程、方法和可能采取的投标策略,才能提高投标价格的审核质量,选择到一个报价合理、实力雄厚的承包商。在工程实施阶段,监理工程师也应该了解承包商综合单价的确定方法,以便在进行工程变更和工程索赔处理时,合理确定合同中无价格参考依据项目的价格。

6.2.3.1 投标报价的审核内容

1. 分部分项工程费的审核

主要针对分部分项工程的综合单价,从确定依据,材料、工程设备暂估价和风险费用等进行审核。

(1)综合单价的确定依据。投标人投标报价时应依据招标工程量清单项目的特征描述确定清单项目的综合单价。在招标投标过程中,当出现招标工程量清单特征描述与设计图纸不符时,投标人应以招标工程量清单的项目特征描述为准,确定投标报价的综合单价。若在施工中施工图纸或设计变更导致项目特征与招标工程量清单项目特征描述不一致,发承包双方应按实际施工的项目特征依据合同约定重新确定综合单价。

(2)材料、工程设备暂估价。招标工程量清单中提供了暂估单价的材料、工程设备,按暂估的单价计入综合单价。

(3)风险费用。招标文件中要求投标人承担的风险内容和范围,投标人应将其考虑到综合单价中。在施工过程中,当出现的风险内容及其范围(幅度)在招标文件规定的范围内时,合同价款不作调整。

2. 措施项目费的审核

措施项目费中的单价措施项目,其审核方法与分部分项工程量清单综合单价的审核方法相同,总价措施项目的审核采用如下方法。

招标人提出的措施项目清单是根据一般情况确定的,由于各投标人拥有的施工装备、技术水平和采用的施工方法有所差异,投标人投标时应根据自身编制的投标施工组织设计(或施工方案)确定措施项目及报价,投标人根据投标施工组织设计(或施工方案)调整和确定的措施项目应通过评标委员会的评审。措施项目中的安全文明施工费应按照国家或省级、行业建设主管部门的规定计算,不作为竞争性费用。

3. 其他项目费的审核

(1)暂列金额应按照招标工程量清单中列出的金额填写,不得变动。

(2)暂估价不得变动和更改。暂估价中的材料、工程设备必须按照暂估单价计入综合单价;专业工程暂估价必须按照招标工程量清单中列出的金额填写。

(3)计日工应按照招标工程量清单列出的项目和估算的数量,自主确定综合单价并计算计日工金额。

(4)总承包服务费应根据招标工程量列出的专业工程暂估价内容和供应材料、设备情况,按照招标人提出协调、配合与服务要求和施工现场管理需要自主确定。

4. 规费和税金的审核

规费和税金必须按国家或省级、行业建设主管部门的规定计算,不得作为竞争性费用。

6.2.3.2 投标报价审核要点

(1)招标工程量清单与计价表中列明的所有需要填写单价和合价的项目,投标人均应填写且只允许有一个报价。未填写单价和合价的项目,视为此项费用已包含在已标价工程量清单中其他项目的单价和合价之中。当竣工结算时,此项目不得重新组价予以调整。

(2)投标总价应与分部分项工程费、措施项目费、其他项目费和规费、税金的合计金额一致。即投标人在进行工程量清单招标的投标报价时,不能进行投标总价优惠(或降价、让利),投标人对投标报价的任何优惠(如降价、让利)均应反映在相应清单项目的综合单价中。

6.2.4 合同价款约定

不同的合同价款形式,其价款约定方式与内容也有差异。建设工程项目中,应根据项目特点,选择合适的合同价款形式,以保证工程项目投资的有效控制。

6.2.4.1 合同价格分类

以付款方式进行划分,建设工程承包合同通常可分为总价合同、单价合同和成本加酬金合同三大类。

1. 总价合同

总价合同是指支付给承包人的工程款项在承包合同中是一个规定的金额的合同。它是以设计图纸和工程说明书为依据,由承包人与发包人经过协商确定的。合同价款总额由每一分项工程的包干价款(固定总价)构成。承包人必须根据工程信息计算工程量。如果发包人提供的或承包人自已编制的工程量表有漏项或计算错误,所涉及的工程价款被认为已包括在整个合同总价中,因此承包人必须认真复核工程量。

显然,总价合同对承包人具有一定的风险。采用这种合同时,必须明确工程承包合同标的物的详细内容及其各种技术经济指标,一方面承包人在投标报价时要仔细分析风险因素,需在报价中考虑一定的风险费;另一方面发包人也应考虑到使承包人承担的风险是可以承受的,以获得合格而又有竞争力的投标人。总价合同可以分为固定总价合同和可调总价合同两类。

1)固定总价合同

固定总价合同的价格计算是以设计图纸、工程量及现行规范等为依据,发承包双方就承包工程协商一个固定的总价,即承包人按投标时发包人接受的合同价格实施工程,并一笔包死,无特定情况不作变化。由于承包人可能要为许多不可预见的因素付出代价,所以往往会加大不可预见费用,致使这种合同的投标价格偏高。

固定总价合同适用范围比较广,特别适合于工程范围清楚明确、工程量小、工期短的建设工程项目。

2) 可调总价合同

可调总价合同的总价是一个相对固定的价格,但在合同条款中设有调价条款,在合同执行过程中,可依据约定的调价条款对合同总价进行相应的调整。与固定总价合同的不同之处在于,可调总价合同对实施中出现的风险做了分摊,发包人承担通货膨胀的风险,而承包人承担合同实施中实物工程量、成本和工期因素等的其他风险。

可调总价合同适用于工程内容和技术经济指标规定很明确的项目,由于合同中列有调价条款,所以工期在1年以上的工程项目较适于采用这种合同计价方式。

2. 单价合同

单价合同是指承包人按发包人提供的工程量清单内的分部分项工程内容填报单价,并据此签订承包合同,结算时按实际完成的工程量与合同单价计算确定,合同履行过程中无特殊情况,一般不得变更单价。

单价合同的典型特点是合同的清单工程量为估计工程量,工程量在实际结算过程中允许浮动,但分部分项工程的合同价不变,结算支付时以实际工程为依据,实际工程价格与原合同价格不一定相等。单价合同分为固定单价合同和可调单价合同。

1) 固定单价合同

(1) 估算工程量单价合同。

这种合同形式是以工程量清单和相应的综合单价表为基础和依据来计算合同价格的,也称为计量估价合同。估算工程量单价合同通常是由发包人提出工程量清单,列出分部分项工程量,由承包人以此为基础填报相应单价,累计计算后得出合同价格。但最后的工程结算价应按合同中的分部分项工程单价和实际工程量计算工程总价格。

这种合同计价方式较为合理地分担了合同履行过程中的风险,适用于工期长、技术复杂、实施过程中可能会发生较多不可预见因素的建设工程,或发包人为了缩短工期,如在初步设计完成后就进行施工招标的工程。在施工图不完整或当准备招标的工程项目内容、技术经济指标一时尚不能明确和具体予以规定时,往往要采用这种合同计价方式。

(2) 纯单价合同。

采用纯单价合同时,发包人只向承包人给出发包工程的有关分部分项工程以及工程范围,不对工程量做任何规定。即在招标文件中仅给出工程内各个分部分项工程一览表、工程范围和必要的说明,而不必提供实物工程量。承包人在投标时只需要对这类给定范围的分部分项工程做出报价即可,合同实施过程中按实际完成的工程量进行结算。

这种合同计价方式主要适用于没有施工图,工程量不明确,却急需开工的紧迫工程。对于纯单价合同来说,发包人必须对工程范围的划分做出明确的规定,以使承包人能够合理地确定工程单价。

2) 可调单价合同

可调单价合同一般是在工程招标文件中规定,合同中签订的单价,根据合同约定的条款进行调整。如有些单价合同规定,若实际工程量与工程量清单表中的工程量相差超过±10%,允许承包人调整合同单价;也有些单价合同在材料价格变动较大时允许承包人调整单价;有的工程在招标或签约时,因某些不确定因素难以估计其变化,故先在合同中暂定某些分部分项工程的单价,在工程结算时,再根据实际情况和合同约定对合同单价进行调整,确定实际结算单价。

3. 成本加酬金合同

成本加酬金合同是将工程项目的实际投资划分为直接成本和承包人完成工作后应得酬金两部分。工程实施过程中发生的直接成本由发包人实报实销,再按合同约定的方式另外支付给承包人相应报酬。

这种合同有两个明显缺点:一是发包人对工程总价不能实施有效的控制;二是承包人对降低成本不感兴趣。因此,采用这种合同计价方式,其条款必须非常严格,才能加强对工程投资的控制,否则容易造成不应有的损失。

按照酬金的计算方式不同,成本加酬金合同又分为成本加固定百分比酬金、成本加固定金额酬金、成本加奖罚和最高限额成本加固定最大酬金四种形式。

4. 影响选择合同价格方式的因素

在工程实践中,采用哪种合同计价方式,应根据建设工程项目的特点,发包人对筹建工作的设想,对工程费用、工期和质量的要求等综合确定。

(1)工程项目的复杂程度。

规模大且技术复杂的工程项目,承包风险较大,各项费用不易估算准确,不宜采用固定总价合同。有时在同一工程中可以采用不同的合同形式,如承包人可以力争对有把握的部分采用固定总价合同,估算不准的部分采用单价合同或成本加酬金合同,以降低合同风险。

(2)工程设计工作的深度。

工程招标时所依据的设计文件的深度,即工程范围的明确程度和预计完成工程量的准确程度,经常是选择合同计价方式时应考虑的重要因素。因为招标图纸和工程量清单的详细程度决定了投标人能否合理报价。

(3)工程施工的难易程度。

如果施工中有较大部分采用新技术和新工艺,当发包人和承包人在这方面都没有经验,且在国家颁布的标准、规范、定额中又没有可作为依据的标准时,为了避免投标人盲目地提高承包价格或由于对施工难度估计不足而导致亏损,不宜采用固定总价合同,较为保险的做法是选用成本加酬金合同。

(4)工程进度要求的紧迫程度。

在招标过程中,对一些紧急工程,如灾后恢复工程、要求尽快开工且工期较紧的工程等,可能仅有实施方案,还没有施工图纸,因此承包人不可能报出合理的价格。此时,采用成本加酬金合同比较合理。

6.2.4.2 合同价款约定内容

1. 合同价款约定的一般规定

(1)实行招标的工程合同价款应在中标通知书发出之日起30天内,由发承包双方依据招标文件和中标人的投标文件在书面合同中约定。

合同约定不得违背招标、投标文件中关于工期、造价、质量等方面的实质性内容。招标文件与中标人投标文件不一致的地方应以投标文件为准。

(2)不实行招标的工程合同价款,应在发承包双方认可的工程价款基础上,由发承包双方在合同中约定。

实行工程量清单计价的工程,应采用单价合同;建设规模较小,技术难度较低,工期较短,且施工图设计已审查批准的建设工程可采用总价合同;紧急抢险、救灾以及施工技术特别复杂的建设工程可采用成本加酬金合同。

2. 约定内容

在签订合同时,合同双方应就以下内容进行约定:

(1)预付工程款的数额、支付时间及抵扣方式。

(2)安全文明施工费的支付计划、使用要求,安全文明施工费应专款专用,发包人应按相关规定合理支付,并写明使用要求。

(3)工程计量与支付工程价款的方式、额度及时间。

(4)工程价款的调整因素、方法、程序、支付及时间。

(5)施工索赔与现场签证的程序、金额确认与支付时间。

(6)承担计价风险的内容、范围以及超出约定内容、范围的调整办法。

(7)工程竣工价款结算编制、核对、支付及时间。

(8)工程质量保证金的数额、预留方式及时间。

(9)违约责任和发生工程价款争议的解决方法及时间。

(10)与履行合同、支付价款有关的其他事项。

6.3 建设工程项目施工阶段的投资(造价)控制

建设工程项目施工阶段的投资控制主要是施工阶段的造价控制。

建设工程项目投资主要发生在施工阶段,而施工阶段投资控制所受的自然条件、社会环境条件等主、客观因素影响又是最突出的,工程监理单位应在施工阶段进行严格的投资控制,以保证投资控制目标的实现。

6.3.1 施工阶段投资控制的基本原理

工程监理单位在施工阶段进行投资控制的基本原理是把计划投资额作为投资控制的目标值,在工程施工过程中定期地进行投资实际值与目标值的比较,通过比较发现并找出实际支出额与投资控制目标值之间的偏差,然后分析产生偏差的原因,并采取适当的纠偏措施,以保证投资控制目标的实现。施工阶段投资控制应包括从建设工程项目开工直到竣工验收的全过程。

6.3.2 工程计量

工程计量是指发承包双方根据合同约定,对承包人完成合同工程的数量进行的计算和确认。项目监理机构应根据发包人提供的施工图纸、工程量清单和其他文件,对承包人申报的已完工程的工程量进行核验。工程计量不仅是控制投资的关键环节,同时也是约束承包人履行合同义务、强化承包人合同意识的手段。工程量的正确计量是发包人向承包人支付工程进度款的前提和依据,必须按照相关工程现行国家计量规范规定的工程量计算规则计算。工程计量可选择按月或按工程形象进度分段计量,具体计量周期在合同中约定。因承包人原因造成的超出合同工程范围施工或返工的工程量,发包人不予计量。成本加酬金合同参照单价合同计量。

计量依据一般有质量合格证书、工程量清单前言、技术规范中的计量支付条款和设计图纸。

6.3.2.1 单价合同的计量

工程量必须以承包人完成合同工程应予计量的工程量确定。施工中进行工程量计量时,当发现招标工程量清单中出现缺项、工程量偏差,或因工程变更引起工程量增减时,应按承包人在履行合同义务中实际完成的工程量计量。

单价合同的计量程序可按照专用合同的约定执行,除专用合同条款另有约定外,可按照《建设工程施工合同(示范文本)》(GF-2017-0201)中的约定执行:

(1)承包人应于每月 25 日向监理人报送上月 20 日至当月 19 日已完成的工程量报告,并附具进度付款申请单、已完成工程量报表和有关资料。

(2)监理人应在收到承包人提交的工程量报告后 7 天内完成对承包人提交的工程量报表的审核并报送发包人,以确定当月实际完成的工程量。监理人对工程量有异议的,有权要求承包人进行共同复核或抽样复测。承包人应协助监理人进行复核或抽样复测,并按监理人要求提供补充计量资料。承包人未按监理人要求参加复核或抽样复测的,监理人复核或修正的工程量视为承包人实际完成的工程量。

(3)监理人未在收到承包人提交的工程量报表后的 7 天内完成审核的,承包人报送的工程量报告中的工程量视为承包人实际完成的工程量,据此计算工程价款。

针对单价合同的计量,《建设工程工程量清单计价规范》(GB 50500—2013)还有如下规定:

(1)发包人认为需要进行现场计量核实时,应在计量前 24 小时通知承包人,承包人应为计量提供便利条件并派人参加。双方均同意核实结果时,则双方应在上述记录上签字确认。承包人收到通知后不派人参加计量,视为认可发包人的计量核实结果。发包人不按照约定时间通知承包人,致使承包人未能派人参加计量,计量核实结果无效。

(2)当承包人认为发包人核实后的计量结果有误时,应在收到计量结果通知后的 7 天内向发包人提出书面意见,并附上其认为正确的计量结果和详细的计算资料。发包人收到书面意见后,应在 7 天内对承包人的计量结果进行复核后通知承包人。承包人对复核计量结果仍有异议的,按照合同约定的争议解决办法处理。

(3)承包人完成已标价工程量清单中每个项目的工程量并经发包人核实无误后,发承包人应对每个项目的历次计量报表进行汇总,以核实最终结算工程量,并应在汇总表上签字确认。

6.3.2.2 总价合同的计量

总价合同的计量活动非常重要。采用工程量清单方式招标形成的总价合同,其工程量的计算与上述单价合同的工程量计量规定相同。采用经审定批准的施工图纸及其预算方式发包形成的总价合同,除按照工程变更规定的工程量增减外,总价合同各项目的工程量应为承包人用于结算的最终工程量。此外,总价合同约定的项目计量应以合同工程经审定批准的施工图纸为依据,发承包双方应在合同中约定工程计量的形象目标或事件节点进行计量。

总价合同的计量程序可按照专用合同的约定执行,除专用合同条款另有约定外,按月计量支付的总价合同,《建设工程施工合同(示范文本)》(GF-2017-0201)中约定的计量支付程序如下:

(1)承包人应于每月 25 日向监理人报送上月 20 日至当月 19 日已完成的工程量报告,并附具进度付款申请单、已完成工程量报表和有关资料。

(2)监理人应在收到承包人提交的工程量报告后 7 天内完成对承包人提交的工程量报表的审核并报送发包人,以确定当月实际完成的工程量。监理人对工程量有异议的,有权要求承包人进行共同复核或抽样复测。承包人应协助监理人进行复核或抽样复测并按监理人要求提供补充计量资料。承包人未按监理人要求参加复核或抽样复测的,监理人审核或修正的工程量视为承包人实际完成的工程量。

(3)监理人未在收到承包人提交的工程量报表后的 7 天内完成复核的,承包人提交的工程量报告中的工程量视为承包人实际完成的工程量。

总价合同采用支付分解表计量支付的,可以根据上述约定进行计量,但合同价款按照支付分解表进行支付。

6.3.3 合同价款调整

合同价款调整事项主要包括五大类:一是法规变化类(法律法规变化);二是工程变更类(工程变更、项目特征不符、工程量清单缺项、工程量偏差、计日工);三是物价变化类(物价变化、暂估价);四是工程索赔类(不可抗力、提前竣工、误期赔偿、索赔等); 五是其他类(现场签证、暂列金额等)。

6.3.3.1 合同价款调整程序

当发生合同价款调整的事项时,应按以下程序调整:

(1)出现合同价款调增事项(不含工程量偏差、计日工、现场签证、索赔)后的 14 天内,承包人应向发包人提交合同价款调增报告并附上相关资料;承包人在 14 天内未提交合同价款调增报告的,应视为承包人对该事项不存在调整价款请求。

(2)出现合同价款调减事项(不含工程量偏差、索赔)后的 14 天内,发包人应向承包人提交合同价款调减报告并附相关资料;发包人在 14 天内未提交合同价款调减报告的,应视为发包人对该事项不存在调整价款请求。

(3)发(承)包人应在收到承(发)包人合同价款调增(减)报告及相关资料之日起 14 天内对其核实,予以确认的应书面通知承(发)包人。当有疑问时,应向承(发)包人提出协商意见。发(承)包人在收到合同价款调增(减)报告之日起 14 天内未确认也未提出协商意见的,应视为承(发)包人提交的合同价款调增(减)报告已被发(承)包人认可。发(承)包人提出协商意见的,承(发)包人应在收到协商意见后的 14 天内对其核实,予以确认的应书面通知发(承)包人。承(发)包人在收到发(承)包人的协商意见后 14 天内既不确认也未提出不同意见的,应视为发(承)包人提出的意见已被承(发)包人认可。

发包人与承包人对合同价款调整的不同意见不能达成一致的,只要对承发包双方履约不产生实质影响,双方应继续履行合同义务,直到其按照合同约定的争议解决方式得到处理。经发承包双方确认调整的合同价款,作为追加(减)合同价款,与工程进度款或结算款同期支付。

6.3.3.2 法律法规变化

施工合同履行过程中经常出现法律法规变化引起的合同价格调整问题。

招标工程以投标截止日前28天、非招标工程以合同签订前28天为基准日,其后因国家的法律法规、规章和政策发生变化引起工程造价增减变化的,发承包双方应按照省级或行业建设主管部门或其授权的工程造价管理机构据此发布的规定调整合同价款。

但因承包人原因导致工期延误的,按上述规定的调整时间,在合同工程原定竣工时间之后,合同价款调增的不予调整,合同价款调减的予以调整。

此外,如果承发包双方在商议有关合同价格和工期调整时无法达成一致的,双方可以在合同中约定由总监理工程师承担商定与确定的组织和实施责任。

6.3.3.3 项目特征不符

(1)发包人在招标工程量清单中对项目特征的描述,应被认为是准确的和全面的,并且与实际施工要求相符合。承包人应按照发包人提供的招标工程量清单,根据项目特征描述的内容及有关要求实施合同工程,直到项目被改变。

(2)承包人应按照发包人提供的设计图纸实施合同工程,若在合同履行期间出现设计图纸(含设计变更)与招标工程量清单任一项目的特征描述不符,且该变化引起该项目工程造价增减变化的,应按实际施工的项目特征,按规范规定重新确定相应工程量清单项目的综合单价,并调整合同价款。

6.3.3.4 工程量清单缺项

导致工程量清单缺项的原因,一是设计变更,二是施工条件改变,三是工程量清单编制错误。计价规范对这部分的规定如下:

(1)合同履行期间,由于招标工程量清单中缺项,新增分部分项工程量清单项目的,应按照规范中工程变更相关条款确定单价,并调整合同价款。

(2)新增分部分项工程量清单项目后,引起措施项目发生变化的,应按照规范中工程变更相关规定,在承包人提交的实施方案被发包人批准后调整合同价款。

(3)由于招标工程量清单中措施项目缺项,承包人应将新增措施项目实施方案提交发包人批准后,按照规范相关规定调整合同价款。

6.3.3.5 工程量偏差

施工过程中,由于施工条件、地质水文、工程变更等变化以及招标工程量清单编制人专业水平的差异,往往在合同履行期间,应予计量的工程量与招标工程量清单出现偏差。计价规范对这部分的规定如下。

(1)合同履行期间,当予以计算的实际工程量与招标工程量清单出现偏差,且符合(2)、(3)规定的,发承包双方应调整合同价款。

(2)对于任一招标工程量清单项目,如果因工程量偏差和工程变更等原因导致工程量偏差超过15%,可进行调整。当工程量增加15%以上时,增加部分的工程量的综合单价应予调低;当工程量减少15%以上时,减少后剩余部分的工程量的综合单价应予调高。

(3)如果工程量出现超过15%的变化,且该变化引起相关措施项目相应发生变化,按系数或单一总价方式计价的,工程量增加的措施项目费调增,工程量减少的措施项目费调减。

上述规定中,工程量偏差超过15%时的调整方法,可以参照如下公式:

(1)当 $Q_1>1.15Q_0$ 时

$$S=1.15Q_0P_0+(Q_1-1.15Q_0)P_1 \tag{6-5}$$

(2)当 $Q_1<0.85Q_0$ 时

$$S=Q_1P_1 \tag{6-6}$$

式中 S——调整后的某一分部分项工程费结算价;

Q_1——最终完成的工程量;

Q_0——招标工程量清单列出的工程量;

P_1——按照最终完成工程量重新调整后的综合单价;

P_0——承包人在工程量清单中填报的综合单价。

(3)当 $P_0<P_2(1-L)\times(1-15\%)$ 时,该类项目的综合单价 P_1 按照 $P_2(1-L)\times(1-15\%)$ 调整。

(4)当 $P_0>P_2\times(1+15\%)$ 时,该类项目的综合单价 P_1 按照 $P_2\times(1+15\%)$ 调整。

(5)当 $P_0>P_2(1-L)\times(1-15\%)$ 或 $P_0<P_2\times(1+15\%)$ 时,不予调整。

其中,P_0 为承包人在工程量清单中填报的综合单价;P_2 为发包人在招标控制价相应项目的综合单价;L 为计价规范中定义的承包人报价浮动率。

上述调价方法遵循"控制上限、保障下限"的法则,体现了清单计价的风险合理分担的特点。

6.3.3.6 物价变化

施工合同履行时间往往较长,合同履行过程中经常出现人工、材料、工程设备和机械台班等市场价格起伏引起价格波动的现象,该种变化一般会造成承包人施工成本的增加或减少,进而影响到合同价格调整,最终影响到合同当事人的权益。

因此,为解决由于市场价格波动引起合同履行的风险问题,《建设工程施工合同(示范文本)》(GF-2017-0201)中引入了适度风险适度调价的制度,亦称之为合理调价制度,其法律基础是合同风险的公平合理分担原则。

合同履行期间,因人工、材料、工程设备、机械台班价格波动影响合同价款时应根据合同约定的方法(如价格指数调整法或造价信息差额调整法)计算调整合同价款。承包人采购材料和工程设备的,应在合同中约定主要材料、工程设备价格变化的范围或幅度,如没有约定,则材料、工程设备单价变化超过5%时,超过部分的价格按照价格指数调整法或造价信息差额调整法计算调整材料、工程设备费。

发生合同工程工期延误的,应按照下列规定确定合同履行期应予调整的价格:

(1)因非承包人原因导致工期延误的,计划进度日期后续工程的价格,应采用计划进度日期与实际进度日期两者的较高者。

(2)因承包人原因导致工期延误的,则计划进度日期后续工程的价格,采用计划进度日期与实际进度日期两者的较低者。

发包人供应材料和工程设备的,不适用上述规定,应由发包人按照实际变化调整,列入合同工程的工程造价内。

物价变化合同价款调整方法有价格指数调整法和造价信息差额调整法,对此,《建设工程工程量清单计价规范》(GB 50500—2013)中有如下规定。

1. 采用价格指数进行价格调整

1)价格调整公式

因人工、材料和工程设备等价格波动影响合同价格时,根据投标函附录中的价格指数和权重表约定的数据,按式(6-7)计算差额并调整合同价款:

$$\Delta P = P_0\left[A + \left(B_1\frac{F_{t1}}{F_{01}} + B_2\frac{F_{t2}}{F_{02}} + B_3\frac{F_{t3}}{F_{03}} + \cdots + B_n\frac{F_{tn}}{F_{0n}}\right) - 1\right] \tag{6-7}$$

式中 ΔP——需调整的价格差额;

P_0——约定的付款证书中承包人应得到的已完成工程量的金额,此项金额应不包括价格调整,不计质量保证金的扣留和支付、预付款的支付和扣回。约定的变更及其他金额已按现行价格计价的,不计在内;

A——定值权重(不调部分的权重);

$B_1,B_2,B_3,\cdots,B_n$——各可调因子的变值权重(可调部分的权重为各可调因子在签约合同价中所占的比例);

$F_{t1},F_{t2},F_{t3},\cdots,F_{tn}$——各可调因子的现行价格指数,指约定的付款证书相关周期最后一天的前42天的各可调因子的价格指数;

$F_{01},F_{02},F_{03},\cdots,F_{0n}$——各可调因子的基本价格指数,指基准日期各可调因子的价格指数。

式(6-7)中的各可调因子、定值和变值权重,以及基本价格指数及其来源在投标函附录价格指数和权重表中约定。价格指数应首先采用工程造价管理机构提供的价格指数,缺乏上述价格指数时,可采用工程造价管理机构提供的价格代替。

2)暂时确定调整差额

在计算调整差额时得不到现行价格指数的,可暂用上一次价格指数计算,并在以后的付款中再按实际价格指数进行调整。

3)权重的调整

约定的变更导致原定合同中的权重不合理时,由承包人和发包人协商后进行调整。

4)因承包人原因工期延误后的价格调整

由于承包人原因未在约定的工期内竣工的,则对原约定竣工日期后继续施工的工程,在使用价格调整公式时,应采用原约定竣工日期与实际竣工日期的两个价格指数中较低的一个作为现行价格指数。

2. 采用造价信息进行价格调整

合同履行期间,因人工、材料、工程设备和机械台班价格波动影响合同价格时,人工、机械使用费按照国家或省(区、市)建设行政管理部门、行业建设管理部门或其授权的工程造价管理机构发布的人工、机械使用费系数进行调整;需要进行价格调整的材料,其单价和采购数量应由发包人审批,发包人确认需调整的材料单价及数量,作为调整合同价格的依据。

(1)人工单价发生变化时,发承包双方应按省级或行业建设主管部门或其授权的工程造价管理机构发布的人工成本文件调整合同价款。

(2)材料、工程设备价格变化的价款调整按照发包人提供的主要材料和工程设备一览表,发承包双方约定的风险范围按以下规定调整:

①承包人投标报价中材料单价低于基准单价:当施工期间材料单价涨幅以基准单价为基础超过合同约定的风险幅度值时,或材料单价跌幅以投标报价为基础超过合同约定的风险幅度值时,其超过部分按实调整。

②承包人投标报价中材料单价高于基准单价:当施工期间材料单价跌幅以基准单价为基础超过合同约定的风险幅度值时,或材料单价涨幅以投标报价为基础超过合同约定的风险幅度值时,其超过部分按实调整。

③承包人投标报价中材料单价等于基准单价:当施工期间材料单价涨、跌幅以基准单价为基础超过合同约定的风险幅度值时,其超过部分按实调整。

④承包人应在采购材料前将采购数量和新的材料单价报发包人核对,确认用于本合同工程时,发包人应确认采购材料的数量和单价。发包人在收到承包人报送的确认资料后 3 个工作日不予答复的视为已经认可,作为调整合同价款的依据。如果承包人未报经发包人核对即自行采购材料,再报发包人确认调整合同价款的,如发包人不同意,则不作调整。

前述基准价格是指由发包人在招标文件或专用合同条款中给定的材料、工程设备的价格,该价格原则上应当按照省级或行业建设主管部门或其授权的工程造价管理机构发布的信息价编制。

施工机械台班单价或施工机械使用费发生变化超过省级或行业建设主管部门或其授权的工程造价管理机构规定的范围时,按其规定调整合同价款。

6.3.4 工程变更价款和现场签证

6.3.4.1 工程变更价款调整

在建设工程项目的实施过程中,由于内外部环境的动态变化,经常出现工程量变化、施工进度变化,以及发包人与承包人在执行合同中的争执等许多问题。其原因可能来自勘察设计工作不细致导致在施工过程中发现许多招标文件中没有考虑或估算不准确的工程量,因而不得不改变施工项目或增减工程量;也可能由于发生不可预见的事件,如自然或社会原因引起的停工或工期拖延等。由于工程变更所引起的工程量的变化、承包人的索赔等,都有可能使项目投资超出原来的预算投资,监理工程师必须严格予以控制,密切注意其对未完工程投资支出的影响及对工期的影响。

依据《建设工程工程量清单计价规范》(GB 50500—2013)的规定,因工程变更引起已标价工程量清单项目或其工程数量发生变化时,应按照下列规定调整:

(1)已标价工程量清单中有适用于变更工程项目的,应采用该项目的单价;但当工程变更导致该清单项目的工程数量发生变化,且工程量偏差超过 15%时,调整原则为:当工程量增加 15%以上时,其增加部分的工程量的综合单价应予调低;当工程量减少 15%以上时,减少后剩余部分的工程量的综合单价应予调高。

(2)已标价工程量清单中没有适用但有类似于变更工程项目的,可在合理范围内参照类似项目的单价。

(3)已标价工程量清单中没有适用也没有类似于变更工程项目的,应由承包人根据变更工程资料、计量规则和计价办法、工程造价管理机构发布的信息价格和承包人报价浮动率提出变更工程项目的报价,并应报发包人确认后调整。承包人报价浮动率可按下列公式计算:

招标工程

$$承包人报价浮动率\ L=(1-中标价/招标控制价)\times 100\% \tag{6-8}$$

非招标工程

$$承包人报价浮动率\ L=(1-报价/施工图预算价)\times 100\% \tag{6-9}$$

(4)已标价工程量清单中没有适用也没有类似变更工程项目,且工程造价管理机构发布的信息价格缺失的,应由承包人根据变更工程资料、计量规则、计价办法和通过市场调查等取得有合法依据的市场价格提出变更工程项目的单价,并应报发包人确认后调整。

6.3.4.2 现场签证处理

由于施工的特殊性,施工过程中往往会出现一些与合同约定不一致或未约定的责任事件。现场签证就是指发包人现场代表(或其授权的监理人、工程造价咨询人)与承包人现场代表就施工过程中涉及的责任事件所做的签认证明。

1. 现场签证的程序

承包人应发包人要求完成合同以外的零星项目、非承包人责任事件等工作的,发包人应及时以书面形式向承包人发出指令,提供所需的相关资料;承包人在收到指令后,应及时向发包人提出现场签证要求。

(1)承包人应在收到发包人指令后的7天内,向发包人提交现场签证报告,发包人应在收到现场签证报告后的48小时内对报告内容进行核实,予以确认或提出修改意见。发包人在收到承包人现场签证报告后的48小时内未确认也未提出修改意见的,应视为承包人提交的现场签证报告已被发包人认可。

(2)现场签证的工作如已有相应的计日工单价,现场签证中应列明完成该类项目所需的人工、材料、工程设备和施工机械台班的数量。

如现场签证的工作没有相应的计日工单价,应在现场签证报告中列明完成该签证工作所需的人工、材料设备和施工机械台班的数量及其单价。

(3)合同工程发生现场签证事项,未经发包人签证确认,承包人便擅自施工的,除非征得发包人书面同意,否则发生的费用由承包人承担。

(4)现场签证工作完成后的7天内,承包人应按照现场签证内容计算价款,报送发包人确认后,作为增加合同价款,与进度款同期支付。

(5)在施工过程中,当发现合同工程内容因场地条件、地质水文、发包人要求等不一致时,承包人应提供所需的相关资料,提交发包人签证认可,作为合同价款调整的依据。

2. 现场签证费用的计算

现场签证费用的计价方式包括以下两种:

第一种是完成合同以外的零星工作时,按计日工单价计算。此时提交现场签证费用申请时,应包括下列证明材料:①工作名称、内容和数量;②投入该工作所有人员的姓名、工种、级别和耗用工时;③投入该工作的材料类别和数量;④投入该工作的施工设备型号、台数和耗用台时;⑤监理人要求提交的其他资料和凭证。

第二种是完成其他非承包人责任引起的事件,应按合同中的约定计算。

现场签证种类繁多,发承包双方在工程施工过程中来往信函就责任事件的证明均可称为现场签证,但并不是所有的签证均可马上算出价款,有的需要经过索赔程序,这时的签证仅是索赔的依据,有的签证可能根本不涉及价款。

6.3.5　合同价款期中支付

期中支付的合同价款包括预付款、安全文明施工费和工程进度款。工程监理单位应做好合同价款期中支付工作。

6.3.5.1　预付款

工程预付款是建设工程施工合同订立后由发包人按照合同约定,在正式开工前预先支付给承包人的工程款。它是施工准备和所需要材料、构件等流动资金的主要来源。工程是否有预付款,取决于工程性质、承包工程量的大小及发包人在招标文件中的规定。工程有预付款的,发包人应按照合同约定支付工程预付款,承包人应将预付款专用于合同工程。支付的工程预付款,按照合同约定在工程进度款中抵扣。

1. 预付款支付

1) 预付款的额度

工程预付款的额度,各地区、各部门的规定不完全相同,主要是保证施工所需材料和构件的正常储备。一般是根据施工工期、建安工程量、主要材料和构件费用占建安工程造价的比例以及材料储备周期等因素综合确定。工程预付款可以依据双方合同约定的比率确定,也可参考式(6-10)、式(6-11)确定:

$$\text{工程预付款} = \frac{\text{工程总价} \times \text{材料比例}(\%)}{\text{年度施工天数}} \times \text{材料储备定额天数} \tag{6-10}$$

$$\text{工程预付款比例} = \frac{\text{工程预付款总额}}{\text{工程总价}} \times 100\% \tag{6-11}$$

式中,年度施工天数按365个日历天计算;材料储备定额天数由当地材料供应的在途天数、加工天数、整理天数、供应间隔天数、保险天数等因素决定。

工程预付款依据双方合同约定的比率时,包工包料的工程原则上预付比例不低于合同金额(扣除暂列金额)的10%,不高于合同金额(扣除暂列金额)的30%;对重大工程项目,按年度工程计划逐年预付。实行工程量清单计价的工程,实体性消耗和非实体性消耗部分应在合同中分别约定预付款比例(或金额)。

2) 预付款的支付时间

承包人应在签订合同或向发包人提供与预付款等额的预付款保函后向发包人提交预付款支付申请。发包人应在收到支付申请的7天内进行核实后向承包人发出预付款支付证书,并在签发支付证书后的7天内向承包人支付预付款。发包人没有按合同约定按时支付预付款的，承包人可催告发包人支付；发包人在预付款期满后的 7 天内仍未支付的，承包人可在付款期满后的第 8 天起暂停施工。发包人应承担由此增加的费用和延误的工期，并应向承包人支付合理利润。

3）预付款担保

按照《建设工程施工合同（示范文本）》（GF-2017-0201），发包人要求承包人提供预付款担保的，承包人应在发包人支付预付款 7 天前提供预付款担保，专用合同条款另有约定的除外。预付款担保可采用银行保函、担保公司担保等形式，具体由合同当事人在专用合同条款中约定。在预付款完全扣回之前，承包人应保证预付款担保持续有效。

发包人在工程款中逐期扣回预付款后，预付款担保额度应相应减少，但剩余的预付款担保金额不得低于未被扣回的预付款金额。

2. 预付款的扣回

发包人拨付给承包人的工程预付款属于预支的性质。随着工程进度的推进，拨付的工程进度款数额不断增加，工程所需主要材料、构件的储备逐步减少，原已支付的预付款应以抵扣的方式从工程进度款中予以陆续扣回。预付款应从每一个支付期应支付给承包人的工程进度款中扣回，直到扣回的金额达到合同约定的预付款金额。承包人的预付款保函的担保金额根据预付款扣回的数额相应递减，但在预付款全部扣回之前一直保持有效。发包人应在预付款扣完后的 14 天内将预付款保函退还给承包人。

预付的工程款必须在合同中约定扣回方式，常用的扣回方式有以下几种：

（1）在承包人完成金额累计达到合同总价一定比例（双方合同约定）后，采用等比率或等额扣款的方式分期抵扣。也可针对工程实际情况具体处理，如有些工程工期较短、造价较低，就无须分期扣还；有些工期较长，如跨年度工程，其预付款的占用时间很长，根据需要可以少扣或不扣。

（2）从未完施工工程尚需的主要材料及构件的价值相当于工程预付款数额时起扣，从每次中间结算工程价款中，按材料及构件比例抵扣工程预付款，至竣工之前全部扣清。确定工程预付款起扣点的依据是：未施工工程所需的主要材料和构件的费用，等于工程预付款的数额。工程预付款起扣点可按式（6-12）确定：

$$T = P - \frac{M}{N} \tag{6-12}$$

式中　T——起扣点，即工程预付款开始扣回的累计完成工程金额；

P——承包工程合同总额；

M——工程预付款数额；

N——主要材料，构件所占比重。

【例 6-1】　某建安工程合同价为 780 万元，发承包双方签订的合同规定工程预付款额度为工程合同价的 20%，该工程主要材料及构配件占建安工程合同价的 60%，试确定该工程的预付款的金额和预付款起扣点。

解：该工程的预付款 = 780×20% = 156（万元）。

起扣点 $= 780 - \frac{156}{60\%} = 520$（万元）。

6.3.5.2 安全文明施工费

鉴于安全文明施工的措施具有前瞻性,必须在施工前予以保证。按照《建设工程施工合同(示范文本)》(GF-2017-0201),安全文明施工费由发包人承担,发包人不得以任何形式扣减该部分费用。因基准日期[1]后合同所适用的法律或政府有关规定发生变化增加的安全文明施工费由发包人承担。

承包人经发包人同意采取合同约定以外的安全措施所产生的费用,由发包人承担。未经发包人同意的,如果该措施避免了发包人的损失,则发包人在避免损失的额度内承担该措施费。如果该措施避免了承包人的损失,由承包人承担该措施费。

除专用合同条款另有约定外,发包人应在开工后 28 天内预付安全文明施工费总额的 50%,其余部分与进度款同期支付。发包人逾期支付安全文明施工费超过 7 天的,承包人有权向发包人发出要求预付的催告通知,发包人收到通知后 7 天内仍未支付的,承包人有权暂停施工,并按发包人违约的情形执行。

承包人对安全文明施工费应专款专用,承包人应在财务账目中单独列项备查,不得挪作他用,否则发包人有权责令其限期改正;逾期未改正的,可以责令其暂停施工,由此增加的费用和(或)延误的工期由承包人承担。

6.3.5.3 工程进度款结算

建设工程合同是先由承包人完成建设工程,后由发包人支付合同价款的特殊承揽合同,由于建设工程具有投资大、施工期长等特点,合同价款的履行顺序主要通过"阶段小结、最终结清"来实现。当承包人完成了一定阶段的工程量后,发包人就应该按合同约定履行支付工程进度款的义务。

按照《建设工程工程量清单计价规范》(GB 50500—2013)的规定,进度款支付周期应与合同约定的工程计量周期一致。已标价工程量清单中的单价项目,承包人应按工程计量确认的工程量与综合单价计算;综合单价发生调整的,以发承包双方确认调整的综合单价计算进度款。进度款的支付比例按照合同约定,按期中结算价款总额计,不低于 60%,不高于 90%。

1. 进度款支付申请

承包人应于每月 25 日向监理人报送上月 20 日至当月 19 日已完成的工程量报告,并附具进度付款申请单、已完成工程量报表和有关资料。支付申请应包括下列内容:

(1)累计已完成的合同价款。

(2)累计已实际支付的合同价款。

(3)本周期合计完成的合同价款(本周期已完成单价项目的金额,本周期应支付的总价项目的金额,本周期已完成的计日工价款)。

(4)本周期应支付的安全文明施工费。

(5)本周期应增加的金额(本周期合计应扣减的金额,本周期应扣减的金额,本周期实际应支付的合同价款)。

---

[1] 按照《建设工程施工合同(示范文本)》(GF-2017-0201),招标发包的工程以投标截止日前 28 天的日期为基准日期,直接发包的工程以合同签订日前 28 天的日期为基准日期。

2. 进度款审核和支付

(1)除专用合同条款另有约定外，监理人应在收到承包人进度付款申请单以及相关资料后7天内完成审查并报送发包人，发包人应在收到后7天内完成审批并签发进度款支付证书。发包人逾期未完成审批且未提出异议的，视为已签发进度款支付证书。

发包人和监理人对承包人的进度付款申请单有异议的，有权要求承包人修正和提供补充资料，承包人应提交修正后的进度付款申请单。监理人应在收到承包人修正后的进度付款申请单及相关资料后7天内完成审查并报送发包人，发包人应在收到监理人报送的进度付款申请单及相关资料后7天内，向承包人签发无异议部分的临时进度款支付证书。存在争议的部分，按照争议解决的约定处理。

(2)除专用合同条款另有约定外，发包人应在进度款支付证书或临时进度款支付证书签发后14天内完成支付，发包人逾期支付进度款的，应按照中国人民银行发布的同期同类贷款基准利率支付违约金。

(3)发包人签发进度款支付证书或临时进度款支付证书，不表明发包人已同意、批准或接受了承包人完成的相应部分的工作。

3. 进度付款的修正

在对已签发的进度款支付证书进行阶段汇总和复核中发现错误、遗漏或重复的，发包人和承包人均有权提出修正申请。经发包人和承包人同意的修正，应在下期进度付款中支付或扣除。

【例6-2】 某施工总承包合同的承包范围包括土建工程和水、电、通风设备的安装工程，合同总价为2 000万元，工期为1年。合同约定：

(1)发包人应向承包人支付当年合同价25%的工程预付款。

(2)工程预付款应从未施工工程尚需的主要材料及构配件价值相当于工程预付款时起扣，每月以抵充工程款的方式陆续收回。主要材料及构件费比例按60%考虑。

(3)工程质量保修金为承包合同总价的3%，经双方协商，发包人从每月承包人的工程款中按3%的比例扣留。在保修期满后，保修金扣除已支出费用后的剩余部分退还给承包人。

(4)除设计变更和其他不可抗力因素外，合同总价不作调整。

(5)由发包人直接提供的材料和设备应在发生当月的工程款中扣回其费用。

经发包人签认的各月计划和实际完成的建安工程量以及发包人直接提供的材料、设备价值如表6-5所示。

表6-5 工程结算数据表 单位：万元

月份	1—6	7	8	9	10	11	12
计划完成建安工程量	900	200	200	200	190	190	120
实际完成建安工程量	900	180	220	205	195	180	120
发包人直接材料设备价值	90	35	24	10	20	10	5

问题：

(1)本例的工程预付款是多少？

(2)工程预付款从几月开始起扣？

(3)1—6月以及其他各月应签证的工程款是多少？应签发付款凭证金额是多少？

解：

(1)工程预付款金额＝2 000×25%＝500(万元)。

(2)工程预付款起扣点＝2 000－500÷60%＝2 000－833.3＝1 166.7(万元)。

开始起扣工程预付款的时间为8月，因为8月累计实际完成的建安工程量为：900+180+220＝1 300(万元)>1 166.7万元。

(3)1—6月以及其他各月发包人应签证的工程款数额及应签发付款凭证金额：

①1—6月。

1—6月应签证的工程款为：900×(1－3%)＝873(万元)。

1—6月应签发付款凭证金额为：873－90＝783(万元)。

②7月。

7月应签证的工程款为：180×(1－3%)＝174.6(万元)。

7月应签发付款凭证金额为：174.6－35＝139.6(万元)。

③8月。

8月应签证的工程款为：220×(1－3%)＝213.4(万元)。

8月应扣工程预付款金额为：(1 300－1 166.7)×60%＝79.98(万元)。

8月应签发付款凭证金额为：213.4－79.98－24＝109.42(万元)。

④9月。

9月应签证的工程款为：205×(1－3%)＝198.85(万元)。

9月应扣工程预付款金额为：205×60%＝123(万元)。

9月应签发付款凭证金额为：198.85－123－10＝65.85(万元)。

⑤10月。

10月应签证的工程款金额为：195×(1－3%)＝189.15(万元)。

10月应扣工程预付款金额为：195×60%＝117(万元)。

10月应签发付款凭证金额为：189.15－117－20＝52.15(万元)。

⑥11月。

11月应签证的工程款为：180×(1－3%)＝174.6(万元)。

11月应扣工程预付款金额为：180×60%＝108(万元)。

11月应签发付款凭证金额为：174.6－108－10＝56.6(万元)。

⑦12月。

12月应签证的工程款金额为：120×(1－3%)＝116.4(万元)。

12月应扣工程预付款金额为：120×60%＝72(万元)。

12月应签发付款凭证金额为：116.4－72－5＝39.4(万元)。

6.3.6　竣工结算支付

工程完工后，发承包双方必须在合同约定时间内办理工程竣工结算。工程竣工结算由承包人或受其委托具有相应资质的工程造价咨询人编制，由发包人或受其委托具有相应资质的工程造价咨询人核对。竣工结算办理完毕,发包人应将竣工结算文件报送工程所在地(或有该工程管辖权的行业管理部门)工程造价管理机构备案,竣工结算文件是工程竣工验收备案、交付使用的必备文件。

其中,项目监理机构应按有关工程结算规定及施工合同约定对竣工结算进行审核,程序如下:

(1)专业监理工程师审查承包人提交的工程结算款支付申请,提出审查意见。

(2)总监理工程师对专业监理工程师的审查意见进行审核,签认后报发包人审批,同时抄送承包人,并就工程竣工结算事宜与发包人、承包人协商。达成一致意见的,根据发包人审批意见向承包人签发竣工结算款支付证书;不能达成一致意见的,应按施工合同约定处理。

6.3.6.1 竣工结算程序

合同工程完工后,承包人应在经发承包双方确认的合同工程期中价款结算的基础上汇总编制完成竣工结算文件,并在合同约定的时间内,提交竣工验收申请的同时向发包人提交竣工结算文件。

承包人未在合同约定的时间内提交竣工结算文件,经发包人催告后14天内仍未提交或没有明确答复,发包人有权根据已有资料编制竣工结算文件,作为办理竣工结算和支付结算款的依据,承包人应予以认可。

发包人应在收到承包人提交的竣工结算文件后的28天内核对。发包人经核实,认为承包人还应进一步补充资料和修改结算文件,应在上述时限内向承包人提出核实意见,承包人在收到核实意见后的28天内按照发包人提出的合理要求补充资料,修改竣工结算文件,并应再次提交给发包人复核后批准。

发包人应在收到承包人再次提交的竣工结算文件后的28天内予以复核,并将复核结果通知承包人。若发承包双方对复核结果无异议,应在7天内在竣工结算文件上签字确认,竣工结算办理完毕;若发包人或承包人对复核结果认为有误,无异议部分按照上述规定办理不完全竣工结算,有异议部分由发承包双方协商解决,协商不成的,按照合同约定的争议解决方式处理。

发包人在收到承包人竣工结算文件后的28天内,不核对竣工结算或未提出核对意见的,应视为承包人提交的竣工结算文件已被发包人认可,竣工结算办理完毕。

承包人在收到发包人提出的核实意见后的28天内,不确认也未提出异议的,应视为发包人提出的核实意见已被承包人认可,竣工结算办理完毕。

发包人委托工程造价咨询人核对竣工结算的,工程造价咨询人应在28天内核对完毕,核对结论与承包人竣工结算文件不一致的,应提交给承包人复核;承包人应在14天内将同意核对结论或不同意见的说明提交工程造价咨询人。工程造价咨询人收到承包人提出的异议后,应再次复核,复核无异议的,应在7天内在竣工结算文件上签字确认,竣工结算办理完毕。复核后仍有异议的,无异议部分办理不完全竣工结算;有异议部分由发承包双方协商解决,协商不成的,按照合同约定的争议解决方式处理。承包人逾期未提出书面异议,视为工程造价咨询人核对的竣工结算文件已经承包人认可。

对发包人或发包人委托的工程造价咨询人指派的专业人员与承包人指派的专业人员

经核对后无异议并签名确认的竣工结算文件,除非发承包人能提出具体、详细的不同意见,发承包人都应在竣工结算文件上签名确认,如其中一方拒不签认,按以下规定办理:

(1)若发包人拒不签认,承包人可不提供竣工验收备案资料,并有权拒绝与发包人或其上级部门委托的工程造价咨询人重新核对竣工结算文件。

(2)若承包人拒不签认,发包人要求办理竣工验收备案的,承包人不得拒绝提供竣工验收资料,否则,由此造成的损失,承包人承担相应责任。

合同工程竣工结算核对完成,发承包双方签字确认后,禁止发包人又要求承包人与另一个或多个工程造价咨询人重复核对竣工结算。

发包人以对工程质量有异议,拒绝办理工程竣工结算的,已竣工验收或已竣工未验收但实际投入使用的工程,其质量争议按该工程保修合同执行,竣工结算应按合同约定办理;已竣工未验收且未实际投入使用的工程以及停工、停建工程的质量争议,双方应就有争议的部分委托有资质的检测鉴定机构进行检测,根据检测结果确定解决方案,或按工程质量监督机构的处理决定执行后办理竣工结算,无争议部分的竣工结算按合同约定办理。

6.3.6.2 竣工结算审查

竣工结算要有严格的审查,一般从以下几个方面入手。

1. 核对合同条款

应核对竣工工程内容是否符合合同条件要求,工程是否竣工验收合格,只有按合同要求完成全部工程并验收合格才能竣工结算;应按合同规定的结算方法、计价定额、取费标准、主材价格和优惠条款等,对工程竣工结算进行审核,若发现合同开口或有漏洞,应请发包人与承包人认真研究,明确结算要求。

2. 检查隐蔽验收记录

审核竣工结算时应核对隐蔽工程施工记录和验收签证,手续完整,工程量与竣工图一致方可列入结算。

3. 落实设计变更签证

设计变更应有原设计单位出具的设计变更通知单和修改的设计图纸、校审人员签字并加盖公章,经发包人和项目监理机构审查同意、签证;重大设计变更应经原审批部门审批,否则不应列入结算。

4. 核实工程量

竣工结算的工程量应依据竣工图、设计变更单和现场签证等进行核算,并按国家统一规定的计算规则计算工程量。

5. 核对工程单价

结算单价应按合同约定或招标规定的计价定额与计价原则执行。

6. 审查计算误差

工程竣工结算子目多、篇幅大,往往有计算误差,应认真核算,防止因计算误差多计或少算。

6.3.6.3 竣工结算款支付

1. 承包人提交竣工结算款支付申请

承包人应根据办理的竣工结算文件,向发包人提交竣工结算款支付申请。申请应包

括下列内容:

(1)竣工结算合同价款总额。

(2)累计已实际支付的合同价款。

(3)应预留的质量保证金。

(4)实际应支付的竣工结算款金额。

2. 发包人签发竣工结算支付证书与支付结算款

发包人应在收到承包人提交竣工结算款支付申请后7天内予以核实,向承包人签发竣工结算支付证书,并在签发竣工结算支付证书后的14天内,按照竣工结算支付证书列明的金额向承包人支付结算款。

发包人在收到承包人提交的竣工结算款支付申请后7天内不予核实,不向承包人签发竣工结算支付证书的,视为承包人的竣工结算款支付申请已被发包人认可;发包人应在收到承包人提交的竣工结算款支付申请7天后的14天内,按照承包人提交的竣工结算款支付申请列明的金额向承包人支付结算款。

发包人未按照上述规定支付竣工结算款的,承包人可催告发包人支付,并有权获得延迟支付的利息。发包人在竣工结算支付证书签发后或者在收到承包人提交的竣工结算款支付申请7天后的56天内仍未支付的,除法律另有规定外,承包人可与发包人协商将该工程折价,也可直接向人民法院申请将该工程依法拍卖。承包人应就该工程折价或拍卖的价款优先受偿。

6.3.6.4 质量保证金

发包人应按照合同约定的质量保证金比例从结算款中扣留质量保证金。承包人未按照合同约定履行属于自身责任的工程质量缺陷修复义务的,发包人有权从质量保证金中扣留用于缺陷修复的各项支出。经查验,工程质量缺陷属于发包人原因造成的,应由发包人承担查验和缺陷修复的费用。在合同约定的缺陷责任期终止后,发包人应按照合同中最终结清的相关规定,将剩余的质量保证金返还给承包人。当然,剩余质量保证金的返还,并不能免除承包人按照合同约定应承担的质量保修责任和应履行的质量保修义务。

6.3.6.5 最终结清

缺陷责任期终止后,承包人应按照合同约定向发包人提交最终结清支付申请。发包人对最终结清支付申请有异议的,有权要求承包人进行修正和提供补充资料。承包人修正后,应再次向发包人提交修正后的最终结清支付申请。发包人应在收到最终结清支付申请后的14天内予以核实,并应向承包人签发最终结清支付证书,在签发最终结清支付证书后的14天内,按照最终结清支付证书列明的金额向承包人支付最终结清款。如果发包人未在约定的时间内核实,又未提出具体意见,视为承包人提交的最终结清支付申请已被发包人认可。

发包人未按期最终结清支付的,承包人可催告发包人支付,并有权获得延迟支付的利息。最终结清时,如果承包人被扣留的质量保证金不足以抵减发包人工程质量缺陷修复费用,承包人应承担不足部分的补偿责任。承包人对发包人支付的最终结清款有异议的,按照合同约定的争议解决方式处理。

思考题

1. 建设工程项目的投资有哪些部分构成?
2. 简述工程监理单位在投资控制中的作用和任务。
3. 简述建设工程招标投标的一般程序。
4. 简述招标控制价及其审查要点。
5. 施工阶段投资控制原理是什么?
6. 清单计价应如何进行工程计量和价款结算?
7. 简述总价合同、单价合同和成本加酬金合同的特点和适用范围。
8. 影响合同价格方式选择的因素有哪些?
9. 简述单价合同的计量程序。
10. 简述总价合同的计量程序。
11. 引起合同价款调整的事项有哪些?
12. 简述合同价款调整的程序。
13. 实施清单计价的情况下,工程量偏差带来的合同价款应如何调整?
14. 简述现场签证的处理程序。
15. 简述工程预付款额的支付额度和支付程序及其扣回。
16. 简述发包人支付进度款的支付程序。
17. 简述竣工结算的程序。
18. 如何处理工程质量保证金?
19. 简述最终结清的程序。

7 建设工程项目进度控制

7.1 概　述

7.1.1 进度控制的概念

建设工程项目进度控制，就是在投资决策、勘察设计、招标投标、施工安装以及竣工验收等阶段，把建设工程进度控制在批准的时间范围内，随时纠正发生的偏差，在与质量、费用、安全目标协调的基础上，实现进度目标。建设工程项目的进度控制，是建设工程监理工作的中心任务之一。

7.1.2 影响建设工程进度的主要因素

建设工程项目的进度，受许多因素影响，工程监理单位应协助建设单位事先对影响进度的各种因素进行调查研究，预测这些因素对项目建设进度的影响，编制可行的总进度计划，指导建设工程项目工作按计划进行。建设工程项目实施过程中，不可避免地会出现影响进度计划的因素，使项目难以按预定计划执行，这就要求监理组织去协调和控制这些影响因素，使项目按原进度计划进行或按调整后的进度计划进行。

对影响进度的因素进行分析，有利于监理组织事先采取有效措施，尽量缩小计划进度和实际进度的差距，实现对建设工程项目进度的主动控制，使其能达到预期的进度计划目标。常见的影响因素可归纳为如下几个方面：

(1)建设单位因素。如建设单位使用要求改变而进行设计变更，不能及时提供施工场地条件或所提供的场地不能满足工程正常需要，不能及时向施工单位或材料供应单位付款等。

(2)勘察设计因素。如勘察资料不准确，设计内容不完善，设计对施工的可能性未考虑或者是考虑不周，施工图纸的提供不及时、不配套或出现重大差错等。

(3)施工技术因素。如施工工艺不合适、施工方案不合理、施工过程中安全措施不当等。

(4)自然环境因素。如复杂的工程地质条件，雨雪、洪水、地震、台风等不可抗力等。

(5)社会环境因素。如周边环境和外单位的干扰，临时停水、停电等。

(6)组织管理因素。如向有关建设行政主管部门提出各种申请审批手续的延误，合同签订时遗漏条款，计划安排不周密，组织协调不力，指挥失当，各个单位配合上发生矛盾等。

(7)材料、设备因素。如材料、构配件、设备供应环节的差错，品种、规格、质量、数量、时间不能满足工程的需要，施工设备安装失误，设备故障等。

(8)资金因素。如相关方资金不到位,资金短缺,汇率浮动和通货膨胀等。

7.1.3 进度控制的主要内容

一般情况下,一个建设工程项目的全过程包括决策、勘察设计、施工和竣工验收四个阶段,因此对应于建设工程项目全过程,监理组织的进度控制主要包括以下四个阶段的内容。

7.1.3.1 决策阶段进度控制的内容

(1)协助建设单位收集有关进度的信息,确定总进度目标,制订建设工程项目总进度计划。

(2)判断制订的建设工程项目总进度计划的可行性。再根据总进度计划安排,将各阶段的主要工作再分解,制订各个阶段的指导性进度计划。

7.1.3.2 勘察设计阶段进度控制的内容

(1)协助编制和审核勘察设计阶段进度计划,并控制其执行。

(2)协助编制和审核出图计划,并控制其执行。

7.1.3.3 施工阶段进度控制的内容

(1)审核施工单位编制的施工总进度计划,并控制其执行。

(2)审核施工单位编制的单位工程施工进度计划,并控制其执行。

(3)审核施工单位编制的工程年、季、月实施计划,并控制其执行。

7.1.3.4 竣工验收阶段进度控制的内容

(1)督促施工单位完成工程扫尾工作。

(2)协调竣工验收中的各方关系,参加竣工验收。

7.1.4 监理组织在进度控制中的主要工作

在实际的建设过程中,监理组织在进度控制中需要做的主要工作如下:

(1)全面掌握建设工程项目的规模大小、工程特征和复杂程度、具体实现条件和总目标,并以此为依据,协助制订建设工程项目的总进度计划。

(2)组织勘察设计和图纸设计,掌握勘察和设计阶段的进度计划,及时组织设计图纸提交,以满足整个建设工程进度的需要。如果发现图纸交付的计划和实际的交图时间不满足要求,及时与设计单位协商,采取措施,使设计图纸能及时交付。

(3)积极协助办理建设工程项目前期的各项准备工作,保证工程如期开工建设,其中包括如下的工作:①土地征用和施工现场障碍的拆迁;②建设用地红线划定手续的办理;③施工用电、用水、用气等手续的办理;④缴纳各种建设配套费;⑤组织施工招标,择优选择工程的施工单位;⑥组织对现场进行施工前的各项准备工作,为工程项目顺利施工创造条件。

(4)根据建设工程项目的总进度目标,认真审核施工单位编制的施工总进度计划,突出重点和关键工程。在计划的实施过程中,对关键工作的进度实施进行审查和监督,查看进度计划的落实情况,若这些工作已经影响到进度,那么应及时调整这些工作的计划,找出解决措施,保证总进度计划的顺利完成。

(5)负责检查和监督施工单位开工前的各项准备工作,检查施工项目机构主要负责人和现场管理人员的配备情况,施工图纸的交底会审情况,检查各单位工程施工组织设计、施工方案的编制和审批情况,检查工程材料、施工机械的需用计划和供应进场情况,检查现场施工的临建搭设是否完成。

(6)根据建设资金的不同渠道,及时提请建设单位组织落实建设资金到位,以保证工程建设的进度款和设备、材料货款等所需资金的按期支付。还要定期地检查施工单位工程进度计划的实施情况,监督检查施工进度报表,核实工程量,签订工程款的支付文件。

(7)在工程建设的全过程中,及时处理好工程设计问题,特别是施工阶段,如设计需要补充、完善、变更或材料代用等,应抓紧联系,要求设计单位及时给予解决,尽力做到不影响工程进度。若遇到影响工程进度的重大设计变更,则要及时告知建设单位,适当调整计划。

(8)定期组织施工协调会议,对于施工中影响进度的各种问题,如设计图纸、施工技术方案、工程质量、材料设备供应、施工机具配备、工种劳力短缺、建设资金支付,以及工序之间、总分包之间协调配合等提出监理意见,及时帮助解决问题。

(9)在工程建设施工的全过程中,随时做好单位工程的分部工程、分项工程检查验收工作,检查是否完成设计图纸和合同范围的全部工程内容,包括设备运转调试,电梯、锅炉安装,环保部门验收,地下室工程人防部门验收,电力系统供电部门验收等。工程竣工质量检验评定全部达到合格以上标准,才能签认竣工日期。

7.2 进度控制的主要方法和措施

7.2.1 进度控制的主要方法

进度控制的方法有很多,包括利用行政地位或权力,通过发布进度指令,利用激励手段来监督、督促,从而进行进度控制的行政方法;利用经济手段对进度进行制约和影响的经济方法。而对于监理组织来说,主要采用规划、控制和协调的技术管理方法。在进度控制过程中,首先确定工程项目的总进度计划和阶段性进度计划,然后利用横道图或网络图进行计划进度与实际进度的比较,发现问题,及时采取措施进行纠正。

7.2.1.1 利用横道图进行计划进度和实际进度的比较

横道图是用水平线条表示工作流程的一种图表。它是由管理学家甘特于1900年左右提出的,故横道图也称甘特图,如图7-1所示。在图表中横向表示时间进度,纵向表示作业过程,水平线条的长度表示作业持续时间。

横道图比较法是指将项目实施过程中收集到的数据,经加工整理后直接用横道线平行绘于原计划的横道线处,进行实际进度与计划进度比较的方法。它包括匀速进展横道图比较法和非匀速进展横道图比较法。

1. 匀速进展横道图比较法

匀速进展指的是项目进行中,单位时间完成的任务量是相等的。例如某工程项目基础工程的计划进度和截至第9周末的实际进度如图7-2所示,其中细线条表示该工程计

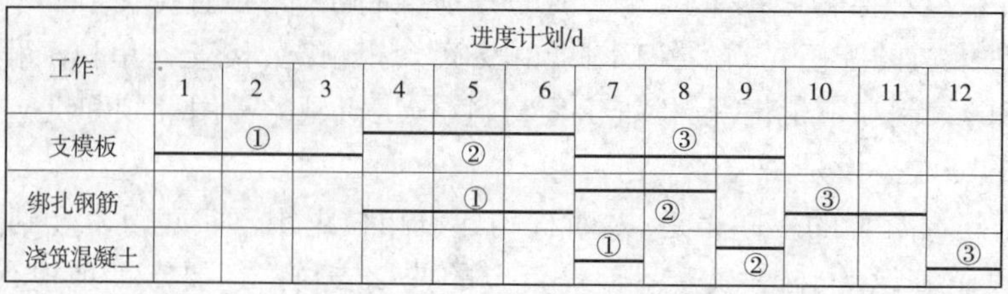

图 7-1　横道图示例

划进度，粗实线表示实际进度。从图中实际进度与计划进度的比较可以看出，到第 9 周末进行实际进度检查时，挖土方和做垫层两项工作已经完成；支模板按计划也应该完成，但实际只完成 75%，任务量拖欠 25%；绑扎钢筋按计划应该完成 60%，而实际只完成 20%，任务量拖欠 40%。

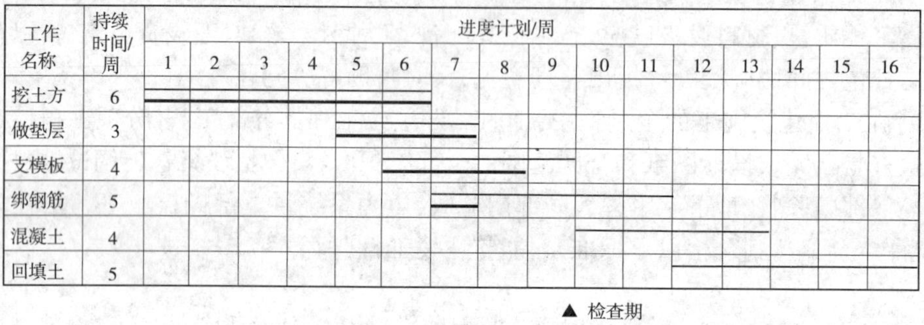

图 7-2　匀速进展横道图比较法

2. 非匀速进展横道图比较法

实际工作中，非匀速进展更为普遍，其比较的方法步骤为：

(1) 编制横道图进度计划。

(2) 在横道线上方标出计划完成任务量累计百分比曲线。

(3) 用粗线标出实际进度，并在粗线下方标出实际完成任务量的累计百分比，如图 7-3 所示。

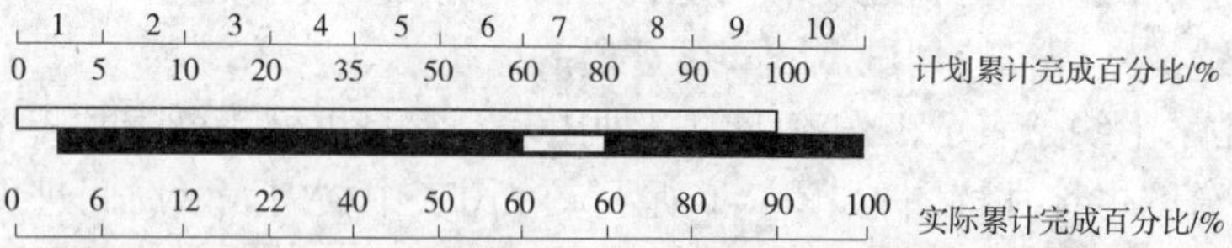

图 7-3　非匀速进展横道图比较法

(4) 比较分析实际进度与计划进度。如果同一时刻横道线上方累计百分比大于横道线下方累计百分比，表明实际进度拖后，二者之差即为拖欠的任务量；如果同一时刻横道线上方累计百分比小于横道线下方累计百分比，表明实际进度超前，二者之差即为超前的任务量；如果同一时刻横道线上方累计百分比等于横道线下方累计百分比，表明实际进度与计划进度一致。

横道图的优点在于能够清楚地表达各项工作的起止时间,内容排列整齐有序,形象直观,且可直接根据横道图计算各时段的资源需要量,并绘制资源需要量计划,使用方便,易于掌握。因此,横道图自发明以来被广泛应用于各行各业的生产管理活动中,直到现在仍被普遍使用。

但横道图的局限性也很明显,横道图不能清楚地表达工作间的逻辑关系,因此当某项工作出现进度偏差时,分析进度偏差对后续工作及总工期的影响就不那么容易,不便于调整进度计划;横道图不能反映各项工作的相对重要性,不便于掌握影响工期的主要矛盾;对于大型复杂项目,由于计划内容多,逻辑关系不明,难以用计算机技术对项目计划进行处理和优化,其局限性更为明显。

7.2.1.2　利用网络图进行计划进度和实际进度的比较

应用最早的网络计划技术是关键线路法(CPM)和计划评审法(PERT)。前者是由美国杜邦公司1956年提出并开发出的一种面向计算机安排进度计划的方法,于1957年首先应用于一个价值1 000多万美元的化工厂建设工程,取得了良好的效果。后者在1958年由美国海军部武器局的特别计划室提出,应用于制订美国海军北极星导弹研制计划,并使其研制工作在时间和成本控制方面取得了显著的效果。以后陆续开发了一些新的其他计划方法,统称为网络计划技术。

用箭线和箭线两端节点的编号表示工作的网络图,称为双代号网络图。通常把工作的名称写在箭线上,工作的持续时间写在箭线下方。箭尾表示工作的开始,箭尾节点称始节点;箭头表示工作的结束,箭头节点称末节点。双代号网络图从开始节点沿箭线方向连续通过若干个中间节点,最后到达结束节点所经过的道路称线路,如图7-4所示。在网络计划中,没有机动时间的工作称为关键工作,自始至终全部由关键工作组成的线路或线路上总的工作持续时间最长的线路称为关键线路。

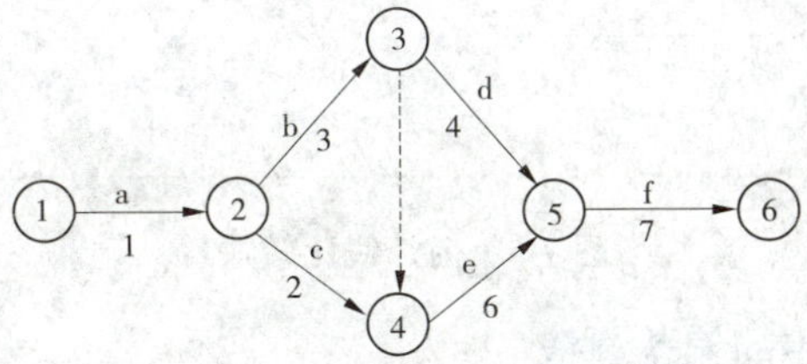

图7-4　双代号网络图示意图

网络图的优点在于能全面明确地反映工作之间的逻辑关系,便于分析进度偏差和调整进度计划;能进行工作时间参数计算,确定关键工作和关键线路;能应用计算机对计划进行优化、调整和管理。

但网络图的局限性也同样明显,除双代号时标网络图外,其他网络图没有横道图简单、直观,网络图不能直接计算资源需要量。

将表示工作的箭线的水平投影长度按该工作持续时间大小成比例绘制而成的双代号网络图称双代号时标网络图。双代号时标网络图既具有网络计划的优点,又具有横道图直观易懂的优点,它将网络计划的时间参数直观地表达出来。利用双代号时标网络图比较实际进度和计划进度的方法是前锋线比较法。

前锋线是指在原时标网络计划上,从检查时刻的时标点出发,用虚线或点画线依次将各项工作实际进展位置点连接而成的折线。前锋线比较法就是通过实际进度前锋线与原进度计划中各工作箭线交点的位置来判断工作实际进度与计划进度的偏差,进而判定该偏差对后续工作及总工期影响程度的一种方法。

采用前锋线比较法进行实际进度与计划进度的比较,其步骤如下:

(1)绘制双代号时标网络图。

(2)绘制实际进度前锋线。

工作实际进展位置点的标定方法有两种:按该工作已完成任务量比例进行标定和按尚需作业时间进行标定。

如果工作实际进展位置点落在检查日期的左侧,表明该工作实际进度拖后,拖后时间为二者之差;如果工作实际进展位置点与检查日期重合,表明该工作实际进度与计划进度一致;如果工作实际进展位置点落在检查日期的右侧,表明该工作实际进度超前,超前时间为二者之差。

通过实际进度与计划进度的比较确定进度偏差后,还可根据工作的自由时差和总时差预测该进度偏差对后续工作及项目总工期的影响,如图 7-5 所示。

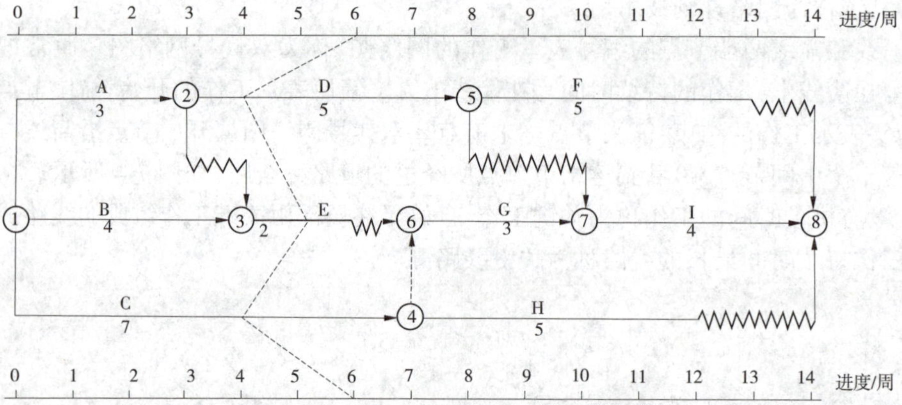

图 7-5 前锋线比较法

7.2.1.3 进度计划实施中的偏差调整

1. 进度偏差体现为某项工作的实际进度超前

由于加快某些工作的实施进度,往往可导致资源使用情况发生变化。特别是在有多个平行分包单位施工的情况下,由此而引起后续工作时间安排的变化往往会带来潜在的风险和索赔事件的发生,使缩短部分工期的实际效果得不偿失。因此,当进度计划执行过程中产生的进度偏差体现为某项工作的实际进度超前时,若超前幅度不大,此时计划不必调整;若超前幅度过大,则此时计划需要调整。

2. 进度偏差体现为某项工作的实际进度滞后

进度计划执行过程中,若出现实际工作进度滞后,此时是否调整原定计划通常应视进度偏差和相应工作总时差及自由时差的比较结果而定:

(1)若出现进度偏差的工作为关键工作,则由于工作进度滞后,必然会引起后续工作最早开工时间的延误和整个计划工期的相应延长，因此必须对原定进度计划采取相应调整措施。

(2)若出现进度偏差的工作为非关键工作，且工作进度滞后天数已超出其总时差，则由于工作进度延误同样会引起后续工作最早开工时间的延误和整个计划工期的相应延长，因此必须对原定进度计划采取相应调整措施。

(3)若出现进度偏差的工作为非关键工作，且工作进度滞后天数已超出其自由时差而未超出其总时差，则由于工作进度延误只引起后续工作最早开工时间的拖延而对整个计划工期并无影响，此时只有在后续工作最早开工时间不宜推后的情况下才考虑对原定进度计划采取相应调整措施。

(4)若出现进度偏差的工作为非关键工作，且工作进度滞后天数未超出其自由时差，则由于工作进度延误对后续工作的最早开工时间和整个计划工期均无影响，因此不必对原定进度计划采取调整措施。

7.2.1.4 进度计划的调整方法

由于工作进度滞后引起后续工作开工时间或计划工期的延误，主要有两种调整方法。

1. 改变某些后续工作之间的逻辑关系

若进度偏差已影响计划工期，且有关后续工作之间的逻辑关系允许改变，此时可变更位于关键线路或位于非关键线路但延误时间已超出其总时差的有关工作之间的逻辑关系，从而达到缩短工期的目的。例如，可将按原计划安排依次进行的工作关系改变为平行进行或分段流水进行的关系。通过变更工作逻辑关系缩短工期往往简便易行且效果显著。

2. 缩短某些后续工作的持续时间

当进度偏差已经影响计划工期，进度计划调整的另一方法是不改变工作之间的逻辑关系，而只是压缩某些后续工作的持续时间，以此加快后期工程进度，使原计划工期仍然能够得以实现。

缩短某些后续工作的持续时间的调整方法视限制条件及对其后续工作的影响程度的不同，一般可分为以下两种情况：

(1)网络计划中某项工作进度拖延的时间已超过其自由时差但未超过其总时差。

此时该工作的实际进度不会影响总工期，而只对其后续工作产生影响。因此，在进行调整前，需确定其后续工作允许拖延的时间限制：如果后续工作拖延的时间完全被允许，可将拖延后的时间参数代入原计划，并简化网络图，即可得调整方案；如果后续工作不允许拖延或拖延的时间有限制，需要根据限制条件对网络计划进行调整，寻求最优方案。一般情况下，可利用工期优化的原理确定后续工作中被压缩的工作，从而得到满足后续工作限制条件的最优调整方案。

(2)网络计划中某项工作进度拖延的时间超过其总时差。

此时，进度计划的调整方法又可分为三种情况：①如果工程项目必须按照原计划工期完成，则只能采取缩短关键线路上后续工作持续时间的方法来达到调整计划的目的；②如果项目总工期允许被拖延，且拖延的时间无限制，则此时只需要以实际数据取代原计划数据，并重新绘制实际进度检查日期滞后的简化网络计划即可；③如果项目总工期允许拖延，但允许拖延的时间有限，则当实际进度拖延的时间超过此限制时，也需要对网络计划进行调整，即通过缩短关键线路上后续持续时间的方法来使总工期满足规定工期的要求。

7.2.2　进度控制的措施

7.2.2.1　组织措施

(1)落实项目监理机构的进度控制人员，对具体控制任务按管理职能分工。

(2)对建设工程项目进行分解，如按项目结构分解、按项目进展阶段分解、按预算项目分解、按合同结构分解，并建立编码体系。

(3)确定进度协调工作制度，包括协调会议定期举行的时间，协调会议的参加人员等。

(4)对影响进度目标实现的干扰和风险因素进行分析。风险分析主要是根据许多统计资料的积累，对各种因素影响进度的概率及进度拖延的损失值进行计算和预测，并考虑有关工程项目审批部门对进度的影响。

7.2.2.2　管理措施

管理措施，顾名思义，就是通过项目内部的管理来提高进度控制的水平，来消除或减轻各种不利因素对工程进度的影响。从管理入手，初步分为计划、实施、总结三个阶段。

(1)计划阶段：主要工作是制订工程进度计划，并结合项目现场对计划的可行性做评审。与项目的参与单位签订责任状，责任状中明确项目总工期，并根据总合同工期对各单位提出分项工程工期(节点工期)要求。

(2)实施阶段：①对各级进度计划(周、月、季计划)的执行情况进行监督，检查是否有工期拖延现象，协助排除影响工程进度的障碍；②加强与业主、监理单位的沟通和协调，使现场出现的技术问题、变更洽商、竣工报验、质量问题等能快速解决；③加强与设计单位的配合，减小设计变更对施工进度造成的工期停滞；④保障施工过程中设备、材料、资金的及时供应；⑤定期、严格审查施工质量，避免因施工质量不达标而造成的施工返工。

(3)总结阶段：检查各单位的阶段性施工结果，对能在要求工期内按时、按质、按量完成施工任务的单位提出表彰、奖励，对未能如期完成施工的单位做出惩罚并总结经验，同时对新的施工阶段进行计划。

7.2.2.3　技术措施

采用技术措施的目的是实现进度目标，并能按计划完成或加快施工进度。根据建设工程项目的规模和实际条件，可以采用网络计划、流水作业方法和施工作业计划体系，扩大同时作业的施工工作面，采用高效能的施工机械设备，采用施工新工艺、新技术，缩短工艺过程间和工序间的技术间歇时间。

7.2.2.4　合同措施

主体结构及各专业工程分别发包，关键是在签订承包合同时要认真、严密地考虑有关工期的条款，在履行中要有专人负责合同管理。在合同期间对整个工期及各阶段工期进行控制和协调。认真核实工期索赔，分清各方应承担的责任、风险及有正当理由的索赔工期。特别是关键线路上的延迟,应予确认;延迟非关键线路上的工期,则不予索赔。在合同中应订有与专门工期有关的条款。

7.2.2.5　经济措施

在承包合同中,应包括对承包人提前或拖延工期的奖励和罚款条款,对某些特殊要求应急的项目或分部工程,可适当提高单价,确保资金及工程款项及时供应和支付。

7.3　施工准备阶段的进度控制

施工准备主要包括建设单位、施工单位和工程监理单位的施工准备工作。

施工准备阶段的许多工作对施工的开始和进度有直接影响,包括熟悉合同工期约定的内容、施工进度计划的确定和审核、材料设备的采购、开工手续的办理、延期开工的处理等。在施工准备阶段,工程监理单位所做的进度控制工作如下。

7.3.1　熟悉合同工期约定的内容

合同工期是指建设工程施工项目的发包人(建设单位)和承包人(施工单位)在合同协议书中约定,按总日历天数计算的承包天数。合同工期是施工项目从开工起到完成约定的全部内容,工程达到竣工验收标准为止所经历的时间。

承发包双方必须在协议书中明确约定工期,包括开工日期和竣工日期。开工日期指发包人和承包人在协议书中约定,承包人开始施工的绝对或相对的日期。竣工日期指发包人和承包人在协议书中约定,承包人完成承包范围内工程的绝对或相对的日期。工程项目竣工验收通过,实际竣工日期为承包人送交竣工验收报告的日期;工程项目按发包人要求修改后通过竣工验收的,实际竣工日期为承包人修改后提请发包人验收的日期。建设单位应当在开工日期前做好一切开工的准备工作,承包人则应当按约定的开工日期开工。

7.3.2　协助建设单位办理开工手续

项目监理机构应协助建设单位准备与办理开工手续相关的资料文件,依法办理施工许可证或其他开工手续。

7.3.3　协助建设单位确定施工进度计划和施工进度目标

确定建设工程项目施工进度目标时,必须全面细致地分析与建设工程项目施工进度有关的各种有利因素和不利因素,才能制定出一个科学的、合理的施工进度目标和施工进度计划。当应用网络计划编制施工进度计划时,编制程序如表7-1所示。

表7-1　施工进度计划编制程序

编制阶段	编制步骤	编制阶段	编制步骤
一、计划准备阶段	1.调查研究	三、计算时间参数及确定关键线路阶段	6.计算工作持续时间
	2.确定进度计划目标		7.计算网络计划时间参数
二、绘制网络图阶段	3.进行施工项目分解		8.确定关键线路和关键工作
	4.分析逻辑关系	四、编制正式网络计划阶段	9.优化网络进度计划
	5.绘制网络进度计划图		10.编制正式网络进度计划

确定施工进度目标的主要依据有建设工程总进度目标对施工工期的要求、工程工期定额、类似建设工程项目的实际施工进度、工程难易程度和工程条件的落实情况等。在确定施工进度目标时,还要考虑以下几个方面:

(1)合理安排土建与设备安装的协调施工。要按照它们各自的特点,合理安排土建施工与设备基础施工、设备安装的先后顺序,明确设备安装工程对土建工程的要求和土建工程为设备安装工程提供施工条件的内容及时间。

(2)结合工程项目的特点,参考施工工期定额及同类工程的经验来确定施工进度目标,避免只按主观意愿盲目确定进度目标,从而在实施过程中造成进度失控。

(3)做好资金供应能力、物资(材料、构配件、设备)供应能力与施工进度需要的平衡工作,确保工程进度目标的实现。

(4)考虑外部协作条件的配合情况,包括施工过程中及项目竣工动用所需的水、电、气、通信、道路及其他社会服务项目,它们必须与有关项目的进度目标相协调。

(5)气候条件和运输条件。建设工程施工的特点之一就是受外界自然条件影响大,因此在制定施工进度目标时,必须考虑当地季节气候的变化对施工进度的影响,以及运输条件好坏对施工进度的影响,以避免或减少由此而引起的施工进度目标的失控。

(6)对于大型建设工程项目,应根据尽早提供可动用单元的原则,集中力量分期分批建设,以便尽早投入使用,尽快发挥投资效益。这时,为保证每一动用单元能形成完整的生产能力,就要考虑这些动用单元交付使用时所必需的全部配套项目。因此,要处理好前期动用和后期建设的关系、每期工程中主体工程与辅助及附属工程之间的关系、地下工程与地上工程之间的关系、场外工程与场内工程之间的关系等。

建设工程项目的施工进度目标和施工进度计划一旦确定,就应在执行过程中实行有效的控制,以确保目标的实现。

7.3.4　审批施工单位的施工进度计划

项目监理机构对建设工程项目的施工进度控制从审核施工单位提交的施工进度计划开始。施工单位应按约定的日期,将施工进度计划提交项目监理机构。项目监理机构对施工进度计划审核的主要内容有：

(1)施工进度计划应符合施工合同中工期的约定。

(2)施工进度计划中的主要工程项目无遗漏，应满足分批投入试运、分批动用的需要，阶段性施工进度计划应满足总进度控制目标的要求。

(3)施工顺序的安排应符合施工工艺要求。

(4)施工人员、工程材料、施工机械等资源供应计划应满足施工进度计划的需要。

(5)施工进度计划应符合建设单位提供的资金、施工图纸、施工场地、物资等施工条件。

项目监理机构应按约定的时间对施工进度计划予以确认或提出修改意见，逾期不确认也不提出书面意见的，则视为已经同意。项目监理机构对施工进度计划予以确认的主要目的是为其对进度进行控制提供依据。

如果项目监理机构在审核施工进度计划的过程中发现了问题，应该及时向施工单位提出书面修改意见，并协助施工单位修改，其中重大问题需要向建设单位汇报。尽管施工单位向项目监理机构提交施工进度计划是为了听取建设性的意见，但是施工进度计划一经确认，就应当视为合同文件的组成部分，它是以后处理施工单位提出的工程延期或费用索赔的一个重要依据。

7.3.5 下达开工令或协助建设单位办理延期开工手续

对于符合开工条件的，总监理工程师应及时下达开工令。对不符合开工条件的，应协助建设单位及时办理延期开工手续。

在开工前，还应该做好其他各项准备工作，如建设单位应使施工场地具备施工条件、开通施工现场与公共道路之间的通道，施工单位应当做好施工人员和设备的调配工作，完成材料设备的采购准备等。对工程监理单位而言，特别需要做好水准点与坐标控制点的校验，按时准备标准、规范等。

7.4 施工安装阶段的进度控制

建设工程项目正式开工后，就进入施工安装阶段，这一阶段进度控制的任务是确保施工任务在规定的工期内完成。此阶段，项目监理机构进度控制的主要工作如下。

7.4.1 对进度计划的检查与监督

建设工程项目开工后，施工单位必须按照监理工程师批准的施工进度计划组织施工，接受监理工程师对进度的检查、监督。监理工程师应检查施工进度计划的实施情况，比较分析施工实际进度与计划进度，预测实际进度对工程总工期的影响，并应在监理月报中向建设单位报告工程实际进展情况。进度计划在执行中的跟踪检查途径主要有以下三种：

(1)定期收集进度报表资料。

进度报表是反映建设工程项目实际进度的主要方式之一。监理工程师应按照进度计划规定的内容，定期填写进度报表，通过收集进度报表资料掌握工程实际进展情况。

(2)现场实地检查工程进展情况。

监理工程师应随时实地检查进度计划的实际执行情况,加强进度监测,掌握工程实际进度的第一手资料,使获取的数据更加及时和准确。

(3)定期召开现场会议。

监理工程师应定期召开现场会议,通过与进度计划执行单位的有关人员面谈,既可以了解工程实际进度状况,也可以协调有关方面的进度关系。

当监理工程师发现实际进度与经确认的进度计划不符,严重滞后于计划进度且影响合同工期时,应签发监理通知单,要求施工单位采取调整措施加快施工进度,同时监理工程师应向建设单位报告工期延误风险。施工单位应按监理工程师的要求提出改进措施,经监理工程师确认后执行。

监理工程师应当随时了解施工进度计划执行过程中存在的问题,并帮助施工单位予以解决,特别是施工单位无力解决的内外关系协调问题。

7.4.2　暂停施工令的签发

在建设工程项目的施工过程中,暂停施工的原因是多方面的,归纳起来有如下三个方面:

(1)监理工程师要求的暂停施工。

监理工程师在主观上是不希望暂停施工的,但有时继续施工可能会造成更大的损失。监理工程师认为确有必要暂停施工时,应当以书面形式要求施工单位暂停施工,并在提出要求后48小时内提出书面处理意见。施工单位应当按监理工程师的要求停止施工,并妥善保护已完工程。施工单位在实施监理工程师做出的处理意见后,可以书面形式提出复工要求,监理工程师应当在48小时内给予答复。监理工程师未能在规定时间内提出处理意见,或收到施工单位复工要求后48小时内未予答复,施工单位可自行复工。

(2)因建设单位违约导致施工单位的主动暂停施工。

当建设单位出现某些违约情况时,施工单位可以暂停施工,这是合同赋予的施工单位保护自身权益的有效措施。如建设单位不按合同约定及时向承包人支付工程预付款、工程进度款且双方未达成延期付款协议,在施工单位发出要求付款通知后仍不付款的,经过一段时间后,施工单位均可暂停施工。这时,建设单位应当承担相应的违约责任。出现这种情况时,监理工程师应当尽量督促建设单位履行合同,以求减少双方的损失。

(3)意外事件导致的暂停施工。

在项目施工过程中出现一些意外情况,如果需要施工单位暂停施工的,施工单位则应该暂停施工。此时工期是否给予顺延,应视风险责任应由谁承担而确定。如发现有价值的文物、发生不可抗力事件等,风险责任应由建设单位承担,故应给予施工单位顺延工期。

7.4.3　工期延误和工程延期的处理

7.4.3.1　工期延误

工期延误是指由于施工单位自身原因造成施工期延长的时间。对于因施工单位自身的原因导致实际进度与计划进度不符时,所有的后果都应由施工单位自行承担,施工单位无权就因改进措施而提出追加合同价款,项目监理机构也不对改进措施的效果负责。如果采用改进措施后,经过一段时间工程实际进展赶上了进度计划,则仍可按原进度计划执行;如果采用改进措施一段时间后,工程实际进展仍明显与进度计划不符,则项目监理机构可以要求施工单位修改原进度计划,并经项目监理机构确认后执行。但是,这种确认并不是项目监理机构对工程延期的批准,而仅仅是要求施工单位在合理状态下施工。因此,如果施工单位按修改后的进度计划施工不能按期竣工,施工单位仍应承担相应的违约责任。

工期延误索赔的依据:

(1)各种会议、会谈纪要。

(2)招标文件、施工合同文本及附件、补充协议、施工现场的各类签认记录,经认可的施工进度计划、工程图纸及技术规范等。

(3)建设单位或者项目监理机构签认的签证。

(4)气象资料、工程检查验收报告和各种技术鉴定报告。

(5)国家有关法律法令政策性文件。

(6)施工进度计划和实际施工进度记录、施工现场的有关文件(施工记录、备忘录、施工月报、施工日志等)。

(7)工程核算资料,财务报告、财务凭证等,各种验收报告和技术鉴定。

(8)工程有关的图片和录像,对非施工单位的口头指示和电话应随时书面记录,并请给予书面确认。

(9)投标前建设单位提供的现场资料和参考资料。

(10)其他,如官方发布的物价指数、汇率、规定等。

7.4.3.2 工程延期

工程延期是指由于非施工单位原因造成合同工期延长的时间。当发生非施工单位原因造成的持续性影响工期的事件时,必然导致施工单位无法按原定的竣工日期完工。项目监理机构批准工程延期应同时满足下列条件:

(1)施工单位在施工合同约定的期限内提出工程延期。

(2)因非施工单位原因造成施工进度滞后。

(3)施工进度滞后影响到施工合同约定的工期。

当出现下列情况导致工期延误和(或)费用增加的,由建设单位承担由此延误的工期和(或)增加的费用:

(1)建设单位未能按合同约定提供图纸或所提供图纸不符合合同约定的。

(2)建设单位未能按合同约定提供施工现场、施工条件、基础资料、许可、批准等开工条件的。

(3)建设单位提供的测量基准点、基准线和水准点及其书面资料存在错误或疏漏的。

(4)建设单位未能在计划开工日期之日起7天内同意下达开工通知的。

(5)建设单位未能按合同约定日期支付工程预付款、进度款或竣工结算款的。

(6)由于实际变更和工程量有较大的增加。

(7)项目监理机构未按合同约定发出指示、批准等文件的。

(8)专用合同条款中约定的其他情形。

项目监理机构确认的工期顺延期限应当是事件造成的合理延误,由项目监理机构根据发生事件的具体情况和工期定额、合同等规定确认。经项目监理机构确认的顺延工期应纳入合同总工期,如果施工单位不同意项目监理机构的确认结果,则可按合同约定的争议解决方式处理。

工程延期批准可以分为两种:工程临时延期批准和工程最终延期批准。工程临时延期批准是发生非施工单位原因造成的持续性影响工期事件时所做出的临时延长合同工期的批准;工程最终延期批准是发生非施工单位原因造成的持续性影响工期事件时所做出的最终延长合同工期的批准。当影响工期事件具有持续性时,项目监理机构应对施工单位提交的阶段性工程临时延期报审表进行审查,并应签署工程临时延期审核意见后报建设单位。当影响工期事件结束后,项目监理机构应对施工单位提交的工程最终延期报审表进行审查,并应签署工程最终延期审核意见后报建设单位。项目监理机构在做出工程临时延期批准和工程最终延期批准前,均应该与建设单位和施工单位协商。

处理工程拖延事件,首先,可采取前面一些常用的进度检查方法,判断拖延是否造成延误工期影响,工期将拖延多少。对于无延误工期影响的事件一般无须处理,但对拖延较大而还未造成延误工期影响的准关键工作(接近关键工作的工作)要极为关注。其次,应通过现场记录和有关文件或资料分析这些延期事件的原因和责任,原因不同,处理方式也不同。

思考题

1. 影响进度控制的主要因素有哪些?
2. 进度控制的主要内容有哪些?
3. 进度控制的主要措施有哪些?
4. 建设工程项目的总进度计划安排包括哪些方面?
5. 项目监理机构对施工进度计划审核的主要内容是什么?
6. 什么是工程延期? 什么是工期延误?
7. 项目监理机构批准工程延期应满足什么条件?

8 建设工程项目合同管理

8.1 概 述

8.1.1 合同的概念

合同是民事主体之间设立、变更、终止民事法律关系的协议。具体可指具有平等民事主体资格的当事人,为了达到一定目的,经过自愿、平等、协商一致而设立、变更、终止民事权利义务关系达成的协议。

8.1.1.1 合同的订立

1.合同的形式和内容

1)合同的形式

合同的形式,是指合同当事人双方对合同的内容、条款经过协商,做出共同的意思表示的具体方式。

当事人订立合同,有书面形式、口头形式和其他形式。书面形式是合同书、信件、电报、电传、传真等可以有形地表现所载内容的形式。以电子数据交换、电子邮件等方式能够有形地表现所载内容,并可以随时调取查用的数据电文,视为书面形式。

法律、行政法规规定采用书面形式的,应当采用书面形式。当事人约定采用书面形式的,应当采用书面形式。

法律、行政法规规定或者当事人约定采用书面形式订立合同,当事人未采用书面形式但一方已经履行主要义务,对方接受的,该合同成立。

2)合同的内容

(1)当事人的姓名或者名称和住所。当事人的名称或者姓名,是指法人和其他组织的名称;住所是指他们的主要办事机构所在地。

(2)标的。标的是指合同当事人双方权利和义务共同指向的对象,即合同法律关系的客体。标的可以是货物、劳务、工程项目或者货币等。依据合同种类的不同,合同的标的也各有不同。例如,买卖合同的标的是货物,建筑工程合同的标的是工程建设项目,货物运输合同的标的是运输劳务,借款合同的标的是货币,委托合同的标的是委托人委托受托人处理委托事务等。

标的是合同的核心,它是合同当事人权利和义务的焦点。尽管当事人双方签订合同的主观意向各有不同,但最后必须集中在一个标的上。因此,当事人双方签订合同时,首先要明确合同的标的,没有标的或者标的不明确,必然会导致合同无法履行,甚至产生纠纷。

(3)数量。数量是计算标的的尺度。它把标的定量化,以便确立合同当事人之间的权利和义务的量化指标,从而计算价款或报酬。国家颁布了《关于在我国统一实行法定计量单位的命令》。根据该命令的规定,签订合同时,必须使用国家法定计量单位,做到计量标准化、规范化。如果计量单位不统一,一方面会降低工作效率,另一方面也会因发生误解而引起纠纷。

(4)质量。质量是标的物内在特殊物质属性和一定的社会属性,是标的物性质差异的具体特征。它是标的物价值和使用价值的集中表现,并决定着标的物的经济效益和社会效益,还直接关系到生产的安全和人身的健康等。因此,当事人签订合同时,必须对标的物的质量做出明确的规定。

(5)价款或者报酬。价款,通常是指当事人一方为取得对方出让标的物,而支付给对方一定数额的货币。报酬,通常是指当事人一方为对方提供劳务、服务等,从而向对方收取一定数额的货币报酬。

(6)履行期限、地点和方式。履行期限,是指当事人交付标的和支付价款或报酬的日期,也就是依据合同的约定,权利人要求义务人履行的请求权发生的时间。合同的履行期限是一项重要条款,当事人必须写明具体的履行起止日期,避免因履行期限不明确而产生纠纷。

履行地点,是指当事人交付标的和支付价款或报酬的地点。它包括标的的交付、提取地点,服务、劳务或工程项目建设的地点,价款或报酬结算的地点等。合同履行地点也是一项重要条款,它不仅关系到当事人实现权利和承担义务的发生地,还关系到人民法院受理合同纠纷案件的管辖地问题。因此,合同当事人双方签订合同时,必须将履行地点写明,并且要写得具体、准确,以免发生差错而引起纠纷。

履行方式,是指合同当事人双方约定以哪种方式转移标的物和结算价款。履行方式应视所签订合同的类别而定。例如,买卖货物、提供服务、完成工作合同,其履行方式均有所不同,此外,在某些合同中还应当写明包装、结算等方式,以利于合同的完善履行。

(7)违约责任。违约责任,是指合同当事人约定一方或双方不履行或不完全履行合同义务时,必须承担的法律责任。违约责任包括支付违约金、偿付赔偿金以及发生意外事故的处理等其他责任。法律有规定责任范围的,按规定处理;法律没有规定责任范围的,由当事人双方协商议定办理。

(8)解决争议的方法。解决争议的方法,是指合同当事人选择解决合同纠纷的方式、地点等。根据中国法律的有关规定,当事人解决合同争议时,实行"或仲或讼"制,即当事人可以在合同中约定选择仲裁机构或人民法院解决争议;当事人可以就仲裁机构或诉讼的管辖机关的地点进行协商选择。当事人如果在合同中既没有约定仲裁条款,事后又没有达成新的仲裁协议,那么,当事人只能通过诉讼的途径解决合同纠纷,因为起诉权是当事人的法定权。

2. 要约和承诺

当事人订立合同,可以采取要约、承诺方式或者其他方式。

1)要约

要约是希望与他人订立合同的意思表示,该意思表示应当符合下列条件:①内容具体确定;②表明经受要约人承诺,要约人即受该意思表示约束。

要约邀请是希望他人向自己发出要约的表示。拍卖公告、招标公告、招股说明书、债券募集办法、基金招募说明书、商业广告和宣传、寄送的价目表等为要约邀请。

商业广告和宣传的内容符合要约条件的,可以构成要约。

要约可以撤回,撤回要约的通知应当在要约到达受要约人前或者与要约同时到达受要约人。

要约也可以撤销,但是有下列情形之一的除外:①要约人以确定承诺期限或者其他形式明示要约不可撤销;②受要约人有理由认为要约是不可撤销的,并已经为履行合同做了合理准备工作。

撤销要约的意思表示以对话方式做出的,该意思表示的内容应当在受要约人做出承诺之前为受要约人所知道;撤销要约的意思表示以非对话方式做出的,应当在受要约人做出承诺之前到达受要约人。

有下列情形之一的,要约失效:①要约被拒绝;②要约被依法撤销;③承诺期限届满,受要约人未做出承诺;④受要约人对要约的内容做出实质性变更。

2)承诺

承诺是受要约人同意要约的意思表示。

承诺应当以通知的方式做出;但是,根据交易习惯或者要约表明可以通过行为做出承诺的除外。

承诺应当在要约确定的期限内到达要约人。要约没有确定承诺期限的,承诺应当依照下列规定到达:①要约以对话方式做出的,应当即时做出承诺;②要约以非对话方式做出的,承诺应当在合理期限内到达。

要约以信件或者电报做出的,承诺期限自信件载明的日期或者电报交发之日开始计算。信件未载明日期的,自投寄该信件的邮戳日期开始计算。要约以电话、传真、电子邮件等快速通信方式做出的,承诺期限自要约到达受要约人时开始计算。

承诺生效时合同成立,但是法律另有规定或者当事人另有约定的除外。

受要约人超过承诺期限发出承诺,或者在承诺期限内发出承诺,按照通常情形不能及时到达要约人的,为新要约;但是,要约人及时通知受要约人该承诺有效的除外。

受要约人在承诺期限内发出承诺,按照通常情形能够及时到达要约人,但是因其他原因致使承诺到达要约人时超过承诺期限的,除要约人及时通知受要约人因承诺超过期限不接受该承诺外,该承诺有效。

承诺的内容应当与要约的内容一致。受要约人对要约的内容做出实质性变更的,为新要约。有关合同标的、数量、质量、价款或者报酬、履行期限、履行地点和方式、违约责任和解决争议方法等的变更,是对要约内容的实质性变更。

承诺对要约的内容做出非实质性变更的,除要约人及时表示反对或者要约表明承诺不得对要约的内容做出任何变更外,该承诺有效,合同的内容以承诺的内容为准。

8.1.1.2 合同示范文本与格式条款合同

1.合同示范文本

《民法典》合同编规定:当事人可以参照各类合同的示范文本订立合同。

合同示范文本是指由一定机关事先拟定的对当事人订立相关合同起示范作用的合同

文本。此类合同文本中的合同条款有些内容是拟定好的,有些内容是没有拟定需要当事人双方协商一致填写的。合同的示范文本只供当事人订立合同时参考使用,因此合同示范文本与格式合同不同。

2. 格式条款合同

格式条款合同,是指合同当事人一方(如某些垄断性企业)为了重复使用而事先拟定一定格式的文本。文本中的合同条款在未与另一方协商一致的前提下已经确定且不可更改。

为了维护公平原则,确保格式条款合同文本中相对人的合法权益,对格式条款合同有相应的限制性规定:

第一,采用格式条款订立合同的,提供格式条款的一方应当遵循公平原则确定当事人之间的权利和义务,并采取合理的方式提示对方注意免除或者减轻其责任等与对方有重大利害关系的条款,按照对方的要求,对该条款予以说明。

第二,提供格式条款一方不合理地免除或者减轻其责任、加重对方责任、限制对方主要权利,或排除对方主要权利的,该条款无效。

第三,对格式条款的理解发生争议的,应当按照通常理解予以解释。对格式条款有两种以上解释的,应当做出不利于提供格式条款一方的解释。格式条款和非格式条款不一致的,应当采用非格式条款。

8.1.1.3 合同的效力

依法成立的合同,自成立时生效,但是法律另有规定或者当事人另有约定的除外。

依照法律、行政法规的规定,合同应当办理批准等手续的,依照其规定。未办理批准等手续影响合同生效的,不影响合同中履行报批等义务条款以及相关条款的效力。应当办理申请批准等手续的当事人未履行义务的,对方可以请求其承担违反该义务的责任。

依照法律、行政法规的规定,合同的变更、转让、解除等情形应当办理批准等手续的,适用前款规定。

无权代理人以被代理人的名义订立合同,被代理人已经开始履行合同义务或者接受相对人履行的,视为对合同的追认。

法人的法定代表人或者非法人组织的负责人超越权限订立的合同,除相对人知道或者应当知道其超越权限外,该代表行为有效,订立的合同对法人或者非法人组织发生效力。

合同中的下列免责条款无效:①造成对方人身损害的;②因故意或者重大过失造成对方财产损失的。

合同不生效、无效、被撤销或者终止的,不影响合同中有关解决争议方法的条款的效力。

8.1.1.4 合同的履行

当事人应当按照约定全面履行自己的义务。

1. 合同履行的基本规定

当事人应当遵循诚信原则,根据合同的性质、目的和交易习惯履行通知、协助、保密等义务。

当事人在履行合同过程中，应当避免浪费资源、污染环境和破坏生态。

合同生效后，当事人就质量、价款或者报酬、履行地点等内容没有约定或者约定不明确的，可以协议补充；不能达成补充协议的，按照合同相关条款或者交易习惯确定。

合同成立后，合同的基础条件发生了当事人在订立合同时无法预见的、不属于商业风险的重大变化，继续履行合同对于当事人一方明显不公平的，受不利影响的当事人可以与对方重新协商；在合理期限内协商不成的，当事人可以请求人民法院或者仲裁机构变更或者解除合同。

2. 内容不明确时的履行

当事人就有关合同内容约定不明确，依据相关规定仍不能确定的，适用下列规定：

(1)质量要求不明确的，按照强制性国家标准履行；没有强制性国家标准的，按照推荐性国家标准履行；没有推荐性国家标准的，按照行业标准履行；没有国家标准、行业标准的，按照通常标准或者符合合同目的的特定标准履行。

(2)价款或者报酬不明确的，按照订立合同时履行地的市场价格履行；依法应当执行政府定价或者政府指导价的，依照规定履行。

(3)履行地点不明确，给付货币的，在接受货币一方所在地履行；交付不动产的，在不动产所在地履行；其他标的，在履行义务一方所在地履行。

(4)履行期限不明确的，债务人可以随时履行，债权人也可以随时请求履行，但是应当给对方必要的准备时间。

(5)履行方式不明确的，按照有利于实现合同目的的方式履行。

(6)履行费用的负担不明确的，由履行义务一方负担；因债权人原因增加的履行费用，由债权人负担。

3. 价格的履行

执行政府定价或者政府指导价的，在合同约定的交付期限内政府价格调整时，按照交付时的价格计价。逾期交付标的物的，遇价格上涨时，按照原价格执行；价格下降时，按照新价格执行。逾期提取标的物或者逾期付款的，遇价格上涨时，按照新价格执行；价格下降时，按照原价格执行。

8.1.1.5 违约责任

1. 当事人违约及承担违约责任的形式

1)违约责任的法律规定

当事人一方不履行合同义务或者履行合同义务不符合约定的，应当承担继续履行、采取补救措施或者赔偿损失等违约责任。

当事人一方明确表示或者以自己的行为表明不履行合同义务的，对方可以在履行期限届满前请求其承担违约责任。

2)当事人承担违约责任的形式

(1)继续履行合同，是指违反合同的当事人不论是否已经承担赔偿金或者违约金责任，都必须根据对方的要求，在自己能够履行的条件下，对原合同未履行的部分继续履行。

(2)采取补救措施，是指在违反合同的事实发生后，为防止损失发生或者扩大，而由违反合同行为人采取修理、重做、更换等措施。

(3)赔偿损失,是指当事人一方违反合同造成对方损失时,应以其相应价值的财产予以补偿。赔偿损失应以实际损失为依据。

2. 当事人违反金钱债务的违约责任

当事人一方未支付价款、报酬、租金、利息,或者不履行其他金钱债务的,对方可以请求其支付。当事人承担违约责任的具体形式如下:一是债权人有权请求债务人履行债务,即继续履行;二是债权人可以要求债务人支付违约金或逾期利息。例如,建设工程施工合同中,拖欠工程支付和结算的违约责任。

3. 当事人违反非金钱债务的违约责任

当事人一方不履行非金钱债务或者履行非金钱债务不符合约定的,对方可以请求履行,但是有下列情形之一的除外:①法律上或者事实上不能履行;②债务的标的不适于强制履行或者履行费用过高;③债权人在合理期限内未请求履行。

4. 当事人一方违约给对方造成其他损失的法律责任

当事人一方不履行合同义务或者履行合同义务不符合约定的,在履行义务或者采取补救措施后,对方还有其他损失的,应当赔偿损失。债务人不履行或不适当履行合同,在继续履行或者采取补救措施后,仍给债权人造成损失时,债务人应承担赔偿责任。

5. 当事人违约承担责任的赔偿额

当事人一方不履行合同义务或者履行合同义务不符合约定,给对方造成损失的,损失赔偿额应当相当于因违约所造成的损失,包括合同履行后可以获得的利益,但不得超过违约一方订立合同时预见到或者应当预见到的因违约可能造成的损失。

6. 违约金及赔偿金

当事人可以约定一方违约时应当根据违约情况向对方支付一定数额的违约金,也可以约定因违约产生的损失赔偿额的计算方法。

约定的违约金低于造成的损失的,人民法院或者仲裁机构可以根据当事人的请求予以增加;约定的违约金过分高于造成的损失的,人民法院或者仲裁机构可以根据当事人的请求予以适当减少。

当事人就迟延履行约定违约金的,违约方支付违约金后,还应当履行债务。

7. 定金

当事人可以约定一方向对方给付定金作为债权的担保。定金合同自实际交付定金时成立。

定金的数额由当事人约定,但是不得超过主合同标的额的20%,超过部分不产生定金的效力。实际交付的定金数额多于或者少于约定数额的,视为变更约定的定金数额。

债务人履行债务的,定金应当抵作价款或者收回。给付定金的一方不履行债务或者履行债务不符合约定,致使不能实现合同目的的,无权请求返还定金;收受定金的一方不履行债务或者履行债务不符合约定,致使不能实现合同目的的,应当双倍返还定金。

当事人既约定违约金,又约定定金的,一方违约时,对方可以选择适用违约金或者定金条款。

定金不足以弥补一方违约造成的损失的,对方可以请求赔偿超过定金数额的损失。

8.1.2 建设工程合同管理的概念及作用

8.1.2.1 建设工程合同管理的概念

建设工程合同管理,是指各级政府工商行政管理部门、建设行政主管部门和金融机构以及工程建设参与单位(如建设单位、施工单位、监理单位等)依据相关法律法规和规章制度,采取法律的、行政的手段,对合同关系进行组织、指导、协调及监督,保护合同当事人的合法权益,处理合同纠纷,防止和制裁违法行为,保证合同得到贯彻实施的一系列活动。

建设工程合同管理主要包括两个阶段内容:一是合同签订之前,合同的相关方围绕签订合同所进行的一系列管理活动,如建设单位的招标活动,施工单位、监理单位、设计单位的投标活动;二是合同签订之后,以合同为基础来规范相关方的建设行为,保证合同得到贯彻实施的一系列活动,如建设工程项目实施过程中对建设工程施工合同的管理活动。

8.1.2.2 建设工程合同管理的作用

(1)使整个建设工程项目在预定的投资和工期范围内完成,达到预定的质量和功能要求,实现工程项目的三大目标。

(2)使建设工程项目的实施过程顺利,合同争议较少,合同各方面能互相协调,都能够圆满地履行合同责任。

(3)保证整个工程合同的签订和实施过程符合法律的要求。

(4)在工程结束时使双方都感到满意,建设单位按计划获得一个合格的工程,达到投资目的;承包人不但获得合理的利润,还能赢得信誉,建立双方的友好合作关系。这是企业经营管理和发展战略对合同管理的双赢要求。

8.1.3 建设工程合同管理的主要方法

8.1.3.1 严格执行法律法规

应当说,随着《民法典》《招标投标法》《建筑法》的颁布,建设工程合同管理法律已基本健全。但是,在实践中,这些法律的执行还存在着很大的问题,其中既有勘察、设计、施工单位转包、违法分包、不认真执行工程建设强制性标准、偷工减料、忽视工程质量的问题,有工程监理单位监理不到位的问题,还有建设单位不认真履行合同特别是拖欠工程款的问题。市场经济条件下,要求在管理建设工程合同时要严格依法进行管理。这样,管理行为才能有效,建设工程合同管理水平才能提高,建设领域存在的诸多问题才能解决。

8.1.3.2 推行合同示范文本制度

推行合同示范文本制度,一方面,有助于当事人了解、掌握有关法律法规,使具体实施项目的建设工程合同符合法律法规的要求,避免缺款少项,防止出现显失公平的条款,也有助于当事人熟悉合同的运行;另一方面,也有利于行政管理机关对合同的监督,有助于仲裁机构或者人民法院及时裁判纠纷,维护当事人的利益。使用标准化的范本签订合同,对完善建设工程合同管理制度起到了极大的推动作用。

8.1.3.3 采用目标管理

合同管理目标,是指合同管理活动应当达到的预期结果和最终目的。建设工程合同管理需要设立管理目标,并且可以分解为管理的各个阶段的目标,合同的管理目标应当落到实处,为此,还应当建立建设工程合同管理的评估制度。这样,才能有效地督促合同管理人员提高合同管理水平。

8.1.3.4 设立合同管理机构,配备合同管理人员

加强建设工程合同管理,应当设立合同管理机构,配备合同管理人员。一方面,建设工程合同管理工作,应当作为建设行政主管部门的管理内容之一;另一方面,工程合同当事人内部也要建立合同管理机构,配备合同管理人员,建立合同管理台账、统计、检查和报告制度,提高建设工程合同管理水平。

8.1.3.5 培训合同管理人才

在市场经济条件下,工程建设领域的从业人员应当增强合同观念和合同意识,这就要求我们普及相关法律知识,培训合同管理人才。不论是施工合同中的工程师,还是建设工程合同的当事人,以及涉及有关合同的各类人员,都应当熟悉合同的相关法律知识,增强合同观念和合同意识,努力做好建设工程合同管理工作。

8.2 建设工程监理合同管理

8.2.1 建设工程监理合同的概念

根据民事法律关系必须具备三要素的原则,作为合同这种民事法律关系,也应有权利主体、权利客体和内容,建设工程监理合同(以下简称监理合同)是合同的一种,因而它也应该具备三要素。监理合同的权利主体是委托人和监理人,权利客体是委托人委托监理人对工程建设实施的监理工作,内容则是在实施工程建设过程中双方的权利和义务。根据监理合同的三要素,它的概念应该是:建设工程项目的建设单位与工程监理单位为完成委托的建设工程监理工作,明确相互权利和义务的协议。

8.2.2 建设工程监理合同示范文本

2012 年中华人民共和国住房和城乡建设部、国家工商行政管理总局联合制定了《建设工程监理合同(示范文本)》(GF-2012-0202)。

8.2.2.1 推行《建设工程监理合同(示范文本)》的意义

(1)有助于签订监理合同的当事人了解、掌握有关的法律法规,使经济合同规范化,避免缺款少项和当事人意思表达不准确、不真实。监理合同示范文本是由监理业务主管部门组织有关各方面的专家共同编制的,能够比较准确地在法律范围内反映出双方所要实现的意图。推广使用示范文本,可以提高监理合同签订的质量,减少扯皮和合同纠纷。

(2)有利于减少双方签订监理合同的工作量。监理合同示范文本具有鲜明的示范作用,签订合同的双方,可以以示范文本作为协商、谈判的依据,从而避免在签订合同中的种种扯皮现象,便于双方统一认识、提高效率。

(3)有利于合同管理机关加强监督检查、合同仲裁机关和人民法院及时解决合同纠纷,保护当事人的合法权益。监理合同示范文本是经过严格审查,依据有关法律法规审慎推敲制定的,它完全符合法律法规要求,使用示范文本实际上就是把自己纳入依法办事的

轨道,其合法权益可受到法律保护。

8.2.2.2 建设工程监理合同示范文本的内容

《建设工程监理合同(示范文本)》由协议书、通用条件、专用条件组成。

1. 协议书

协议书是一个简易合同,共8条,主要包括双方名称、工程概况(工程名称、工程地点、工程规模、工程概算投资额或建筑安装工程费)、词语限定、组成本合同的文件、总监理工程师、签约酬金、期限、双方承诺、合同订立。

协议书是一份标准的格式文件,经当事人双方在有限的空格内填写具体规定的内容并签字盖章后,即发生法律效力。

2. 通用条件

通用条件共8章37条80款,其内容涵盖了定义与解释,监理人的义务,委托人的义务,违约责任,支付,合同生效、变更、暂停、解除与终止,争议解决等8部分内容。通用条件是建设工程监理合同的通用文本,适用于各类建设工程监理委托,是所有签约工程都应遵守的基本条件。

3. 专用条件

由于通用条件适用于所有的建设工程监理委托,因此其中的某些条款规定得比较笼统,需要在签订具体工程项目的监理合同时,就地域特点、专业特点和建设工程监理项目的工程特点,对通用条件中的某些条款进行补充、修改。如对委托监理的工作内容而言,认为通用条件中的条款还不够全面,允许在专用条件中增加合同双方议定的条款内容。

所谓补充,是指通用条件中的某些条款,在该条款确定的原则下,在专用条件的条款中进一步明确具体内容,使两个条件中相同序号的条款共同组成一条内容完备的条款。如通用条件中规定"监理依据包括:①适用的法律、行政法规及部门规章;②与工程有关的标准;③工程设计及有关文件;④本合同及委托人与第三方签订的与实施工程有关的其他合同"。双方可以在专用条件的相同序号条款内约定本合同文件的解释顺序。

所谓修改,是指通用条件中规定的程序方面的内容,如果双方认为不合适,可以协议修改。

8.2.3 建设工程监理合同的管理

建设工程监理合同的管理,从广义上讲是指各级政府工商行政管理机关、建设行政主管部门以及委托人、监理人依照法律和行政法规、规章制度,采取法律、行政等手段,对建设工程监理合同关系进行组织、指导、协调及监督,保护合同当事人的合法权益、处理合同纠纷、防止和制裁违法行为、保证建设工程监理合同实施等一系列活动。

8.2.3.1 委托人的监理合同管理

1. 合同签订前的管理

在建设单位具备了与工程监理单位签订监理合同条件的情况下,建设单位主要是针对工程监理单位的资格、资信和履约能力进行预审。预审的主要内容如下:

(1)必须有经建设行政主管部门审查并签发的、具有承担建设工程监理合同内规定的建设工程监理资格的资质等级证书。

(2)必须是经工商行政管理机关审查注册、取得营业执照、具有独立法人资格的企业。

(3)具有对拟委托的建设工程监理的实际能力,包括监理人员素质、主要检测设备情况。

(4)财务情况,包括资金情况和近几年的经营情况。

(5)社会信誉,包括已承接的监理任务的完成情况、承担类似业务的监理业绩、经验及合同的履行情况。

建设单位只有经过上述几个方面的预审,对工程监理单位有了充分了解,签订的监理合同才有可靠的保障。对工程监理单位的资格预审,可以通过招标预审进行,也可以通过社会调查进行。

2. 合同谈判签订的管理

建设工程监理合同谈判和签订是谈判管理的两个程序。谈判是指建设单位对工程监理单位资格预审后,认为可以将建设工程委托其监理,就可以与其进行签订合同谈判。建设单位在谈判前,提出建设工程监理合同的各项条款,招标工程应将合同主要条款包括在招标文件内,作为要约。不论是直接委托还是招标中标,建设单位和工程监理单位都要对建设工程监理合同的主要条款和应负责任具体谈判,如建设单位对工程的工期、质量的具体要求必须具体提出。

在使用示范文本时,要依据通用条件结合专用条件逐条加以谈判,对通用条件的哪些条款要进行修改,哪些条款不采用,还应补充哪些条款,以及通用条件内需要在专用条件内加以具体规定的,如拟委托监理的工程范围、委托人为监理人提供的外部条件的具体内容、委托人提供的工程资料及具体时间等,都要提出具体的要求或建议。在谈判时,合同内容要具体、责任要明确,对谈判内容双方达成一致的意见,要有准确的文字记载。

委托人切忌凭手中的委托权,而以不平等的原则对待监理人。应该看到,监理人良好的服务,能为委托人带来巨大的利益。监理人对承包人完成的工程量进行严格的计量和审核,对工程变更产生的费用严格控制,认真处理索赔事宜等工作,能直接降低工程成本;监理人促使承包人按时或提前完成工程,能使项目早日产生效益;监理人严格控制工程质量使工程高质量完成,使工程未来的维修费用、运行费用大为减少;监理人提出的改进建议能节省投资。总之,监理人工作的实质是为委托人服务的,如果因为外部环境或监理酬金过低而使监理人不能很好地发挥作用,对委托人来说是得不偿失的。

经过谈判后,双方对建设工程监理合同内容取得完全一致意见后即可正式签订监理合同文件,经双方签字、盖章后,建设工程监理合同即正式签订完毕。

3. 委托人履约的管理

委托人在合同履行中主要从以下几个方面进行管理:

(1)严格按照监理合同的规定履行应尽义务。建设工程监理合同内规定的应由委托人负责的工作,是使合同最终实现的基础,如委托人应按照监理合同示范文本附录B的约定,派遣相应的人员,提供房屋、设备,供监理人无偿使用;委托人应负责协调工程建设中所有外部关系,为监理人履行本合同提供必要的外部条件等,这些都是监理人做好工作的先决条件,委托人必须严格按照监理合同的规定,履行应尽的义务,才有权要求监理人履行合同。

(2)按照监理合同的规定行使权利。如在合同有效期内,因非监理人的原因导致工程施工全部或部分暂停,委托人可通知监理人要求暂停全部或部分工作。

(3)委托人的档案管理。在全部工程项目竣工后,委托人应将全部合同文件,包括完整的工程竣工资料加以系统整理,按照《中华人民共和国档案法》及相关规定,建档保管。为了保证监理合同档案的完整性,委托人对合同文件及履行中与监理单位之间进行的签证、记录协议、补充合同备忘录、函件、电报、电传等都应系统地妥善保管,认真整理。

8.2.3.2 监理人的监理合同管理

建设工程监理合同是监理人在建设工程项目监理过程中的最高行为准则,监理人在监理过程中的一切活动都是为了履行合同责任与义务。所以,广义地说,建设工程监理的实施和管理的全部工作都可以纳入合同管理的范围。合同管理贯穿于工程实施的全过程和工程实施的各个方面。

合同管理的任务必须由一定的组织机构和人员来完成,要提高合同管理水平,必须使合同管理专门化和专业化,在企业和工程项目的组织中设立专门的机构和人员负责合同管理工作。

监理人合同管理工作的内容大致如下:①合同谈判和合同的签订;②进行合同的审查和分析;③向项目监理机构派遣合同管理人员;④对工程目标进行总体计划和控制;⑤处理与委托人、其他参与方的重大合同关系;⑥索赔;⑦对合同实施进行总的指导。

按照实施的先后顺序,合同管理可分为合同签订前的管理、合同谈判签订的管理和合同履行的管理。

1.合同签订前的管理

工程监理单位在决定是否参加某项业务的竞争并与之签订合同之前,要对委托人进行了解及对监理合同可行性进行调查了解。其内容是:

(1)对委托人考察了解,看其是否具有签订合同的合法资格。即委托人应具有能够独立参加民事活动并直接承担民事权利和民事义务的合法资格。

在签订合同时应注意,作为法人的委托人,要由法定代表人或经法定代表人授权委托的代理人签订合同,委托代订合同应有合法的手续。私人委托人签订监理合同也要有上述类似的合法资格。

(2)委托人应具有与签订合同相当的财产和经费,这是履行合同的基础和承担经济责任的前提。

(3)监理合同的标的要符合国家政策,不违反国家的法律法规及相关规定。同时,作为工程监理单位还应从自身情况出发,考虑竞争该项目的可行性。

① 从本企业出发,实事求是、量力而行。应从本企业的技术力量、监理工程的经验、装备情况等条件出发,考虑承担该项目是否一定有效益。

② 考虑是否能发挥本企业的技术优势,做到扬长避短。

③ 对实行招标的项目,要考虑竞争对手的实力及投标报价的动向,明确此次投标有无取胜的把握,不宜勉强投标,更不能参加陪标,以免有损企业声誉,影响其他工程的中标。

2. 合同谈判签订的管理

合同是影响利润的最主要因素,而合同谈判和签订是获取尽可能多利润的最好机会,如何利用这个机会签订一个有利的合同是每个工程监理单位都十分关心的问题。

对工程监理单位来说,有利的合同可以从如下几方面定性评价:

(1)合同条款比较优惠有利。

(2)合同中规定的监理酬金较高或适中。

(3)合同中双方责权利关系比较平衡。

(4)没有苛刻的单方面的约束性条款等。

工程监理单位在获得委托人的招标文件或与委托人草签协议之后,应立即对工程所需费用进行预算,提出一个报价,同时对招标文件中的合同文本进行分析、审查。在签订合同过程中,工程监理单位应积极争取主动,对委托人提出的合同文本,双方应对每个条款都做具体的商讨,对重大问题不能客气和让步,应针锋相对,切不可在观念上把自己放在被动的地位上。

3. 合同履行管理

监理人在合同履行中主要从以下几个方面进行管理:

(1)认真履行职责。监理人应遵循职业道德准则和行为规范,严格按照法律法规、工程建设有关标准及本合同履行职责。如当委托人与承包人之间的合同争议提交仲裁机构仲裁或人民法院审理时,监理人应提供必要的证明资料;监理人应按专用条件约定的种类、时间和份数向委托人提交监理报告与相关服务的报告。

(2)全面完成监理工作内容。如审查施工承包人提交的工程变更申请,协调处理施工进度调整、费用索赔、合同争议等事项;编制、整理工程监理归档文件并报委托人。

(3)依法行使权利。如监理人对其编制的文件拥有著作权,监理人可单独或与他人联合出版有关监理与相关服务的资料。

8.3　建设工程施工合同管理

8.3.1　建设工程施工合同示范文本

建设工程施工合同是发包人和承包人为完成商定的建筑安装工程,明确相互权利、义务关系的协议。

住房和城乡建设部、国家工商行政管理总局颁布了《建设工程施工合同(示范文本)》(GF-2017-0201)(简称《示范文本》)。该示范文本为非强制性使用文本,适用于房屋建筑工程、土木工程、线路管道和设备安装工程、装修工程等建设工程的施工承发包活动。合同当事人可结合建设工程具体情况,根据该示范文本订立合同,并按照法律法规规定和合同约定承担相应的法律责任及合同权利义务。

该示范文本由合同协议书、通用合同条款、专用合同条款三部分组成。

8.3.1.1　合同协议书

合同协议书共计 13 条,主要包括工程概况、合同工期、质量标准、签约合同价和合同价格形式、项目经理、合同文件构成、承诺以及合同生效条件等重要内容,集中约定了合同当事人基本的合同权利义务。

8.3.1.2 通用合同条款

通用合同条款是合同当事人根据相关法律法规的规定,就建设工程的实施及相关事项,对合同当事人的权利义务做出的原则性约定。

通用合同条款共计20条,分别为一般约定、发包人、承包人、监理人、工程质量、安全文明施工与环境保护、工期和进度、材料与设备、试验与检验、变更、价格调整、合同价格、计量与支付、验收和工程试车、竣工结算、缺陷责任与保修、违约、不可抗力、保险、索赔和争议解决。

8.3.1.3 专用合同条款

专用合同条款是对通用合同条款原则性约定的细化、完善、补充、修改或另行约定的条款。合同当事人可以根据不同建设工程的特点及具体情况,通过双方的谈判、协商对相应的专用合同条款进行修改补充。在使用专用合同条款时,应注意以下事项:

(1)专用合同条款的编号应与相应的通用合同条款的编号一致。

(2)合同当事人可以通过对专用合同条款的修改,满足具体建设工程的特殊要求,避免直接修改通用合同条款。

(3)在专用合同条款中有横道线的地方,合同当事人可针对相应的通用合同条款进行细化、完善、补充、修改或另行约定;如无细化、完善、补充、修改或另行约定,则填写“无”或打“/”。

8.3.2 合同文件的优先顺序

组成合同的各项文件应互相解释,互为说明。除专用合同条款另有约定外,解释合同文件的优先顺序如下:

(1)合同协议书;

(2)中标通知书(如果有);

(3)投标函及其附录(如果有);

(4)专用合同条款及其附件;

(5)通用合同条款;

(6)技术标准和要求;

(7)图纸;

(8)已标价工程量清单或预算书;

(9)其他合同文件。

上述各项合同文件包括合同当事人就该项合同文件所作出的补充和修改,属于同一类内容的文件,应以最新签署的为准。

在合同订立及履行过程中形成的与合同有关的文件均构成合同文件组成部分,并根据其性质确定优先解释顺序。

8.3.3 发包人

8.3.3.1 许可或批准

发包人应遵守法律,并办理法律规定由其办理的许可、批准或备案,包括但不限于建设用地规划许可证、建设工程规划许可证、建设工程施工许可证、施工所需临时用水、临时用电、中断道路交通、临时占用土地等许可和批准。发包人应协助承包人办理法律规定的有关施工证件和批件。

因发包人原因未能及时办理完毕前述许可、批准或备案,由发包人承担由此增加的费用和(或)延误的工期,并支付承包人合理的利润。

8.3.3.2 施工现场、施工条件和基础资料的提供

1. 提供施工现场

除专用合同条款另有约定外,发包人应最迟于开工日期 7 天前向承包人移交施工现场。

2. 提供施工条件

除专用合同条款另有约定外,发包人应负责提供施工所需要的条件,包括:

(1)将施工用水、电力、通信线路等施工所必需的条件接至施工现场内。

(2)保证向承包人提供正常施工所需要的进入施工现场的交通条件。

(3)协调处理施工现场周围地下管线和邻近建筑物、构筑物、古树名木的保护工作,并承担相关费用。

(4)按照专用合同条款约定应提供的其他设施和条件。

3. 提供基础资料

发包人应当在移交施工现场前向承包人提供施工现场及工程施工所必需的毗邻区域内供水、排水、供电、供气、供热、通信、广播电视等地下管线资料,气象和水文观测资料,地质勘察资料,相邻建筑物、构筑物和地下工程等有关基础资料,并对所提供资料的真实性、准确性和完整性负责。

按照法律规定确需在开工后方能提供的基础资料,发包人应尽其努力及时地在相应工程施工前的合理期限内提供,合理期限应以不影响承包人的正常施工为限。

4. 逾期提供的责任

因发包人原因未能按合同约定及时向承包人提供施工现场、施工条件、基础资料的,由发包人承担由此增加的费用和(或)延误的工期。

8.3.3.3 资金来源证明及支付担保

除专用合同条款另有约定外,发包人应在收到承包人要求提供资金来源证明的书面通知后 28 天内,向承包人提供能够按照合同约定支付合同价款的相应资金来源证明。

除专用合同条款另有约定外,发包人要求承包人提供履约担保的,发包人应当向承包人提供支付担保。支付担保可以采用银行保函或担保公司担保等形式,具体由合同当事人在专用合同条款中约定。

8.3.3.4 支付合同价款

发包人应按合同约定向承包人及时支付合同价款。

8.3.3.5 组织竣工验收

发包人应按合同约定及时组织竣工验收。

8.3.3.6 现场统一管理协议

发包人应与承包人、由发包人直接发包的专业工程的承包人签订施工现场统一管理协议,明确各方的权利、义务。施工现场统一管理协议作为专用合同条款的附件。

8.3.4 承包人

8.3.4.1 承包人的一般义务

承包人在履行合同过程中应遵守法律和工程建设标准规范,并履行以下义务:

(1)办理法律规定应由承包人办理的许可和批准,并将办理结果书面报送发包人留存。

(2)按法律规定和合同约定完成工程,并在保修期内承担保修义务。

(3)按法律规定和合同约定采取施工安全和环境保护措施,办理工伤保险,确保工程及人员、材料、设备和设施的安全。

(4)按合同约定的工作内容和施工进度要求,编制施工组织设计和施工措施计划,并对所有施工作业和施工方法的完备性和安全可靠性负责。

(5)在进行合同约定的各项工作时,不得侵害发包人与他人使用公用道路、水源、市政管网等公共设施的权利,避免对邻近的公共设施产生干扰。承包人占用或使用他人的施工场地,影响他人作业或生活的,应承担相应责任。

(6)按照环境保护条款约定负责施工场地及其周边环境与生态的保护工作。

(7)按照安全文明施工条款约定采取施工安全措施,确保工程及其人员、材料、设备和设施的安全,防止因工程施工造成的人身伤害和财产损失。

(8)将发包人按合同约定支付的各项价款专用于合同工程,且应及时支付其雇用人员工资,并及时向分包人支付合同价款。

(9)按照法律规定和合同约定编制竣工资料,完成竣工资料立卷及归档,并按专用合同条款约定的竣工资料的套数、内容、时间等要求移交发包人。

(10)应履行的其他义务。

8.3.4.2 履约担保

发包人需要承包人提供履约担保的,由合同当事人在专用合同条款中约定履约担保的方式、金额及期限等。履约担保可以采用银行保函或担保公司担保等形式,具体由合同当事人在专用合同条款中约定。

因承包人原因导致工期延长的,继续提供履约担保所增加的费用由承包人承担;非承包人原因导致工期延长的,继续提供履约担保所增加的费用由发包人承担。

8.3.5 缺陷责任期

缺陷责任期是指承包人按照合同约定承担缺陷修复义务,且发包人预留质量保证金的期限,自工程实际竣工日期起计算。

(1)缺陷责任期自实际竣工日期起计算,合同当事人应在专用合同条款约定缺陷责任期的具体期限,但该期限最长不超过 24 个月。

单位工程先于全部工程进行验收,经验收合格并交付使用的,该单位工程缺陷责任期自单位工程验收合格之日起开始计算。因发包人原因导致工程无法按合同约定期限进行竣工验收的,缺陷责任期自承包人提交竣工验收申请报告之日起开始计算;发包人未经竣工验收擅自使用工程的,缺陷责任期自工程转移占有之日起开始计算。

(2)工程竣工验收合格后,因承包人原因导致的缺陷或损坏致使工程、单位工程或某项主要设备不能按原定目的使用的,则发包人有权要求承包人延长缺陷责任期,并应在原缺陷责任期届满前发出延长通知,但缺陷责任期最长不能超过 24 个月。

(3)任何一项缺陷或损坏修复后,经检查证明其影响了工程或工程设备的使用性能,承包人应重新进行合同约定的试验和试运行,试验和试运行的全部费用应由责任方承担。

(4)除专用合同条款另有约定外,承包人应于缺陷责任期届满后 7 天内向发包人发出缺陷责任期届满通知,发包人应在收到缺陷责任期届满通知后 14 天内核实承包人是否履行缺陷修复义务,承包人未能履行缺陷修复义务的,发包人有权扣除相应金额的维修费用。发包人应在收到缺陷责任期届满通知后 14 天内向承包人颁发缺陷责任期终止证书。

8.3.6　合同的解除

8.3.6.1　因发包人违约解除合同

除专用合同条款另有约定外,承包人按通用合同条款中发包人违约的情形约定暂停施工满 28 天后,发包人仍不纠正其违约行为并致使合同目的不能实现的,或出现发包人明确表示或者以其行为表明不履行合同主要义务的,承包人有权解除合同,发包人应承担由此增加的费用,并支付承包人合理的利润。

承包人按合同约定解除合同的,发包人应在解除合同后 28 天内支付下列款项,并解除履约担保:

(1)合同解除前所完成工作的价款。

(2)承包人为工程施工订购并已付款的材料、工程设备和其他物品的价款。

(3)承包人撤离施工现场以及遣散承包人人员的款项。

(4)按照合同约定在合同解除前应支付的违约金。

(5)按照合同约定应当支付给承包人的其他款项。

(6)按照合同约定应退还的质量保证金。

(7)因解除合同给承包人造成的损失。

合同当事人未能就解除合同后的结清达成一致的,按照争议解决的约定处理。

承包人应妥善做好已完工程和与工程有关的已购材料、工程设备的保护和移交工作,并将施工设备和人员撤出施工现场,发包人应为承包人撤出提供必要条件。

8.3.6.2　因承包人违约解除合同

除专用合同条款另有约定外,出现承包人明确表示或者以其行为表明不履行合同主要义务时,或监理人发出整改通知后,承包人在指定的合理期限内仍不纠正违约行为并致使合同目的不能实现的,发包人有权解除合同。合同解除后,因继续完成工程的需要,发包人有权使用承包人在施工现场的材料、设备、临时工程、承包人文件和由承包人或以其名义编制的其他文件,合同当事人应在专用合同条款中约定相应费用的承担方式。发包人继续使用的行为不免除或减轻承包人应承担的违约责任。

因承包人原因导致合同解除的,则合同当事人应在合同解除后 28 天内完成估价、付款和清算,并按以下约定执行:

(1)合同解除后,按合同相应条款商定或确定承包人实际完成工作对应的合同价款,以及承包人已提供的材料、工程设备、施工设备和临时工程等的价值。

(2)合同解除后,承包人应支付的违约金。

(3)合同解除后,因解除合同给发包人造成的损失。

(4)合同解除后,承包人应按照发包人要求和监理人的指示完成现场的清理和撤离。

(5)发包人和承包人应在合同解除后进行清算,出具最终结清付款证书,结清全部款项。

因承包人违约解除合同的,发包人有权暂停对承包人的付款,查清各项付款和已扣款项。发包人和承包人未能就合同解除后的清算和款项支付达成一致的,按照争议解决的约定处理。

因承包人违约解除合同的,发包人有权要求承包人将其为实施合同而签订的材料和设备的采购合同的权益转让给发包人,承包人应在收到解除合同通知后 14 天内,协助发包人与采购合同的供应商达成相关的转让协议。

8.3.7 不可抗力

不可抗力是指合同当事人在签订合同时不可预见,在合同履行过程中不可避免且不能克服的自然灾害和社会性突发事件,如地震、海啸、瘟疫、骚乱、戒严、暴动、战争和专用合同条款中约定的其他情形。

合同一方当事人遇到不可抗力事件,使其履行合同义务受到阻碍时,应立即通知合同另一方当事人和监理人,书面说明不可抗力和受阻碍的详细情况,并提供必要的证明。

不可抗力持续发生的,合同一方当事人应及时向合同另一方当事人和监理人提交中间报告,说明不可抗力和履行合同受阻的情况,并于不可抗力事件结束后 28 天内提交最终报告及有关资料。

不可抗力导致的人员伤亡、财产损失、费用增加和(或)工期延误等后果,由合同当事人按以下原则承担:

(1)永久工程、已运至施工现场的材料和工程设备的损坏,以及因工程损坏造成的第三人人员伤亡和财产损失由发包人承担。

(2)承包人施工设备的损坏由承包人承担。

(3)发包人和承包人承担各自人员伤亡和财产的损失。

(4)因不可抗力影响承包人履行合同约定的义务,已经引起或将引起工期延误的,应当顺延工期,由此导致承包人停工的费用损失由发包人和承包人合理分担,停工期间必须支付的工人工资由发包人承担。

(5)因不可抗力引起或将引起工期延误,发包人要求赶工的,由此增加的赶工费用由发包人承担。

(6)承包人在停工期间按照发包人要求照管、清理和修复工程的费用由发包人承担。

不可抗力发生后,合同当事人均应采取措施尽量避免和减少损失的扩大,任何一方当事人没有采取有效措施导致损失扩大的,应对扩大的损失承担责任。

因合同一方迟延履行合同义务,在迟延履行期间遭遇不可抗力的,不免除其违约责任。

8.3.8 争议解决

解决合同争议的方式主要有和解、调解、争议评审、仲裁或诉讼。

8.3.8.1 和解

合同当事人可以就争议自行和解,自行和解达成协议的,经双方签字并盖章后作为合同补充文件,双方均应遵照执行。

8.3.8.2 调解

合同当事人可以就争议请求建设行政主管部门、行业协会或其他第三方进行调解,调解达成协议的,经双方签字并盖章后作为合同补充文件,双方均应遵照执行。

8.3.8.3 争议评审

合同当事人在专用合同条款中约定采取争议评审方式解决争议以及评审规则,并按下列约定执行。

1. 争议评审小组的确定

合同当事人可以共同选择 1 名或 3 名争议评审员,组成争议评审小组。除专用合同条款另有约定外,合同当事人应当自合同签订后 28 天内,或者争议发生后 14 天内,选定争议评审员。

选择 1 名争议评审员的,由合同当事人共同确定;选择 3 名争议评审员的,各自选定 1 名,第 3 名成员为首席争议评审员,由合同当事人共同确定或由合同当事人委托已选定的争议评审员共同确定,或由专用合同条款约定的评审机构指定第 3 名首席争议评审员。

除专用合同条款另有约定外,争议评审员报酬由发包人和承包人各承担一半。

2. 争议评审小组的决定

合同当事人可在任何时间将与合同有关的任何争议共同提请争议评审小组进行评审。争议评审小组应秉持客观、公正原则,充分听取合同当事人的意见,依据相关法律、规范、标准、案例经验及商业惯例等,自收到争议评审申请报告后 14 天内做出书面决定,并说明理由。合同当事人可以在专用合同条款中对本项事项另行约定。

3. 争议评审小组决定的效力

争议评审小组做出的书面决定经合同当事人签字确认后,对双方具有约束力,双方应遵照执行。

任何一方当事人不接受争议评审小组决定或不履行争议评审小组决定的,双方可选择采用其他争议解决方式。

8.3.8.4 仲裁或诉讼

因合同及合同有关事项产生的争议,合同当事人可以在专用合同条款中约定以下一种方式解决争议:

(1)向约定的仲裁委员会申请仲裁。

(2)向有管辖权的人民法院起诉。

项目监理机构处理施工合同争议时应进行下列工作:了解合同争议情况;及时与合同争议双方进行磋商;提出处理方案后,由总监理工程师进行协调;当双方未能达成一致时,总监理工程师应提出处理合同争议的意见。

8.3.9 索赔管理

8.3.9.1 索赔的概念

索赔是指在合同的履行过程中,对于非己方的过错而应由对方承担责任的情况造成的损失,向对方提出赔偿的要求。索赔是双向的,即承包人可向发包人提出索赔,发包人也可向承包人提出索赔。

对承包人来说,索赔的范围更为广泛。一般只要不是承包人自身责任,而是由于外界干扰造成的工期延长和成本增加,都有可能提出索赔。包括以下两种情况:

(1)发包人违约,未履行合同责任。如发包人未按合同规定及时交付设计图纸造成工程拖延,未及时支付工程款,承包人可就此提出赔偿要求。

(2)发包人未违反合同,而由于其他原因导致。如发包人行使合同赋予的权力指令变更工程;工程环境出现事先未能预料的情况或变化,如恶劣的气候条件、与勘察报告不同的地质情况、国家法令的修改、物价上涨、汇率变化等。由此造成的损失,承包人可提出补偿要求。

8.3.9.2 索赔要求

在承包合同履行过程中,索赔要求通常有以下两个。

1. 工期延长

承包合同中都有工期和因承包人原因造成工期延误的处罚条款。如果工期延误是由承包人原因造成的,则承包人必须承担责任,接受合同规定的处罚;对非承包人原因造成的工期延误,承包人可以通过索赔,取得发包人对合同工期延长的认可。

2. 费用补偿

由于非承包人自身责任造成工程成本增加,使承包人增加额外费用,蒙受经济损失,承包人可以根据合同规定提出费用赔偿要求。如果该要求得到发包人的认可,发包人应向承包人追加支付这笔费用以补偿损失。这样,实质上承包人通过索赔提高了合同价格,常常不仅可以弥补损失,而且能增加工程利润。

8.3.9.3 索赔起因

与其他行业相比,建筑业是一个索赔多发的行业。这是由建筑产品、建筑生产过程、建筑产品市场经营方式决定的。在现代承包工程中,特别是在国际承包工程中,索赔经常发生,而且索赔额很大。这主要是由如下几方面原因造成的。

1. 现代工程的特点

现代承包工程的特点是工程量大、投资多、结构复杂、技术和质量要求高、工期长。工程本身和工程的环境有许多不确定性,它们在工程实施中会有很大变化。最常见的有地质条件的变化、建筑市场和建材市场的变化、货币的贬值、城建和环保部门对工程新的建议和要求或干涉、自然条件的变化等。它们形成对工程实施的内外部干扰，直接影响工程设计和计划，进而影响工期和成本。

2. 承包合同是基于对未来情况的预测而签订的

承包合同在工程开始前签订，是基于对未来情况的预测。对如此复杂的工程和环境，合同不可能对所有的问题做出预见和规定，不可能对所有的工程做出准确说明。工程承包合同条件越来越复杂，合同中难免有考虑不周的条款、缺陷和不足之处，如措辞不当、说明不清楚、有二义性，技术设计也可能有许多错误。这会导致在合同实施中双方对责任、义务和权利的争执。而这一切往往都与工期、成本、价格相联系。

3. 发包人原因

发包人要求的变化导致大量的工程变更，如建筑的功能、形式、质量标准、实施方式和过程、工程量、工程质量的变化；发包人管理的疏忽、未履行或未正确履行其合同责任。而合同工期和价格是以发包人招标文件确定的要求为依据，同时以发包人不干扰承包商实施过程、发包人圆满履行合同责任为前提的。

4. 工程众多参与方的复杂关系

工程参加单位多，各方面技术和经济关系错综复杂，既互相联系又互相影响。各方面技术和经济责任的界限常常很难明确划分。在实际工作中，管理上的失误是不可避免的。但一方失误不仅会造成自己的损失，而且会殃及其他合作者，影响整个工程的实施。当然，在总体上，应按合同原则平等对待各方利益，坚持“谁过失，谁赔偿”。索赔是受损失者的正当权利。

5. 合同双方对合同理解的差异

合同双方对合同理解的差异造成工程实施中行为的失调，从而造成工程管理失误。由于合同文件十分复杂，数量多，分析困难，再加上双方的立场、角度不同，会造成对合同权利和义务的范围、界限的划定理解不一致，造成合同争执。

在国际承包工程中，合同双方来自不同的国度，使用不同的语言，适应不同的法律参照系，有不同的工程习惯，造成双方对合同责任理解的差异。这种差异是引起索赔的主要原因之一。

合同确定的工期和价格是相对于投标时的合同条件、工程环境和实施方案，即合同状态。由于上述这些内部的和外部的干扰因素引起合同状态中某些因素的变化，打破了合同状态，造成工期延长和额外费用的增加；由于这些增量没有包括在原合同工期和价格中，或承包人不能通过原合同价格获得补偿，则产生索赔要求。

上述这些原因在任何工程承包合同的履行过程中都难以避免，所以无论采用什么合同类型，也无论合同多么完善，索赔都是难以避免的。承包人为了取得工程经济效益，不能不重视研究索赔问题。

8.3.9.4 索赔的作用

1. 索赔能有效保证合同的实施

合同一经签订，合同双方即产生权利和义务关系。这种权利受法律保护，这种义务受法律制约。索赔是合同法律效力的具体体现，并且由合同的性质决定。如果没有索赔和关于索赔的法律规定，则合同形同儿戏，对双方都难以形成约束，这样合同的实施得不到保证,就不会有正常的社会经济秩序。索赔能对违约者起警戒作用,使违约者考虑到违约的后果,以尽力避免违约事件发生。

所以,索赔有助于工程双方更紧密地合作,有助于合同目标的实现。

2. 索赔是落实和调整合同双方经济责权利关系的手段

有权利,有利益,同时就应承担相应的经济责任。未履行责任,构成违约行为,造成对方损失,侵害对方权利,则应接受相应的合同处罚,予以赔偿。离开索赔,合同责任就不能体现,合同双方的责权利关系就不平衡。

3. 索赔是合同和法律赋予受损失者的权利

对承包人来说,索赔是一种保护自己、维护自己正当权益、避免损失、增加利润的手段。在现代承包工程中,特别是在国际承包工程中,如果承包人不能进行有效的索赔,不精通索赔业务,往往会使损失得不到合理的、及时的补偿,从而不能进行正常的生产经营,甚至会破产。

在国际承包工程中,索赔已成为许多承包人的经营策略之一。由于国际建筑市场竞争激烈,承包人为取得工程,只能压低报价,以低价中标。业主为节约投资,千方百计地与承包人讨价还价,通过在招标文件中提出一些苛刻要求,使承包人处于不利地位。承包人主要对策之一是通过合同履行过程中的索赔,减少或转移工程风险,保护自己,避免亏本,赢得利润。如果承包人不注重索赔,不熟悉索赔业务,不仅会失去索赔机会,经济受到损失,而且还会有许多纠缠不清的烦恼,损失大量的时间和金钱。索赔管理对工程承包成果的改善影响很大。在正常情况下,工程项目承包能取得的利润为工程造价的3%~5%。在国际承包工程中,通过索赔能使工程收入提高10%~20%,甚至有些工程索赔要求超过工程合同额。

8.3.9.5 索赔程序

1. 承包人的索赔

根据合同约定,承包人认为有权得到追加付款和(或)延长工期的,应按以下程序向发包人提出索赔:

(1)承包人应在知道或应当知道索赔事件发生后28天内,向监理人递交索赔意向通知书,并说明发生索赔事件的事由;承包人未在前述28天内发出索赔意向通知书的,丧失要求追加付款和(或)延长工期的权利。

(2)承包人应在发出索赔意向通知书后28天内,向监理人正式递交索赔报告;索赔报告应详细说明索赔理由以及要求追加的付款金额和(或)延长的工期,并附必要的记录和证明材料。

(3)索赔事件具有持续影响的,承包人应按合理时间间隔继续递交延续索赔通知,说明持续影响的实际情况和记录,列出累计的追加付款金额和(或)工期延长天数。

(4)在索赔事件影响结束后28天内,承包人应向监理人递交最终索赔报告,说明最终要求索赔的追加付款金额和(或)延长的工期,并附必要的记录和证明材料。

2. 对承包人索赔的处理

对承包人索赔的处理如下:

(1)监理人应在收到索赔报告后14天内完成审查并报送发包人。监理人对索赔报告存在异议的,有权要求承包人提交全部原始记录副本。

(2)发包人应在监理人收到索赔报告或有关索赔的进一步证明材料后的28天内,通过监理人向承包人出具经发包人签认的索赔处理结果。发包人逾期答复的,则视为认可承包人的索赔要求。

(3)承包人接受索赔处理结果的,索赔款项在当期进度款中进行支付;承包人不接受索赔处理结果的,按照合同争议条款处理。

3. 发包人的索赔

根据合同约定,发包人认为有权得到赔付金额和(或)延长缺陷责任期的,监理人应向承包人发出通知并附有详细的证明。

发包人应在知道或应当知道索赔事件发生后28天内通过监理人向承包人提出索赔意向通知书,发包人未在前述28天内发出索赔意向通知书的,丧失要求赔付金额和(或)延长缺陷责任期的权利。发包人应在发出索赔意向通知书后28天内,通过监理人向承包人正式递交索赔报告。

4. 对发包人索赔的处理

对发包人索赔的处理如下:

(1)承包人收到发包人提交的索赔报告后,应及时审查索赔报告的内容、查验发包人证明材料。

(2)承包人应在收到索赔报告或有关索赔的进一步证明材料后28天内,将索赔处理结果答复发包人。如果承包人未在上述期限内做出答复,则视为对发包人索赔要求的认可。

(3)承包人接受索赔处理结果的,发包人可从应支付给承包人的合同价款中扣除赔付的金额或延长缺陷责任期;承包人不接受索赔处理结果的,按合同争议条款处理。

8.3.10　建设工程施工合同管理中监理人的主要职责

(1)协助发包人签订各种工程合同,确保合同条款完整、准确。

(2)根据建设工程项目的实际情况,配备相应的合同管理人员。

(3)根据建设工程施工合同中工程变更的规定,经发包人同意后对工程或其任何部分的形式、质量、数量及任何工程施工程序下达工程变更令,并审核变更工程的单价和总价。

(4)对承包人提出的工期延长或费用索赔,应核实索赔的理由、要求和证据,查清全部情况,并根据合同规定审定延长工期天数或费用补偿的数额,经发包人批准后发出工程延期或索赔通知。

(5)审查承包人的任何分包人的资格和分包工程的类型、数量,按合同规定程序和权限审批。

(6)监督承包人进入本工程的主要技术、管理人员的构成、数量与合同所列名单是否相符;对不称职的主要工程技术、管理人员,监理人应提出更换要求。

(7)对承包人的主要材料设备的数量、规格、性能按合同要求进行监督、检查。对工程要求采购、安装的材料设备鉴定其符合性;对不符合要求的材料设备,监理人应要求运出场外。

(8)督促合同双方及时准确履行合同规定的各项责任和义务。

(9)妥善处理合同履行过程中出现的合同争议。

8.4 设备和材料采购合同管理

8.4.1 设备和材料采购合同的主要内容

建筑材料和设备是建筑工程必不可少的物资,涉及面广、品种多、数量大。材料和设备的费用在工程总投资(或工程承包合同价)中占很大比例,一般都在40%以上。建筑材料和设备按时、按质、按量供应是工程施工顺利地按计划进行的前提。材料和设备的供应必须经过订货、生产(加工)、运输、储存、使用(安装)等各个环节,经历一个非常复杂的过程。建筑材料和设备供应合同是连接生产、流通和使用的纽带,是建筑工程合同的主要组成部分之一。

8.4.1.1 建筑材料采购合同

1. 建筑材料的采购方式

建筑材料按批量、货源的不同采用不同的采购和供应方式。

1)公开招标

与工程招标相似(也属于工程招标的一个部分)。需方提出招标文件,详细说明供应条件、品种、数量、质量要求、供应地点等,由供方报价,通过竞争签订供应合同。这种方式适用于大批量采购。

2)询价-报价方式

需方按要求向多个供应商发出询价函,由供应商做出答复(报价)。需方经过对比分析,选择一个符合要求、资信好、价格合理的供应商签订合同。

3)直接采购方式

需方直接向供方采购,双方商谈价格,签订供应合同。另外,还有大量的零星材料(品种多、价格低),以直接采购形式购买。

2. 建筑材料供应合同的主要内容

1)标的

标的是供应合同的主要条款。供应合同的标的主要包括购销物资的名称(注明牌号、商标)、品种、型号、规格、等级、花色、技术标准或质量要求等。

2)数量

供应合同标的数量的计量方法要按照国家或主管部门的规定执行,或按供需双方商定的方法执行,不可以用含糊不清的计量单位。对于某些建筑材料,还应在合同中写明交货数量的正负尾差、合理磅差和运输途中的自然损耗及计算方法。

3)包装

供应合同中包装包括包装的标准和包装物的供应与回收。产品的包装标准是指产品包装的类型、规格、容量以及印刷标记等。产品包装按国家标准或专业标准规定执行。没有国家标准或专业标准的,可按承运、托运双方商定并在合同中写明的标准进行包装。包装物除国家明确规定由需方供应的外,应由建筑材料的供方负责供应。包装费用一般不得向需方另外收取。如果需方有特殊要求,双方应在合同中商定。如果包装超过规定的标准,超过部分由需方负担费用;低于原标准的,应相应降低产品价格。

4)运输方式

运输方式可分为铁路、公路、水路、航空、管道运输及海上运输等。一般由需方在签订合同时提出采取哪一种运输方式。供方代办发运,运费由需方负担。

5)价格

有国家定价的材料,应按国家定价执行;按规定应由国家定价,但国家尚无定价的,其价格应报请物价主管部门批准;不属于国家定价的产品,可由供需双方协商确定价格。

6)结算

中国现行结算方式分为现金结算和转账结算两种。转账结算在异地之间进行,可分为托收承付、委托收款、信用证、汇兑或限额结算等方法;转账结算在同城进行,有支票、付款委托书、托收无承付和同城托收承付等。

7)违约责任

违约责任是指合同当事人一方不履行合同义务或履行合同义务不符合合同约定所应承担的民事责任。

8)特殊条款

如果供需双方有一些特殊的要求或条件,可通过协商,经双方认可后作为合同的一项条款,在合同中明确列出。

3. 建筑材料供应合同的履行

1)计量方法

建筑材料数量的计量方法一般有理论换算计量、检斤计量和计件三种。合同中应注明所采用的计量方法,并明确规定计量单位。供方发货时所采用的计量单位与计量方法,应与合同中所列计量单位和计量方法一致,并在发货明细表或质量证明书上注明,以便需方检验。运输中转单位也应按供货方发货时所采用的计量方法进行验收和发货。

建筑材料在运输过程中容易造成自然损耗,如挥发、飞散、干燥、风化、潮解、破碎、漏损等,在装卸操作或检验环节中换装、拆包检查等也都会造成物资数量的减少。这些都属于途中自然减量。途中自然减量的处理按合同中注明的规定执行。另外有些情况不能作为自然减量,如非人力所能抗拒的自然灾害所造成的非常损失、由于工作失职和管理失误造成的损失等。

2)验收的依据

(1)供应合同的具体规定。

(2)供方提供的发货单、计量单、装箱单及其他有关凭证。

(3)国家标准或专业标准。

(4)产品合格证、化验单等。

(5)图纸及其他技术文件。

(6)当事人双方共同封存的样品。

3) 验收内容

(1) 查明产品的名称、规格、型号、数量、质量是否与供应合同及其他技术文件相符。

(2) 设备的主机、配件是否齐全。

(3) 包装是否完整,外表有无损坏。

(4) 对需要化验的材料进行必要的物理化学检验。

(5) 合同规定的其他需要检验的事项。

4) 验收方式

(1) 驻厂验收。即在制造时期,由需方派人员在供应的生产厂家进行材质检验。

(2) 提运验收。对于加工订制、市场采购和自提自运的物资,由提货人在提取产品时检验。

(3) 接运验收。由接运人员对到达的物资进行检查,发现问题,当场做出记录。

(4) 入库验收。这是大量采用的正式验收方式,由仓库管理人员负责数量和外观检验。

5) 验收中发现数量不符的处理

(1) 供方交付的建筑材料多于合同规定的数量,需方不同意接收,则在托收承付期内可以拒付超量部分的货款和运杂费。

(2) 供方交付的建筑材料少于合同规定的数量,需方可凭有关合法证明,在到货后 10 天内将详细情况和处理意见通知供方,否则即被视为数量验收合格;供方应在接到通知后 10 天内做出答复,否则即被视为认可需方的处理意见。

(3) 发货数与实际验收数之差额不超过有关主管部门规定的正负尾差、合理磅差、自然减量的范围,则不按多交或少交论处,双方互不退补。

6) 验收中发现质量不符的处理

如果在验收中发现建筑材料不符合合同规定的质量要求,需方应将它们妥善保管,并向供方提出书面异议。通常应按如下规定办理:

(1) 建筑材料的外观、品种、型号、规格不符合合同规定,需方应在到货后 10 天内提出书面异议。

(2) 建筑材料的内在质量不符合合同规定,需方应在合同规定的条件和期限内检验,提出书面异议。

(3) 对某些只有在安装后才能发现内在质量缺陷的产品,除另有规定或当事人双方另有商定的期限外,一般在运转之日起 6 个月以内提出异议。

(4) 在书面异议中,应说明合同号和检验情况,提出检验证明,对质量不符合合同规定的产品提出具体处理意见。

7) 验收中供需双方责任的确定

(1) 凡所交货物的原包装、原封记、原标志完好无异状,而产品数量短少,应由生产厂家或包装单位负责。

(2) 凡由供方组织装车或装船,凭封印交接的产品,需方在卸货时,车、船封印完整无其他异状,但件数缺少,应由供方负责。这时需方应向运输部门取得证明,凭运输部门提供的记录证明,在托收承付期内可以拒付短缺部分的货款,并在到货后 10 天内通知供方,否则即被认为验收无误。供方应在接到通知后 10 天内答复,提出处理意见,逾期不作答复,即按少交论处。

(3)凡由供方组织装车或装船,凭现状或件数交接的产品,而需方在卸货时无法从外部发现产品丢失、短缺、损坏的情况,需方可凭运输单位的交接证明和本单位的验收书面证明,在托收承付期内拒付丢失、短缺、损坏部分的货款,并在到货后 10 天内通知供方,否则即被视为验收无误。供方应在接到通知后 10 天内做出答复,提出处理意见,否则按少交货论处。

8)验收后提出异议的期限

需方提出异议的通知期限和供方答复期限,应按有关部门规定或当事人双方在合同中商定的期限执行。这里要特别重视交(提)货日期的确定标准:

(1)凡供方自备运输工具送货的,以需方收货戳记的日期为准。

(2)凡委托运输部门运输、送货或代运的产品的交货日期,不是以向承运部门申请日期为准,而是以供方发运产品时承运部门签发戳记的日期为准。

(3)合同规定需方自提的货物,以供方按合同规定通知的提货日期为准。供方的提货通知中,应给需方以必要的途中时间。实际交(提)货日期早于或迟于合同规定的期限,即被视为提前或逾期。

4. 违约责任

合同一方不履行合同义务、履行合同义务不符合约定或者违反合同项下所做保证的,应向对方承担继续履行、采取补救措施或者赔偿损失等违约责任。

卖方未能按时交付合同材料的,应向买方支付迟延交货违约金。卖方支付迟延交货违约金,不能免除其继续交付合同材料的义务。

8.4.1.2 设备供应合同

1. 建设工程中的设备供应方式

(1)委托承包。由设备成套公司根据发包人提供的成套设备清单进行承包供应,并收取设备价格一定百分比的成套业务费。

(2)按设备包干。根据发包人提出的设备清单及双方核定的设备预算总价,由设备成套公司承包供应。

(3)招标。发包人对需要的成套设备进行招标,设备成套公司参加投标,按照中标结果承包供应。

除上述三种方式外,设备成套公司还可以根据发包人的要求以及自身能力,联合科研单位、设计单位、制造厂家和设备安装企业等,对设备进行从工艺、产品设计到现场设备安装、调试的总承包。

2. 设备供应合同的主要内容

设备供应合同的一般条款可参照前述建筑材料供应合同的一般条款,主要包括:产品(成套设备)的名称、品种、型号、规格、等级、技术标准或技术性能指标;数量和计量单位;包装标准及包装物的供应与回收的规定;交货单位、交货方式、运输方式、到货地点(包括专用线、码头等)、接(提)货单位;交(提)货期限;验收方法;产品价格;结算方式、开户银行、账户名称、账号、结算单位;违约责任。

此外,在设备供应合同签订时尚须注意如下问题:

(1)设备价格。设备合同价格应根据承包方式确定。用设备包干方式或招标方式确定合同价格较为简捷,而按委托承包方式确定合同价格较为复杂。若在签订合同时确定价格有困难,可由供需双方协商暂定价格,并在合同中注明“按供需双方最后商定的价格(或物价部门批准的价格)结算,多退少补”。

(2)设备数量。除列明成套设备名称、套数外,还要明确规定随主机的辅机、附件、易损耗备用品、配件和安装修理工具等,并于合同后附详细清单。

(3)技术标准。除应注明成套设备系统的主要技术性能外,还要在合同后附有关部分设备的主要技术标准和技术性能文件。

(4)现场服务。供方应派技术人员进行现场服务,并要对现场服务的内容明确规定。合同中还要对供方技术人员在现场服务期间的工作条件、生活待遇及费用出处做出明确的规定。

(5)验收和保修。成套设备的安装是一项复杂的系统工程。安装成功后,试车是关键。需方应在项目成套设备安装后才能验收,因此合同中应详细注明成套设备验收办法。对某些必须安装运转后才能发现内在质量缺陷的设备,除另有规定或当事人另行商定提出异议的期限外,一般可在运转之日起6个月内提出异议。成套设备是否保修、保修期限、费用负担者都应在合同中明确规定,不管设备制造企业是谁,保修都应由设备供应方负责。

3. 设备供应合同供方的责任

(1)组织有关生产企业到现场进行技术服务,处理有关设备技术方面的问题。

(2)掌握进度,保证供应。供方应了解、掌握工程建设进度和设备到货、安装进度,协助联系设备的交货、到货等工作,按施工现场设备安装的需要保证供应。

(3)参与验收。参与大型、专用、关键设备的开箱验收工作,配合建设单位或安装单位处理在接运、检验过程中发现的设备质量和缺损件等问题,以明确设备质量问题的责任。

(4)处理事故。及时向有关主管单位报告重大设备质量问题,以及项目现场不能解决的其他问题。当出现重大意见分歧或争执时,应及时写出备忘录备查。

(5)参加工程的竣工验收,处理在工程验收中发现的有关设备的质量问题。

(6)监督和了解生产企业派驻现场的技术服务人员的工作情况,并对他们的工作进行指导和协调。

(7)做好现场服务工作日记,及时记录日常服务工作情况、现场发生的设备质量问题和处理结果,定期向有关单位抄送报表,汇报工作情况,做好现场工作总结。

(8)成套设备生产企业的责任:

①按照现场服务组的要求,及时派出技术人员到现场,并在现场服务组的统一领导下开展技术服务工作。

②对本厂供应的产品的技术、质量、数量、交货期、价格等全面负责。配套设备的技术、质量等问题应由主机生产厂统一负责联系和处理解决。

③及时答复或解决现场服务组提出的有关设备的技术、质量、缺损件等问题。

4. 设备供应合同需方的责任

(1)发包人应向供方提供设备的详细技术设计资料和施工要求。

(2)应配合供方做好设备的计划接运(收)工作,协助驻现场的技术服务组开展工作。

(3)按合同要求参与并监督现场的设备供应、验收、安装、试车等工作。

(4)组织有关各方进行工程验收,提出验收报告。

5. 违约责任

合同一方不履行合同义务、履行合同义务不符合约定或者违反合同项下所做保证的,应向对方承担继续履行,采取修理、更换、退货等补救措施或者赔偿损失等违约责任。

卖方未能按时交付合同设备(包括仅迟延交付技术资料但足以导致合同设备安装、调试、考核、验收工作推迟的)的,应向买方支付迟延交付违约金。

8.4.2　设备和材料采购合同管理中监理人的主要职责

8.4.2.1　监理工作要求

(1)监理人应依据与委托人签订的采购阶段的建设工程监理合同,成立由总监理工程师和专业监理工程师等人员组成的项目监理机构。监理人员应专业配套,数量应满足监理工作的需要,并应明确监理人员的分工及岗位职责。

(2)总监理工程师应组织监理人员熟悉和掌握设计文件对拟采购设备和材料的各项要求、技术说明和有关的标准。

(3)项目监理机构应编制采购方案,明确采购的原则、范围、内容、程序、方式和方法,并报建设单位批准。

(4)项目监理机构应根据批准的采购方案编制采购计划,并报建设单位批准。采购计划的主要内容应包括采购的明细表、采购的进度安排、估价表、采购的资金使用计划等。

(5)项目监理机构应根据建设单位批准的采购计划组织或参加市场调查,并应协助建设单位选择供应单位。

(6)当采用招标方式进行采购时,项目监理机构应协助建设单位按照有关规定组织采购招标。

(7)当采用其他方式进行采购时,项目监理机构应协助建设单位进行询价。

(8)项目监理机构应在确定供应单位后参与采购合同的谈判,协助建设单位起草及签订采购合同。

(9)在采购监理工作结束后,总监理工程师应组织编写监理工作总结。

8.4.2.2　监理工作要点

(1)工程监理单位在采购阶段是作为建设单位采购的咨询服务单位开展工作的,协助建设单位选择合适的供应单位和签订完整有效的采购合同是本阶段建设工程监理合同的重要工作内容。

(2)采购的原则包括:拟采购的设备和材料应完全符合设计要求和有关的标准;设备和材料的质量可靠、价格合理、交货期有保证等。

(3)考察潜在供应单位的内容包括资质情况、营业执照、生产许可证、生产能力和单位信誉等。对于需要承担设计并制造专用设备的供应单位或者承担制造并安装设备的供应单位,则还应审查有关设计资格证书或安装资格证书。

(4)招标文件应明确招标的标的,即设备和材料的名称、型号、规格、数量、技术性能,制造和安装验收标准,要求的交货时间及交货方式、地点,对设备的外购配套零部件与元器件以及材料有专门要求时应在标书中明确。

(5)采购合同的主要合同条款一般应包括:定义、使用范围、技术规范或标准、专利权、包装、装运条件和装运通知、保险支付、技术资料、价格、质量保证、检验、索赔、延期交货与核定损失额、不可抗力、税费、履约保证金、仲裁、违约终止合同、变更指示、破产终止合同、合同修改、转让与分包、适用法律、主导语言与计量单位、通知、合同文件资料的使用、合同生效和其他等。

(6)监理工作总结一般应包括采购设备和材料的基本情况、主要技术性能要求、监理组织机构、监理人员组成及监理合同履行情况、监理工作成效、出现的问题及处理情况和建议。

8.5 FIDIC 施工合同管理

8.5.1 FIDIC 简介

FIDIC 是国际咨询工程师联合会的缩写。该组织在每个国家或地区只吸收一个独立的咨询工程师协会作为团体会员,至今已有近百个发达国家和发展中国家或地区的成员,因此它是国际上最具有权威性的咨询工程师组织。中国已于 1996 年正式加入FIDIC 组织。

为了规范国际工程咨询和承包活动,FIDIC 先后发表过很多重要的管理性文件和标准化的合同文件范本。目前作为惯例已成为国际工程界公认的标准化合同格式有适用于工程咨询的《业主—咨询工程师标准服务协议书》,适用于施工承包的《土木工程施工合同条件》《电气与机械工程合同条件》《设计—建造与交钥匙合同条件》《土木工程分包合同条件》。1999 年 9 月,FIDIC 出版了《施工合同条件》《生产设备与设计—建造合同条件》《EPC/交钥匙项目合同条件》《简明合同格式》。这些合同文件不仅被 FIDIC 成员国广泛采用,而且世界银行、亚洲开发银行、非洲开发银行等金融机构也要求在其贷款建设的土木工程项目实施过程中使用以该文本为基础编制的合同条件。2017 年 FIDIC 发布了第二版 FIDIC 合同系列文件。

这些合同条件的文本不仅适用于国际工程,而且稍加修改后同样适用于国内工程,中国有关部委编制的适用于大型工程施工的标准化范本都以 FIDIC 编制的合同条件为蓝本。

8.5.1.1 《施工合同条件》

《施工合同条件》是其他几个合同条件的基础,推荐用于由雇主设计的或由其代表——工程师设计的房屋建筑或工程(building or engineering works)。在这种合同形式下,承包商一般都按照雇主提供的设计施工。但工程中的某些土木、机械、电力和/或建造工程也可能由承包商设计。

8.5.1.2 《生产设备与设计—建造合同条件》

推荐用于电力和/或机械设备的提供，以及房屋建筑或工程的设计和实施。在这种合同形式下，一般都是由承包商按照雇主的要求设计和提供设备和/或其他工程（可能包括由土木、机械、电力和/或建造工程的任何组合形式）。

8.5.1.3 《EPC/交钥匙项目合同条件》

FIDIC编制的《EPC/交钥匙项目合同条件》是适用于总承包的合同文本。适用于在交钥匙的基础上进行的工厂或其他类似设施的加工或能源设备的提供或基础设施项目和其他类型的开发项目的实施，这种合同条件所适用的项目有以下特点：①对最终价格和施工时间的确定性要求较高；②承包商完全负责项目的设计和施工，雇主基本不参与工作。在交钥匙项目中，一般情况下由承包商实施所有的设计、采购和建造工作，即在“交钥匙”时，提供一个配备完整、可以运行的设施。

8.5.1.4 《简明合同格式》

推荐用于价值相对较低的建筑或工程。根据工程的类型和具体条件的不同，此格式也适用于价值较高的工程，特别是较简单的或重复性的或工期短的工程。在这种合同形式下，一般都是由承包商按照雇主或其代表——工程师提供的设计实施工程，但对于部分或完全由承包商设计的土木、机械、电力和/或建造工程的合同也同样适用。

FIDIC出版的所有合同文本结构，都是以通用条件、专用条件和其他标准化的格式文件编制。

1. 通用条件

所谓“通用”，其含义是建设工程项目不论属于哪个行业，也不管处于何地，只要是土木工程类的施工均可适用。条款内容涉及合同履行过程中业主和承包商各方的权利与义务，工程师（交钥匙合同中为业主代表）的权力和职责，各种可能预见到事件发生后的责任界限，合同正常履行过程中各方应遵循的工作程序，以及因意外事件而使合同被迫解除时各方应遵循的工作准则等。

2. 专用条件

专用条件是相对于“通用”而言的，要根据准备实施的项目的工程专业特点，以及工程所在地的政治、经济、法律、自然条件等地域特点，针对通用条件中条款的规定加以具体化。可以对通用条件中的规定进行相应补充完善、修订或取代其中的某些内容，以及增补通用条件中没有规定的条款。专用条件中条款序号应与通用条件中要说明条款的序号对应，通用条件和专用条件内相同序号的条款共同构成对某一问题的约定责任。如果通用条件内的某一条款内容完备、适用，专用条件内可不再重复列此条款。

3. 标准化的格式文件

FIDIC编制的标准化合同文本，除通用条件和专用条件外，还包括标准化的投标书（及附录）和协议书的格式文件。投标书的格式文件只有一页内容，是投标人愿意遵守招标文件规定的承诺表示。投标人只需填写投标报价并签字后，即可与其他材料一起构成有法律效力的投标文件。投标书附件列出了通用条件和专用条件内涉及工期和费用内容的明确数值，与专用条件中的条款序号和具体要求相一致，以使承包商在投标时予以考虑。这些数据经承包商填写并签字确认后，合同履行过程中作为双方遵照执行的依据。

协议书是业主与中标承包商签订施工承包合同的标准化格式文件,双方只要在空格内填入相应内容,并签字盖章后合同即可生效。

8.5.2 FIDIC 合同条件的主要内容及特征

8.5.2.1 合同的法律基础、合同语言和合同文件

1. 合同的法律基础

投标函附录中必须明确规定合同受哪个国家或其他管辖区域的“管辖法律”的制约。

2. 合同语言

如果合同文本采用一种以上的语言编写,由此形成了不同的版本,则以投标函附录中规定的“主导语言”编写的版本为准。

工程中的往来信函应使用投标函附录规定的“通信联络的语言”。工程师助理、承包商的代表及其委托人必须能够流利地使用“通信联络的语言”进行日常交流。

3. 合同文件

构成合同的各个文件应能相互解释、相互说明。当合同文件中出现含混或矛盾之处时,由工程师负责解释。构成合同的各文件的优先次序为合同协议书、中标函、投标函、专用条件、通用条件、规范、图纸、资料表以及其他构成合同一部分的文件。

8.5.2.2 合同的主要特征

(1)FIDIC 施工合同是业主与承包商签订的施工承包合同,它适用于业主设计的房屋建筑或工程,也可由承包商承担部分永久工程的设计。

(2)FIDIC 施工合同条件实行以工程师为核心的管理模式,承包商只应从工程师处接受有关指令,业主不能直接指挥承包商。

(3)从合同计价方法角度,FIDIC 施工合同条件属于单价合同。但在增加了“工程款支付表”后,FIDIC 施工合同条件同样适用于总价合同。

FIDIC 施工合同条件中主要包括了业主的责任和权利、承包商的责任和权利、合同价格及支付等内容。

8.5.3 FIDIC 合同条件中工程师的主要职责

(1)工程师是由业主选定的在投标函附录中指明为工程师的人员。工程师可行使合同中明确规定的或必然隐含的赋予他的权力,承包商仅从工程师或其授权的助理处接受指令。如果要求工程师在行使某项权力前需经业主批准,则必须在 FIDIC 合同专用条件中注明。

工程师不属于施工合同的任何一方,工程师在行使自己的权力处理问题的时候必须公正地行事,强调了工程师在履行其职责时应对双方保持中立。

(2)工程师负责解释合同中的含混和矛盾之处,并做出相应的澄清或指令。

(3)如果由于非承包商的责任,工程师未能在一合理时间内向承包商颁发图纸、指令,则应给予承包商工期延长和费用补偿。

(4)工程师为确保承包商遵守合同,可合理要求承包商透露其保密事项。

(5)当按合同规定应给予承包商工期延长和费用补偿,或应给予业主缺陷通知期延

长和费用赔偿时,由工程师决定时间的延长量和费用的补(赔)偿量。但在做出决定前,工程师应与各方协商,并于决定做出后及时通知业主和承包商。

(6)工程师无权解除业主或承包商任何一方依据合同应该承担的责任和义务,这意味着:①工程师无权超越合同范围给任何一方免责。②工程师行使任何权力不能解除当事人依据合同应负有的责任。例如,对隐蔽工程,虽然工程师已检查并签字,但如果隐蔽工程出现质量问题,仍应由承包商负责。

(7)工程师可以书面任命助理,将他的一部分职责和权力委托给助理,但不得将他对任何事项的决定权委托给助理。

(8)工程师可以在任何时候根据合同向承包商发出指令,该指令应采用书面形式。如果工程师发出的是口头指令,则承包商应在指令发出的2天内向工程师要求书面确认,而工程师在2天内未以书面形式否认,则此项指令成为工程师的书面指令。

(9)工程师有权了解承包商为实施工程所采用的方法及安排。未经工程师同意,承包商不得修改此类方法及安排。对于由承包商负责设计的部分永久工程,工程师负责审批承包商的设计文件;在工程竣工检验之前,工程师负责审批承包商提交的竣工文件和操作维修手册。

(10)承包商代表的任命或撤换,以及对承包商代表委托授权的人员的任命或撤换,都必须征得工程师的同意。工程师可以要求承包商撤换他认为有下列行为的承包商的人员:①经常行为不轨或不认真;②履行职责时不能胜任或玩忽职守;③不遵守合同的规定;④经常出现有损健康与安全或有损环境保护的行为。

(11)承包商拟雇用的分包商应得到工程师的事先同意,但承包商的材料供应商和合同中已指明的分包商不须工程师的事先同意。

(12)工程师有权对承包商的质量保证体系进行审查。

(13)当承包商遇到不可预见的外界条件时应通知工程师,工程师进行审查,以确定这些外界条件是否是承包商不可预见的,以及对工期和费用有多大的影响。

(14)未经工程师同意,承包商已运至现场的设备中的主要部分不得移出现场。

(15)对承包商为工程目的所使用的现场供应的电、水、气及其他设施,以及按照合同规定使用业主的设备,由工程师决定其消耗的数量和应付的款额。

(16)工程师有权批准承包商的进度计划,或要求承包商修改进度计划。当实际进度落后于计划进度或无法按期竣工时,工程师可以要求承包商修改进度计划并说明赶工方法。工程师每月审查承包商的进度报告。

(17)工程师检查权:

①工程师有权在一切合理的时间进入现场和获得自然材料的场所;有权在材料、永久设备、工艺的生产过程中进行检验,要求承包商提交有关材料样品。

②在永久设备、材料、工艺覆盖或包装之前,承包商应及时通知工程师,工程师应立即检查或通知承包商无须检查。

③工程师应与承包商商定对永久设备、材料、工程检验的时间和地点。工程师可以变更规定检验的位置或细节。如果工程师未在商定的时间和地点参加检验,则承包商的检验结果应被视为是工程师在场情况下做出的。

④经过检验,对任何不符合合同规定的永久设备、材料或工艺,工程师有权拒收;当工程师再度对这类永久设备、材料或工艺检验时,由承包商支付费用。

(18)工程师有权随时指令承包商做以下工作:

①将工程师认为不符合合同规定的永久设备或材料从现场移走,并进行替换。

②把不符合合同规定的任何工程移走,并重建。

③实施因保护工程安全而急需的工作。

(19)工程师可随时指令承包商暂停部分或全部工程。

(20)工程师有权要求承包商在其指导下调查产生缺陷的原因。

(21)工程师有变更工程的权力。

①工程变更方式。在工程接收证书颁发前的任何时间,工程师有权通过如下两种方式提出变更:发布指令;要求承包商递交一份变更建议书(价值工程)。

未经工程师同意或发出指令,承包商不得变更工程。

②变更的内容:合同中任何工作的工程量的改变;任何工作质量或其他特性上的改变;工程任何部分标高、位置和尺寸上的改变;省略任何工作,除非它已被他人完成;永久工程所必需的任何附加工作,包括任何联合竣工检验、钻孔、其他检验以及勘查工作;工程的实施顺序或时间安排的改变。

③变更的估价。工程师有权确定每项工作的费率或价格,共分三种情况:合同中有同类工作,则采用同类工作已确定的费率或价格;合同中有类似工作,则采用类似工作已确定的费率或价格;合同中既无同类工作也没有类似工作,或者对于不是合同规定的"固定费率项目",其实际工程量比预计工程量变动大于10%,并且涉及的合同款额达到一定比例时,由工程师确定这类工作的费率或价格。

④工程师有权决定每笔暂定金额的部分或全部使用。

⑤对于数量少或偶然进行的零散工作,工程师可以确定在计日工的基础上实施变更。

(22)工程师应按合同规定及时向承包商签发各种付款证书,例如,预付款支付证书、期中支付证书、保留金支付证书、最终支付证书等。

(23)工程师应按合同规定对已竣工的工程或部分工程进行检验,并向承包商颁发相应的工程接收证书;在承包商的最后一个缺陷通知期期满后28天内向承包商颁发履约证书,并向业主提交一份副本。

思考题

1. 简述合同书面形式的相关规定。
2. 合同的主要内容有哪些?
3. 简述合同示范文本与格式条款合同的概念。
4. 违约责任的承担形式有哪些?
5. 简述合同定金的相关规定。
6. 合同管理的作用有哪些?
7. 简述合同管理的主要方法。

8. 订立建设工程监理合同的作用有哪些?
9. 建设工程监理合同中业主的权利和义务主要有哪些?
10. 监理合同中监理人的权利和义务主要有哪些?
11. 建设工程施工合同双方的主要责任有哪些?
12. 简述索赔的起因和作用。
13. 建设工程施工合同管理中监理人的主要职责有哪些?
14. 建筑材料供应合同的主要内容有哪些?
15. 如何对材料进行采购验收?
16. 简述设备和材料采购合同管理中监理人的主要职责。
17. 简述设备供应合同中迟延交付违约金的计算方法。
18. FIDIC 合同条件的主要内容有哪些?
19. 简述 FIDIC 中工程师的主要职责。

9 建设工程项目信息管理

9.1 概 述

9.1.1 信息与信息系统

9.1.1.1 信息

信息论的创始人申农(C. E. Shannon,1916—2001)认为,信息是对事物不确定性的量度。由于信息的客观存在,才有可能使人们由表及里、由浅入深地认识事物发展的内涵和规律,进而使人们在社会经济活动中做出正确而有效的决策。

信息是对数据的解释,并反映了事物的客观状态和规律。从广义上讲,数据包括文字、数值、语言、图表、图像等表达形式。数据有原始数据和加工整理后的数据之分。无论是原始数据还是加工整理后的数据,经人们解释并赋予一定的意义后,才能成为信息。这就说明,数据与信息既有联系又有区别,信息虽然用数据表现,信息的载体是数据,但并非任何数据都是信息。

信息具备真实性、系统性、时效性、不完全性和层次性的特点。信息是监理工作的依据,了解其特征,有助于深刻理解信息含义和充分利用信息资源,更好地为决策服务。

9.1.1.2 信息系统

信息是一切工作的基础,信息只有组织起来才能发挥作用,信息的组织是由信息系统完成的。信息系统是收集、组织数据产生信息的系统。信息系统是由人和计算机等组成,以系统思想为依据,以计算机为手段,进行数据(情况)收集、传递、处理、存储、分发、加工产生信息,为预测、决策和管理提供依据的系统。

一个监理单位和每一个项目监理机构都应该建立信息管理系统,配备熟悉工程项目管理业务并经过培训的信息管理人员,以正确地获得和高效、安全、可靠地使用所需要的信息。

9.1.2 建设工程项目信息

建设工程项目信息是对参与建设各方主体(如建设单位、设计单位、施工单位、设备和材料供应单位、监理单位等)从事建设工程监理(或工程项目管理)提供决策支持的一种载体,如项目建议书、可行性研究报告、设计图纸及其说明、各种建设法规及建设标准等。在现代建设工程中,能及时、准确、完善地掌握与建设有关的大量信息,处理和管理好各类建设信息,是建设工程监理(或工程项目管理)的重要内容。

9.1.2.1 建设工程项目信息的构成

建设工程信息管理工作涉及多部门、多环节、多专业、多渠道,工程信息量大、来源广泛、形式多样,主要信息形态有下列形式。

1. 书面信息

书面信息包括勘察、测绘、设计图纸及说明书、合同,工作条例及规定,项目管理实施规划(施工组织设计),原始记录,统计图表、报表,信函等信息。

2. 语言信息

语言信息包括口头分配任务、工作指示、汇报、工作检查、谈判交涉、建议、批评、工作讨论和研究、会议等信息。

3. 电子信息

电子信息包括通过网络、电话、电报、电传、计算机、电视、录像、录音、广播、微信、QQ等现代化手段收集及处理的一部分信息。

建设工程项目管理者应当捕捉各种信息并加工处理和运用各种信息。

9.1.2.2　建设工程项目信息的分类

建设工程项目信息一般可分为投资控制信息、质量控制信息、进度控制信息、合同管理信息、信息管理信息、组织协调信息、安全生产管理信息、项目其他信息等。

1. 投资控制信息

投资控制信息包括:费用规划信息,如投资计划、估算、概算、预算资料,资金使用计划,各阶段费用计划,以及费用定额、指标等;实际费用信息,如已支出的各类费用,各种付款账单,工程计量数据,工程变更情况,现场签证,以及物价指数,人工、材料设备、机械台班的市场价格信息等;费用计划与实际值比较分析信息;费用的历史经验数据、现行数据、预测数据等。

2. 质量控制信息

质量控制信息主要包括项目的功能、使用要求,有关标准及规范,质量目标和标准,设计文件、资料、说明,质量检查、测试数据,验收记录,质量问题处理报告,各类备忘录、技术单,材料、设备质量证明等。

3. 进度控制信息

进度控制信息主要包括项目总进度规划,总进度计划,分进度目标,各阶段进度计划,单位工程计划,操作性计划,物资采购计划,工程实际进度统计信息,项目日志,计划进度与实际进度比较信息,工期定额、指标等。

4. 合同管理信息

合同管理信息主要包括建筑法规,招标投标文件,项目参与各方情况信息,各类工程合同,合同执行情况信息,合同变更、签证记录,工程索赔事项等。

9.1.3　建设工程项目信息管理

9.1.3.1　建设工程项目信息管理的概念

1. 信息管理

信息管理是指对信息的收集、加工整理、存储、传递与应用等一系列工作的总称,就是把信息作为管理对象进行管理。信息管理的目的就是通过有组织的信息流通,使决策者能及时、准确地获得相应信息。

2. 建设工程项目信息管理

建设工程项目信息管理是指在建设工程的各个阶段,对所产生的面向建设工程管理业务的信息进行收集、传输、加工、存储、维护和使用等的信息规划及组织管理活动的总称。

建设工程项目信息管理的目的是通过有效的建设工程信息规划及其组织管理活动,使参与建设各方能及时、准确地获得有关的建设工程信息,以便为建设工程项目全过程或各个阶段提供建设工程项目决策所需要的可靠信息。

9.1.3.2 建设工程项目信息管理的基本任务

建设工程项目组织的上下级之间和各平等部门之间信息畅通,项目组织的运行才高效。参加项目建设的工作人员,只有知道了项目的总体情况和完成工作所必需的信息之后,才有可能使其所承担的任务完成得好。

监理工程师作为项目管理者,承担着项目信息管理的任务,是整个项目的信息枢纽,负责收集并处理项目实施情况的各种信息,并向项目内、外界提供各种信息。其信息管理任务主要包括:

(1)组织项目基本情况信息的收集工作并系统化编制成项目基本情况资料。

(2)确定项目报告及各种资料的格式、内容、数据结构要求。

(3)按照项目实施、项目组织、项目管理工作过程建立项目管理信息系统工作流程,在实际工作中保证系统正常运行,并控制流程。

(4)文件档案管理工作。

有效的项目管理需要更多地依靠信息系统的结构和维护,信息管理影响组织和整个项目系统的运行效率,是人们沟通的桥梁,监理工程师应对它有足够的重视。

9.2 建设工程项目信息管理系统

9.2.1 概述

9.2.1.1 建设工程项目信息管理系统的概念

信息管理系统主要是研究系统中信息传递的逻辑程序和信息处理的数学模型,并研究如何利用计算机来处理各类信息和描述数学模型的方法与手段。信息管理通过对多种信息管理方案的实施,能为决策者提供辅助决策支持。

建设工程项目信息管理系统也称项目规划和控制信息系统,它是利用信息管理技术所开发的适用于对工程项目建设规划和建设目标控制的一种信息管理系统,是一个针对工程项目的计算应用软件系统,通过及时地提供工程项目的有关信息,支持项目管理人员确定项目规划,在项目实施过程中控制项目目标,即投资目标、进度目标、质量目标。

建设工程项目信息管理系统是对建设工程项目过程中信息流动的全过程管理系统,是利用计算机辅助工程项目管理的信息系统。

9.2.1.2 建设工程项目信息管理系统的功能构成

建设工程项目信息管理系统是一个由几个功能子系统的关联而合成的一体化信息系

统，它提供统一格式的信息，简化各种项目数据的统计和收集工作，使信息成本降低；及时全面地提供不同需要、不同浓缩度的项目信息，从而可以迅速做出分析解释，及时产生正确的控制；完整系统地保存大量的项目信息，能方便、快速地查询和综合，为项目管理决策提供信息支持；利用模型方法处理信息，预测未来，科学地进行决策。

建设工程项目信息管理系统主要包括投资控制、质量控制、进度控制和合同管理等子系统。

1. 投资控制子系统

投资控制子系统主要实现的功能有：投资分配分析、项目概算和预算，投资分配与项目概算的对比分析，项目概算与项目预算的对比分析，合同价与投资分配、概算、预算的对比分析，实际投资与概算、预算、合同价的对比分析，项目投资变化趋势预测，项目决算与预算、合同价的对比分析，项目投资的各类数据查询，提供各类项目投资报表等。

2. 质量控制子系统

质量控制子系统主要实现的功能：有项目建设的质量要求和质量标准的制定，分项工程、分部工程和单位工程的验收记录和统计分析，工程材料验收记录，工程设计质量的鉴定记录，安全事故的处理记录，提供多种工程质量报表等。

3. 进度控制子系统

进度控制子系统主要实现的功能有：各种网络计划的编制、工程实际进度的统计分析、实际进度与计划进度的比较、工程进度变化趋势预测、计划进度的定期调整、工程进度各类数据的查询、提供多种工程进度报表等。

4. 合同管理子系统

合同管理子系统主要实现的功能有：提供和选择标准的合同文本，合同文件、资料的管理，合同执行情况的跟踪和处理过程的管理，涉外合同的外汇折算，经济法规的查询，提供各种合同管理报表等。

9.2.2　建设工程项目信息管理组织

一个完整、完善、成熟的建设工程项目信息管理系统具有强大的功能，能够有力地辅助进行项目管理，对于项目的成功将起到重要的作用。为了有效地发挥建设工程项目信息管理系统的作用，有必要建立一个完善的项目信息管理组织。建设工程项目信息管理组织的建立主要包括以下内容。

9.2.2.1　设立专门的信息管理机构（岗位）

建立与现代化的信息管理业务相适应的组织机构是实现信息管理战略任务的关键。对于监理企业，应在企业内部成立专门的信息管理机构，信息管理机构应包括信息使用、信息供应、信息处理、信息咨询、信息管理等职能部门。对于大型建设工程项目的监理工作，在项目监理机构的组织和资源规划中必须设立专门的信息管理岗位。

9.2.2.2　成立信息管理领导小组

建立工程项目信息管理机构要明确信息管理部门与其他业务部门的关系，特别是要发挥领导小组的作用。信息管理部门的领导人通常由企业（组织）的高层决策人士来兼任，下设系统运行部、系统开发部、信息资源部等支撑机构，与企业各部门保持充分的联系和沟通,以创造良好的信息环境。

对于项目监理机构,应成立以项目总监为核心、各专业监理工程师为支撑的项目信息管理系统建设领导小组,统一规划部署项目信息化工作,制定项目信息管理岗位职责和信息采集、加工、传递、处理、存储等管理程序。

9.2.2.3 设立部门级项目信息员

对于监理企业,在企业的计划、财务、合同、物资、档案、质量、办公室等职能部门设立部门级信息员,各部门信息员受部门领导和信息管理机构的双重领导,并及时与项目信息管理员沟通,从而形成纵横交错、流通顺畅的信息资源管理组织体系。

9.2.2.4 列支信息管理系统建设费用

目前建设工程项目信息管理系统的建设费用并没有专门列编,许多单位从办公管理费中列支计算机网络、数据库、项目管理软件等的采购费用。

9.2.3 建设工程项目信息管理制度

项目的信息管理制度是整个建设工程项目信息管理系统得以正常运行的基础,建立健全的信息管理制度,应进行以下工作:

(1)建立统一的项目信息编码体系,包括项目编码、项目各参与单位组织编码、投资控制编码、进度控制编码、质量控制编码、合同管理编码等。

(2)对信息系统的输入/输出报表进行规范和统一,并以信息目录表的形式固定下来。

(3)建立完善的项目信息流程,使项目各参与单位之间的信息关系得以明确化,同时结合项目的实施情况,对信息流程进行不断的优化和调整,剔除一些不合理的、冗余的流程,以适应信息系统运行的需要。

(4)注重基础数据的收集和传递,建立基础数据管理的制度,保证基础数据全面、及时、准确地按统一格式输入信息系统,这是建设工程信息管理系统的基础所在。

(5)对信息系统中管理人员的任务进行分工,划分各相关部门的职能,明确有关人员在数据收集和处理过程中的职责。

(6)建立项目的数据保护制度,保证数据的安全性、完整性和一致性。

9.2.4 建设工程项目信息管理系统软件

软件是建设工程项目信息管理系统的核心,开发先进适用的信息管理系统软件不仅是软件开发人员的工作,也成为整个工程管理界的一项重要课题。因此,开发建设工程项目信息管理系统软件应注意以下问题:

(1)统一规划,分步实施。

建设工程项目信息管理系统软件的开发是一个长期渐进的过程,要做好统一的开发规划,由行业主管部门进行协调分步实施,避免低水平的重复开发。目前,中国建设工程监理界软件开发基础尚较薄弱,由行业主管部门和专业协会牵头做一些协调工作是十分必要的。

(2)开发团队的合理构成。

合理组织开发人员,安排有深厚的工程项目管理知识背景的系统分析员作为领导者。开发队伍中既要包括工程管理的专业人士,也应包括专业的软件开发人员,其中具有深厚建设监理知识背景的系统分析员应该成为开发团队的领导者。

(3)注意开发方法和工具的选择。

建设工程项目信息管理系统软件的开发应考虑到工程实际,开发过程自始至终都应得到用户的积极参与,选择合适的开发方法和工具有利于提高用户的参与程度,提高系统开发的效率。

(4)注重现代工程管理理论的支撑和渗透作用。

现代化的建设工程管理思想和方法是建设工程项目信息管理系统的核心,缺乏现代工程管理理论支撑的软件只能是手工工作的模拟,其作用是十分有限的。因此,必须注意这方面知识的积累和渗透。

(5)引进成熟的商品化软件。

在现有条件下引进国际上成熟的商品化软件也是一种很好的解决方案,但需要注意结合应用环境,选择较高性价比的适用软件,注意二次开发,包括软件的汉化和原有软件的集成,以及引进软件在购买和使用中的知识产权问题,同时还要注意人员培训。

9.2.5 建设工程项目信息管理系统的硬件平台

建设工程项目信息管理系统的硬件,应能满足软件正常运行的需要,应注意以下问题:

(1)注意有关设备性能的可靠性。

不论是服务器、工作站还是各种网络设备的选择,首先应考虑其运行的可靠性,这是系统正常运行的基础。

(2)采用高性能的网络硬件平台。

目前大型建设工程项目信息管理系统软件已不局限于单机的数据处理,多数是采用基于局域网或使用 Web 技术。基于局域网的建设工程项目信息管理系统的典型配置,应通过采用合理的分布计算模式,如客户机/服务器(Client/Server)、浏览器/服务器(Browser/Server)体系结构和先进的网络架构,提高信息处理和传递的效率。在一些大型项目中使用 Web 技术,建立基于浏览器/服务器体系结构的网络平台是一个十分有效的解决方案,它可以十分方便地连接到互联网。

9.3 建设工程项目监理资料文档管理

9.3.1 概述

9.3.1.1 建设工程项目监理资料文档管理的基本概念

建设工程项目监理资料文档管理,是指监理工程师受建设单位委托,在进行建设工程监理的工作期间,对建设工程实施过程中形成的与监理相关的文件和档案进行收集积累、加工整理、立卷归档和检索利用等一系列工作。它是监理工程师开展建设监理,进行目标控制的基础性工作。

建设工程项目监理资料文档是有形的，形式上包括各类文件、项目信件、设计图纸、合同书、会议纪要，各种报告、通知、记录、签证、单据、证明、书函等文字、数值、图表、图片及声像资料等，是信息或数据的载体，它以记录的方式存在，具有集中、归档的性质。对项目监理资料文档进行科学系统的管理，能使项目实施过程规范化、正规化，提高项目管理的工作效率，确保项目归档文件材料的完整性和可靠性。建设工程项目监理资料文档管理系统是项目信息管理系统的基础，是信息管理系统有效率运行的前提条件。

9.3.1.2 建设工程项目监理资料文档管理的内容及要求

监理工作中资料文档的管理主要包括：对施工单位的资料管理工作进行监督，要求施工人员及时记录、收集并存档需要保存的资料与档案；监理机构本身的资料与档案管理工作；对建设单位及工程项目其他相关资料的管理。

监理工作中资料文档管理的基本要求有：

(1)监理机构应从组织制度上对资料管理进行保证。

(2)监理资料的基本要求是：收集整理及时、真实齐全、分类有序。

(3)应要求承包单位将有监理人员签字的施工技术和管理文件，上报项目监理部存档备查。

(4)应利用计算机建立图、表等系统文件辅助监理工作控制和管理，可在计算机内建立监理管理台账，主要有：①工程材料、构配件、设备报验台账；②施工试验(混凝土、钢筋、水、电、暖、通等)报审台账；③分项、分部验收台账；④工程量、月工程进度款报审台账等。

(5)监理工程师应根据基本要求认真审核资料，不得接受经涂改的报验资料，并在审核整理后交资料管理人员存放。

(6)在监理工作过程中，监理资料应按单位工程建立案卷盒(夹)，分专业存放保管，并编目，以便于跟踪检查。

在项目监理机构中，资料文档的信息管理工作由总监理工程师负总责，各专业监理工程师分工负责，由总监理工程师指定人员专任或兼任资料文档管理员负实际责任。在监理单位，资料文档的管理工作由技术负责人负总责，档案资料管理部门负责人负责具体管理工作，并对各项目监理机构的资料文档管理员负指导责任。

9.3.1.3 建设工程项目监理资料和文档形成过程

监理资料和文档是从事监理工作中对施工过程各项控制与管理的依据和凭证，了解不同阶段产生不同的监理资料和文档，如图 9-1 所示，做好监理资料归档工作，使监理资料规范化是监理工作中的重点。

9.3.2 建设工程项目监理资料文档的质量要求与立卷

9.3.2.1 建设工程项目监理资料文档的质量要求

1. 归档文件范围

(1)对与工程建设有关的重要活动、记载工程建设主要过程和现状、具有保存价值的各种载体的文件，均应收集齐全、整理立卷后归档。

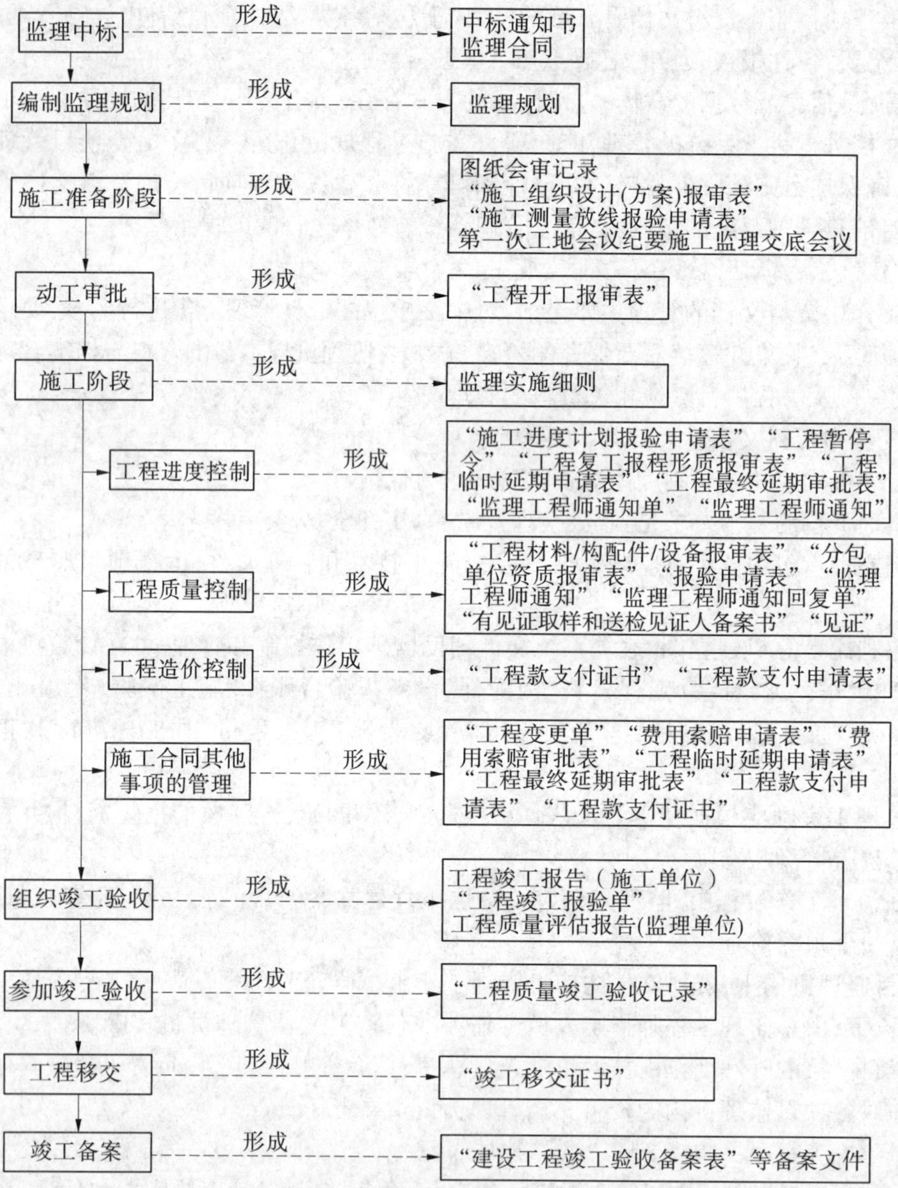

图 9-1　监理资料形成流程

(2)工程文件的具体归档范围应符合《建设工程文件归档规范》(GB/T 50328—2014)的相关要求。

(3)声像资料的归档范围和质量要求应符合现行行业标准《城建档案业务管理规范》(CJJ/T 158—2011)的要求。

(4)不属于归档范围、没有保存价值的工程文件,文件形成单位可自行组织销毁。

2. 归档文件质量要求

(1)归档的纸质工程文件应为原件。

(2)工程文件的内容及其深度应符合国家现行有关工程勘察、设计、施工、监理等标准的规定。

(3)工程文件的内容必须真实、准确,应与工程实际相符合。

(4)工程文件应采用碳素墨水、蓝黑墨水等耐久性强的书写材料,不得使用红色墨水、纯蓝墨水、圆珠笔、复写纸、铅笔等易褪色的书写材料。计算机输出文字和图件应使用激光打印机,不应使用色带式打印机、水性墨打印机和热敏打印机。

(5)工程文件应字迹清楚、图样清晰、图表整洁,签字盖章手续应完备。

(6)工程文件中文字材料幅面尺寸规格宜为 A4 幅面(297 mm×210 mm)。图纸宜采用国家标准图幅。

(7)工程文件的纸张应采用能长期保存的韧力大、耐久性强的纸张。

(8)所有竣工图均应加盖竣工图章。竣工图章的基本内容应包括"竣工图"字样、施工单位、编制人、审核人、技术负责人、编制日期、监理单位、现场监理、总监。竣工图章尺寸应为 50 mm×80 mm, 竣工图章应使用不易褪色的印泥,应盖在图标栏上方空白处。

(9)竣工图的绘制与改绘应符合国家现行有关制图标准的规定。

(10)归档的建设工程电子文件应采用规定的开放式文件格式或通用格式进行存储。专用软件产生的非通用格式的电子文件应转换成通用格式。文本(表格)文件采用 PDF、XML、TXT 格式,图像文件采用 JPEG、TIFF 格式,图形文件采用 DWG、PDF、SVG 格式,影像文件采用 MPEG2、MPEG4、AVI 格式,声音文件采用 MP3、WAV 格式。

(11)归档的建设工程电子文件应包含元数据,保证文件的完整性和有效性。元数据应符合现行行业标准《建设电子档案元数据标准》(CJJ/T 187—2012)的规定。

(12)归档的建设工程电子文件应采用电子签名等手段,所载内容应真实和可靠。

(13)归档的建设工程电子文件的内容必须与其纸质档案一致。

(14)离线归档的建设工程电子档案载体,应采用一次性写入光盘,光盘不应有磨损、划伤。

(15)存储移交电子档案的载体应经过检测,应无病毒、无数据读写故障,并应确保接收方能通过适当设备读出数据。

9.3.2.2 建设工程项目监理资料文档的立卷

立卷指按照一定的原则和方法,将有保存价值的文件分门别类整理成案卷,亦称组卷。

1. 立卷流程、原则和方法

1)立卷流程

(1)对属于归档范围的工程文件进行分类,确定归入案卷的文件材料。

(2)对卷内文件材料进行排列、编目、装订(或装盒)。

(3)排列所有案卷,形成案卷目录。

2)立卷原则

(1)立卷应遵循工程文件的自然形成规律和工程专业的特点,保持卷内文件的有机联系,便于档案的保管和利用。

(2)工程文件应按不同的形成、整理单位及建设程序,按工程准备阶段文件、监理文件、施工文件、竣工图、竣工验收文件分别进行立卷,并可根据数量多少组成一卷或多卷。

(3)一项建设工程由多个单位工程组成时,工程文件应按单位工程立卷。

(4)不同载体的文件应分别立卷。

3)立卷方法

(1)工程准备阶段文件应按建设程序、形成单位等进行立卷。

(2)监理文件应按单位工程、分部工程或专业、阶段等进行立卷。

(3)施工文件应按单位工程、分部(分项)工程进行立卷。

(4)竣工图应按单位工程分专业进行立卷。

(5)竣工验收文件应按单位工程分专业进行立卷。

(6)电子文件立卷时,每个工程(项目)应建立多级文件夹,应与纸质文件在案卷设置上一致,并应建立相应的标识关系。

(7)声像资料应按建设工程各阶段立卷,重大事件及重要活动的声像资料应按专题立卷,声像档案与纸质档案应建立相应的标识关系。

4)其他要求

(1)专业承(分)包施工的分部、子分部(分项)工程应分别单独立卷。

(2)室外工程应按室外建筑环境和室外安装工程单独立卷。

(3)当施工文件中部分内容不能按一个单位工程分类立卷时,可按建设工程立卷。

(4)不同幅面的工程图纸,应统一折叠成 A4 幅面(297 mm×210 mm)。应图面朝内,首先沿标题栏的短边方向以 W 形折叠,然后沿标题栏的长边方向以 W 形折叠,并使标题栏露在外面。

(5)案卷不宜过厚,文字材料卷厚度不宜超过 20 mm,图纸卷厚度不宜超过 50 mm。

(6)案卷内不应有重份文件。印刷成册的工程文件宜保持原状。

(7)建设工程电子文件的组织和排序可按纸质文件进行。

2. 卷内文件排列

(1)卷内文件应按《建设工程文件归档规范》(GB/T 50328—2014)附录 A 和附录 B 的类别和顺序排列。

(2)文字材料应按事项、专业顺序排列。同一事项的请示与批复、同一文件的印本与定稿、主体与附件不应分开,并应按批复在前、请示在后,印本在前、定稿在后,主体在前、附件在后的顺序排列。

(3)图纸应按专业排列,同专业图纸应按图号顺序排列。

(4)当案卷内既有文字材料又有图纸时,文字材料应排在前面,图纸应排在后面。

3. 案卷编目

案卷编目指按照一定的标准和规则,对某建设工程项目资料文档的外部特征和内容特征进行分析、选择、描述,并予以记录成为款目,继而将款目按一定顺序组织成为档案目录的过程。

划分建设工程项目资料文档案卷的范围并予以排序之后,须以案卷为对象,通过一定的形式固定案卷整理的成果,揭示卷内文件的内容和成分。主要内容有卷内文件页号的编制、卷内目录的编制、卷内备考表的编制、案卷封面的编制及编写案卷题名、案卷脊背标签等,最终组成案卷。

4. 案卷装订与装具

案卷可采用装订与不装订两种形式。文字材料必须装订。装订时不应破坏文件的内容,并应保持整齐、牢固,便于保管和利用。案卷装具可采用卷盒、卷夹两种形式,并应符合下列规定:

(1)卷盒的外表尺寸应为 310 mm×220 mm,厚度可为 20 mm、30 mm、40 mm、50 mm。

(2)卷夹的外表尺寸应为 310 mm×220 mm,厚度宜为 20~30 mm。

(3)卷盒、卷夹应采用无酸纸制作。

9.3.3　建设工程项目监理文档系统的建立

9.3.3.1　建设工程项目监理文档系统的组成

建设工程项目监理文档系统主要由合同文档、预算文档、计划文档、进度文档、批文文档、图纸文档等几个部分组成,如图 9-2 所示。

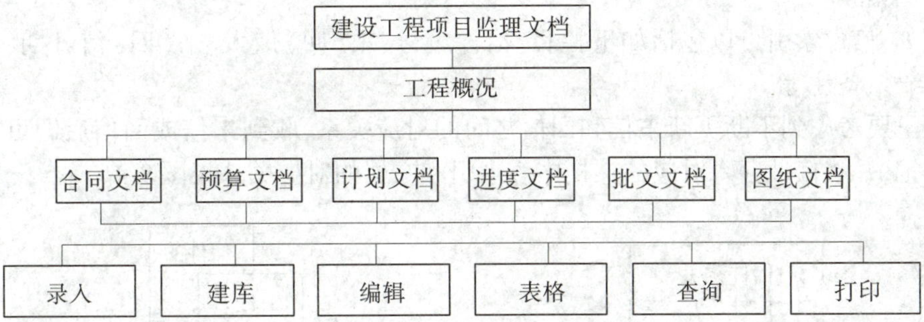

图 9-2　建设工程项目监理文档系统示意图

9.3.3.2　建设工程项目资料文档特征标识

有效的建设工程项目资料文档管理是以对用户友好和较强表达能力的资料特征(编号)为前提的。在项目实施前,就应专门研究,建立项目的文档编码体系。

1. 一般项目编码体系的建立原则

(1)具有统一的、对所有资料适用的编码系统。

(2)能区分资料的种类和特征。

(3)能"随便扩展"。

(4)对人工处理和计算机处理有同样效果。

2. 建设工程项目资料文档编码内容

通常项目管理中的资料文档编码有以下几个部分:

(1)有效范围。说明资料文档的有效使用范围,如某子项目、功能或要素。

(2)资料种类:①外部形态不同的文档资料,如图纸、书信、备忘录等;②资料的特点,如技术的、商务的、行政的等。

(3)内容和对象。资料的内容和对象是编码的重点。对一般项目,可用项目结构分解的结果作为资料的内容和对象。但有时它并不适用,这时就要专门设计文档结构。

(4)日期(序号)。相同有效范围、相同对象的资料可通过日期或序号来区别,如对书信可用日期(序号)来标记。

这几个部分对于不同规模的项目要求不一样。如对一个小的仅一个单项工程的项目,则可以有 11 个数码作为资料代码,如图 9-3 所示。

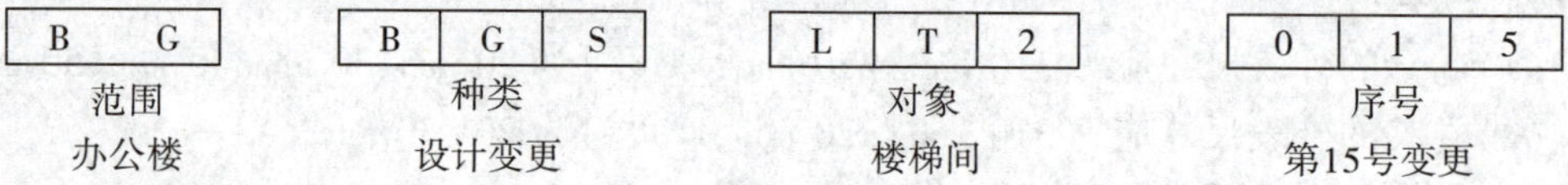

图 9-3　某工程资料编码结构

9.3.3.3　建设工程项目资料文档索引系统

为了资料使用的方便,必须建立资料的索引系统,它类似于图书馆的书刊索引。

建设工程项目相关资料的索引一般可采用表格形式。表格中的栏目应能反映资料的各种特征信息。不同类别的资料可以采用不同的索引表,如果需要查询或调用某种资料,即可按图索骥。

例如,信件索引可以包括如下栏目:信件编号、来(回)信人、来(回)信日期、主要内容、文档号、备注等。

这里要考虑到不断更新来信和回信之间的对应关系,收到来信或回信后即可在索引表上登记,并将信件存入对应的文档中。索引和文档的对应关系见图 9-4。

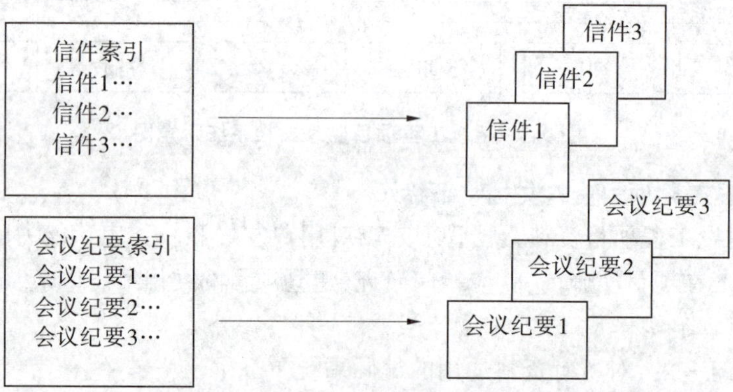

图 9-4　索引和文档的对应关系

9.3.4　建设工程项目资料文档的归档、验收与移交

9.3.4.1　归档范围

建设工程项目资料文档的归档范围包括工程准备阶段文件(A 类)、监理文件(B 类)、施工文件(C 类)、竣工图(D 类)、工程竣工验收文件(E 类)等 5 类。

1. 工程准备阶段文件(A 类)

工程准备阶段文件又划分为 A1 立项文件,A2 建设用地、拆迁文件,A3 勘察设计文件,A4 招标投标文件,A5 开工审批文件,A6 工程造价文件,A7 工程建设基本信息等 7 个小类。

2. 监理文件（B 类）

监理文件又划分为 B1 监理管理文件、B2 进度控制文件、B3 质量控制文件、B4 造价控制文件、B5 工期管理文件、B6 监理验收文件等 6 个小类。

3. 施工文件（C 类）

施工文件又划分为 C1 施工管理文件、C2 施工技术文件、C3 进度造价文件、C4 施工物资出厂质量证明及进场检测文件、C5 施工记录文件、C6 施工试验记录及检测文件、C7 施工质量验收文件、C8 施工验收文件等 8 个小类。

4. 竣工图（D 类）

竣工图包括建筑竣工图，结构竣工图，钢结构竣工图，幕墙竣工图，室内装饰竣工图，建筑给水排水及供暖竣工图，建筑电气竣工图，智能建筑竣工图，通风与空调竣工图，室外工程竣工图，规划红线内的室外给水、排水、供热、供电、照明管线等竣工图，规划红线内的道路、园林绿化、喷洒设施等竣工图等。

5. 工程竣工验收文件（E 类）

工程竣工验收文件又划分为 E1 竣工验收与备案文件、E2 竣工决算文件、E3 其他工程文件等 3 个小类。

9.3.4.2 归档要求

（1）归档文件范围和质量应符合要求，必须经过分类整理，并应符合规定。

（2）电子文件归档应包括在线式归档和离线式归档两种方式。可根据实际情况选择其中一种或两种方式进行归档。

（3）归档时间应符合下列规定：根据建设程序和工程特点，归档可分阶段分期进行，也可在单位或分部工程通过竣工验收后进行。勘察、设计单位应在任务完成后，施工、监理单位应在工程竣工验收前，将各自形成的有关工程档案向建设单位归档。

（4）勘察、设计、施工单位在收齐工程文件并整理立卷后，建设单位、监理单位应根据城建档案管理机构的要求，对归档文件完整、准确、系统情况和案卷质量进行审查。审查合格后方可向建设单位移交。

（5）工程档案的编制不得少于两套，一套应由建设单位保管，一套（原件）应移交当地城建档案管理机构保存。

（6）勘察、设计、施工、监理等单位向建设单位移交档案时，应编制移交清单，双方签字、盖章后方可交接。

（7）设计、施工及监理单位需向本单位归档的文件，应按国家有关规定要求立卷归档。

9.3.4.3 验收与移交

1. 验收

列入城建档案管理机构档案接收范围的工程，竣工验收前，城建档案管理机构应对工程档案进行预验收。城建档案管理机构在进行工程档案预验收时，应查验下列主要内容：

（1）工程档案齐全、系统、完整，全面反映工程建设活动和工程实际状况。

（2）工程档案已整理立卷，立卷符合规范规定。

(3)竣工图的绘制方法、图式及规格等符合专业技术要求,图面整洁,盖有竣工图章。

(4)文件的形成、来源符合实际,要求单位或个人签章的文件,其签章手续完备。

(5)文件的材质、阳面、书写、绘图、用墨、托裱等符合要求。

(6)电子档案格式、载体等符合要求。

(7)声像档案内容、质量、格式符合要求。

2. 移交

列入城建档案管理机构接收范围的工程,建设单位在工程竣工验收后3个月内,必须向城建档案管理机构移交一套符合规定的工程档案。停建、缓建建设工程的档案,可暂由建设单位保管。对改建、扩建和维修工程,建设单位应组织设计、施工单位对改变部位据实编制新的工程档案,并应在工程竣工验收后3个月内向城建档案管理机构移交。当建设单位向城建档案管理机构移交工程档案时,应提交移交案卷目录,办理移交手续,双方签字、盖章后方可交接。

9.4　计算机在建设工程项目管理中的应用

当今,建设工程项目的规模和要求出现了许多根本性的变化,建设工程项目面临一系列的问题和机会,项目管理工作日趋复杂。对建设工程项目实施全面规划和动态控制,需要处理大量的信息,处理时间要短,速度要快,又要准确,这样才能及时提供相关的项目决策信息。对建设工程项目建设过程中产生的大量数据,单靠人工方法整理和计算远远不能满足项目管理的要求,许多信息处理工作靠手工方式是不能胜任的。因此,提高建设工程项目管理水平,应用计算机辅助管理,进行项目管理信息的处理已成为项目管理发展的必然趋势。计算机辅助管理是建设工程项目管理有效和必需的手段。

计算机辅助项目管理有非常重要的意义,它可以极大地提高管理工作效率,大大地提高建设工程项目管理水平。

9.4.1　计算机在建设工程项目管理中的应用简介

由于现代建设工程项目具有规模大、周期长、不确定因素多、经济和技术风险大、社会和环境影响深远等特征,因此计算机技术在建设工程项目管理中应用日益广泛和深入。

就项目管理的范围来看,具有强大的数据处理能力的数据库管理软件在工程建设质量控制、进度控制、投资控制、合同管理、信息管理、组织协调、安全生产管理以及设计、采购、财务、风险等方面的管理和综合控制方面发挥着巨大的作用。

就项目管理的过程来看,借助先进的计算机技术,对项目信息进行收集、跟踪、处理在项目管理过程中占据着相当重要的地位。

就项目管理的解决方案来看,运用计算机技术,如计划评审技术(PERT)、非线性规划、数值模拟等,可以对多种解决方案进行取舍,进行决策过程中多目标选优。

在现代建设项目管理中,计算机技术可以辅助实现以下系统功能:

(1)项目的策划。

(2)项目的前期组织与准备,包括项目的工程概况、组织划分、工作流程、编码系统等。

(3)项目的控制与管理,包括质量控制、进度控制、投资控制、合同管理、信息管理、组织协调、安全生产管理、环境管理等。

(4)项目的评估,包括项目预评价与项目后评估。

9.4.2 建设工程项目常用管理软件简介

9.4.2.1 工程计量软件

工程计量软件作为预决算的辅助计算工具,是依据造价人员计算工程量时的特点而编制的,对一个工程可以按照层次分别计算或作为同一层次进行计算。

目前的工程计量软件主要有广联达图形算量、钢筋算量软件,鲁班图形算量、钢筋算量软件,神机妙算图形算量、钢筋算量软件,清华斯维尔图形算量、钢筋算量软件以及鹏业工程算量、PKPM 算量软件等。该类软件由操作人员进行绘制轴网、设置楼层、定义构件、设置属性等一系列操作后,自动计算工程量,并可导出工程量清单。

9.4.2.2 工程计价软件

工程计价软件主要用来进行计价分析和计算项目的投标报价。

目前的计价软件主要有广联达清单计价软件、鲁班清单计价软件、清华斯维尔清单计价软件、品茗清单计价软件等。

9.4.2.3 工程项目管理/监理软件

目前,市场上有上百种工程项目管理/监理软件,这些软件各具特色、各有所长。

1. Microsoft Project 2013

Microsoft Project 是 Microsoft 公司开发的项目管理系统,它是应用最普遍的项目管理软件之一,也是一个国际上享有盛誉的、通用的项目管理工具软件。Microsoft Project 2013 是微软的一款项目管理产品,该产品凝集了许多成熟的项目管理现代理论和方法,可以帮助项目管理者实现时间(进度)、资源、成本的计划与控制,还可以实现工作管理、团队协作。

2. Primavera P6

Primavera P6 工程项目管理软件是美国 Primavera 公司的产品,是国际上最为流行的工程项目管理软件之一,并且被称为工程项目管理软件标准。

作为升级 P3 后的新一代项目管理软件,Primavera P6 提供功能强大、简单易用的企业级项目管理解决方案,包括全局项目的优先级划分、计划编制、项目的执行和控制以及大型项目管理和多项目组合管理(Project Portfolio Management,简称 PPM)。作为综合性的多项目组合管理(PPM)解决方案,P6 基于角色的功能设计,以满足管理队伍中不同成员的具体需要、不同责任以及不同技能的发挥。它可以为任何大小规模的项目提供解决方案,甚至可以驾驭最复杂的项目,智能地衡量并满足项目团队中不同角色、不同职能、不同技能等级的需求。

3. Oracle Primavera

Primavera 公司 2008 年被 Oracle 公司收购后,推出了一系列项目管理软件产品。Oracle Primavera 系列软件专注于项目密集型企业,其整个项目生命周期内所有项目的组合管理。已被并入 Oracle 公司的 Primavera 项目组合管理解决方案,能够帮助企业更好地进行投资组合管理决策、评估项目风险与回报、确定完成工作所需的资源和技能。作为一流的解决方案,该产品提供了在规定时间、预算、质量、设计范围内交付项目的执行和控制能力。

4. Oracle P6 PPM

Oracle P6 PPM(Oracle′s Primavera P6 Professional Project Management)是公认的最标准、最高效的项目管理软件,对于管理大规模、高复杂度和多项目具有明显优势。它可以对多达 100 000 道的作业进行管理,并提供无限资源和无限量的目标计划数。由于大量的数据处理需要复杂且灵活多变的组织管理工具,Oracle P6 PPM 提供了多种方式,方便对作业、项目和资源进行组织、过滤和分类管理。

5. Oracle P6 EPPM

Oracle P6 EPPM(Oracle′s Primavera P6 Enterprise Project Portfolio Management)具有十分强大的功能,能够为项目提供全局优先次序排列、进度计划、项目管控、执行管理以及多项目组合管理等功能。它提供了一个可以管理任何规模项目的解决方案,适用于组织和项目团队内不同复杂程度、不同管理层次或技术要求的项目。

6. 广联达 Pert 项目管理系统软件

广联达 Pert 项目管理系统软件是运用系统工程和网络计划技术原理,采用高、新技术手段开发的一套适用于各种项目现代管理的智能型软件。该软件提供快速高效编制网络图的强大功能,解决客户在施工过程进度计划编制中的诸多窝工、浪费资源等现象,实现高效节能地完成施工过程,并在投标中展示简洁美观的网络图。

7. 邦永 PM2

邦永 PM2 主要定位于房地产、工程相关企业,产品的行业特点鲜明,可以从投资、进度、成本、质量、合同、楼盘的销售与客户管理等各个角度分析、控制项目的进展情况,是一个信息化管理工具。它能对进度安排、物资采购以及多项目资源进行协调分配,并对整个项目的进度进行跟踪和风险分析及评估,使项目管理者能了解每个环节的进展情况并能进行有效的评估。

9.4.2.4 工程资料文档管理软件

工程资料文档管理软件是用于对各种工程图纸、办公文档、文书档案、图片资料、图书资料等知识和信息进行计算机管理的综合系统。这样的系统应该具有对各类档案的编辑、登记、统计、检索、自动归类、报表输出等功能,同时还应具有灵活高效的查询检索功能。

9.5 BIM 简介

9.5.1 BIM 的概念

一般认为,BIM 即为 Building Information Modeling(建筑信息模型)。其思想最早产生于 20 世纪 70 年代,BIM 被工程建设行业广泛接纳大概可归功于 CAD(计算机辅助设计)

软件企业——欧特克公司。

2002 年欧特克收购并发布 Revit 软件，同年发布 Building Information Modeling 战略白皮书，阐明该公司对 BIM 的概念定义和对 BIM 技术用途（前景）的理解。截至 2019 年 9 月，欧特克公司对 BIM 的最新定义是："BIM（建筑信息模型）是一种基于三维模型的智能流程，能让方案设计人员、工程设计人员和施工专业人员通过使用相关实用工具深入了解项目，从而更加高效地对建筑及基础设施进行规划、设计、建造和管理。"

中国国家标准《建筑信息模型应用统一标准》（GB/T 51212—2016）对建筑信息模型（BIM）的定义是："在建设工程及设施全生命期内，对其物理和功能特性进行数字化表达，并依此设计、施工、运营的过程和结果的总称。"

国际标准化组织（ISO）发布的《房屋建筑和土木工程信息的组织和数字化，包括建筑信息模型（BIM）——采用 BIM 方法的信息管理——第一部分：概念和原则》，欧洲标准化委员会、英国标准学会等同采用，标准号为 BS EN ISO 19650-1（2018）。该标准对 BIM 的定义是："采用共享数字表达的方法，改善建筑设施的设计、施工和运营过程，以对决策形成可靠支撑"。

美国国家 BIM 标准委员会（NBIMS）发布的《美国国家 BIM 标准：第 3 版》对 BIM 是从 Building Information Modeling，Model or Management［BIM3（cubed）］三个方面进行描述的，其中对 Building Information Modeling 的定义是："（BIM 术语表达互相独立而又相互关联的三个功能。）Building Information Modeling 是一个在建筑设施全寿命周期的设计、施工和运营活动中生成和利用建筑数据的业务流程。BIM 允许所有利益相关者之间通过技术平台的互操作同时访问相同的信息。"

从这些定义中可以看出，BIM 概念的关键词是设计、施工（全过程）和运营（全寿命周期），建筑设施物理和功能特性，数字化等，因此可以这样归纳 BIM 的概念，所谓 BIM，即建筑信息模型（Building Information Model），是指在建设工程及设施全寿命期内，对其物理和功能特性进行数字化表达，并依此设计、施工、运营的过程和结果的总称，是在建设项目的规划、设计、施工和运维过程中进行数据共享、优化、协同与管理的技术和方法。

9.5.2 BIM 技术的特点

经过 20 多年的发展和论证，对 BIM 的技术优势获得了广泛认可，BIM 作为基于可视化建筑信息模型的信息集成和管理技术，先天具有可视化、协调与协同性、模拟性、优化性、可出图性等优势。

（1）可视化。可视化是 BIM 技术最突出的特点和优势。可视化 BIM 模型中包含了项目的几何、物理和功能等完整信息，可以获取需要的几何、材料、光源、视角等信息，生成报表，可视化的工作资源集中到提高可视化效果上来，项目设计、建造、运营过程中的沟通、讨论、决策都在可视化、全真虚拟化的状态下进行。如图 9-5 所示为某楼盘的 BIM 土建模型和机电模型。

（2）协调与协同性。在传统的信息管理模式中通常出现信息浪费和冗余、信息流失和信息交换效率低下等，无法从全局的角度进行优化，并严重影响了信息的有效性。基于 BIM 技术的信息管理模式将建设工程项目全寿命期、全方位信息连续打通和无缝对接，整

(a)某楼盘的BIM土建模型　　(b)某楼盘的BIM机电模型

图 9-5　某楼盘的 BIM 土建模型和机电模型

合了离散的信息流程,避免了信息的歧义和不一致,减少了信息总量,增强了信息共享和协同工作,能事先发现并纠正各种错、漏、碰、缺。如图 9-6 所示,利用 BIM 平台,每个专业的设计人员都可以实时地看到相关专业的设计方案和成果,并且在设计过程中实时地进行交流,实现多专业协同作业。

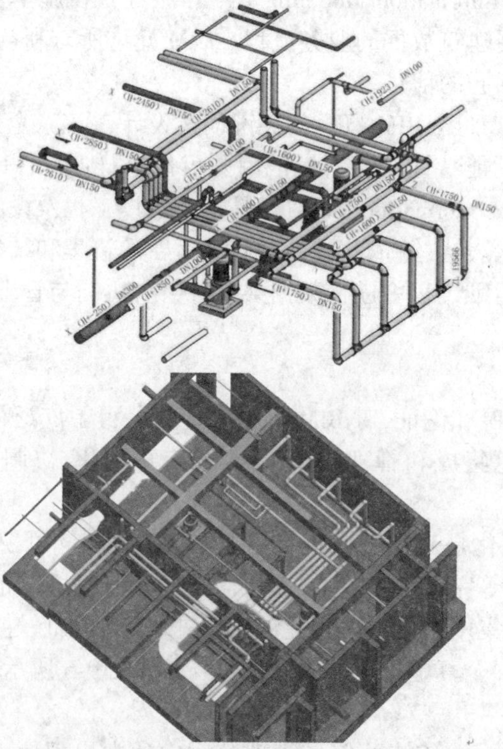

图 9-6　管道设备与建筑的可视化协同设计

(3)模拟性。BIM 可以对拟建模建设工程项目进行模拟,并且可以模拟在真实环境中无法操作的事物。在设计阶段,BIM 可以进行实验模拟,如建筑节能分析、应急预案模拟、日照和采光分析、结构力学分析等;在招标投标和施工阶段,可以进行 3D 施工方案模拟、4D 施工进度控制模拟、5D 成本控制模拟、施工安全模拟等;在后期运营维护阶段,可以模拟日常紧急情况处理等。

(4)优化性。随着工程项目的深入和进展,BIM 信息模型逐步深化、逐步细化,不断优化。通过信息集成管理对项目目标主动控制,动态优化,进而提高工程设计、施工和维护管理的质量、工作效率和科学管理水平,体现信息对工程项目服务的动态优化性。

(5)可出图性。BIM 通过对建筑物进行可视化展示、协调、模拟、优化以后,可以实现多元化的信息输出方式。如可以从 3D BIM 模型中提取 2D 图纸,也可以对安装工程管线图、结构留洞图和隐蔽工程结构图输出碰撞检测报告和改进方案建议,还可以输出文档数据信息报告等。

9.5.3 BIM 技术在项目全寿命期的应用方法

9.5.3.1 项目决策阶段

在项目决策阶段,利用 BIM 技术可以进行可视化规划景观模拟和规划微环境模拟分析及评估,包括建筑物空间结构的日照关系、风环境、热工、空间景观的可视度和噪声分析等。

1. 项目三维景观分析

根据项目规划平面图、功能分区等参数,应用 BIM 软件,建立可视化 3D 模型。全方位、多角度模拟设计效果。比较全面评估任意位置的景观可视度,并对项目建设位置、功能分区等进行分析调整。区别传统三维技术(如 3DMAX)所传达的只有“视觉信息”,项目规划 BIM 模型用工程专业语言来表达,而且容纳更多信息量,如几何、材料、力学等。

2. 项目环境日照分析

根据项目所在地区气象数据参数,如气温、相对湿度、总辐射、风速、风向、降水量等,计算获取设计方案的日照结果、太阳辐射强度和面积、容积率、建筑最佳朝向等,并针对某一天日照的阴影情况,优化和调整楼宇之间的位置、高度和体型。

3. 项目风环境分析

通过对风环境空气流、风速和风压模拟分析,得出空气流动形态,通过调整建筑设计的朝向、造型、自然通风组织等,提高空气质量。

4. 项目环境噪声分析

通过对项目周边已存在的较大的噪声源进行分析模拟,对受噪声影响比较大的部位采取隔声措施,改善项目声环境。

5. 项目环境温度分析

项目环境温度分析包括项目区域内外、室内外的温度和空气流动分析。通过 BIM 模拟分析热环境,进而设计出合理的建筑环境。

9.5.3.2 勘察设计阶段

在勘察设计阶段,利用 BIM 技术可以进行三维协同设计、BIM 管线综合、结构力学分析、设计概预算信息统计等。

1. 三维协同设计

基于 BIM 平台,建筑、结构、安装等专业基于同一模型进行工作,实现三维集成协同设计,及早发现各专业设计中错、碰、漏、缺的问题,进而优化设计,保证设计成果的一致性。

2. BIM 管线综合

给排水、暖通、电气照明等机电设备专业设计中要重点考虑管线设备的安装顺序和安装空间。基于 BIM 平台,通过碰撞检测功能进行各专业管线碰撞检测,提高设计的质量和效率。

3. 结构力学分析

在结构设计完成之后,基于 BIM 结构模型,进行结构建模和计算、规范校核。

4. 设计概预算信息统计

基于 BIM 结构模型,生成工程量清单和概算造价,进行结构用料信息的显示和查询,以利于评价施工图设计的技术经济水平,并为工程资金准备、招标投标提供依据。

9.5.3.3 施工安装阶段

在施工安装阶段,利用 BIM 技术可以进行施工方案模拟、施工进度控制、施工成本控制、施工安全管理、工程变更管理,以及施工过程资料记录,形成 BIM 竣工模型等。

1. 施工方案模拟

在工程的关键控制点、特殊施工环节实施前,运用 BIM 系统三维模型进行虚拟指导施工模拟,展示工艺流程和操作方法,对施工技术人员、管理人员、操作人员进行可视化的三维模型技术交底。

2. 施工进度控制

根据资源限制和总工期需求,考虑施工方案、流水段划分、施工工艺,进行 WBS(工作分解结构)工程结构分解,编制建设项目和单项工程基于层、段、组合类型的施工进度计划,对接项目 BIM 模型,建立 4D 可视化模型和施工进度计划。

3. 施工成本控制

基于 BIM 技术的 5D 施工成本模拟,可以随时查看任意部位进度、资源、成本、资金的情况,进行多角度进度管理模拟以及成本、资源的多角度分析;提供项目进度控制、计量支付、变更控制、采购租赁、物资供应、成本计划、成本核算。

4. 施工安全管理

对项目重点控制的安全部位,如脚手架工程、高大模板支撑工程、深基坑工程等,利用 BIM 模型进行安全施工模拟、安全操作交底。

5. 工程变更管理

基于 BIM 模型,对工程变更部分进行工程量统计分析、工程量查询、对比分析应用。

6. 施工过程资料记录,形成 BIM 竣工模型

跟踪、记录施工过程,及时更新 BIM 信息,形成 BIM 竣工模型。

9.5.3.4 运营维护阶段

在建设工程项目的运营维护阶段,现代物业管理必将建立在 BIM 信息建成的基础之上,利用 BIM 技术主要可以进行可视化的设备维护管理、设备应急管理、物业租赁管理等。

1. 设备维护管理

基于 BIM 的设备维护，包括对照明、消防等各系统和设备空间定位、内部空间设施可视化、运营维护数据累积与分析、设备运行管控、隐蔽工程管理。

2. 设备应急管理

遇到设备故障等突发状况，如火灾、水管爆裂、气管爆裂等，及时获取设备相关信息，进行报警、协助处理。

3. 物业租赁管理

BIM 模型数据库存储与物业租赁管理相关的出租物业面积、客户信息、租赁合同、租金、租期等信息，并更新维护，提高物业租赁管理水平。

在项目运营维护阶段，物业管理的运营效果、租赁分析、结构设备环境、防灾监控、安全保卫等系列工作，皆可基于 BIM 与远程监控技术，实现无线、实时监控和快捷应急反应。

9.5.4 BIM 技术的应用现状

美国是率先开展建筑信息化研究的国家，BIM 技术应用水平处于世界前列。随着全球化的进程，英国、日本、中国等国家的 BIM 技术应用都得以快速发展。

9.5.4.1 美国的 BIM 应用现状

美国工程建设中已基本普及使用 BIM 技术，统计表明，早在 2009 年美国建筑业企业 300 强中 80%以上使用了 BIM 技术。国家也成立了多种 BIM 协会，制定了相应的 BIM 实施标准。Construction MGH 调查 BIM 在北美的业务价值：多年的趋势分析和用户评分（2007—2012）中指出，2012 年建筑业使用 BIM 技术的占 71%，其中有 74%的承包人使用，高于设计阶段的建筑师使用比例 70%和安装工程师使用比例 67%，BIM 技术的应用价值得到大大的认同。美国 BIM 应用范围广泛，已建立 BIM 衡量标准测量过程改进程度，利用 BIM 技术进行信息商务的完全智能化操作控制，并已应用于项目运营维护阶段的资产管理和设施管理。

美国总务署（General Service Administration，GSA）负责联邦所有建设项目的建造和运营管理。目前，大型建设项目均必须使用 BIM 技术，要求在初步设计阶段必须提供 BIM 信息模型。在施工过程中鼓励使用 ND-BIM 模型技术，并为项目承包人设立了相应的奖金支持。现在 GSA 正在研究开发建设项目更广泛的全寿命期的 BIM 应用整体解决方案，如空间规划模拟检验等。

美国陆军工程兵团（the U. S. Army Corps of Engineers，USACE）负责为美国军队提供项目管理和施工管理服务。2006 年 USACE 发布了 15 年规划的 BIM 应用六大战略大纲，支持 MILCON 路线图实现转换，承诺未来军事建设项目全部使用 BIM 技术，于 2020 年实现美国 BIM 标准使项目全寿命期任务自动化。

Building SMART 联盟是美国建筑科学研究院信息资源与技术领域的一个专业联盟。bSa 大力推广 BIM 应用和研究，竭力提高建设项目全寿命期共享信息的准确性和及时性，提高建设信息化水平。bSa 下属的国家 BIM 标准项目委员会 NBIMS-US 制定研究 IFC 标准和 BIM 标准（NBIMS）。2007 年发布了 BIM 标准第一版，2012 年更新完善发布了 BIM 标准第二版，更加规范 BIM 技术的实施应用。同时 Building SMART 出版有 BIM 杂志，建设有丰富的 BIM 网站,供各类建筑业人士学习、参照。

《2017 上海市建筑信息模型技术应用与发展报告》显示,美国 BIM 深度应用(涉及 BIM 的项目占企业项目总数的比例超过 30%)的企业占比为 55%,企业的 BIM 应用程度较高。

9.5.4.2 英国的 BIM 应用现状

英国政府采取强制措施要求推广使用 BIM 技术。2011 年英国政府颁布政府建设工程规划战略文件,其中要求到 2016 年,所有基础设施项目必须使用多维的 BIM 模型,达到的一个目标是要使整个英国建筑业节约 20%,并且要求项目建设过程文件全部要采用信息化管理,极大地提高了文件处理能力。2016 年英国实施 BIM 强制令,提出政府投资的建设项目必须使用 BIM,以实现节约全寿命期成本、缩减项目周期、减少工程碳足迹等目的。目前,据英国发布的《国家 BIM 报告 2018》披露,2018 年英国了解并使用 BIM 人数占比已达到 74%,显示出较高的接受度和使用情况。目前,英国建筑业 BIM 标准委员会已颁发了 BIM 实施标准,并制定有适合 Revit 系列 BIM 软件的标准、适用 Bentley 系列 BIM 软件的标准,制定 ArchiACD、Vectorworks 等系列 BIM 软件的标准,为英国建筑业从 CAD 2D 管理过渡到 ND BIM 提出了针对性的可实施方案和准则。

9.5.4.3 日本的 BIM 应用现状

2009 年日本开始推广 BIM 技术,很多设计企业、施工企业应用 BIM 技术。同时日本国土交通部门选择政府建设项目进行 BIM 技术试点,探索了 BIM 技术在设计阶段协同优化、施工可视化交底、信息共享和链接等方面的应用价值。

在日本,专业软件发展很快,多家国产软件公司联合成立了日本国产解决方案软件联盟。日本建筑学会在 2012 年发布了 BIM 应用指南,包括 BIM 团队建设、BIM 数据处理、BIM 设计流程、BIM 工程造价、BIM 进度管理、BIM 施工模拟等多方面的内容,为建设项目相关参与单位应用 BIM 技术提供了可靠支持。

9.5.4.4 中国的 BIM 应用现状

据 2010 年中国商业地产和 2011 年中国工程建设 BIM 应用研究报告中统计分析,2010 年我国 BIM 认识程度为 60%,2011 年增长为 87%,其中有 39%的单位应用了 BIM 软件进行设计协同综合和施工模拟分析,以设计企业为主。

住房和城乡建设部在《2011—2015 年建筑业信息化发展纲要》中明确指出:要在施工阶段大力开展 BIM 技术推广应用,链接 BIM 设计阶段信息,减少信息孤岛,提高信息协同共享,着力探索基于 BIM 平台的 4D/5D 项目信息管理,实现建设项目可视化、形象化、高水平的管理和可控性,提高中国的建设信息化管理水平。

在中国,BIM 应用标准还非常缺乏,国家及地方相关政府部门近几年相继出台了一系列国家标准、地方标准和行业标准以规范和引导 BIM 的应用实施与行业发展,如中国住房和城乡建设部于 2018 年 1 月出台了《建筑信息模型施工应用标准》,上海住建委于 2017 年 6 月出台了《上海市建筑信息模型技术应用指南(2017 版)》,中国勘察设计协会于 2015 年 8 月出台了《中国市政设计行业 BIM 实施指南》,但总体而言,BIM 行业标准完善度不高,尤其是针对设计、施工和运维各环节的标准尚待完善。

与英国、美国相比,中国建筑业信息化程度偏低,BIM 渗透率较低,目前上海、华北、华南等经济发展水平较高的地区在 BIM 应用方面处于领先的位置，区域性差异较大，根据《2017 上海市建筑信息模型技术应用与发展报告》，上海、华北和华南等地区 BIM 深度应用的企业占比分别为 32%、28% 和 26%，在全国处于领先地位。

BIM 应用方面，目前行业内拥有以广联达、鲁班、品铭、斯维尔等为代表的中国本土软件厂商和以 Autodesk 和 Graphisoft 为代表的国际厂商。同时，业内也有众多针对 BIM 基础平台软件专业从事 BIM 软件二次开发的厂商、BIM 咨询商和 BIM 培训商，这些行业参与主体为 BIM 项目的持续推进和落地提供必备的技术和知识方面的支持。

行业内也不乏 BIM 在设计、施工、运维等建筑工程环节中的成功应用实例，根据《2018 上海市 BIM 技术应用与发展报告》(报告编号[19RI0137])，上海在 2017 年推行的 62 个 BIM 技术应用试点项目中，已完成了 8 个试点项目的验收，具有一定的代表性，试点项目包括轨道交通、商业办公、教育、水利设施、医院卫生等类型，而且 BIM 技术在项目中的应用横跨设计、施工、运营等阶段，应用领域较广。试点项目的验收体现了上海地区 BIM 在技术成熟度、落地程度、应用范围等方面具有一定的水平，对于带动中国 BIM 行业发展起到了示范和引导作用。

对于 BIM 来说，与物联网的结合，可以为建筑物内部各类智能机电设备提供空间定位，建筑物内部各类智能机电设备在 BIM 模型中的空间定位，有助于为各类检修、维护活动提供更直观的分析手段。随着智慧城市的发展，利用"BIM+GIS+物联网"建设数字化城市越来越需要拥抱 BIM 来获得海量的城市建筑设施模型数据。

9.5.5 BIM 技术的常用软件

9.5.5.1 核心 BIM 建模软件

常用的核心 BIM 建模软件如表 9-1 所示。

表 9-1 核心 BIM 建模软件

厂商	Autodesk	Bentley	Nemetschek Graphisoft	Gery Technology
软件	Revit Architecture Revit Structure Revit MEP	Bentley Architecture Bentley Structural Bentley Mechanical Systems	ArchiCAD All Plan Vector Works	Digital Project CATIA
适用	多用于民用建筑	多用于工厂设计和基础设施	多用于单专业建筑	多用于异形项目

9.5.5.2 BIM 软件现状

各类 BIM 软件类型及主要产品如表 9-2 所示。

表 9-2　BIM 软件主要产品

序号	BIM 软件类型	国外软件产品	国内软件产品
1	关键建模软件	Revit Architecture/Structure/MEP Bentley Architecture/Structural/Mechanical Archi CAD，Digital Project	
2	方案设计软件	Onuma，Affinity	
3	与 BIM 接口的造型软件	Rhino，Sketchup ，FormZ	
4	持续分析软件	Ecotech，IES，Green Building Studio	PKPM
5	机电分析软件	rane Trace，Design Master， IES Virtual Environment	博超，鸿业
6	结构分析软件	ETABS，STAAD，Robot	PKPM
7	可视化软件	3DSMAX，Lightscape，Accurender，Artlantis	
8	模型检查软件	Sloibri	
9	深化设计软件	Tekla structural（Xsteel）	探索者
10	模型综合碰撞检查软件	Navisworks，Projectwise Navigator，Solibri	
11	施工计划管理软件	Tekla structures，Synchro Professional	
12	造价管理软件	Innovaya，Solibri，QTO，Dprofiter，Visual Applications，Vico Takeoff，Manager CADPIPE，Commercial Pipe，Rerit	鲁班，广联达斯维尔、神机妙算、建研院、浙大、同济等研制的空间结构和钢结构软件
13	加工图和预制加工软件	MEP，SDS/2，Fabrication for， AutoCAD MEP	
14	运营管理软件	Archibus，Navisworks	
15	发布和审核软件	PDF，3D PDF，Design Review	

从表 9-2 可以看出，在 BIM 的软件类型中，国外软件产品丰富，专业分工精细，国产软件还大部分处于空白阶段，尤其是核心建模软件和运营维护软件。而设计阶段 PKPM，施工阶段鲁班、广联达等是在原设计、造价软件的基础上研发而成的。因此，开发适合中国建筑行业特点的国内 BIM 软件至关重要。

思考题

1. 信息具有哪些特点？
2. 从建设工程目标的角度，对工程项目信息进行分类描述。
3. 简述建设工程项目信息管理的基本任务和过程。
4. 简述建设工程项目信息管理系统的功能。

5. 简述建设工程项目资料文档管理的要求。
6. 简述建设工程项目资料文档组卷的基本原则。
7. 建设工程项目资料文档是如何分类的?
8. 计算机辅助项目管理意义何在?
9. 常见的计算机辅助监理软件有哪些? 谈谈你的理解。
10. BIM 技术的特点有哪些? 应用 BIM 技术主要能实现哪些功能?

10　建设工程项目职业健康安全管理

10.1　职业健康安全管理体系

10.1.1　职业健康安全管理体系的产生

职业健康安全问题一方面是生产技术条件落后造成的,另一方面是管理不善造成的。但纯粹因技术条件而无法避免的事故只占很小一部分,绝大多数事故是可以通过合理有效的管理得以避免的。只有加强管理并辅以技术手段,才能最大限度地减少生产安全事故和劳动疾病的发生。

职业健康安全管理体系标准是20世纪80年代后期,在国际上兴起的现代安全生产管理模式,它与ISO 9000和ISO 14000等标准化管理体系一样被称为后工业化时代的管理方法。它产生的主要原因:一是企业自身发展的需要;二是在全球经济一体化潮流的推动下出现的职业健康安全标准一体化趋势。

在20世纪80年代末90年代初,一些跨国公司和大型的现代化联合企业为强化自己的社会关注力和控制损失的需要,开始建立自律性的职业健康安全与环境保护的管理制度并逐步形成了比较完善的体系。到20世纪90年代中期,为了实现这种管理体系的社会公证性,引入了第三方认证的原则。随着国际社会对职业健康安全问题的日益关注,以及ISO 9000和ISO 14000标准在全球得到广泛认可与成功实施,考虑到质量管理、环境管理与职业健康安全管理的相关性,国际标准化组织(ISO)于1996年9月召开了国际研讨会,讨论是否制定职业健康安全管理体系国际标准,结果未达成一致意见。随后,ISO在1997年1月召开的技术工作委员会(TMB)会议上决定,ISO目前暂不颁布这类标准。但许多国家和国际组织都继续在本国或所在地区发展这一标准,使得职业健康安全管理标准化问题成为继质量管理、环境管理标准之后世界各国关注的又一管理标准化问题。

一些发达国家率先开展了实施职业健康安全管理体系的活动。1996年英国颁布了《职业健康安全管理体系指南》(BS8800:1996)国家标准;美国工业健康协会制定了《职业健康安全管理体系指导性文件》;1997年澳大利亚和新西兰制定了《职业健康安全管理体系——原则、体系和支持技术的总则》(AS/NZS4804:1997);日本工业灾害预防协会(JISHA)提出了《职业健康安全管理体系指南》;挪威船级社(DNV)制定了《职业健康安全管理体系认证标准》;1999年英国标准协会(BSI)、挪威船级社(DNV)等13个组织联合制定了职业健康安全评价系列(OHSAS)标准,即《职业健康安全管理体系——规范》(OHSAS18001:1999)及《职业健康安全管理体系——指南》(OHSAS18002:1999)。

中国积极参与了国际标准化组织有关职业健康安全管理体系问题的技术活动,开展了有关职业健康安全管理体系的研究和标准的制定工作。1996年3月成立了由国家技术监督局和劳动部组成的"职业健康安全管理标准化协调小组",同年6月召开了研讨会。随后,中国劳动保护科学技术协会、劳动部劳动保护科学研究所等单位开展了职业健康安全管理体系标准的研究工作。1997年中国石油天然气总公司制定了《石油天然气工业健康、安全与环境管理体系》等行业标准。1999年10月国家经贸委颁布了《职业安全卫生管理体系试行标准》,2001年12月20日发布了《职业安全健康管理体系指导意见》和《职业安全健康管理体系审核规范》,取代试行标准。2001年中国标准研究中心、中国合格评定国家认可中心和中国国家进出口企业认证机构认可委员会共同制定了《职业健康安全管理体系规范》(GB/T 28001—2001),于11月12日由国家质量监督检验检疫局发布,并于2002年1月1日起实施。2011年中华人民共和国国家质量监督检验检疫总局和中国国家标准化委员会共同制定了《职业健康安全管理体系 要求》(GB/T 28001—2011),并于2012年2月1日起实施。

10.1.2 《职业健康安全管理体系 要求》的总体结构

1 范围

2 规范性引用文件

3 术语和定义

4 职业健康安全管理体系要求

4.1 总要求

4.2 职业健康安全方针

4.3 策划

4.3.1 危险源辨识、风险评价和控制措施的确定

4.3.2 法律法规和其他要求

4.3.3 目标和方案

4.4 实施和运行

4.4.1 资源、作用、职责、责任和权限

4.4.2 能力、培训和意识

4.4.3 沟通、参与和协商

4.4.4 文件

4.4.5 文件控制

4.4.6 运行控制

4.4.7 应急准备和响应

4.5 检查

4.5.1 绩效测量和监视

4.5.2 合规性评价

4.5.3 事件调查、不符合、纠正措施和预防措施

4.5.4 记录控制

4.5.5 内部审核

4.6 管理评审

10.2 建设工程项目施工安全生产管理

10.2.1 施工安全生产管理的概念和特点

10.2.1.1 安全生产的概念

安全生产是指使生产过程处于避免人身伤害、设备损坏及其他不可接受的损害风险(危险)的状态。

不可接受的损害风险(危险)通常是指:超出了法律法规和规章的要求;超出了方针、目标和企业规定的其他要求;超出了人们普遍接受的(通常是隐含的)要求。因此,安全与否要对照风险接受程度来判定,是一个相对性的概念。

10.2.1.2 安全生产管理的概念

安全生产管理是通过对生产过程中涉及的计划、组织、管控、调节和改进等一系列致力于满足生产安全所进行的管理活动。施工安全生产管理的特点如下:

(1)广泛性。

由于建设工程规模较大、生产工艺复杂、工序多、在建设过程中流动作业多、高处作业多、作业位置多变、遇到的不确定因素多,使安全生产管理工作涉及范围广。

(2)动态性。

由于建设工程项目的单件性,每项工程所处的条件不同,所面临的危险因素和防范措施也会有所改变,员工在转移工地后,熟悉一个新的工作环境需要一定的时间,有些工作制度和安全技术措施也会有所调整,员工同样有个熟悉的过程。

建设工程项目施工的分散性。因为现场施工是分散于施工现场的各个部位,尽管有各种规章制度和安全技术交底的环节,但是面对具体的生产环境时,仍然需要自己的判断和处理,有经验的人员也需要适应不断变化的情况。

(3)系统交叉性。

建设工程项目是开放系统,受自然环境和社会环境影响很大,安全生产管理需要把工程系统与环境系统及社会系统相结合。

(4)严谨性。

安全状态具有触发性,安全生产管理必须严谨,一旦失控,就会造成损失和伤害。

10.2.2 施工安全生产管理的程序和基本要求

10.2.2.1 施工安全生产管理的程序

(1)确定项目的安全目标。按目标管理方法,在以项目经理为首的项目管理系统内进行分解,从而确定每个岗位的安全生产目标,实现全员安全管理。

(2)编制项目安全技术措施计划。对生产过程中的不安全因素,用技术手段加以消除和控制,并用文件化的方式表示,这是落实预防为主方针的具体体现,是进行工程项目安全生产管理的指导性文件。

(3)安全技术措施计划的落实和实施。包括建立健全安全生产责任制、设置安全生产设施、进行安全教育和培训、沟通和交流信息、通过安全控制使生产作业的安全状况处于受控状态。

(4)安全技术措施计划的验证。包括安全检查、纠正不符合情况,并做好检查记录工作。根据实际情况补充和修改安全技术措施。

(5)持续改进,直至完成建设工程项目的所有工作。施工安全生产管理的程序如图 10-1 所示。

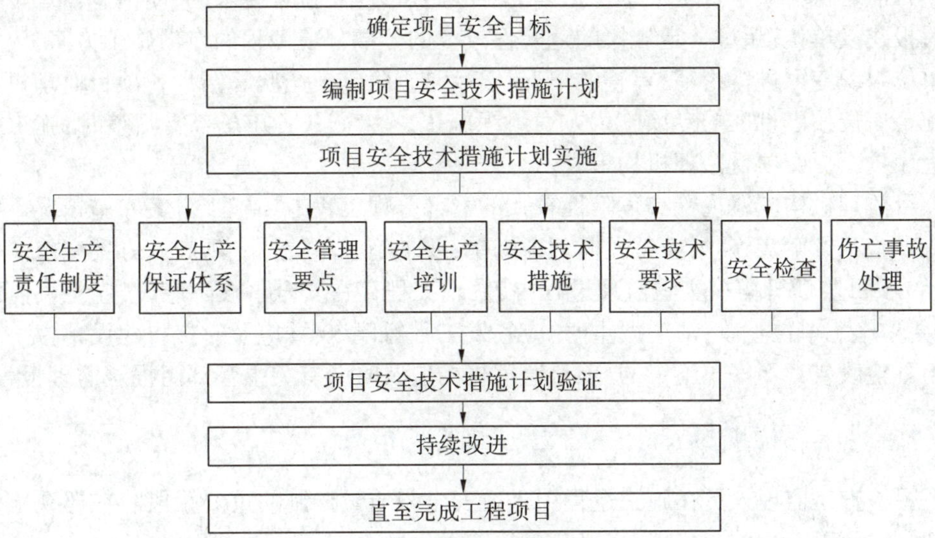

图 10-1 施工安全生产管理的程序

10.2.2.2 施工安全生产管理的基本要求

(1)必须取得安全行政主管部门颁发的安全生产许可证后才可开工。

(2)必须建立健全安全生产管理保障制度。

(3)各类人员必须具备相应的执业资格才能上岗。

(4)所有新员工必须经过三级安全教育,即进厂、进车间和进班组的安全教育。

(5)特殊工种作业人员必须持有特种作业操作证,并严格按规定定期进行复查。

(6)对查出的安全隐患要做到"五定",即定整改责任人、定整改措施、定整改完成时间、定整改完成人、定整改验收人。

(7)必须把好安全生产"六关",即措施关、交底关、教育关、防护关、检查关、改进关。

(8)施工现场安全设施齐全,并符合国家及地方有关规定。

(9)施工机械(特别是现场安设的起重设备等)必须经安全检查合格后方可使用。

10.2.3 建设工程项目安全生产管理的监理工作

(1)项目监理机构应根据法律法规、工程建设强制性标准,履行建设工程安全生产管理的监理职责,并应将安全生产管理的监理工作内容、方法和措施纳入监理规划及监理实施细则。

(2)项目监理机构应审查施工单位现场安全生产规章制度的建立和实施情况,并应审查施工单位安全生产许可证及施工单位项目经理、专职安全生产管理人员和特种作业人员的资格,同时应核查施工机械和设施的安全许可验收手续。

(3)施工单位应当在施工组织设计中编制安全技术措施和施工现场临时用电方案,对下列达到一定规模的危险性较大的分部分项工程编制专项施工方案:①基坑支护与降水工程;②土方开挖工程;③模板工程及支撑体系;④起重吊装工程及安装拆卸工程;⑤脚手架工程;⑥拆除、爆破工程;⑦其他。

项目监理机构应审查施工单位报审的专项施工方案,符合要求的,应由总监理工程师签认后报建设单位;超过一定规模的危险性较大的分部分项工程的专项施工方案,应检查施工单位组织专家进行论证、审查的情况,以及是否附具安全验算结果。项目监理机构应要求施工单位按已批准的专项施工方案组织施工。专项施工方案需要调整时,施工单位应按程序重新提交项目监理机构审查。

项目监理机构应巡视检查危险性较大的分部分项工程专项施工方案实施情况。发现未按专项施工方案实施时,应签发监理通知单,要求施工单位按专项施工方案实施。

(4)项目监理机构在实施监理过程中,发现工程存在安全事故隐患时,应签发监理通知单,要求施工单位整改;情况严重时,应签发工程暂停令,并应及时报告建设单位。施工单位拒不整改或者不停止施工的,项目监理机构应及时向有关主管部门报送监理报告。

10.2.4 建设工程项目安全生产管理的巡视检查

巡视检查是监理人员在施工过程中进行安全与质量控制的重要手段。在巡视检查中应该加强对施工安全的监测,防止安全事故的发生。

10.2.4.1 高处作业情况

为防止高处坠落事故的发生,监理人员应重点巡视现场,看施工组织设计中的安全措施是否落实。

(1)架设是否牢固。

(2)高处作业人员是否系保险带。

(3)是否采取防滑、防冻、防寒、防雷等措施,遇到恶劣天气不得进行高处作业。

(4)有无尚未安装栏杆的平台、雨篷、挑檐。

(5)孔、洞、口、沟、坎、井等部位是否设置防护栏杆,洞口下是否设置防护网。

(6)作业人员从安全通道上下楼,不得从架子上攀登,不得随提升机、货运机上下。

(7)梯子底部坚实可靠,不得垫高使用,梯子上端应固定。

10.2.4.2 安全用电情况

为防止触电事故的发生,监理人员应对下列内容进行检查:

(1)开关箱是否设置漏电保护。

(2)每台设备是否一机一闸。

(3)闸箱三相五线制连接是否正确。

(4)室内、室外电线、电缆架设高度是否满足规范要求。

(5)电缆埋地是否合格。

(6)检查、维修是否带电作业,是否挂标志牌。

(7)相关环境下用电电压是否合格。

(8)配电箱、电气设备之间的距离是否符合规范要求。

10.2.4.3 脚手架(模板)情况

为防止脚手架(模板)坍塌事故的发生,监理人员应对脚手架(模板)的安全足够重视。对脚手架的施工工序验收的内容主要有:

(1)脚手架用材料(钢管、扣件)质量是否符合规范要求。

(2)节点连接是否满足规范要求。

(3)脚手架与建筑物连接是否牢固、可靠。

(4)剪刀撑设置是否合理。

(5)扫地杆安装是否正确。

(6)同一脚手架用钢管直径是否一致。

(7)脚手架安装、拆除队伍是否具有相关资质。

(8)脚手架底部基础是否符合规范要求。

10.2.4.4 机械使用情况

由于使用过程中违规操作、机械故障等,会造成人员的伤亡,因此对于机械安全使用情况,监理人员应该进行验收,对于不合格的机械设备,应令施工承包单位清出施工现场,不得使用,对不具备资格的操作人员停止其操作行为。其验收检查内容主要有:

(1)具有相关资格的操作人员身体情况、防护情况是否合格。

(2)机械上的各种安全防护装置和警示牌是否齐全。

(3)机械用电连接等是否合格。

(4)起重机载荷是否满足要求。

(5)机械作业现场是否合格。

(6)塔吊安装、拆卸方案是否编制合理。

(7)机械设备与操作人员、非操作人员的距离是否满足要求。

10.2.4.5 安全防护情况

有了必要的防护措施,就可以大大减少安全事故的发生,监理人员对安全防护情况的检查验收内容主要有:

(1)防护是否到位,不同的工种应该有不同的防护装置,如安全帽、安全带、安全网、防护罩、绝缘服等。

(2)自身安全防护是否合格,如头发、衣服、身体状况等。

(3)施工现场周围环境的防护措施是否健全,如高压线、地下电缆、运输道路,以及沟、河、洞等对建设工程的影响。

(4)安全管理费用是否到位,能否保证安全防护的设置需求。

10.2.5 建设工程项目安全生产管理的监理责任

工程监理单位和监理工程师应当对建设工程安全生产管理承担法定监理责任。

工程监理单位有下列行为之一的,责令限期改正;逾期未改正的,责令停业整顿,并处10万元以上30万元以下的罚款;情节严重的,降低资质等级,直至吊销资质证书;造成重大安全事故，构成犯罪的，对直接责任人员，依照刑法有关规定追究刑事责任；造成损失的，依法承担赔偿责任。

(1)未对施工组织设计中的安全技术措施或者专项施工方案进行审查的。

(2)发现安全事故隐患未及时要求施工单位整改或者暂时停止施工的。

(3)施工单位拒不整改或者不停止施工，未及时向有关主管部门报告的。

(4)未依照法律法规和工程建设强制性标准实施监理的。

注册监理工程师未执行法律法规和工程建设强制性标准的，责令停止执业3个月以上1年以下；情节严重的，吊销执业资格证书，5年内不予注册；造成重大安全事故的，终身不予注册；构成犯罪的，依照刑法有关规定追究刑事责任。

10.2.6　建设工程项目安全生产管理文件的编制

不论是质量工作还是安全工作，监理人员在工作过程中要严格保存全部相关资料，一方面是档案管理工作的需要，另一方面也是为了在安全生产事故发生后，便于做好维权和举证工作，防止监理无过错或只有轻微过错而被扩大追究安全责任，避免在监理工作中已经采取措施，但没有留下记录或记录不全面、不完整，而导致错误地被追究责任。

10.2.6.1　涉及安全生产管理的监理资料

(1)监理规划与监理细则中相应部分应具有安全方面的工作内容。

(2)审查施工组织设计及施工方案要严格按程序进行，并要记录过程；对一些涉及重大危险性作业，应书面要求施工单位编制专项施工方案；对无方案施工要给予坚决的制止，并有书面记录。

(3)监理人员在现场巡视或检查后要详细记录有关检查安全方面的监理行为，以证明监理人员确实在注重发现安全隐患，尤其是较大危险性的作业现场，监理人员应加强巡视与现场检查，检查后应详细记录。

(4)工地例会中有关安全工作的内容要全部完整地记录。

(5)对所发现安全隐患的处理文件包括监理通知、指令、暂停施工令和上报业主及建设安全行政主管部门的有关报告。

(6)监理月报中应包括反映项目施工安全工作的内容。

一旦发生安全事故，监理人员要积极配合调查工作，提供有关安全生产管理的资料。

10.2.6.2　安全生产管理中监理举证的内容

(1)反映监理依据合法性的证据。证明监理机构是按国家法律法规、合同、设计文件、工程建设强制性标准进行监理的。

(2)反映监理工作的程序、方法合法性、规范性的证据。证明监理的具体工作、具体做法是符合有关规定的。

(3)反映监理进行工程协调和处理问题其后果合理性的证据。如监理过程中，没有错误指令；发现质量、安全问题，进行了合理的处置；监理的工作成效等。

(4)针对所追究的事故责任，要提出有可信证据的事故原因分析报告。

10.3 建设工程项目生产安全事故及处理

10.3.1 生产安全事故的分类

按照《生产安全事故报告和调查处理条例》(国务院令第493号)规定,生产安全事故分为以下等级:

(1)特别重大事故,是指造成30人以上死亡,或者100人以上重伤(包括急性工业中毒,下同),或者1亿元以上直接经济损失的事故。

(2)重大事故,是指造成10人以上30人以下死亡,或者50人以上100人以下重伤,或者5 000万元以上1亿元以下直接经济损失的事故。

(3)较大事故,是指造成3人以上10人以下死亡,或者10人以上50人以下重伤,或者1 000万元以上5 000万元以下直接经济损失的事故。

(4)一般事故,是指造成3人以下死亡,或者10人以下重伤,或者1 000万元以下直接经济损失的事故。

10.3.2 生产安全事故的处理原则

生产安全事故的处理必须坚持"四不放过"原则。

(1)事故原因未查清不放过。

调查处理生产安全事故时,首先要把事故原因分析清楚,找出导致事故发生的真正原因,不能在尚未找到事故主要原因时就轻易下结论,不能把次要原因当成真正原因,只有找到事故发生的真正原因,才能达到事故原因分析的目的。

(2)事故责任者和员工没有受到教育不放过。

必须使事故责任者和员工了解事故发生的原因及所造成的危害,并深刻认识到搞好安全生产的重要性,使大家从事故中吸取教训。

(3)事故责任人未受到处理不放过。

对事故责任者要严格按照安全事故责任追究规定和有关法律法规的规定进行严肃处理。

(4)事故没有制定切实可行的整改措施不放过。

在生产安全事故处理的过程中,要针对事故发生的原因提出防止相同或类似事故发生的切实可行的整改措施,并督促事故发生单位加以实施。

10.3.3 生产安全事故的处理程序

(1)报告安全事故。

(2)处理安全事故,抢救伤员,排除险情,防止事故蔓延扩大,做好标志,保护好现场等。

(3)安全事故调查。

(4)对事故责任者进行处理。

(5)编写调查报告并上报。

10.3.4 生产安全事故的报告

10.3.4.1 报告的程序

(1)事故发生后,事故现场有关人员应当立即向本单位负责人报告;单位负责人接到报告后,应当于1小时内向事故发生地县级以上地方人民政府安全生产监督管理部门和负有安全生产监督管理职责的有关部门报告。实行施工总承包的建设工程,由总承包单位负责上报事故。

情况紧急时,事故现场有关人员可以直接向事故发生地县级以上地方人民政府安全生产监督管理部门和负有安全生产监督管理职责的有关部门报告。

(2)安全生产监督管理部门和负有安全生产监督管理职责的有关部门接到事故报告后,应当依照下列规定上报事故情况,并通知公安机关、劳动保障行政部门、工会和人民检察院。

①特别重大事故、重大事故逐级上报至国务院安全生产监督管理部门和负有安全生产监督管理职责的有关部门。

②较大事故逐级上报至省(区、市)人民政府安全生产监督管理部门和负有安全生产监督管理职责的有关部门。

③一般事故上报至设区的市级人民政府安全生产监督管理部门和负有安全生产监督管理职责的有关部门。

(3)安全生产监督管理部门和负有安全生产监督管理职责的有关部门依照上述规定上报事故情况,应当同时报告本级人民政府。国务院安全生产监督管理部门和负有安全生产监督管理职责的有关部门以及省级人民政府接到发生特别重大事故、重大事故的报告后,应当立即报告国务院。

必要时,安全生产监督管理部门和负有安全生产监督管理职责的有关部门可以越级上报事故情况;安全生产监督管理部门和负有安全生产监督管理职责的有关部门逐级上报事故情况,每级上报的时间不得超过2小时。

(4)事故发生之日起30日内,事故造成的伤亡人数发生变化的,应当及时补报。

监理单位在生产安全事故发生后,应督促施工承包单位及时、如实地向有关部门报告,应下达停工令,并报告建设单位,防止事故的进一步扩大和蔓延。

10.3.4.2 报告的内容

报告生产安全事故应当包括下列内容:

(1)事故发生单位概况。

(2)事故发生的时间、地点以及事故现场情况。

(3)事故的简要经过。

(4)事故已经造成或者可能造成的伤亡人数(包括下落不明的人数)和初步估计的直接经济损失。

(5)已经采取的措施。

(6)其他应当报告的情况。

发生生产安全事故后,任何单位和个人不得隐瞒不报、谎报或者迟报,不得故意破坏事故现场、毁灭有关证据。

10.3.5 生产安全事故的应急救援

县级以上地方人民政府建设行政主管部门应当根据本级人民政府的要求,制定本行政区域内建设工程特大生产安全事故应急救援预案。

施工单位应当制定本单位生产安全事故应急救援预案,建立应急救援组织或者配备应急救援人员,配备必要的应急救援器材、设备,并定期组织演练。

施工单位应当根据建设工程施工的特点、范围,对施工现场易发生重大事故的部位、环节进行管控,制定施工现场生产安全事故应急救援预案。实行施工总承包的,由总承包单位统一组织编制建设工程生产安全事故应急救援预案,工程总承包单位和分包单位按照应急救援预案,各自建立应急救援组织或者配备应急救援人员,配备救援器材、设备,并定期组织演练。

事故发生单位负责人接到事故报告后,应当立即启动事故相应应急预案,或者采取有效措施,组织抢救,防止事故扩大,减少人员伤亡和财产损失。

事故发生地有关地方人民政府、安全生产监督管理部门和负有安全生产监督管理职责的有关部门接到事故报告后,其负责人应当立即赶赴事故现场,组织事故救援。

事故发生后,有关单位和人员应当妥善保护事故现场以及相关证据,任何单位和个人不得破坏事故现场、毁灭相关证据。因抢救人员、防止事故扩大以及疏通交通等原因,需要移动事故现场物件的,应当做出标志,绘制现场简图并做出书面记录,妥善保存现场重要痕迹、物证。

10.3.6 生产安全事故的调查

10.3.6.1 调查权限

(1)特别重大事故由国务院或者国务院授权有关部门组织事故调查组进行调查;重大事故、较大事故、一般事故分别由事故发生地省级人民政府、设区的市级人民政府、县级人民政府负责调查。

省级人民政府、设区的市级人民政府、县级人民政府可以直接组织事故调查组进行调查,也可以授权或者委托有关部门组织事故调查组进行调查;未造成人员伤亡的一般事故,县级人民政府也可以委托事故发生单位组织事故调查组进行调查。

(2)上级人民政府认为必要时,可以调查由下级人民政府负责调查的事故。

(3)事故发生之日起30日内,因事故伤亡人数变化导致事故等级发生变化,依照本条例规定应当由上级人民政府负责调查的,上级人民政府可以另行组织事故调查组进行调查。

(4)特别重大事故以下等级事故,事故发生地与事故发生单位不在同一个县级以上行政区域的,由事故发生地人民政府负责调查,事故发生单位所在地人民政府应当派人参加。

10.3.6.2 事故调查组

（1）事故调查组由有关人民政府、安全生产监督管理部门、负有安全生产监督管理职责的有关部门、监察机关、公安机关以及工会派人组成，并应当邀请人民检察院派人参加。事故调查组可以聘请有关专家参与调查。

（2）事故调查组成员应当具有事故调查所需要的知识和专长，并与所调查的事故没有直接利害关系。

（3）事故调查组组长由负责事故调查的人民政府指定。事故调查组组长主持事故调查组的工作。

（4）事故调查组有权向有关单位和个人了解与事故有关的情况，并要求其提供相关文件、资料，有关单位和个人不得拒绝。

（5）事故发生单位的负责人和有关人员在事故调查期间不得擅离职守，并应当随时接受事故调查组的询问，如实提供有关情况；事故调查中发现涉嫌犯罪的，事故调查组应当及时将有关材料或者其复印件移交司法机关处理。

（6）事故调查中需要进行技术鉴定的，事故调查组应当委托具有国家规定资质的单位进行技术鉴定。必要时，事故调查组可以直接组织专家进行技术鉴定。技术鉴定所需时间不计入事故调查期限。

（7）事故调查组成员在事故调查工作中应当诚信公正、恪尽职守，遵守事故调查组的纪律，保守事故调查的秘密；未经事故调查组组长允许，事故调查组成员不得擅自发布有关事故的信息。

10.3.6.3 事故调查报告

事故调查组应当自事故发生之日起60日内提交事故调查报告；特殊情况下，经负责事故调查的人民政府批准，提交事故调查报告的期限可以适当延长，但延长的期限最长不超过60日。事故调查报告应当包括下列内容：

（1）事故发生单位概况。

（2）事故发生经过和事故救援情况。

（3）事故造成的人员伤亡和直接经济损失。

（4）事故发生的原因和事故性质。

（5）事故责任的认定以及对事故责任者的处理建议。

（6）事故防范和整改措施。

事故调查报告应当附具有关证据材料，事故调查组成员应当在事故调查报告上签名，事故调查报告报送负责事故调查的人民政府后，事故调查工作即告结束。事故调查的有关资料应当归档保存。

10.3.7 生产安全事故的处理规定

（1）重大事故、较大事故、一般事故，负责事故调查的人民政府应当自收到事故调查报告之日起15日内做出批复；特别重大事故，30日内做出批复，特殊情况下，批复时间可以适当延长，但延长的时间最长不超过30日。

（2）有关机关应当按照人民政府的批复，依照法律、行政法规规定的权限和程序，对事故发生单位和有关人员进行行政处罚,对负有事故责任的国家工作人员进行处分;事故发生单位应当按照负责事故调查的人民政府的批复,对本单位负有事故责任的人员进行处理。负有事故责任的人员涉嫌犯罪的,依法追究刑事责任。

(3)事故发生单位应当认真吸取事故教训,落实防范和整改措施,防止事故再次发生。防范和整改措施的落实情况应当接受工会和职工的监督。

(4)安全生产监督管理部门和负有安全生产监督管理职责的有关部门应当对事故发生单位落实防范和整改措施的情况进行监督检查。

(5)事故处理的情况由负责事故调查的人民政府或者其授权的有关部门、机构向社会公布,依法应当保密的除外。

10.3.8 生产安全事故的法律责任

(1)事故发生单位主要负责人有下列行为之一的,处上一年年收入40%~80%的罚款;属于国家工作人员的,并依法给予处分;构成犯罪的,依法追究刑事责任:①不立即组织事故抢救的;②迟报或者漏报事故的;③在事故调查处理期间擅离职守的。

(2)事故发生单位及其有关人员有下列行为之一的,对事故发生单位处100万元以上500万元以下的罚款;对主要负责人、直接负责的主管人员和其他直接责任人员处上一年年收入60%~100%的罚款;属于国家工作人员的,并依法给予处分;构成违反治安管理行为的,由公安机关依法给予治安管理处罚;构成犯罪的,依法追究刑事责任:①谎报或者瞒报事故的;②伪造或者故意破坏事故现场的;③转移、隐匿资金、财产,或者销毁有关证据、资料的;④拒绝接受调查或者拒绝提供有关情况和资料的;⑤在事故调查中作伪证或者指使他人作伪证的;⑥事故发生后逃匿的。

(3)事故发生单位对事故发生负有责任的,依照下列规定处以罚款:①发生一般事故的,处10万元以上20万元以下的罚款;②发生较大事故的,处20万元以上50万元以下的罚款;③发生重大事故的,处50万元以上200万元以下的罚款;④发生特别重大事故的,处200万元以上500万元以下的罚款。

(4)事故发生单位主要负责人未依法履行安全生产管理职责,导致事故发生的,依照下列规定处以罚款;属于国家工作人员的,并依法给予处分;构成犯罪的,依法追究刑事责任:①发生一般事故的,处上一年年收入30%的罚款;②发生较大事故的,处上一年年收入40%的罚款;③发生重大事故的,处上一年年收入60%的罚款;④发生特别重大事故的,处上一年年收入80%的罚款。

事故发生单位对事故发生负有责任的,由有关部门依法暂扣或者吊销其有关证照;对事故发生单位负有事故责任的有关人员,依法暂停或者撤销其与安全生产有关的执业资格、岗位证书;事故发生单位主要负责人受到刑事处罚或者撤职处分的,自刑罚执行完毕或者受处分之日起,5年内不得担任任何生产经营单位的主要负责人;为发生事故的单位提供虚假证明的中介机构,由有关部门依法暂扣或者吊销其有关证照及其相关人员的执业资格;构成犯罪的,依法追究刑事责任。

参与事故调查的人员在事故调查中有下列行为之一的,依法给予处分;构成犯罪的,依法追究刑事责任:①对事故调查工作不负责任,致使事故调查工作有重大疏漏的;②包庇、袒护负有事故责任的人员或者借机打击报复的。

10.4　建设工程项目职业健康安全事故

10.4.1　建设工程项目职业健康安全事故的类型

职业健康安全事故分为两大类型，即职业伤害事故与职业病。

10.4.1.1　职业伤害事故

职业伤害事故是指因生产过程及工作原因或与其相关的其他原因造成的伤亡事故。

按照我国《企业伤亡事故分类》(GB 6441—1986)标准规定，职业伤害事故分为20类。

(1)物体打击：指落物、滚石、锤击、碎裂、崩块、砸伤等造成的人身伤害，不包括因爆炸而引起的物体打击。

(2)车辆伤害：指被车辆挤、压、撞和车辆倾覆等造成的人身伤害。

(3)机械伤害：指被机械设备或工具绞、碾、碰、割、戳等造成的人身伤害，不包括车辆、起重设备引起的伤害。

(4)起重伤害：指从事各种起重作业时发生的机械伤害事故，不包括上下驾驶室时发生的坠落伤害，起重设备引起的触电及检修时制动失灵造成的伤害。

(5)触电：指由于电流经过人体导致的生理伤害，包括雷击伤害。

(6)淹溺：指由于水或液体大量从口、鼻进入肺内，导致呼吸道阻塞，发生急性缺氧而窒息死亡。

(7)灼烫：指火焰引起的烧伤、高温物体引起的烫伤、强酸或强碱引起的灼伤、放射线引起的皮肤损伤，不包括电烧伤及火灾事故引起的烧伤。

(8)火灾：指在火灾时造成的人体烧伤、窒息、中毒等。

(9)高处坠落：指由于危险势能差引起的伤害，包括从架子、屋架上坠落以及平地坠入坑内等。

(10)坍塌：指建筑物、堆置物倒塌以及土石塌方等引起的事故伤害。

(11)冒顶片帮：指矿井作业面、巷道侧壁由于支护不当、压力过大造成的坍塌(片帮)以及顶板垮落(冒顶)事故。

(12)透水：指从矿山、地下开采或其他坑道作业时，有压地下水意外大量涌入而造成的伤亡事故。

(13)放炮：指由于放炮作业引起的伤亡事故。

(14)火药爆炸：指在火药的生产、运输、储藏过程中发生的爆炸事故。

(15)瓦斯爆炸：指可燃气体、瓦斯、煤粉与空气混合，接触火源时引起的化学性爆炸事故。

(16)锅炉爆炸：指锅炉由于内部压力超出炉壁的承受能力而引起的物理性爆炸事故。

(17)容器爆炸：指压力容器内部压力超出容器壁所能承受的压力引起的物理爆炸，

容器内部可燃气体泄漏与周围空气混合遇火源而发生的化学爆炸。

(18)其他爆炸:凡不属于上述爆炸的事故均称为其他爆炸事故,包括化学爆炸,炉膛、钢水包爆炸等。

(19)中毒和窒息:指煤气、油气、沥青、化学、一氧化碳中毒等。

(20)其他伤害:凡不属于上述伤害的事故均称为其他伤害,包括扭伤、跌伤、冻伤、野兽咬伤等。

10.4.1.2 职业病

经诊断因从事接触有毒有害物质或不良环境的工作而造成急慢性疾病,属职业病。2014 年国家卫生计生委、安全监管总局、人力资源和社会保障部和全国总工会对职业病的分类和目录进行了调整,新的《职业病目录》列出的法定职业病为 10 大类共 132 种。该目录中所列的 10 大类职业病如下。

(1)职业性尘肺病及其他呼吸系统疾病。

尘肺病:矽肺、煤工尘肺、石墨尘肺、碳黑尘肺、石棉肺、滑石尘肺、水泥尘肺、云母尘肺、陶工尘肺、铝尘肺、电焊工尘肺等 13 种。

其他呼吸系统疾病:过敏性肺炎、棉尘病、哮喘、金属及其化合物粉尘肺沉着病(锡、铁、锑、钡及其化合物等)、刺激性化学物所致慢性阻塞性肺疾病、硬金属肺病。

(2)职业性皮肤病:接触性皮炎、光接触性皮炎、电光性皮炎、黑变病、痤疮、溃疡、化学性皮肤灼伤、白斑、根据《职业性皮肤病的诊断总则》可以诊断的其他职业性皮肤病。

(3)职业性眼病:化学性眼部灼伤、电光性眼炎、白内障(含放射性白内障、三硝基甲苯白内障)。

(4)职业性耳鼻喉口腔疾病:噪声聋、铬鼻病、牙酸蚀病、爆震聋。

(5)职业性化学中毒:铅、汞、锰及其化合物、苯、一氧化碳、二硫化碳等 60 种。

(6)物理因素所致职业病:中暑、减压病、高原病、航空病、手臂振动病、激光所致眼(角膜、晶状体、视网膜)损伤、冻伤。

(7)职业性放射性疾病:外照射急性放射病、外照射亚急性放射病、外照射慢性放射病、内照射放射病、放射性皮肤疾病、放射性骨损伤等 11 种。

(8)职业性传染病:炭疽、森林脑炎、布鲁氏菌病、艾滋病(限于医疗卫生人员及人民警察)、莱姆病。

(9)职业性肿瘤:石棉所致肺癌、间皮瘤,联苯胺所致膀胱癌,苯所致白血病,氯甲醚、双氯甲醚所致肺癌,砷及其化合物所致肺癌、皮肤癌等 11 种。

(10)其他职业病:金属烟热、滑囊炎(限于井下工人)、股静脉血栓综合征、股动脉闭塞症或淋巴管闭塞症(限于刮研作业人员)。

10.4.2 建设工程项目职业健康安全事故的处理

10.4.2.1 伤亡事故统计规定

(1)企业职工伤亡事故统计实行地区考核为主的制度。各级隶属关系的企业和企业主管单位要按当地安全生产行政主管部门规定的时间报送报表。

(2)安全生产行政主管部门对各部门的企业职工伤亡事故情况实行分级考核。企业报送主管部门的数字要与报送当地安全生产行政主管部门的数字一致,各级主管部门应如实向同级安全生产行政主管部门报送。

(3)省级安全生产行政主管部门和国务院各有关部门及计划单列的企业集团的职工伤亡事故统计月报表、年报表应按时报到国家安全生产行政主管部门。

10.4.2.2 伤亡事故处理规定

(1)事故调查组提出的事故处理意见和防范措施建议,由发生事故的企业及其主管部门负责处理。

(2)因忽视安全生产、违章指挥、违章作业、玩忽职守或者发现事故隐患、危害情况而不采取有效措施以致造成伤亡事故的,由企业主管部门或者企业按照国家有关规定,对企业负责人和直接责任人员给予行政处分;构成犯罪的,由司法机关依法追究刑事责任。

(3)在伤亡事故发生后隐瞒不报、谎报、故意迟延不报、故意破坏事故现场,或者以不正当理由,拒绝接受调查以及拒绝提供有关情况和资料的,由有关部门按照国家有关规定,对有关单位负责人和直接责任人员给予行政处分;构成犯罪的,由司法机关依法追究刑事责任。

(4)伤亡事故处理工作应当在90日内结案,特殊情况不得超过180日。伤亡事故处理结案后,应当公开宣布处理结果。

10.4.2.3 工伤认定

根据《工伤保险条例》(国务院令第586号)规定,工伤认定办法如下。

(1)职工有下列情形之一的,应当认定为工伤:

①在工作时间和工作场所内,因工作原因受到事故伤害的。

②工作时间前后在工作场所内,从事与工作有关的预备性或者收尾性工作受到事故伤害的。

③在工作时间和工作场所内,因履行工作职责受到暴力等意外伤害的。

④患职业病的。

⑤因工外出期间,由于工作原因受到伤害或者发生事故下落不明的。

⑥在上下班途中,受到非本人主要责任的交通事故或者城市轨道交通、客运轮渡、火车事故伤害的。

⑦法律、行政法规规定应当认定为工伤的其他情形。

(2)职工有下列情形之一的,视同工伤:

①在工作时间和工作岗位,突发疾病死亡或者在48小时之内经抢救无效死亡的。

②在抢险救灾等维护国家利益、公共利益活动中受到伤害的。

③职工原在军队服役,因战、因公负伤致残,已取得革命伤残军人证,到用人单位后旧伤复发的。

(3)职工有下列情形之一的,不得认定为工伤或者视同工伤:

①故意犯罪的。

②醉酒或者吸毒的。

③自残或者自杀的。

10.4.2.4 职业病的处理

1. 职业病报告

(1)地方各级卫生行政部门指定相应的职业病防治机构或卫生防疫机构负责职业病统计和报告工作。职业病报告实行以地方为主,逐级上报的办法。

(2)一切企、事业单位发生的职业病,都应按规定要求向当地卫生监督机构报告,由卫生监督机构统一汇总上报。

2. 职业病处理

(1)职工被确诊患有职业病后,其所在单位应根据职业病诊断机构的意见,安排其医治或疗养。

(2)在医治或疗养后被确认不宜继续从事原有害作业或工作的,应自确认之日起的两个月内将其调离原工作岗位,另行安排工作;对于因工作需要暂不能调离的生产、工作的技术骨干,调离期限最长不得超过半年。

(3)患有职业病的职工变动工作单位时,其职业病待遇应由原单位负责或两个单位协调处理,双方商妥后方可办理调转手续,并将其健康档案、职业病诊断证明及职业病处理情况等材料全部移交新单位。调出、调入单位都应将情况报告所在地的劳动卫生职业病防治机构备案。

(4)职工到新单位后,新发生的职业病不论与现工作有无关系,其职业病待遇由新单位负责。劳动合同制工人、临时工终止或解除劳动合同后,在待业期间新发现的职业病,与上一个劳动合同期工作有关时,其职业病待遇由原终止或解除劳动合同的单位负责,如原单位已与其他单位合并,由合并后的单位负责;如原单位已撤销,应由原单位的上级主管机关负责。

思考题

1. 简述《职业健康安全管理体系 要求》所包含的要素。
2. 简述施工安全生产管理的概念和特点。
3. 简述施工安全生产管理的程序。
4. 监理工程师如何进行专项施工方案的审查?
5. 施工安全生产管理的基本要求有哪些?
6. 简述生产安全事故的分类。
7. 生产安全事故处理的原则有哪些?
8. 简述生产安全事故报告的程序。
9. 生产安全事故调查报告应当包括哪些内容?
10. 职业伤害事故如何进行分类?
11. 如何进行工伤的认定?
12. 职业病应如何进行处理?

11　建设工程项目环境管理

11.1　概　述

11.1.1　建设工程项目环境管理的概念

环境管理是运用计划、组织、协调、控制、监督等手段，为达到预期环境目标而进行的一项综合性活动。根据《环境保护法》规定，国务院环境保护行政主管部门对全国环境保护工作实施统一监督管理。国家环境保护部门基本职能是运用行政、法律、经济、教育和科学技术手段，协调社会经济发展同环境保护之间的关系，处理国民经济各部门、各社会集团和个人有关环境问题的相互关系，使社会经济发展在满足人们物质和文化生活需要的同时，防治环境污染和维护生态平衡。

由于环境管理的内容涉及土壤、水、大气、生物等各种环境因素，环境管理的领域涉及经济、社会、政治、自然、科学技术等方面，环境管理的范围涉及国家的各个部门，所以环境管理具有高度的综合性。

11.1.1.1　环境管理的主要内容

1. 环境计划的管理

环境计划包括工业交通污染防治计划、城市污染控制计划、流域污染控制计划、自然环境保护计划，以及环境科学技术发展计划、宣传教育计划等，还包括在调查、评价特定区域的环境状况的基础区域环境规划。

2. 环境质量的管理

环境质量的管理主要有组织制定各种质量标准、各类污染物排放标准和监督检查工作，组织调查、监测和评价环境质量状况及预测环境质量变化趋势。

3. 环境技术的管理

环境技术的管理主要包括确定环境污染和破坏的防治技术路线与技术政策；确定环境科学技术发展方向；组织环境保护的技术咨询和情报服务；组织国内和国际的环境科学技术合作交流等。

11.1.1.2　环境管理的特征

建设工程项目对环境的影响是巨大的，对环境的影响主要包括消耗大量的能源和原材料，产生大量的废水、废气和建筑垃圾，产生噪声污染、光污染、振动、粉尘，占用土地，破坏景观等。建设工程项目的环境问题是一个复杂的系统问题，具有以下主要特征。

1. 整体性

建设工程项目的环境问题是通过各种相关的环境问题如水污染、大气污染、噪声污染、能源消耗、原材料消耗、建筑垃圾等共同起作用的，其整体的危害远远大于各个环境问题简单相加的总和。

2. 相关性

建设工程项目各个环境问题是相关的,如建筑垃圾进入水体,就必然引起水污染;生产建筑材料同时造成能源消耗和原材料消耗,同时生产过程中煤炭等能源的燃烧引起大气污染,造成酸雨,酸雨沉降又会引起水体污染等。

3. 优化性

建设工程项目的环境问题可以通过有效的管理得以改善,实现整体优化,如对建筑物拆除后的材料进行回收利用,首先可以减少建筑垃圾,其次可以减少建筑原材料的消耗,减少建筑材料生产过程中废气的产生,从而又可以减少大气污染。

4. 变动性

随着社会经济状况、人们生活方式、能源结构的改变,建设工程项目规划、设计的理念发生变化,对建筑材料的需求发生变化,导致建设工程项目环境问题也发生相应的变动。

建设工程项目的环境管理是在项目的全寿命期内,使用各种环境管理方法,使建设项目的各个阶段和项目参与各方达到预期目标的一项综合性、系统性活动。对建设工程项目进行全寿命期的环境管理必须借助系统论的思想和方法,发挥项目所有相关者的作用,综合运用各种技术和措施,从而实现项目环境系统的整体优化。

11.1.2 建设工程项目环境管理的必要性

建设工程项目是与环境相联系的,它通常都具有外部性,建设工程项目的实施会对环境产生影响,影响的程度可能因项目的不同而不同,但是无论什么建设项目,重视环境保护,实施有效的环境管理,对建设工程项目本身和对社会而言都有十分重要的意义。

(1)保障人们健康的需要。有些项目会对周边环境产生严重影响,如噪声污染会干扰人的睡眠,引起人体的紧张,长期在噪声环境中会损害人的听觉系统,甚至会造成神经系统紊乱;粉尘污染可能会引起作业人员的职业性尘肺病。通过对建设工程项目实施有效的环境管理,可以缓解或消除上述危害,保障人们身心健康。

(2)项目管理者的职责要求。进行环境管理是国家有关法律法规所规定的,同时,社会公众舆论、管理者职业道德都要求项目管理者对建设项目实施有效的环境管理。

(3)项目自身顺利实施的条件。建设工程项目环境管理一方面能保证一个良好的工作环境,保证项目产品满足环境方面的要求;另一方面能最大限度地减少来自外部的干扰,使项目顺利实施。

(4)社会、经济、环境以及工程项目自身可持续发展的需要。

(5)循环经济发展的需要。循环经济是在遵循自然生态系统物质循环和能量流动的规律下,重构经济系统,使其和谐地纳入自然生态系统的物质能量循环过程,以产品清洁生产、资源循环利用和废物高效回收为特征的生态经济发展形态。建筑行业是我国的支柱行业之一,建设工程项目进行全寿命期集成环境管理有助于促进经济发展模式从传统的"高消耗、低利用、高排放"转换为"低消耗、高利用、低排放"。

对于生态类的建设工程项目,例如交通、铁路、水利、水电、石油开发及管线建设工程,这类建设工程对环境的影响往往开始于勘探、选线阶段,重点发生于施工建设期,等到工程竣工验收时,生态破坏早已发生,造成的环境影响已无法弥补和挽回。所以,必须对该类建设工程项目实施阶段进行有效的环境保护监督管理,避免生态破坏和污染事故的发生。

对于工业类的建设工程项目,随着我国市场经济的逐步实现,投资多元化带来了新的环境挑战,许多投资者基于资金、效益和管理等方面的因素,在项目的建设期间未能充分考虑环保设施的建设,给企业投产后污染物达标排放留下了严重隐患;有些项目没有按照环境影响报告书及环境保护行政管理部门的批复要求进行设计和施工,擅自改变生产规模、生产工艺和主要设备,擅自调整排污管道走向,项目投产后污染物突破排放总量控制要求,环保设施无法达标,为项目投产后的违规暗排提供方便,给环境保护管理造成困难,同时造成大量浪费。所以,对于这类建设工程项目也需要进行有效的环境管理,发现问题于初始阶段,及时监督整改,坚决杜绝非标准排放口的建设,为建设项目的顺利实施和生产创造条件。

11.1.3 建设工程项目环境监理概述

11.1.3.1 建设工程项目环境监理的概念

环境监理是指具有相应资质的监理企业,接受建设单位的委托,承担其建设项目的环境管理工作,代表建设单位对承建单位的建设行为对环境的影响情况进行全过程监督管理的专业化咨询服务活动。包括主体工程和临时工程实施过程中的污染防治措施、生态保护措施的落实情况的监督检查及配套环境保护工程建设的监督检查,确保各项施工期环境保护措施、各项环境保护工程落到实处,发挥应有效果,满足环境影响评价文件及批复要求,符合工程环境保护验收的条件。

环境监理在时间上是对建设项目从开工建设到竣工验收的整个工程建设期的环境影响进行监理,在空间上包括工程施工区域和工程影响区域的环境监理,监理内容包括主体工程和临时工程的环境保护达标监理、生态保护措施监理及环保设施监理。

环境监理是一种新的环境管理制度,与传统意义上的工程监理和环境监理均有不同,是一种第三方的咨询服务活动,是对建设项目的一种动态的全过程的环境管理,同时又具有相对社会化和专业化的独立性。传统意义上的工程监理是指具有相应资质的工程监理企业,接受建设单位的委托,承担其项目管理工作,并代表建设单位对承建单位的建设行为进行管控的专业化服务活动,是对建设项目本身的质量、进度和投资进行控制管理,而不是监督管理其建设行为的环境影响;传统意义上的环境监理是环境行政机关对环境影响行为的监督管理,是指“国家运用行政、经济、法律、宣传教育等手段,对影响环境的各种行为进行调控的行政管理活动”,是保证环境法律得以有效实施的必要工作,这里提出的建设工程项目的环境监理,是一种第三方的咨询服务活动,与传统意义上的环境监理有着本质的区别。环境监理的性质是一种第三方的咨询服务活动,这同建设工程监理的性质是一致的,环境监理的机构和人员应当遵循守法、诚信、公正、科学的原则,利用自身的专业知识和经验,对建设项目的环境保护行为进行监督管理,并对有关环境保护问题提出意见和建议,为建设单位和各级环境保护主管部门的环境管理提供服务。

11.1.3.2 建设工程项目环境监理的工作目标

依据国家及地方相关部门制定的法律法规、技术标准,环境监理工作目标主要体现在以下几方面：

(1)确保工程环保设计和相关监理文件中提出的环保工作得到合理的实施，使环境影响报告中的环保要求得到落实。

(2)结合工程实际情况，协助业主进行环境管理，宣传环保知识，增强环保意识。

(3)监督施工单位采取有效的措施将施工活动对环境的不利影响控制在可接受的范围内，提高环保工作水平，同时维护施工单位的权益。

(4)形成丰富完整的监理工作资料，真实反映工作过程，为工程的环保验收提供依据。

11.1.3.3 建设工程项目环境监理的职责

(1)受建设单位的委托，监督管理承建单位的环境保护行为，并定期向建设单位报告。

(2)填写环境监理日志，记录巡视情况、存在的环境问题和解决情况，必要时要以环境监理通知单的形式将检查中发现的环境问题通告各有关单位，对重大环境问题要及时报建设单位决定。

(3)审查承建单位提交的各类环境保护方案及报告，并给出环境监理意见。

(4)对于出现的环境问题给出专业的解决意见，提供相应的咨询服务。

(5)定期向建设单位提交月报告，工程竣工后提交环境监理总结报告，并负责整理归档。

(6)环境监理单位应每季度向审批建设项目的环保部门报送季度监理报告。

(7)环境监理单位对于建设项目施工中存在的重大环境问题，应及时向建设单位和环境保护行政主管部门报告。

(8)对承建单位的环境保护行为进行监督管理。

(9)对建设单位的弄虚作假行为进行举报。

国家环保总局1999年发布《关于进一步加强环境监理工作若干意见的通知》(环发〔1999〕141号)，环境保护部2012年发布《关于进一步推进建设项目环境监理试点工作的通知》(环办〔2012〕5号)，先后在部分省市开展环境监理试点，取得了良好效果。

根据中央生态文明体制改革精神，2015年12月环境保护部发布了《建设项目环境保护事中事后监督管理办法》，在国家层面正式明确了建设项目环境监理制度。2016年4月环境保护部发布了《关于废止〈关于进一步推进建设项目环境监理试点工作的通知〉的通知》，环境监理试点工作正式终止，环境监理工作正式纳入国家和各级环保部门环境管理工作内容。

11.2 建设工程项目环境管理体系

11.2.1 建设工程项目环境管理体系

11.2.1.1 环境管理体系产生背景及特点

为了既满足当代人的需求，又不损害后代人满足其需求的能力，必须实现环境、社会和经济三者之间的平衡。通过平衡这“三大支柱”的可持续性,以实现可持续发展目标。随着法律法规的日趋严格,以及因污染、资源的低效使用、废物管理不当、气候变化、生态系统退化、生物多样性减少等给环境造成的压力不断增大,社会对可持续发展、透明度和责任的期望值已发生了变化。

因此,各组织通过实施环境管理体系,采用系统的方法进行环境管理,以期为“环境支柱”的可持续性做出贡献。

环境管理体系具有如下特点:

(1)注重体系的完整性,是一套科学的环境管理软件。

(2)强调对法律法规的符合性,但对环境行为不作具体规定。

(3)要求对组织的活动进行全过程控制。

(4)广泛适用于各类组织。

(5)与 ISO 9000 标准有很强的兼容性。

11.2.1.2　ISO 14000 环境管理体系

ISO 14000 标准是环境管理体系 EMS(Environment Management System)标准的总称,是国际标准化组织 ISO 继 ISO 9000 系列标准后推出的一系列有关环境管理系统、审计、性能评估、标志、产品标准以及生命周期评价方面的环境标准和准则文件。1993 年国际标准化组织 ISO 经过充分的筹备,正式成立了 ISO/TC207 环境管理技术委员会,并在短期内推出 ISO 14000 环境管理标准,其目的是规范全球企业及各种组织活动、产品和服务的环境行为,节省资源、减少环境污染、改善环境质量、保证经济可持续发展。目前,ISO 14000 系列标准已被许多国家所采用,中国等同采用的 GB/T 24000 环境管理系列标准已于 1997 年 4 月 1 日开始实施。ISO 14000 标准对于提高各类组织的环境管理水平、节约资源、提高效益、降低风险具有全面的推进作用。在全球日益重视环境保护的今天,建立 ISO 14000 标准体系是各类组织提高市场竞争力,进军世界市场特别是欧美市场的绿色通行证。

ISO 14000 环境管理体系的作用:

(1)获取国际贸易的“绿色通行证”。

(2)增强企业竞争力,扩大市场份额。

(3)树立优秀企业形象。

(4)改进产品性能,制造“绿色产品”。

(5)改革工艺设备,实现节能降耗。

(6)预防污染,保护环境。

(7)避免因环境问题所造成的经济损失。

(8)提高员工环保素质。

(9)提高企业内部管理水平。

ISO 14000 环境管理体系认证标准的最新版本为《环境管理体系 要求及使用指南》(ISO 14001:2015),它是该系列标准的核心,遵循“PDCA”的运行模式,即计划(Plan)、实施(Do)、检查(Check)、改进(Action)。其他标准则是其技术支撑文件,以保证环境体系审核、认证活动规范化。《环境管理体系 要求及使用指南》(ISO 14001:2015)标准共包含

10个部分,分别为:

1 范围
2 规范性引用文件
3 术语和定义
3.1 与组织和领导作用有关的术语
3.2 与策划有关的术语
3.3 与支持和运行有关的术语
3.4 与绩效评价和改进有关的术语
4 组织所处的环境
4.1 理解组织及其所处的环境
4.2 理解相关方的需求和期望
4.3 确定环境管理体系的范围
4.4 环境管理体系
5 领导作用
5.1 领导作用与承诺
5.2 环境方针
5.3 组织的岗位、职责和权限
6 策划
6.1 应对风险和机遇的措施
6.2 环境目标及其实现的策划
7 支持
7.1 资源
7.2 能力
7.3 意识
7.4 信息交流
7.5 文件化信息
8 运行
8.1 运行策划和控制
8.2 应急准备和响应
9 绩效评价
9.1 监视、测量、分析和评价
9.2 内部审核
9.3 管理评审
10 改进
10.1 总则
10.2 不符合和纠正措施
10.3 持续改进

ISO 14000 通常是针对企业(包括建筑业企业)而言的,企业实施 ISO 14000 环境管理体系,可以有优良的回报,包括对活动中的污染源有效地进行控制,实现污染物达标排放,减少对环境的影响,改进产品的环境性能,降低产品在制造或使用中对环境的影响,降低生产过程中对环境的影响,改造或更新设备减少对环境的影响,通过对废弃物的分类处理和回收利用,实现污染防治、降低能源和资源的消耗,提高企业形象,改进产品性能,降低成本,提高企业竞争力。

11.2.2　建设项目环境保护管理条例

为了防治建设工程项目产生新的污染和破坏生态环境,1998 年 11 月 29 日,国务院颁布了《建设项目环境保护管理条例》。该条例对贯彻建设项目环境影响评价制度,以及环境保护设施与主体工程同时设计、同时施工、同时投产使用的"三同时"制度,防治环境污染,减少生态破坏,发挥了重要作用。

随着国务院行政审批制度改革的不断深入,对建设工程项目环境保护管理提出了简政放权、强化事中事后监管和责任追究等新的要求。1998 年出台的《建设项目环境保护管理条例》已不能满足实际需要,暴露出较多问题,亟待修改完善。主要包括:一是有关验收、试生产、环评前置审批等条款,已与新《环境保护法》《大气污染防治法》《环境影响评价法》等上位法不一致;二是有关环评审批的内容与国务院简政放权、放管服改革要求不相适应,与环境管理转型要求存在较大差距。2017 年 7 月 16 日,国务院发布《关于修改〈建设项目环境保护管理条例〉的决定》,自 2017 年 10 月 1 日施行。

最新的《建设项目环境保护管理条例》全文包括总则、环境影响评价、环境保护设施建设、法律责任、附则共 5 章 34 条。

11.2.2.1　环境影响评价的主要内容

(1)国家实行建设项目环境影响评价制度,建设项目的环境影响评价工作,由取得相应资格证书的单位承担。

(2)国家根据建设项目对环境的影响程度,按照一定的规定对建设项目的环境保护实行分类管理。

(3)建设项目环境影响报告书应当包含的内容。涉及水土保持的建设项目,还必须有经相关行政主管部门审查同意的水土保持方案。建设项目环境影响报告表、环境影响登记表的内容和格式,由国务院环境保护行政主管部门规定。

(4)建设单位应当在建设项目可行性研究阶段报批建设项目环境影响报告书、环境影响报告表或者环境影响登记表;铁路、交通等建设项目,经有审批权的环境保护行政主管部门同意,可以在初步设计完成前报批环境影响报告书或者环境影响报告表。

(5)建设项目环境影响报告书、环境影响报告表或者环境影响登记表,由建设单位报有审批权的环境保护行政主管部门审批;建设项目有行业主管部门的,其环境影响报告书或者环境影响报告表应当经行业主管部门预审后,报有审批权的环境保护行政主管部门审批。

(6)规定了国务院环境保护行政主管部门负责审批的建设项目环境影响报告书、环境影响报告表或者环境影响登记表。

(7)建设项目环境影响报告书、环境影响报告表或者环境影响登记表经批准后,建设项目的性质、规模、地点或者采用的生产工艺发生重大变化的,建设单位应当重新报批建设项目环境影响报告书、环境影响报告表或者环境影响登记表。

(8)国家对从事建设项目环境影响评价工作的单位实行资格审查制度。

(9)建设单位可以采取公开招标的方式,选择从事环境影响评价工作的单位,对建设项目进行环境影响评价。

(10)建设单位编制环境影响报告书,应当依照有关法律规定,征求建设项目所在地有关单位和居民的意见。

11.2.2.2　环境保护设施建设的主要内容

(1)建设项目需要配套建设的环境保护设施,必须与主体工程同时设计、同时施工、同时投产使用。

(2)建设项目的初步设计,应当按照环境保护设计规范的要求,编制环境保护篇章,并依据经批准的建设项目环境影响报告书或者环境影响报告表,在环境保护篇章中落实防治环境污染和生态破坏的措施以及环境保护设施投资概算。

(3)建设项目的主体工程完工后,需要进行试生产的,其配套建设的环境保护设施必须与主体工程同时投入试运行。

(4)建设项目试生产期间,建设单位应当对环境保护设施运行情况和建设项目对环境的影响进行监测。

(5)建设项目竣工后,建设单位应当向审批该建设项目环境影响报告书、环境影响报告表或者环境影响登记表的环境保护行政主管部门,申请该建设项目需要配套建设的环境保护设施竣工验收。

(6)分期建设、分期投入生产或者使用的建设项目,其相应的环境保护设施应当分期验收。

(7)环境保护行政主管部门应当自收到环境保护设施竣工验收申请之日起30日内,完成验收。

(8)建设项目需要配套建设的环境保护设施经验收合格,该建设项目方可正式投入生产或者使用。

11.2.3　建设工程项目全过程环境管理

11.2.3.1　实施建设工程项目环境管理的主要原因

(1)国家或地方法律法规、环境管理政策与制度,以及某些环境保护的强制性要求对建设工程项目的驱动,迫使新的建设工程项目通过建立环境管理体系达到法律法规以及标准的要求,并减少由污染事故或违规造成的环境风险。

(2)来自银行、保险、信贷等部门的压力,促使项目投资方必须树立环境管理的良好形象以增加市场竞争力。

(3)来自环保组织、消费者和消费者组织以及公众的关注,使建设项目投资方分外重视环保形象和声誉。

(4)项目产品和生产过程中的环境因素在国际竞争中已经成为重要竞争因素。

(5)可以取得节能降耗、减少污染、降低成本的经济效益。

11.2.3.2　建设工程项目全过程环境管理

建设工程项目的全过程参与方众多,必须以集成的思想全面考虑建设项目的环境管理工作。建设工程项目的环境管理离不开 ISO 14000 环境管理体系及建设项目环境保护条例,它必须以 ISO 14000 环境管理体系和建设项目环境保护条例为基础。

建设项目全寿命期的集成环境管理是提高环境管理效率的关键。建设项目环境管理需要通过项目所有相关者的共同努力,在项目全寿命期内,采取各种管理措施及技术措施(包括环保设计技术、节能技术、新的施工技术、污染处理技术、建筑垃圾分类处理及回收利用技术等),实现建设项目环境管理的目标,即减少建设项目全寿命期内的资源消耗,减少污染,减少对自然、生态环境的影响,最终实现建设项目的可持续发展。

1. 决策阶段

建设工程项目决策阶段的环境管理对于项目全寿命期内对环境的影响具有决定性的意义。因此,要做好项目可行性研究、建设工程项目环境影响评价以及项目选址等工作,以减少项目建设对环境的影响。

在做可行性研究时,必须将环境成本纳入项目总成本。所谓环境成本,又称经济过程中的环境投入,是指同经济活动造成的自然资产实际或潜在恶化有关的成本,用于表现经济过程利用自然环境所付出的代价,由此反映了自然资产经济使用的价值。它将作为衡量经济产出时的环境成本,同时又是对自然资产存量的抵减项目,属于自然资产的负投资。另外,必须根据需要进行建设项目环境影响评价,预测项目的建设对环境造成的影响,有针对性地研究环境保护措施,预先进行环境管理策划,同时指导项目实施的全过程。

建设工程项目的选址不仅要考虑项目的经济效益,还必须全面论证、综合分析该建设项目的行业性质、污染特点及拟建地区的自然环境、生态环境等,考虑项目的地理位置、气象、水文、地质地貌、环境容量、环境污染的种类和强度等因素。建设项目选址的原则为:尽量减少对项目所在地生态环境和景观的影响和破坏,包括建设阶段和运行阶段。要将建筑物和谐地纳入所处环境中。其具体要求有:①尽量避开各类环境保护区;②工业建设项目在进行选址时应该尽量避免处于河道的上游或居民区的上风向;③公路路线选择时,应该尽量避免穿越住宅区,而且应该尽可能地远离住宅区,因为噪声的音量随距离的增加而减弱。

在建设工程项目决策阶段,还应注意以下几个问题:

(1)控制建筑密度。建筑密度与城市区域中“热岛效应”的强度密切相关。在建设项目,特别是大片城市土地开发建设,应该严格控制建筑密度,从而减轻热岛效应。另外,控制建筑密度还有利于改善光照、空气,减轻噪声,同时有利于绿化。

(2)增加水面。水是气温稳定的首要因素,对气温有明显影响,因此在建设工程项目规划中,要尽量增加水面面积。由于水面的蒸发能增加周围地区的空气湿度,因此在城市区域中,如果由于建设工程项目用地面积的限制不能规划水面,也要尽量安排喷泉等设施。

(3)增加绿化面积。绿化不仅对调节地域小气候、改善生态系统、减弱城市热岛效应有积极意义,而且能产生氧气、吸收二氧化碳和有毒有害气体、增湿滞尘、降低噪声、涵养水土以及改善居住环境等,能发挥巨大的生态效益。绿化对热环境的影响主要有夏季降温、增湿和产生微风。绿化对降低噪声也具有一定的作用,当声能投射到树叶上时被反射到各个方向,叶片之间多次反射使声能转变为动能和热能,从而减弱了噪声。另外,绿化还有助于吸收粉尘,减轻空气污染,提高大气透明度,从而有助于增加日照。

2. 勘察设计阶段

在建设工程项目全寿命期中,勘察设计阶段对环境的影响巨大,该阶段可以选择建筑材料、结构、外形等,使建设工程项目在其全寿命期中减少对环境的污染、减少能源消耗。改进设计和材料选择,能在主要建筑材料(用于外墙、地面和屋顶)的生产过程中使废气排放减少,选择节能建筑材料有助于减少项目运行期间的能源消耗,以墙体材料为例,选择节能保温墙体等材料可以保温隔热、防水、减轻建筑物自重,同时还具有装饰功能。

建筑物设计中需考虑的几个主要问题是:①通过节能建筑材料节约能源;②循环利用现有的建筑物和基础设施而不开发其空间;③保护并改善生态环境,恢复当地的生态系统和生物多样性;④选用不良影响小的材料;⑤尽量延长使用寿命;⑥提供一个安全舒适的室内环境;⑦尽量减少建筑和爆破垃圾。

因此,勘察设计阶段环境管理的指导原则是:尽量使用可循环使用的材料;避免使用含有有害物质的材料;采用新的建筑设计技术使得拆除方便、回收利用方便。

3. 施工安装阶段

对于建设工程项目的环境问题,规划和设计是关键领域,但是在项目实施过程中,环境管理也很关键。在建设项目施工安装阶段的环境管理,详见 11.4 节和 11.5 节。

11.3 建设工程项目文明施工

11.3.1 概述

文明施工是保持施工现场良好的作业环境、卫生环境和工作秩序的有效手段,它是指工程建设实施阶段中,有序、规范、标准、整洁、科学的建设施工生产活动。文明施工是改善人的劳动条件,适应新的环境,提高施工效益,消除城市环境污染,提高人的文明程度和自身素质,确保安全生产和工程质量的有效途径,也是建设项目施工企业落实社会主义两个文明建设的最佳结合点,是广大建设者几十年心血的结晶。

文明施工对建设工程项目的承包企业增加效益、提高社会知名度、保护施工周边环境、促进生产发展、增强竞争力起到积极的推动作用。文明施工已经成为承包企业一种重要的无形资产,对建筑业的发展发挥着重要的作用。

实践证明,文明施工在建设工程项目施工中的重要地位,得到了建设系统各级主管部门机关的充分肯定。建设部修改后颁布的中华人民共和国行业标准《建筑施工安全检查标准》(JGJ 59—2011)中,特别增加了文明施工检查评分这一内容。它对文明施工检查的标准、规范提出了要求,施工现场文明施工必须做好现场围挡、封闭管理、施工场地、材料管理、现场办公与住宿、现场防火、综合治理、公示标牌、生活设施、社区服务等十项内容,把文明施工作为考核安全环境目标的重要内容之一,并制定了文明施工标准,施工现场不但应该做到安全生产不发生事故,同时还应该做到文明施工、整齐有序,把过去建筑施工现场以“脏、乱、差”为主要特征的工地,改变为城市文明的“窗口”。

针对建设工程项目施工现场存在的管理问题,诸如工地围挡不规范,现场拒不执行总平面布置,垃圾乱堆乱倒、污水横流,项目施工人员住宿在施工的建筑物内,既混乱又不安全,以及高层建筑施工中的消防问题等,文明施工检查评分表中将现场围挡、封闭管理、施工现场、材料堆放、现场住宿、现场防火列为保证项目作为检查重点,对必要的生活卫生设施如食堂、厕所、饮水、保健急救和施工现场标牌、治安综合治理、社区服务等文明施工的重要工作,列为检查目标的一般项目。因此,国家对建设单位的文明施工非常重视,文明施工在建设工程施工现场中占据重要的地位。

文明施工能促进企业综合管理水平的提高,有利于培养和提高施工队伍的整体素质。它还可以代表企业的形象,能减少施工对周围环境的影响,是适应现代化施工的客观要求。文明施工的主要内容包括:规范施工现场的场容,保持作业环境的整洁卫生;科学组织施工,使生产有序进行;减少施工对周围居民和环境的影响;保证职工的安全和身体健康。

文明施工的监理也是建设工程监理的一个重要组成部分,是对建设工程项目施工过程中文明生产状况所实施的监督管理。文明施工主要依据有关安全文明生产的法律法规、政策和规定,设计文件要求,建设工程监理合同,经过审定的施工组织设计中文明施工的内容措施,建筑施工安全检查评分标准及其他建筑施工安全文明技术规范和标准,企业或建设工程项目的安全文明生产规章制度等。文明施工内容主要包含在安全施工标准化管理的有关规定之中,各地均有安全文明施工标准化管理方面的专门规定。

11.3.2 文明施工的基本要求

(1)施工现场必须设置明显的标牌,标明工程项目名称、建设单位、设计单位、施工单位、项目经理和现场代表人的姓名、开竣工日期、施工许可证批准文号等。

(2)施工现场的管理人员在施工现场应当佩戴证明其身份的证卡。

(3)应当按照施工平面布置图设置各项临时设施。

(4)施工现场用电设施的安装和使用必须符合安装规范和安全操作规程,严禁任意拉线接电;施工现场必须设有保证施工安全要求的夜间照明。

(5)施工机械应当按照施工平面图规定的位置和线路设置,不得任意侵占场内道路。

(6)应保证施工现场道路畅通,排水系统处于良好的使用状态;保持场容场貌的整洁,随时清理建筑垃圾;在车辆、行人通行的地方施工,应当设置施工标志,并对沟井坎穴进行覆盖。

(7)施工现场的各种安全设施和劳动保护器具,必须定期进行检查和维护,及时消除隐患,保证其安全有效。

(8)施工现场应当设置各种必要的职工生活设施,并符合卫生、通风、照明等要求。职工的膳食、饮水供应等应当符合卫生要求。

(9)应当做好施工现场安全保卫工作,采取必要的防盗措施。

(10)应当严格依照消防条例的规定,在施工现场建立和执行防火管理制度,设置符合消防要求的消防设施,并保持完好的备用状态。在容易发生火灾的地区施工,或者储存、使用易燃易爆器材时,应当采取特殊的消防安全措施。

(11)施工现场发生工程建设重大事故的处理,依照《工程建设重大事故报告和调查程序规定》执行。

11.3.3 文明施工组织管理制度

文明施工是企业综合管理水平的具体体现,创造良好、优美的生产生活环境,向社会展示企业风貌,有利于推动建设项目施工现场规范化和标准化的管理工作,具体体现在如下方面:

(1)组织和制度管理。建设工程项目施工现场要成立以项目经理为第一责任人的文明施工管理组织。各施工作业队服从项目经理部文明施工管理组织的统一管理,并接受监督检查。各项施工现场管理制度应有文明施工的规定,包括个人岗位责任制、经济责任制、安全检查制度、持证上岗制度、奖惩制度、竞赛制度和各项专业管理制度等。加强和落实现场文明检查、考核及奖惩管理,以文明促进建设工程项目施工管理工作的提高。检查范围和内容应全面周到,包括生产区、生活区、场容场貌、环境文明及制度落实等内容。检查发现的问题应采取整改措施。

(2)建立收集文明施工的资料及其保存的措施。内容主要包括关于文明施工的法律法规、标准、规定等资料,施工组织设计(方案)中对文明施工的管理规定,各阶段施工现场文明施工的措施,文明施工自检资料,文明施工教育、培训、考核计划的资料,文明施工活动各项记录资料。

(3)加强文明施工的宣传和教育。在坚持岗位练兵基础上,采取派出去、请进来,短期培训上技术课,登黑板报、听广播、看录像、看电视等方法狠抓教育工作。特别注意对外来工的岗前教育,专业管理人员需要熟悉掌握文明施工的规定。

结合建设工程项目的实际情况,监理单位对文明施工监理工作也需要进行周密的计划,并纳入监理规划、监理实施细则之中,加强和提高项目监理机构自身对文明施工监理的管理能力和水平,检查督促施工单位按规定要求实施生产,发现问题,可以发出口头通知、签发书面通知指令、召开专题监理例会、签发工程暂停令、向项目建设单位反映或向建设行政主管部门报告等多种形式促使施工单位落实整改。

必要时项目监理机构可配备文明施工监理人员,制定项目监理机构的文明施工监理职责,督促检查施工单位落实文明施工的组织保证体系,建立健全专职机构,充分落实员工教育培训和文明施工检查等各项制度,增强文明施工意识。督促检查施工单位的文明施工各岗位责任制与落实情况。根据组织保证体系的设置,检查落实岗位责任制情况,明确指标,实施奖惩,努力调动职工的积极性、创造性。对不称职人员建议调离岗位,促使企业选用合格人员。对不称职的施工单位采取合同及经济措施予以控制,督促按有关规定全面履行义务。

监理人员应该认真学习、熟悉有关法律法规的规定,掌握有关技术规范、标准的要求,明确文明施工监理工作内容,制定文明施工监理的实施措施,以不断提高文明施工监理的作业能力等,核查施工单位的各项措施是否到位有效,是否符合有关技术标准和文明施工的要求。及时做好技术交底工作,审查施工单位提供的施工组织设计中的有关文明施工方面的内容,加以完善,并有预控对策。严格审查施工单位的资质,包括分包单位。审查施工单位提交的工程专项施工方案,落实措施,帮助施工单位熟悉、掌握有关文明施工技术规程和标准,提高文明施工的业务技术水平。

监理人员在督促施工单位进行文明施工的过程中,在施工现场要督促施工单位落实文明施工措施。其中,文明施工保证项目应包括现场围挡、封闭管理、施工场地、材料管理、现场办公与住宿、现场防火,一般项目应包括综合治理、公示标牌、生活设施、社区服务。

文明施工保证项目的检查应符合下列规定:

(1)现场围挡。市区主要路段的工地应设置高度不小于2.5 m的封闭围挡,一般路段的工地应设置高度不小于1.8 m的封闭围挡,围挡应坚固、稳定、整洁、美观。

(2)封闭式管理。施工现场进出口应设置大门,并应设置门卫值班室,应建立门卫值守管理制度,且应配备门卫值守人员,施工人员进入施工现场应佩戴工作卡,施工现场出入口应标有企业名称或标识,并应设置车辆冲洗设施。

(3)施工场地。施工现场的主要道路及材料加工区地面应进行硬化处理;施工现场道路应畅通,路面应平整坚实;施工现场应有防止扬尘措施;施工现场应设置排水设施,且排水通畅无积水;施工现场应有防止泥浆、污水、废水污染环境的措施;施工现场应设置专门的吸烟处,严禁随意吸烟;温暖季节应有绿化布置。

(4)材料管理。建筑材料、构件、料具应按总平面布局进行码放;材料应码放整齐,并应标明名称、规格等;施工现场材料码放应采取防火、防锈蚀、防雨等措施;建筑物内施工垃圾的清运,应采用器具或管道运输,严禁随意抛掷;易燃易爆物品应分类储藏在专用库房内,并应制定防火措施。

(5)现场办公与住宿。施工作业、材料存放区与办公、生活区应划分清晰,并应采取相应的隔离措施;在施工程、伙房、库房不得兼作宿舍;宿舍、办公用房的防火等级应符合规范要求;宿舍应设置可开启式窗户,床铺不得超过2层,通道宽度不应小于0.9 m;宿舍内住宿人员人均面积不应小于2.5 m^2,且不得超过16人;冬季宿舍内应有采暖和防一氧化碳中毒措施;夏季宿舍内应有防暑降温和防蚊蝇措施;生活用品应摆放整齐,环境卫生应良好。

(6)现场防火。施工现场应建立消防安全管理制度、制定消防措施;施工现场临时用房和作业场所的防火设计应符合规范要求;施工现场应设置消防通道、消防水源,并应符合规范要求;施工现场灭火器材应保证可靠有效,布局配置应符合规范要求;明火作业应履行动火审批手续,配备动火监护人员。

文明施工一般项目的检查应符合下列规定:

(1)综合治理。生活区内应设置供作业人员学习和娱乐的场所;施工现场应建立治安保卫制度,责任分解落实到人;施工现场应制定治安防范措施。

(2)公示标牌。大门口处应设置公示标牌,主要内容应包括:工程概况牌、消防保卫牌、安全生产牌、文明施工牌、管理人员名单及监督电话牌、施工现场总平面图;标牌应规范、整齐、统一;施工现场应有安全标语;应有宣传栏、读报栏、黑板报。

(3)生活设施。应建立卫生责任制度并落实到人;食堂与厕所、垃圾站、有毒有害场所等污染源的距离应符合规范要求;食堂必须有卫生许可证,炊事人员必须持身体健康证上岗；食堂使用的燃气罐应单独设置存放间，存放间应通风良好，并严禁存放其他物品；食堂的卫生环境应良好，且应配备必要的排风、冷藏、消毒、防鼠、防蚊蝇等设施；厕所内的设施数量和布局应符合规范要求；厕所必须符合卫生要求；必须保证现场人员卫生饮水；应设置淋浴室，且能满足现场人员需求；生活垃圾应装入密闭式容器内，并应及时清理。

(4)社区服务。夜间施工前，必须经批准后方可进行施工；施工现场严禁焚烧各类废弃物；施工现场应制定防粉尘、防噪声、防光污染等措施；应制定施工不扰民措施。

11.3.4　安全文明施工措施费

根据《建筑工程安全防护、文明施工措施费用及使用管理规定》(建办〔2005〕89号)，安全防护、文明施工措施费(安全文明施工费)是指按照国家现行的建筑施工安全、施工现场环境与卫生标准和有关规定，购置和更新施工安全防护用具及设施、改善安全生产条件和作业环境所需要的费用。根据《建筑安装工程费用项目组成》(建标〔2013〕44号)，建筑工程安全文明施工费由措施费所含的文明施工费、环境保护费、临时设施费、安全施工费组成。其中，环境保护费是指施工现场为达到环保部门要求所需要的各项费用；文明施工费是指施工现场文明施工所需要的各项费用；安全施工费是指施工现场安全施工所需要的各项费用；临时设施费是指施工企业为进行建设工程施工所必须搭设的生活和生产用的临时建筑物、构筑物和其他临时设施费用，包括临时设施的搭设、维修、拆除、清理费或摊销费等。

11.3.4.1　安全文明施工费的取费标准

根据《建筑安装工程费用项目组成》，安全文明施工费=计算基数×安全文明施工费费率(%)，计算基数应为定额基价(定额分部分项工程费+定额中可以计量的措施项目费)、定额人工费或定额人工费+定额机械费，其费率由工程造价管理机构根据各专业工程的特点综合确定。

11.3.4.2　安全文明施工费的监管要点

(1)收集国家和地方关于安全文明施工费的有关法律法规、管理文件并加以学习消化，督促检查施工单位设立专用账户，保证专款专用。

(2)学习施工合同文件中关于安全文明施工费的支付、使用要求、调整方式等条款。掌握项目安全防护、文明施工措施项目分项费用及总费用。

(3)督促施工单位编制安全文明施工费使用计划并列出安全防护、文明施工措施费清单。

(4)检查施工单位内部安全费用管理制度是否健全，是否明确安全费用提取和使用的程序、职责及权限，并按规定提取和使用安全费用。

(5)审查安全文明施工费的使用情况，主要检查计划的落实情况，审查支付凭证等资料，现场核对实际投入情况。施工现场措施费用支付、使用和管理记录应作为安全管理资料装订成册。记录内容应包括合同、措施费用清单，使用、支付计划(使用计划应与支付计划相对应)，支付、使用、审核、审批、检查记录，财务报表等。

对安全文明施工费的使用情况建立考评机制，比如考评结果低于预定分数的，可以认定为该项费用投入不足。该有的分项费用未投入或发生与安全文明施工费的投入相关的事故以及施工组织设计、安全专项方案中相关措施与现场实施情况不符等情况建议认定为投入不足。施工单位不能及时提供有关支付凭证,也应按照投入不足考虑。另外,从费用组成上看,安全文明施工费应是包含管理费等在内的综合费用,现场往往不考虑这一因素,客观上也造成施工单位使用假资料冲抵该项费用的现象,建议应予适当考虑。另外,施工单位是否将安全文明施工费在财务上单独列账做到专款专用,项目监理机构很难实施监督工作,需要有关部门明确职责和惩处制度,便于将该项工作落到实处。

做好安全文明施工费的监督管理,对于落实建设工程安全生产管理责任意义重大,需要项目监理机构深入理解和掌握有关政策法规与合同条款,细化监理工作,深入施工现场,收集第一手资料,才能有效做好该项工作,为现场的安全文明施工奠定坚实基础。

11.4 建设工程项目绿色施工

11.4.1 绿色施工的概念

绿色施工是指工程建设中,通过施工策划、材料采购,在保证质量、安全等基本要求的前提下,通过科学管理和技术进步,最大限度地节约资源与减少对环境负面影响的施工活动,实现从施工到工程竣工验收全过程的节能、节地、节水、节材和环境保护(“四节一环保”)。

实施绿色施工,应依据因地制宜的原则,贯彻执行国家、行业和地方相关的技术经济政策。绿色施工是可持续发展理念在工程施工中全面应用的体现,绿色施工并不仅仅是指在工程施工中实施封闭施工,没有扬尘,没有噪声扰民,在工地四周栽花、种草,实施定时洒水等内容,它涉及可持续发展的各个方面,如生态与环境保护、资源与能源利用、社会与经济的发展等内容。

11.4.2 绿色施工的原则

(1)实施绿色施工,应进行总体方案优化。在规划、设计阶段,应充分考虑绿色施工的总体要求,为绿色施工提供基础条件。

(2)实施绿色施工,应对施工策划、材料采购、现场施工、工程验收等各阶段进行控制,加强对整个施工过程的管理和监督。

11.4.3 绿色施工总体框架

绿色施工总体框架由施工管理、环境保护、节材与材料资源利用、节水与水资源利用、节能与能源利用、节地与施工用地保护六个方面组成,如图 11-1 所示。这六个方面涵盖了绿色施工的基本指标,同时包含了施工策划、材料采购、现场施工、工程验收等各阶段的指标的子集。

11.4.4 绿色施工要点

项目监理机构应根据《绿色施工导则》(建质〔2007〕223 号)、《建筑施工绿色施工规

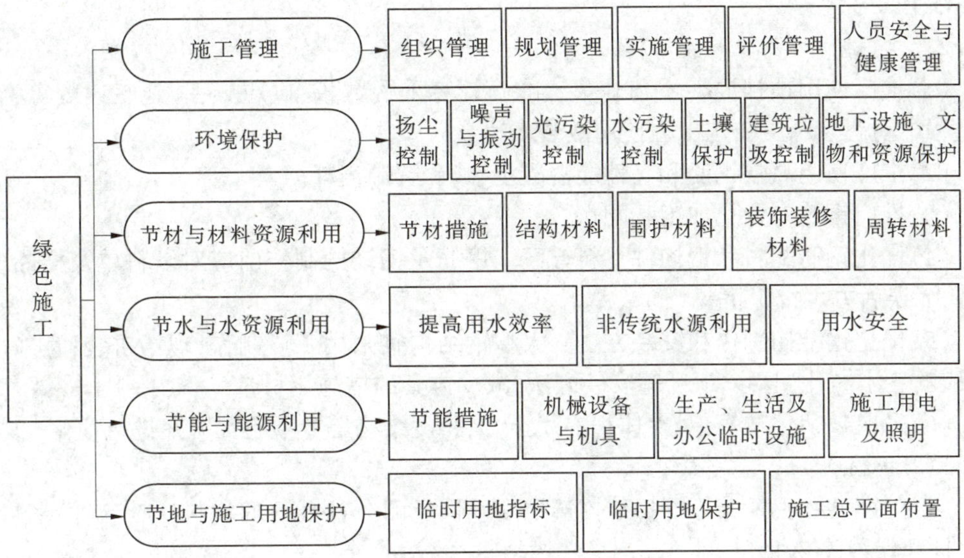

图 11-1 绿色施工总体框架

范》(GB/T 50905—2014)及《建筑工程绿色施工评价标准》(GB/T 50640—2010)的要求,督促施工单位按以下要点开展绿色施工。

11.4.4.1 绿色施工管理要求

绿色施工管理主要包括组织管理、规划管理、实施管理、评价管理和人员安全与健康管理五个方面。组织管理要建立绿色施工管理体系,并制定相应的管理制度与目标;规划管理要编制绿色施工方案,方案应在施工组织设计中独立成章,并按有关规定进行审批;绿色施工应对整个施工过程实施动态管理,加强对施工策划、施工准备、材料采购、现场施工、工程验收等各阶段的管理和监督。

11.4.4.2 环境保护要求

在环境保护方面,绿色施工对扬尘控制、噪声与振动控制、光污染控制、水污染控制、土壤保护、建筑垃圾控制,以及地下设施、文物和资源保护等提出了定性或定量要求(参见 11.5 节)。

11.4.4.3 节材与材料资源利用

1. 节材措施

(1)图纸会审时,应审核节材与材料资源利用的相关内容,达到材料损耗率比定额损耗率降低 30%。

(2)根据施工进度、库存情况等合理安排材料的采购、进场时间和批次,减少库存。

(3)现场材料堆放有序,储存环境适宜,措施得当。保管制度健全,责任落实。

(4)材料运输工具适宜,装卸方法得当,防止损坏和遗撒。根据现场平面布置情况就近卸载,避免和减少二次搬运。

(5)采取技术和管理措施提高模板、脚手架等的周转次数。

(6)优化安装工程的预留、预埋、管线路径等方案。

(7)应就地取材,施工现场 500 km 以内生产的建筑材料用量占建筑材料总重量的

70%以上。

2. 结构材料

(1)推广使用预拌混凝土和砂浆。准确计算采购数量、供应频率、施工速度等,在施工过程中动态控制。结构工程使用散装水泥。

(2)推广使用高强钢筋和高性能混凝土,减少资源消耗。

(3)推广钢筋专业化加工和配送。

(4)优化钢筋配料和钢构件下料方案。钢筋及钢结构制作前应对下料单及样品进行复核,无误后方可批量下料。

(5)优化钢结构制作和安装方法。大型钢结构宜采用工厂制作,现场拼装;宜采用分段吊装、整体提升、滑移、顶升等安装方法,减少方案的措施用材量。

(6)采取数字化技术,对大体积混凝土、大跨度结构等专项施工方案进行优化。

3. 围护材料

(1)门窗、屋面、外墙等围护结构选用耐候性及耐久性良好的材料,施工确保密封性、防水性和保温隔热性。

(2)门窗采用密封性、保温隔热性能、隔声性能良好的型材和玻璃等材料。

(3)屋面材料、外墙材料具有良好的防水性能和保温隔热性能。

(4)当屋面或墙体等部位采用基层加设保温隔热系统的方式施工时,应选择高效节能、耐久性好的保温隔热材料,以减小保温隔热层的厚度、减少材料用量。

(5)屋面或墙体等部位的保温隔热系统采用专用的配套材料,以加强各层次之间的黏结或连接强度,确保系统的安全性和耐久性。

(6)根据建筑物的实际特点,优选屋面或外墙的保温隔热材料系统和施工方式,例如保温板粘贴、保温板干挂、聚氨酯硬泡喷涂、保温浆料涂抹等,以保证保温隔热效果,并减少材料浪费。

(7)加强保温隔热系统与围护结构的节点处理,尽量降低热桥效应。针对建筑物的不同部位保温隔热特点,选用不同的保温隔热材料及系统,以做到经济适用。

4. 装饰装修材料

(1)贴面类材料在施工前,应进行总体排版策划,减少非整块材的数量。

(2)采用非木质的新材料或人造板材代替木质板材。

(3)防水卷材、壁纸、油漆及各类涂料基层必须符合要求,避免起皮、脱落。各类油漆及黏结剂应随用随开启,不用时及时封闭。

(4)幕墙及各类预留预埋应与结构施工同步。

(5)木制品及木装饰用料、玻璃等各类板材等宜在工厂采购或定制。

(6)采用自粘类片材,减少现场液态黏结剂的使用量。

5. 周转材料

(1)应选用耐用、维护与拆卸方便的周转材料和机具。

(2)优先选用制作、安装、拆除一体化的专业队伍进行模板工程施工。

(3)模板应以节约自然资源为原则,推广使用定型钢模、钢框竹模、竹胶板。

(4)施工前应对模板工程的方案进行优化。多层、高层建筑使用可重复利用的模板体系,模板支撑宜采用工具式支撑。

(5)优化高层建筑的外脚手架方案,采用整体提升、分段悬挑等方案。

(6)推广采用外墙保温板替代混凝土施工模板的技术。

(7)现场办公和生活用房采用周转式活动房。现场围挡应最大限度地利用已有围墙,或采用装配式可重复使用围挡封闭。力争工地临时房、临时围挡材料的可重复使用率达到70%。

11.4.4.4 节水与水资源利用的技术要点

1. 提高用水效率

(1)施工中采用先进的节水施工工艺。

(2)施工现场喷洒路面、绿化浇灌不宜使用市政自来水。现场搅拌用水、养护用水应采取有效的节水措施,严禁无措施浇水养护混凝土。

(3)施工现场供水管网应根据用水量设计布置,管径合理、管路布局经过优化,采取有效措施减少管网和用水器具的漏损。

(4)现场机具、设备、车辆冲洗用水必须设立循环用水装置。施工现场办公区、生活区的生活用水采用节水系统和节水器具,提高节水器具配置比率。项目临时用水应使用节水型产品,安装计量装置,采取针对性的节水措施。

(5)施工现场建立可再利用水的收集处理系统,使水资源得到梯级循环利用。

(6)施工现场分别对生活用水与工程用水确定用水定额指标,并分别计量管理。

(7)大型工程的不同单项工程、不同标段、不同分包生活区,凡具备条件的应分别计量用水量。在签订不同标段分包或劳务合同时,将节水定额指标纳入合同条款,进行计量考核。

(8)对混凝土搅拌站点等用水集中的区域和工艺点进行专项计量考核。施工现场建立雨水、中水或可再利用水的收集利用系统。

2. 非传统水源利用

(1)优先采用中水搅拌、中水养护,有条件的地区和工程应收集雨水养护。

(2)处于基坑降水阶段的工地,宜优先采用地下水作为混凝土搅拌用水、养护用水、冲洗用水和部分生活用水。

(3)现场机具、设备、车辆冲洗、喷洒路面、绿化浇灌等用水,优先采用非传统水源,尽量不使用市政自来水。

(4)大型施工现场,尤其是雨量充沛地区的大型施工现场建立雨水收集利用系统,充分收集自然降水用于施工和生活中适宜的场所。

(5)力争施工中非传统水源和循环水的再利用率大于30%。

3. 用水安全

在非传统水源和现场循环再利用水的使用过程中,应制定有效的水质检测与卫生保障措施,确保避免对人体健康、工程质量以及周围环境产生不良影响。

11.4.4.5 节能与能源利用的技术要点

1. 节能措施

(1)制定合理施工能耗指标,提高施工能源利用率。

(2)优先使用国家、行业推荐的节能、高效、环保的施工设备和机具,如选用变频技术的节能施工设备等。

(3)施工现场分别设定生产、生活、办公和施工设备的用电控制指标,定期进行计量、核算、对比分析,并有预防与纠正措施。

(4)在施工组织设计中,合理安排施工顺序、工作面,以减少作业区域的机具数量,相邻作业区充分利用共有的机具资源。安排施工工艺时,应优先考虑耗用电能的或其他能耗较少的施工工艺。避免设备额定功率远大于使用功率或超负荷使用设备的现象。

(5)根据当地气候和自然资源条件,充分利用太阳能、地热等可再生能源。

2. 机械设备与机具

(1)建立施工机械设备管理制度,开展用电、用油计量,完善设备档案,及时做好维修保养工作,使机械设备保持低耗、高效的状态。

(2)选择功率与负载相匹配的施工机械设备,避免大功率施工机械设备低负载长时间运行。机电安装可采用节电型机械设备,如逆变式电焊机和能耗低、效率高的手持电动工具等,以利节电。机械设备宜使用节能型油料添加剂,在可能的情况下,考虑回收利用,节约油量。

(3)合理安排工序,提高各种机械的使用率和满载率,降低各种设备的单位耗能。

3. 生产、生活及办公临时设施

(1)利用场地自然条件,合理设计生产、生活及办公临时设施的体形、朝向、间距和窗墙面积比,使其获得良好的日照、通风和采光。南方地区可根据需要在其外墙窗设遮阳设施。

(2)临时设施宜采用节能材料,墙体、屋面使用隔热性能好的材料,减少夏天空调、冬天取暖设备的使用时间及耗能量。

(3)合理配置采暖、空调、风扇数量,规定使用时间,实行分段分时使用,节约用电。

4. 施工用电及照明

(1)临时用电优先选用节能电线和节能灯具,临电线路合理设计、布置,临电设备宜采用自动控制装置。采用声控、光控等节能照明灯具。

(2)照明设计以满足最低照度为原则,照度不应超过最低照度的20%。

11.4.4.6 节地与施工用地保护的技术要点

1. 临时用地指标

(1)根据施工规模及现场条件等因素合理确定临时设施,如临时加工厂、现场作业棚及材料堆场、办公生活设施等的占地指标。临时设施的占地面积应按用地指标所需的最低面积设计。

(2)要求平面布置合理、紧凑,在满足环境、职业健康与安全及文明施工要求的前提下尽可能减少废弃地和死角,临时设施占地面积有效利用率大于90%。

2. 临时用地保护

(1)应对深基坑施工方案进行优化,减少土方开挖和回填量,最大限度地减少对土地的扰动,保护周边自然生态环境。

(2)红线外临时占地应尽量使用荒地、废地,少占用农田和耕地。工程完工后,及时对红线外占地恢复原地形、地貌,使施工活动对周边环境的影响降至最低。

(3)利用和保护施工用地范围内原有绿色植被。对于施工周期较长的现场,可按建筑永久绿化的要求,安排场地新建绿化。

3. 施工总平面布置

(1)施工总平面布置应做到科学、合理,充分利用原有建筑物、构筑物、道路、管线为施工服务。

(2)施工现场搅拌站、仓库、加工厂、作业棚、材料堆场等布置应尽量靠近已有交通线路或即将修建的正式或临时交通线路,缩短运输距离。

(3)临时办公和生活用房应采用经济、美观、占地面积小、对周边地貌环境影响较小,且适合于施工平面布置动态调整的多层轻钢活动板房、钢骨架水泥活动板房等标准化装配式结构。生活区与生产区应分开布置,并设置标准的分隔设施。

(4)施工现场围墙可采用连续封闭的轻钢结构预制装配式活动围挡,减少建筑垃圾,保护土地。

(5)施工现场道路按照永久道路和临时道路相结合的原则布置。施工现场内形成环形通路,减少道路占用土地。

(6)临时设施布置应注意远近结合(本期工程与下期工程),努力减少和避免大量临时建筑拆迁与场地搬迁。

11.5 建设工程项目施工现场环境保护

项目监理机构应督促施工单位做好施工现场环境保护工作。

11.5.1 大气污染防治

11.5.1.1 大气污染的分类

大气污染物的种类有数千种,已发现有危害作用的有100多种,其中大部分是有机物。大气污染物通常以气体状态和粒子状态存在于空气中。

1. 气体状态污染物

气体状态污染物具有运动速度较大、扩散较快、在周围大气中分布比较均匀的特点。气体状态污染物包括分子状态污染物和蒸汽状态污染物。

(1)分子状态污染物,指在常温常压下以气体分子形式分散于大气中的物质,如燃料燃烧过程中产生的二氧化硫(SO_2)、氮氧化物、一氧化碳等。

(2)蒸汽状态污染物,指在常温常压下易挥发的物质,以蒸汽状态进入大气,如机动车尾气、沥青烟中含有的碳氢化合物等。

2. 粒子状态污染物

粒子状态污染物又称固体颗粒污染物,是分散在大气中的微小液滴和固体颗粒。施工工地的粒子状态污染物主要有锅炉、熔化炉、厨房烧煤产生的烟尘,还有建材破碎、筛分、碾磨、加料、装卸运输过程产生的粉尘等。

11.5.1.2　大气污染的防治措施

大气污染的主要防治措施如下。

1. 除尘措施

在气体中除去或收集固态或液态粒子的设备称为除尘装置。工地的烧煤锅炉等应选用装有上述除尘装置的设备。工地其他粉尘可用遮盖、淋水等措施防治。

2. 气态污染物治理措施

大气中气态污染物的治理技术主要有以下几种方法:吸收法、吸附法、催化法、燃烧法、冷凝法、生物法等。

11.5.1.3　施工现场空气污染的防治措施

(1)施工现场垃圾渣土要及时清理出现场。

(2)高大建筑物清理施工垃圾时,要使用封闭式的容器或者采取其他措施处理高空废弃物,严禁凌空随意抛撒。

(3)施工现场道路应指定专人定期洒水清扫,形成制度,防止道路扬尘。

(4)对于细颗粒散体材料(如水泥、粉煤灰、白灰等)的运输、储存要注意遮盖、密封,防止和减少飞扬。

(5)车辆开出工地要做到不带泥沙、不撒土、不扬尘,减少对周围环境的污染。

(6)除设有符合规定的装置外,禁止在施工现场焚烧油毡、橡胶、塑料、皮革、树叶、枯草、各种包装物等废弃物品,以及其他会产生有毒、有害烟尘和恶臭气体的物质。

(7)机动车都要安装减少尾气排放的装置,确保符合国家标准。

(8)工地茶炉要尽量采用电热水器。若只能使用烧煤茶炉和锅炉,应选用消烟除尘型茶炉和锅炉,大灶应选用消烟节能回风炉灶,使烟尘降至允许排放范围。

(9)城镇区域的建设工程现场严禁搅拌混凝土、砂浆等。在容许设置搅拌站的工地,应将搅拌站封闭严密,并在进料仓上方安装除尘装置,采取可靠措施控制粉尘污染。

(10)拆除旧建筑物时,应适当洒水,防止扬尘。

11.5.2　水污染防治

11.5.2.1　施工现场水污染物主要来源

施工现场废水和固体废物随水流流入水体部分,包括泥浆、水泥、油漆、各种油类、混凝土外加剂、重金属、酸碱盐、非金属无机物等。

11.5.2.2　施工现场水污染的防治措施

(1)禁止将有毒有害废弃物做土方回填。

(2)施工现场搅拌站废水、现制水磨石的污水、电石(碳化钙)的污水必须经沉淀池沉淀合格后再排放,最好将沉淀水用于工地洒水降尘或采取措施回收利用。

(3)现场存放油料,必须对库房地面进行防渗处理。如采用防渗混凝土地面等措施。

(4)施工现场的临时食堂,污水排放时可设置简易有效的隔油池,防止污染。

(5)工地临时厕所、化粪池应采取防渗漏措施。中心城市施工现场的临时厕所可采用水冲式厕所,并有防蝇措施,防止污染水体和环境。

(6)化学用品、外加剂等要妥善保管,库内存放,防止污染环境。

11.5.3 噪声污染防治

11.5.3.1 噪声的概念

环境中对人类、动物及自然物造成不良影响的声音就称之为噪声。

1. 噪声的分类

(1)噪声按照振动性质可分为气体动力噪声、机械噪声、电磁性噪声等。

(2)按噪声来源可分为交通噪声、工业噪声、建筑施工噪声、社会生活噪声等。

2. 噪声的危害

噪声是影响与危害非常广泛的环境污染问题。噪声环境可以干扰人的睡眠与工作,影响人的心理状态与情绪,造成人的听力损失,甚至引起许多疾病。

11.5.3.2 施工现场噪声的控制措施

噪声控制技术可从声源、传播途径、接受者防护等方面来考虑。

1. 声源控制

从声源上降低噪声,这是防止噪声污染的最根本措施。如尽量采用低噪声设备和工艺,在声源处安装消声器消声。

2. 传播途径的控制

在传播途径上控制噪声方法主要有:利用吸声材料或吸声结构吸收声能,降低噪声;应用隔声结构,阻碍噪声向空间传播;利用消声器阻止传播;对来自振动引起的噪声,通过降低机械振动减小噪声等。

3. 接收者的防护

减少相关人员在噪声环境中的暴露时间,以减轻噪声对人体的危害。

4. 严格控制人为噪声

进入施工现场不得高声喊叫、无故甩打模板、乱吹哨、限制高音喇叭的使用等。

5. 控制强噪声作业的时间

凡在人口稠密区进行作业时,须严格控制作业时间,一般晚10时到次日早6时之间停止强噪声作业。

11.5.3.3 施工现场噪声的限值

根据国家标准《建筑施工场界环境噪声排放标准》(GB 12523—2011)的规定,对建筑施工场界环境噪声的排放限值为:昼间,70 dB(A);夜间,55 dB(A)。

11.5.4 固体废物处理

11.5.4.1 固体废物的概念

固体废物是生产、建设、日常生活和其他活动中产生的固态、半固态废弃物质。固体废物是一个极其复杂的废物体系。按照其化学组成可分为有机废物和无机废物;按照其对环境和人类健康的危害程度可以分为一般废物和危险废物。

11.5.4.2 施工现场常见的固体废物

(1)建筑渣土,包括砖瓦石渣、混凝土碎块、废钢铁、碎玻璃、废弃装饰材料等。

(2)废弃的散装建筑材料,包括散装水泥、石灰等。

(3)生活垃圾,包括一些厨房的废物、丢弃食品、废旧日用品、煤灰渣、废交通工具等。

(4)设备、材料等的废弃包装材料。

(5)粪便。

11.5.4.3　固体废物的处理

固体废物处理的基本思想是采取资源化、减量化和无害化,主要处理方法如下:

(1)回收利用。回收利用是对个体废物进行资源化处理的主要手段之一。

(2)减量化处理。减量化是对已经产生的固体废物进行分选、破碎、压实浓缩、脱水等减少其最终处置量,减少对环境的污染。

(3)焚烧技术。焚烧用于不宜再利用且不宜直接予以填埋处置的废物,尤其是对于受到病菌、病毒污染的物品,可以用焚烧进行无害化处理。焚烧处理应使用符合环境要求的处理装置,注意避免对大气的二次污染。

(4)稳定和固化技术。利用水泥、沥青等胶结材料,将松散的废物包裹起来,减少废物的毒性和可迁移性,使得污染减少。

(5)填埋。对经过无害化、减量化处理的废物残渣集中到填埋场进行处置。填埋应注意保护周围的生态环境,并注意废物的稳定性和长期安全性。

11.5.5　光污染控制

(1)尽量避免或减少施工过程中的光污染。夜间室外照明灯加设灯罩,透光方向集中在施工范围。

(2)电焊作业采取遮挡措施,避免电焊弧光外泄。

11.5.6　土壤保护

(1)保护地表环境,防止土壤侵蚀、流失。因施工造成的裸土,及时覆盖砂石或种植速生草种,以减少土壤侵蚀;因施工造成容易发生地表径流土壤流失的情况,应采取设置地表排水系统、稳定斜坡、植被覆盖等措施,减少土壤流失。

(2)沉淀池、隔油池、化粪池等不发生堵塞、渗漏、溢出等现象。及时清掏各类池内沉淀物,并委托有资质的单位清运。

(3)对于有毒有害废弃物如电池、墨盒、油漆、涂料等应回收后交有资质的单位处理,不能作为建筑垃圾外运,避免污染土壤和地下水。

(4)施工后应恢复施工活动破坏的植被(一般指临时占地内)。与当地园林、环保部门或当地植物研究机构进行合作,在先前开发地区种植当地或其他合适的植物,以恢复剩余空地地貌或科学绿化,补救施工活动中人为破坏植被和地貌造成的土壤侵蚀。

11.5.7　地下设施、文物和资源保护

(1)施工前应调查清楚地下各种设施,做好保护计划,保证施工场地周边的各类管道、管线、建筑物、构筑物的安全运行。

(2)施工过程中一旦发现文物,立即停止施工,保护现场并通报文物部门,协助做好文物保护工作。

(3)避让、保护施工场区及周边的古树名木。

(4)逐步开展统计分析施工项目的 CO_2 排放量,以及各种不同植被和树种的 CO_2 固定量的工作。

思考题

1. 为什么要进行建设工程项目的环境管理?
2. 环境监理的工作目标是什么?
3. 简述如何进行建设工程项目全过程环境管理。
4. 什么是文明施工? 文明施工的基本要求是什么?
5. 简述绿色施工的内容和要求。
6. 建设工程项目施工现场环境保护的主要内容有哪些?

12 建设工程项目风险管理

国务院安委会办公室2016年先后印发了《关于印发标本兼治遏制重特大事故工作指南的通知》(安委办〔2016〕3号)和《关于实施遏制重特大事故工作指南构建双重预防机制的意见》(安委办〔2016〕11号)文,明确指出要构建安全风险分级管控和隐患排查治理的双重预防机制。安全风险分级管控,就是我们日常工作中的风险管理,包括危险源辨识、风险评价分级、风险管控。隐患排查治理就是对风险点的管控措施通过隐患排查等方式进行全面管控,及时发现风险点管控措施潜在的隐患,及时对隐患进行治理。2021年,双重预防机制正式写入了修改后的《安全生产法》。

监理工程师在项目监理过程中应督促施工单位认真落实风险的双重预防机制,即做好风险分级管控和隐患排查治理工作。

12.1 概 述

12.1.1 风险的基本概念

12.1.1.1 风险的定义

无论是经济学、保险学还是项目管理学,由于对风险理解不同,给出的定义就会有所差别,至今尚无统一定论。总体而言,风险是指在某一特定环境下,在某一特定时间段内,某种损失发生的可能性。从本质上讲,风险来源于不确定性,而不确定性则来源于信息的缺乏。

建设工程风险是指在决策和实施过程中,造成实际结果和预期目标的差异性及其发生的概率。项目风险的差异性包括损失的不确定性和收益的不确定性。这里的工程风险是指损失的不确定性。

12.1.1.2 风险的特点

1. 客观性和普遍性

风险存在的客观性,表现为风险是不以人的意志为转移并超越人们主观意识的客观存在。不管风险主体是否意识到风险的存在,在一定的条件下仍有可能变为现实。风险存在的普遍性,表现为在项目的全寿命期内,风险是无处不在、无时不有的,它存在于人类社会的发展过程中,潜藏于人类从事的各种活动中。

2. 不确定性

风险的不确定性是指风险的发生是不确定的。任何一种风险的发生都是诸多风险因素和其他因素共同作用的结果,是一种随机现象,风险的严重程度有多大、风险何时何地有可能转化为现实均是不确定的。

3. 可变性

风险的可变性是指在一定条件下风险可以转化。随着项目的进行,有些风险发生质或量的变化,有些风险将得到控制,同时在项目的每一阶段都可能产生新的风险。

4. 多样性和多层次性

建设工程项目周期长、规模大、涉及范围广、风险因素数量多且种类繁多,致使其在全寿命期内面临的风险多种多样,且大量风险因素之间的内在关系错综复杂,各风险因素与外界交叉影响,又使风险显示出多层次性。

5. 损害性

风险一旦产生,就会使风险主体产生挫折、损失,甚至失败,这对风险主体是极为不利的。风险的损害性要求在承认风险、认识风险的基础上,做好决策,尽可能地避免风险,将风险的损害性降至最低。

6. 相对性

风险的相对性是针对风险主体而言的,即使在相同的风险情况下,不同的风险主体对风险的承受能力也是不同的。风险主体收益的多少、投入的大小和风险主体的地位与拥有资源的差异,决定了其风险承受能力的差异。

7. 同利益的对称性

风险同利益的对称性是指对风险主体来说风险和利益是必然同时存在的,即风险是利益的代价,利益是风险的报酬。一方面,如果没有利益而只有风险,那么谁也不会去承担这种风险;另一方面,为了实现一定的利益目标,必须以承担一定的风险为前提。

12.1.1.3 风险的分类

1. 按风险后果分类

根据风险后果,可以把风险划分为纯粹风险和投机风险。

(1)纯粹风险。

纯粹风险是指只会造成损失而不会带来收益的风险。如自然灾害、意外事故等。

(2)投机风险。

投机风险是指既可能造成损失也可能创造额外收益的风险。如一项投资决策可能带来巨大的投资风险,也可能由于决策失误造成损失。

对于建设工程项目来说,决策阶段主要表现为投机风险,而实施阶段主要表现为纯粹风险。

2. 按风险的作用对象分类

根据风险的作用对象,可以把风险划分为财产风险、人身风险和责任风险。

(1)财产风险。财产风险是指可能引起财产毁损、灭失以及因财产毁损、灭失所致的其他利益损失的风险。例如,一方面,风险事故的发生直接导致厂房、机器设备的经济价值减少,这是直接经济损失;另一方面,使得企业不能再凭借这些厂房、机器设备获取正常的经济利益,这是间接经济损失。

(2)人身风险。人身风险指因为疾病、伤残、死亡、失业等导致个人、家庭或企业经济收入减少的风险。

(3)责任风险。责任风险是指因个人的过失行为可能给他人的财产和生命造成损害,依据法律或道义应承担责任的风险。例如,监理人员的过失行为引致工程事故的发生,给施工人员造成伤害,根据法律监理人员负有监理责任,这种风险即为责任风险。

3. 按风险的形态分类

根据风险的形态，可把风险划分为静态风险和动态风险。

(1)静态风险。静态风险是指在社会经济结构不变的条件下发生的风险。自然力的不规则运动和反常以及人的过失、故意行为等都可能导致风险发生而产生损失。这些损失是在社会经济结构未发生变化的条件下发生的，因此是静态风险。如自然力不规则运动引起的地震、暴风等自然风险；盗窃等人的故意行为及医疗事故等人的过失行为所致的人为风险。从发生的后果来看，静态风险多属于纯粹风险。

(2)动态风险。动态风险指政治、经济、科技发展等社会经济结构的变化所致的风险。例如，政府经济政策的改变、新技术的运用、产业结构的调整、人们消费观念的改变、军事政变等所导致的风险。从发生的后果来看，动态风险既可属于纯粹风险，也可属于投机风险。

4. 按风险产生的原因分类

根据风险产生的原因，可把风险划分为政治风险、经济风险、技术风险、自然风险和社会风险等。

(1)政治风险。政治风险是指工程项目所在地的政治环境变化带来的风险。如政局不稳、国际关系紧张、权力机构腐败现象等。稳定的政治环境会对工程建设产生有利的影响；反之，将会给各建筑市场主体带来顾虑和阻力，从而加大建设工程项目的风险。

(2)经济风险。经济风险是指国家或社会一些大的经济因素变化带来的风险。如通货膨胀引起的材料价格和工资的大幅度上涨，外汇比率变化带来的损失，国家或地区有关政策、法规等变化而引起额外费用的增加，建设单位延期付款等。

(3)技术风险。技术风险是指技术条件的不确定性带来的风险。如勘察资料未能全面、正确地反映工程地质情况，采用新技术、新工艺带来的挑战，设计文件的失误，外文资料翻译不准确等。

(4)自然风险。自然风险是指自然因素带来的风险。如自然灾害等。

(5)社会风险。社会风险是指由于个人或团体的行为(包括过失行为、不当行为及故意行为)或不良行为使社会生产及人们生活遭受损失的风险。

12.1.2 建设工程风险管理

12.1.2.1 风险管理过程

建设工程风险管理是一个识别风险、确定和度量风险，并制定、选择和实施风险应对方案的过程。风险管理是对建设工程风险进行管理的一个系统、循环过程。风险管理包括风险识别、风险分析与评价、风险对策的决策、风险对策的实施和风险对策实施的管控五个主要环节。

1. 风险识别

风险识别是风险管理的首要步骤，是指通过一定的方式，系统而全面地识别影响建设工程目标实现的风险时间并加以适当归类的过程。必要时，还需对风险事件的后果进行定性估计。

2. 风险分析与评估

风险分析与评估是将建设工程风险事件发生的可能性和损失后果进行定量化的过程。风险分析与评估的结果主要在于确定各种风险事件发生的概率及其对建设工程目标影响的严重程度,如建设投资增加的数额、工期延误的天数等。

3. 风险对策的决策

风险对策的决策是确定建设工程风险事件最佳对策组合的过程。一般来说,风险应对策略有以下四种:风险回避、损失控制、风险转移和风险自留。这些风险对策的适用对象各不相同,需要根据风险评价结果,对不同的风险事件选择最适宜的风险对策,从而形成最佳的风险对策组合。

4. 风险对策的实施

对风险对策所做出的决策还需要进一步落实到具体的计划和措施。例如,在决定进行风险控制时,要制订预防计划、灾难计划、应急计划等;在决定购买工程保险时,要选择保险公司,确定恰当的保险险种、保险范围、免赔额、保险费等。这些都是进行风险对策决策的重要内容。

5. 风险对策实施的管控

在建设工程实施过程中,要不断地跟踪检查各项风险对策的执行情况,并评价各项风险对策的执行效果。当建设工程实施条件发生变化时,要确定是否需要提出不同的风险对策。

12.1.2.2 风险管理目标

风险管理是一项有目的的管理活动,只有目标明确才能进行评价与考核,从而起到有效的作用。在确定风险管理的目标时,通常要考虑风险管理目标与风险管理主体的总体目标相一致,要使目标具有实现的客观可能性,同时目标必须明确,以便于正确选择和实施各种方案,并对其实施效果进行客观评价。此外,还要根据目标的重要程度,区分风险管理目标的主次,以利于提高风险管理的综合效果。

总的来说,建设工程风险管理的目标是控制和处理项目风险,防止和减少损失,保障项目的顺利进行。从风险管理目标与风险管理主体的总体目标相一致的角度出发,建设工程风险管理的目标可以具体地表述为:①实际投资控制在允许的偏差范围内;②实际工期控制在允许的偏差范围内;③实际质量满足预期的质量要求;④建设过程安全。

12.2 建设工程风险识别与评价

12.2.1 风险识别

风险识别的主要内容是:识别引起风险的主要因素,识别风险的性质,识别风险可能引起的后果。

12.2.1.1 风险识别过程

1. 确定不确定性的客观存在

这项工作包括两项内容:首先,要识别所发现或推测的因素是否存在不确定性。如果是确定无疑的，则无所谓风险；其次，要确定这种不确定性是客观存在的，而不是凭空想象的。

2. 建立初始风险清单

建立初始风险清单是识别风险的操作起点。清单中应明确列出客观存在的和潜在的各种风险，包括各种影响生产率、操作运行、质量和经济效益的因素。人们通常凭借工程项目建设的经验对其做出判断。

3. 确定各种风险事件并推测其结果

根据初始风险清单中开列的各种重要的风险来源，推测与其相关联的各种合理的可能性，包括盈利和损失、人身伤害、自然灾害、时间和成本、节约或超支等，重点应是资金的财务结果。

4. 进行风险分类

对风险进行分类具有双重目的：首先，通过对风险进行分类可以加深对风险的认识和理解；其次，通过分类，辨清风险的性质，从而有助于制定风险管理的目标。

在进行风险分类时，通常应该依据风险的性质和可能的结果及彼此间可能发生的关系进行风险分类。这样的风险分类能更彻底地理解风险、预测其结果，且有助于发现与其关联的各方面的因素。常见的分类方法是以若干个目录组成框架形式，每个目录中都列出不同种类的风险，并针对各个风险进行全面检查。这样既能尽量避免遗漏，又可达到一目了然的效果。

以某施工项目为例，分类框架可由 6 个风险目录组成，各个目录中均列出典型风险，如表 12-1 所示。

表 12-1　某施工项目风险分类

风险目录	典型风险
不可预见损失	洪水、地震、火灾、狂风、闪电、塌方
有形的损失	结构破坏、设备损坏、劳务人员伤亡、材料设备发生火灾或被盗窃
财务和经济	通货膨胀、能否得到业主资金、汇率浮动、分包商的财务风险
政治和环境	法律和法规的变化、战争和内乱、注册和审批、污染和安全规则、没收、禁运
设计	设计失误、忽略、错误、规范不充分
与施工有关的事件	气候、劳务争端和罢工、劳动生产率、不同的现场条件、失误的工作、工程变更、设备缺陷

5. 建立建设工程风险清单

这是风险识别过程的最后一个步骤。通过建立建设工程风险清单，可以将项目可能面临的所有风险汇总并排列出轻重缓急，从而给人一幅总体风险印象图，而且能把全体项目人员统一起来，使各人都能预感到项目中各种风险之间的联系以及可能发生的连锁反应，而不是仅仅考虑自己所面临的风险。风险清单的格式如表 12-2 所示。

表 12-2 风险清单

项目名称		
评述 日期 负责人		
风险事件	风险事件摘要	风险条件变量

通过风险识别最后建立了建设工程风险清单，其内容可供风险管理人员参考。但是，由于人们认识的局限性，风险清单不可能完全准确、全面，特别由于风险自身的不确定性，决定了风险识别过程应该是一个动态的、连续的过程，最后所形成的风险清单也应随着施工的进展、施工项目内外部条件的变化及风险的演变而不断地更新、增删，直至项目最终结束。

需要特别指出的是，风险管理人员对潜在损失的判断与识别能力的高低也是企业或项目的风险源之一。因此，要注意风险管理人员素质的提高，也要注意加强对风险识别结果的分析与评估。

12.2.1.2 风险识别方法

建设工程风险识别的方法主要有德尔菲法、财务报表法、工作分解法、初始风险清单法、敏感性分析法和事故树分析法等。

1. 德尔菲法

德尔菲法又称专家调查法，20 世纪 40 年代由 O. Helmer 和 N. Gordon 首创。调查的方式通常有两种：一种是召集有关专家开会，让专家充分发表意见，起到集思广益的作用；另一种是采用问卷式调查，各专家根据自己的看法单独填写问卷。德尔菲法通常采用背对背的通信方式征询专家小组成员的预测意见，经过几轮征询，使专家小组的预测意见趋于集中，最后做出符合市场未来发展趋势的预测结论。调查时，依据系统的程序，采用匿名发表意见的方式，即团队成员之间不得互相讨论，不发生横向联系，只能与调查人员发生联系，以反复地填写问卷，集结问卷填写人的共识及收集各方意见，可用来构造团队沟通流程，应对复杂任务难题的管理技术。这种方法具有广泛的代表性，不仅适用于建设工程项目风险的识别阶段，也适用于评价和决策过程。

2. 财务报表法

财务报表法是指通过分析财务报表来识别风险的方法。项目财务报表能全面地反映项目的财务状况、现金流量和经营成果，为项目分析识别提供数据来源。通过收集和整理项目财务报告数据，风险识别人员不但可以了解项目拥有资产的种类，以寻找这些资产的风险来源，而且能够清楚项目现有资源，以衡量项目的风险承担能力。因此，通过分析资产负债表、现金流量表、营业报表及有关补充资料，可以识别企业当前的所有资产、责任及人身损失风险。将这些报表与财务预测、预算结合起来，可以发现企业或建设工程未来的风险。

3. 工作分解法

工作分解法是指利用项目工作分解结构来识别风险的方法。风险识别要减少项目的结构不确定性，就要弄清项目各个组成部分的性质、相互之间的关系等。项目工作分解结构就是完成这项任务的有力工具。这种工具的原则是化大系统为小系统，将复杂事物分解为较简单的、易被认识的事物。具体步骤为：分解工作任务，将整个项目逐渐细分到合适的程度，以便项目的计划、执行和控制；定义活动之间的依赖关系；分配时间和资源；最后进行综合，绘出分解图。由于项目管理的其他方面，例如范围、进度和成本管理，同样需要使用项目工作分解结构，因此在风险识别中利用项目工作分解结果识别风险并不会给项目班子增加额外的工作量。

4. *初始风险清单法*

由于建设工程面临的风险有些是共同的，因此对于每一个建设工程风险的识别没必要均从头做起。只要采取适当的风险分解方式，就可以找出建设工程中经常发生的典型风险因素和相应风险事件，从而形成初始风险清单。在风险识别时就可以从初始风险清单入手，这样做既可以提高风险识别的效率，又可以降低风险识别的主观性。

建立建设工程初始风险清单有两种途径：一种是采用保险公司或风险管理学会（或协会）公布的潜在损失一览表，以此为基础，风险管理人员再结合本企业或某项工程所面临的潜在损失，对一览表中的损失予以具体化，从而建立特定企业或特定工程的风险一览表。但是，目前潜在损失一览表都是针对企业风险的，还没有针对建设工程风险的一览表，因此这种方法不适用于建立建设工程初始风险清单。另一种方法是通过适当的风险分解方式来识别风险，这种方法是建立建设工程初始风险清单的有效途径。对于大型、复杂的建设工程，首先将其按单项工程、单位工程分解，再对各单项工程、单位工程分别从时间维、目标维和因素维进行分解，从而形成建设工程初始风险清单，如表 12-3 所示。

表 12-3　某建设工程初始风险清单

风险因素		典型风险事件
技术风险	设计	设计内容不完整、设计缺陷、设计错误、应用规范不当、地质条件考虑不周、未考虑施工可行性
	施工	施工工艺落后、施工方案不合理、施工安全措施不当、应用新技术失败、现场条件考虑不周、技术措施不合理
	其他	专利技术来源不合法、规范不统一等
非技术风险	自然	洪水、地震等自然灾害，不明水文气象条件，复杂的地质条件，恶劣气候
	法律	法律及规章的变化
	经济	通货膨胀或紧缩、汇率变动、市场动荡等
	合同	合同条款表述错误、合同类型选择不当、合同纠纷处理不力
	人员	工人素质差、管理人员素质差
	材料设备	材料和设备供货不及时、质量差，设备不配套，安装失误，选型不当等
	组织协调	业主与设计方的协调不充分，业主与政府相应管理部门未协调好，监理与施工单位未协调好等

在使用初始风险清单方法时必须明确一点,那就是初始风险清单并不是风险识别的最终结论,它必须结合特定建设工程的具体情况进一步识别风险,修正初始风险清单。因此,这种方法必须与其他方法结合起来使用。

5. 敏感性分析法

敏感性分析法是指采用敏感性分析结果来识别风险的方法。敏感性分析研究在项目寿命期内,当项目因素(例如产量、价格、变动成本等)发生变动时,项目经济指标(例如净现值、内部收益率等)会出现怎样的变化以及变化范围如何,敏感性分析能够回答哪些项目因素对项目经济指标影响最大。这样,项目管理人员就能识别出隐藏在项目因素下的潜在风险。

6. 事故树分析法

事故树分析法是指采用事故树分析结果来识别风险的方法。事故树由节点、连线和逻辑门三部分组成。节点表示事件,连线和逻辑门表示事件之间的关系。事故树分析是从结果出发,通过演绎推理查找原因的一种过程。分析时利用图解的形式,将大的故障分解成小的故障,或对各种引起故障的原因进行分析。此法不仅能识别出导致事故发生的风险因素,还能计算出风险事故的发生概率,提出各种控制风险因素的方案;既可做定性分析,也可做定量分析。这种风险识别方法一般用于技术性强、较为复杂的项目。

12.2.2 风险分析与评价分级

风险分析与评价分级是指在定性识别风险因素的基础上,进一步分析和评价风险因素发生的概率、影响的范围、可能造成的损失的大小以及多种风险因素对建设工程目标的总体影响等,达到更清楚地辨识主要风险因素,有利于工程项目管理者采取更有针对性的对策和措施,从而减少风险对建设工程目标的不利影响。

风险分析与评价的主要任务是确定单一风险因素发生的概率、分析单一风险因素的影响范围大小、分析各个风险因素可能发生的时间、分析各个风险因素的结果、探讨风险因素对建设工程目标的影响程度等。通过对风险影响结果进行揭示,对潜在风险做出分析和评估,采取相应的对策,从而达到降低风险的不利影响或减少其发生可能性的目的。

12.2.2.1 风险分析与评价的作用

(1)使选定项目在成本估计和进度安排方面更现实、可靠。

(2)使决策人能更好地、更准确地认识风险、风险对项目的影响及风险之间的相互作用。

(3)有助于决策人制订更完备的应急计划,有效地选择风险防范措施。

(4)有助于决策人选定最合适的委托或承揽方式。

(5)能提高决策者的决策水平,加强其风险意识,开阔视野,提高风险管理水平。

12.2.2.2 风险分析与评价的过程

1. 风险概率的衡量

风险概率是指某一风险发生的可能性,其概率在 0~1 之间变化。依据主观判断而得出的概率称为主观概率,依据长时间统计分析而得出的概率称为客观概率。

2. 风险损失的衡量

风险损失的衡量就是定量确定风险损失值的大小。对于建设工程项目风险损失来说,通常包括以下几个方面。

1) 投资风险损失

投资风险损失通常是由于法规、价格、汇率和利率等变化,或资金安排不当等风险事件所引起的实际投资超出计划投资的数额,因此可以直接用损失的货币形式来表现,即损失额。

2) 进度风险损失

进度风险损失通常是由于进度的拖延而导致的风险损失,虽然表现形式上属于时间范畴,但损失的实质是经济损失。具体由以下几部分组成:

(1) 货币的时间价值。进度风险的发生可能会对现金流造成影响,从而引起经济损失。

(2) 为赶上计划进度所需的额外费用,即赶工费用。通常包括加班的人工费、机械使用费、管理费、夜间施工照明费等一切因赶工而发生的非计划费用。

(3) 延期投入使用的收入损失。这种损失不仅是延期期间的收入损失,还可能包括由于产品投入市场过迟而失去商机,从而大大降低市场份额所造成的损失。

3) 质量风险损失

质量风险损失通常包括以下几个方面:

(1) 建筑物、构筑物或其他结构倒塌等质量事故所造成的直接经济损失。

(2) 复位纠偏、加固补强等补救措施和返工的费用。

(3) 由质量事故造成的工期延误的损失。

(4) 永久性缺陷对于建设工程使用造成的损失。

(5) 第三者责任的损失。

4) 安全风险损失

安全风险损失是由于安全事故造成的人身财产等遭受的损失,还可能包括法律责任。具体包括以下几个部分:

(1) 受伤人员的医疗费用和补偿费用。

(2) 财产损失,包括材料、设备等财产的损失或被盗。

(3) 因安全引起工期延误而带来的损失。

(4) 为恢复建设工程正常实施所发生的费用。

(5) 第三者责任损失。

12.2.2.3　风险评价分级

找出风险因素后,为了在采取控制措施时能分清轻重缓急,所以需要给风险因素划定一个等级。通常按照风险可能造成的损失大小可将风险分为以下四级:

一级,后果可以忽略。

二级,后果较轻,不至于造成某个分项工程的破坏或人员伤亡。

三级,后果严重,会造成某个分项工程破坏,并会导致人员伤亡。

四级,灾难性后果。

12.2.2.4　风险评价分级的主要方法

1. 专家打分法

专家打分法是向专家发放风险调查表,由专家根据经验对风险因素的重要性进行评价,并对每个风险因素的等级值进行打分,最终确定风险因素总分的方法。步骤如下:

(1)识别出某一特定建设工程项目可能遇到的所有风险,列出风险调查表。

(2)选择专家,利用专家经验,对可能的风险因素的重要性进行评价,确定每个风险因素的权重,以表征其对项目风险的影响程度。

(3)确定每个风险因素发生可能性的等价值。风险因素发生可能性包括很大、较大、中等、不大、较小五个等级,对应的等价值分别为1.0、0.8、0.6、0.4、0.2,具体每项风险因素等价值由专家给出。

(4)将每项风险因素的权重与等价值相乘,求出该项风险因素的得分,即风险度为$W\times C$,再求出此工程项目风险因素的总分$\sum(W\times C)$,总分越高,则风险越大。如表12-4所示,为一个风险调查表示例。

表12-4　风险调查表

可能发生的风险因素	权重(W)	风险因素发生的可能性(C)					$W\times C$
		很大1.0	较大0.8	中等0.6	不大0.4	较小0.2	
物价上涨	0.25	√					0.25
融资困难	0.10		√				0.08
新技术不成熟	0.15			√			0.09
工期紧迫	0.20		√				0.16
汇率浮动	0.30				√		0.12
总分$\sum(W\times C)$							0.70

利用这种方法可以对建设工程项目所面临的风险按照总分从大到小进行排队,从而找出风险管理的重点。这种方法侧重于定性分析,适用于决策前期,因为决策前期往往缺乏建设工程项目的一些具体数据资料,借助于专家经验可以得出一个大致的判断。

2. 蒙特卡洛模拟技术

蒙特卡洛模拟技术又称随机抽样技术或统计试验方法。应用蒙特卡洛模拟技术可以直接处理每一个风险因素的不确定性,并把这种不确定性的成本方面的影响以概率分布的形式表示出来。这种方法侧重于综合分析。蒙特卡洛模拟技术的分析步骤如下:

(1)通过结构化方式,把已识别出来的影响建设工程项目目标的重要风险因素构造成一份标准化的风险清单。此清单应能充分反映出风险分类的结构和层次性。

(2)采用专家调查法确定风险的影响程度和风险概率分布,编制出风险评价表。

(3)采用模拟技术,确定风险组合,即对上一步专家的评价结果加以定量化。

(4)通过模拟技术得到项目总风险的概率分布曲线,从曲线上可看出项目总风险的变化规律,据此可确定应急费用的大小。

3. 层次分析法

层次分析法是美国著名运筹学家 T. L. Saaty 教授提出的一种系统综合分析方法，用于求解层次结构或网络结构的复杂评估问题。它采用指标成对比较的方法构造比较判断矩阵，利用求解与最大特征根相应的特征向量的分量作为相应权重系数的办法确定指标权重，并根据最低层次各指标权重和指标值对评估对象做出综合评估。其主要步骤如下：

(1)建立层次结构模型。

(2)构造判断矩阵。

(3)层次单排序。

(4)判断矩阵的一致性检验。

(5)层次总排序。

4. 模糊综合评价法

模糊综合评价法是美国自动控制专家 L. A. Zadeh 教授提出的一种基于模糊数学的综合评价方法。该综合评价法根据模糊数学的隶属度理论把定性评价转化为定量评价，即用模糊数学对受到多种因素制约的事物或对象做出一个总体的评价。它具有结果清晰、系统性强的特点，能较好地解决模糊的、难以量化的问题，适合各种非确定性问题的解决。其主要步骤如下：

(1)构建模糊综合评价指标。

(2)构建权重向量。

(3)构建评价矩阵。

(4)评价矩阵和权重的合成。

12.3 建设工程风险对策及管控

12.3.1 风险对策

建设工程风险对策包括风险规避、损失控制、风险转移和风险自留。

12.3.1.1 风险规避

风险规避是指事先预料风险产生的可能程度，判断其实现的条件和因素，在行动中尽可能地避免或改变行动方向，即以一定的方式中断风险源，使其不发生或不再发展，从而避免可能产生的潜在损失。从风险量大小的角度来考虑，这种风险对策适用于风险量大的情况。

风险规避虽然是一种风险防范措施，但由于风险是广泛存在的，完全规避是不可能的，而且很多风险属于投机风险，如果采取风险规避的对策，在避免损失的同时，也失去了获利的机会。在采取风险规避对策时，应注意以下几点：

(1)当风险可能导致的损失频率和损失幅度极高，且对此风险有足够的认识时，这种策略才有意义。

(2)当采用其他风险策略的成本和效益的预期值不理想时，可采用风险规避的策略。

(3)不是所有的风险都可以采取规避策略，如地震、洪灾、台风等。

(4)由于风险规避针对特定范围及特定角度才产生效用,因此避免了某种风险,又可能产生另一种新的风险。

此外,在许多情况下,风险规避是不可能或不实际的。工程建设过程中会面临许多风险,无论是建设单位还是承包单位,或者是监理单位,都必须承担某些风险。因此,在采用此对策时,要对风险对象有所选择。

12.3.1.2　损失控制

损失控制是指事前预防或降低风险发生的概率,同时考虑风险无法避免时,运用可能的手段力求降低损失的程度。这是一种积极主动的风险处理对策,实现的途径有两种,即损失预防和损失抑制。

损失预防措施可以降低损失发生的概率;损失抑制措施可以降低损失的严重程度或遏制损失的进一步发展,使损失最小化。

1. 损失预防

损失预防是指损失发生前为了消除或减少可能引起损失的各种因素而采取的各种具体措施,也就是设法消除或减少各种风险因素,以降低损失发生的概率。损失预防主要通过如下方法实现:

(1)工程法。

工程法就是以工程技术为手段,通过对物质因素的处理来达到控制损失的目的。具体措施包括预防风险因素的产生、减少已存在的风险因素、改变风险因素的基本性质、改变风险因素的空间分布、增强风险主体的防护能力等。

(2)教育法。

教育法就是通过教育培训,消除人为的风险因素,防止不安全行为的出现,从而达到预防损失的目的。如进行安全法制教育、安全技能教育和风险知识教育等。

(3)程序法。

程序法就是以制度化的程序作业方式进行损失控制,其实质是通过加强管理,从根本上对风险因素进行处理。如制定安全管理制度、设备定期维修制度和定期进行安全检查等。

2. 损失抑制

损失抑制是指损失发生时或损失发生后,为了缩小损失幅度所采取的各项措施。损失抑制主要通过以下途径实现:

(1)分割。分割就是将某一风险作用对象分割成许多独立的、较小的单位,以达到减小损失幅度的目的。例如,施工现场各种建筑材料分类堆放、分类管理。

(2)储备。例如,储存某项备用财产或人员,以及复制另一套资料或制订另一套备用计划等,当原有财产、人员、资料及计划失效时,这些备用的人、财、物、资料可立即使用。

(3)拟定减小损失幅度的规章制度。例如,在施工现场建立巡逻制度。

12.3.1.3　风险转移

风险转移是指借助若干技术和经济手段,将组织或项目的部分风险或全部风险转移到其他组织或个人,以避免大的损失。从风险量大小的角度来考虑,这种风险对策适用于风险量比较大的情况。风险转移的方法有两种,即保险转移和非保险转移。

1. 保险转移

保险转移是指通过购买保险将本应由自己承担的风险转移给保险公司,从而使自己免受风险损失。这种风险转移方式之所以得到越来越广泛的运用,原因在于保险人较投保人更适宜承担有关的风险。

在建设工程方面,中国目前已实行了工伤保险制度、意外伤害保险、建筑工程一切险、安装工程一切险和建筑安装工程第三者责任险等。

保险转移这种方式虽然有很多优点,但是缺点也是存在的。其中之一就是机会成本增加,再就是工程保险合同的内容较复杂,保险费没有统一固定的费率,需要根据特定建设工程的类型、建设地点的自然条件、保险范围、免赔额等加以综合考虑,因而保险谈判常常耗费较多的时间和精力。此外,在进行工程投保以后,投保人可能麻痹大意而疏于损失控制计划,以致增加实际损失和未投保损失。

2. 非保险转移

非保险转移一般通过签订合同的方式将风险转移给非保险人的对方当事人。在实际中常见的非保险转移可归纳为两类,即控制型非保险转移和财务型非保险转移。

1)控制型非保险转移

控制型非保险转移,转移的是损失的法律责任,它通过合同或协议,消除或减少转让人对受让人的损失责任和对第三者的损失责任。主要有以下形式:

(1)出售。通过买卖合同将风险转移给其他单位或个人。这种方式的特点是:在出售项目所有权的同时也就把与之相关的风险转移给了受让人。

(2)分包。转让人通过分包合同,将他认为项目风险较大的部分转移给非保险业的其他人。如一个大跨度网架结构项目,对总包单位来讲,其认为高处作业多,吊装复杂,风险较大,因此可以将网架的拼装和吊装任务分包给有专用设备和经验丰富的专业施工单位来承担。

(3)开脱责任合同。通过开脱责任合同,风险承受者免除转移者对承受者承受损失的责任。

2)财务型非保险转移

财务型非保险转移是转让人通过合同或协议寻求外来资金补偿其损失。主要有以下两种形式:

(1)免责约定。免责约定是合同不履行或不完全履行时,如果不是由于当事人一方的过错引起,而是由于不可抗力的原因造成的,违约者可以向对方请求部分或全部免除违约责任。

(2)保证合同。保证合同是由保证人提供保证,使债权人获得保障。通常,保证人以被保证人的财产抵押来补偿可能遭受到的损失。

12.3.1.4 风险自留

风险自留又称风险自担,就是由企业或组织自己承担风险事件所致损失的措施。这种措施有时是无意识的,即由于管理人员缺乏风险意识、风险识别失误或评价失误,也可能是决策延误,甚至是决策实施延误等各种原因,都会导致没有采取有效措施防范风险,以致风险事件发生时,只好自己承担。这种情况称为被动风险自留,亦称非计划性风险自留。但是风险自留有时是有计划的风险处理对策,它是整个建设工程风险对策计划的一个组成部分。这种情况下,风险承担人通常已经做好了处理风险的准备。这种情况称为主动风险自留,亦称计划性风险自留。从风险量大小的角度来考虑,风险自留的对策适用于风险量比较小的情况。

主动风险自留至少应符合以下条件之一:①自留费用低于保险公司所收取的保险费用;②企业的期望损失低于保险人的估计;③企业的最大潜在损失或期望损失较小;④短期内企业有承受最大潜在损失或期望损失的经济能力;⑤投资机会很好;⑥内部服务或非保险人服务优良;⑦损失可以准确地预测。

12.3.2 风险管控

12.3.2.1 风险管控的主要内容

风险管控是指跟踪已识别的风险和识别新的风险,保证风险计划的执行,并评估风险对策与措施的有效性。其目的是考察各种风险控制措施产生的实际效果,确定风险减少的程度,监视风险的变化情况,进而考虑是否需要调整风险管理计划以及是否启动相应的应急措施等。风险管理计划实施后,风险控制措施必然会对风险的发展产生相应的效果,管控风险管理计划实施过程的主要内容包括:

(1)评估风险控制措施产生的效果。

(2)及时发现和度量新的风险因素。

(3)跟踪、评估风险的变化程度。

(4)管控潜在风险的发展,监测工程风险发生的征兆。

(5)提供启动风险应急计划的时机和依据。

12.3.2.2 风险跟踪检查与报告

1. 风险跟踪检查

跟踪风险控制措施的效果是风险管控的主要内容。在实际工作中,通常采用风险跟踪表格来记录跟踪的结果,然后定期地将跟踪的结果编制成风险跟踪报告,使决策者及时掌握风险发展趋势的相关信息,以便及时地做出反应。

2. 风险的重新估计

无论什么时候,只要在风险监控的过程中发现新的风险因素,就要对其进行重新估计。除此之外,在风险管理进程中,即使没有出现新的风险,也需要在工程进展的关键时段对风险进行重新估计。

3. 风险跟踪报告

风险跟踪的结果需要及时地进行报告,报告通常供高层次的决策者使用。因此,风险报告应该及时、准确并简明扼要,向决策者传达有用的风险信息,报告内容的详细程度应按照决策者的需要而定。

思考题

1. 风险的基本特征是什么?

2. 风险都有哪些不同的分类方法？各分类方法下，风险如何划分？
3. 风险识别的方法有哪些？
4. 如何衡量风险的大小？
5. 举例说明何时宜采用风险规避对策。
6. 举例说明损失控制的途径。
7. 举例说明非保险转移的途径。
8. 举例说明何时宜采用风险自留的对策。
9. 风险管控的目的是什么？
10. 风险管控的主要内容是什么？

13 建设工程项目监理文件资料管理

13.1 概 述

监理文件资料(Project Document & Data)是工程监理单位在履行建设工程监理合同过程中形成或获取的,以一定形式记录、保存的文件资料,应包括下列主要内容:

(1)勘察设计文件、建设工程监理合同及其他合同文件。

(2)监理大纲、监理规划、监理实施细则。

(3)设计交底和图纸会审会议纪要。

(4)施工组织设计、(专项)施工方案、施工进度计划报审文件资料。

(5)分包单位资格报审文件资料。

(6)施工控制测量成果报验文件资料。

(7)总监理工程师任命书,工程开工令、暂停令、复工令。

(8)工程材料、构配件、设备报验文件资料。

(9)见证取样和平行检验文件资料。

(10)工程质量检查报验资料及工程有关验收资料。

(11)工程变更、费用索赔及工程延期文件资料。

(12)工程计量、工程款支付文件资料。

(13)监理通知单、工作联系单与监理报告。

(14)第一次工地会议、监理例会、专题会议等会议纪要。

(15)监理月报、监理日志、旁站记录。

(16)工程质量或生产安全事故处理文件资料。

(17)工程质量评估报告及竣工验收监理文件资料。

(18)监理工作总结。

监理文件资料是实施监理过程的真实反映,既是监理工作成效的根本体现,也是工程质量、生产安全事故责任划分的重要依据,项目监理机构应建立完善监理文件资料管理制度,宜设专人管理监理文件资料。

项目监理机构应及时、准确、完整地收集、整理、编制、移交监理文件资料,要求收集归档的监理文件资料为原件,并由经手人签字、注明日期。

本章仅限于介绍监理大纲、监理规划、监理实施细则、监理日志、监理月报、监理会议纪要及工程质量评估报告、监理工作总结。

13.2 监理大纲

13.2.1 监理大纲的概念

监理大纲也称监理方案,它是监理单位在招标投标过程中或业主委托监理的过程中为了承揽监理业务而编制的监理方案性文件。在监理招标投标过程中,监理大纲是投标中的核心内容,它反映了提供技术服务水平的高低,也是业主招标时评定投标书优劣的重要内容。

监理大纲的主要作用有以下几方面:

(1)赢得建设单位的信任。

建设单位在进行监理招标时,一般要求投标书包括商务标和技术标两个部分。其中技术标就是监理大纲,工程监理单位要想在投标中显示自己的技术实力和监理业绩,以便中标,就必须写出自己以往监理的经验和能力,以及对本项目的理解和监理的目标及指导思想,拟派驻现场的主要监理人员的主要情况。

建设单位通过对所有投标单位的监理大纲和监理费用的评定,最终评出中标监理单位。招标选择监理企业时,鼓励的是能力竞争,而不是价格竞争。如果对监理企业的资质和能力不给予足够重视,只依据报价高低确定中标人,就有可能忽视高质量的服务,因为报价最低的投标人不一定就是最能胜任工作者。因此,监理大纲在监理投标中居于首要地位,费用报价一般居于次要地位。

(2)为编制监理规划提供依据。

工程监理单位中标并与建设单位签订建设工程监理合同后,该项目的总监理工程师应主持编制项目监理规划,而监理规划的编制必须依据工程监理单位投标时的监理大纲。因为监理大纲是建设工程监理合同的重要组成部分,也是监理单位对建设单位做出的承诺,在中标后的监理过程中必须遵守,所以工程监理单位必须以此来编写监理规划,以指导项目下一步的监理工作。

(3)建设单位监督监理工程师工作的依据。

工程监理单位依据建设工程监理合同为建设单位提供监理服务。在监理过程中,建设单位依据监理大纲,检查监督工程监理单位工作质量的优劣。

13.2.2 监理大纲的主要内容

为使业主认可监理单位,充分表达监理工作总的方案,使监理单位中标,针对具体项目,应根据监理招标文件所规定的范围和内容,结合勘察设计文件等技术资料和法律法规及有关信息编写监理大纲。

监理大纲的内容主要包括工程项目概况、监理工作范围、监理主要工作方法、监理工作内容、监理工作目标、监理组织机构及人员配备、监理人员岗位职责、监理工作制度、控制措施等。

13.2.3 监理大纲的编写要求

监理大纲是投标的必要条件,也是招标人评标时主要的考虑因素之一。监理大纲应简洁明了地向招标人或评标小组介绍监理的管理能力,突出重点和长处。

监理大纲是实施监理任务的纲领性、指导性文件。评标时,监理大纲分值的权重很大。因此,编写监理大纲时一定要找准难点、分析到位、见解独特、控制有力、措施得当。

为使监理大纲的内容和监理实施过程紧密结合,监理大纲应该由监理单位经营或技术管理部门编制,最好应有拟定的总监理工程师参加,总监理工程师参与监理大纲的编制有利于在工程项目建设中贯彻监理大纲精神。其具体要求如下:

(1)重点突出,兼顾全面,结合实际,切忌繁杂。

监理大纲是在招标阶段编制的,目的是获得监理任务。编制对象是项目,面对的是评标专家,所以监理大纲只有重点突出、内容全面、先进合理,才能取得专家的信赖。

(2)实事求是,认真细致。

编制监理大纲要根据监理单位的实际情况,全面响应招标文件的要求。编制时应对文字做细致的检查和排版,避免出现低级错误和版面混乱,尤其注意其中的错别字、外行话等。

(3)科学严谨,先进合理。

编制监理大纲要有科学的态度,尽最大可能使用计算机辅助管理软件编写。只有充分利用先进、科学的管理手段,才能制订出先进合理的监理方案,最大限度地满足招标人的要求。

(4)突出优势。

监理服务是高智能投入,竞争性招标时,一般招标人鼓励能力竞争,而不是价格竞争。所以,编写监理大纲时要突出反映本单位监理人员的业务特长、工程经验、判断能力、创新能力等。着重体现监理单位的资质、业绩、信誉、经验等。以本单位的优势去与其他监理单位竞争,并在竞争中战胜对手。

(5)针对性强。

监理大纲是某一个特定工程项目监理工作的技术组织文件,它的具体内容要适应这个工程项目。而所有工程项目都具有单一性特点,也就是说,每个项目都不相同。对具体项目而言,监理思想、方法和手段要有独到之处。

13.3 监理规划

13.3.1 监理规划的概念

监理规划(Project Management Planning)是项目监理机构全面开展建设工程监理工作的指导性文件。

监理规划是工程监理单位接受建设单位委托并签订建设工程监理合同后,在项目总监理工程师的主持下,根据建设工程监理合同,在项目监理机构详细调查和充分研究建设工程项目的目标、技术、管理、环境以及工程参建各方等情况后制订的指导建设工程监理工作的实施方案。因此,监理规划应结合工程实际情况,明确项目监理机构的工作目标,确定具体的监理工作制度、内容、程序、方法和措施。监理规划应针对建设工程实际情况进行编制,故应在签订建设工程监理合同及收到工程设计文件后开始编制,并应在第一次工地会议召开之前完成工程监理单位内部审核后报送建设单位。此外,还应结合施工组织设计、施工图审查意见等文件资料进行编制。一个监理项目应编制一个监理规划。

监理规划不但是建设单位监督监理单位履行监理合同的主要依据,更是建设监理工作规范管理的重要依据。作为工程监理单位的技术文件,监理规划应经过工程监理单位技术负责人的审核批准,并在工程监理单位存档。

在实施建设工程监理过程中,实际情况或条件发生变化而需要调整监理规划时,应由总监理工程师组织专业监理工程师修改,并应经工程监理单位技术负责人批准后报建设单位。

13.3.2 监理规划的作用

(1)指导项目监理机构全面开展监理工作。

监理规划的基本作用是指导监理单位的项目监理机构全面开展监理工作。

建设工程监理的中心任务是协助建设单位实现项目总目标。实现项目总目标是一个系统的过程。它需要制订计划、建立组织、配备监理人员,进行有效的领导,实施目标控制。只有系统地做好上述工作,才能完成建设工程监理的任务,实现监理目标。在实施建设工程监理的过程中,监理单位要集中精力做好目标控制工作。

为了全面安排和指导项目监理机构有效地开展各项工作,监理规划应当明确地规定项目监理机构在工程实施过程中,应当做哪些工作,由谁来做这些工作,在什么时间和什么地点做这些工作,如何做好这些工作。只有为这些问题制定了全面、正确的实施方案,项目监理机构的各项工作才有依据。

(2)主管部门监督管理工程监理单位的依据。

主管部门对工程监理单位实施监督、管理和指导,对其管理水平、人员素质、专业配套和监理业绩进行核查和考评以认定其资质和资质等级,提高建设工程监理的整体水平。要做到这一点,除进行一般性的资质管理工作外,更为重要的是,通过监理单位的实际监理工作来认定其水平,而监理单位的实际水平可从监理规划和实施过程充分表现出来。因此,主管部门对工程监理单位进行考核时,应当重视对监理规划的检查,它是主管部门监督、管理和指导工程监理单位开展建设工程监理活动的重要依据。

(3)建设单位确认工程监理单位履行合同义务的主要依据。

作为监理的委托方,建设单位不但需要,而且应当加以了解和确认监理的工作。同时,建设单位有权监督工程监理单位全面、认真执行监理合同。而监理规划正是建设单位了解和确认这些问题的最好资料,是建设单位确认工程监理单位是否履行监理合同的主要说明性文件,监理规划应当能够全面而详细地为建设单位监督监理合同的履行提供依据。

(4)工程监理单位内部考核的依据和重要的存档资料。

从工程监理单位内部管理制度化、规范化、科学化的要求出发,需要对各项目监理机构,包括人员的工作进行考核,其主要依据就是监理规划。通过考核可以对有关监理人员的监理工作水平和能力做出客观、正确的评价,从而有利于在今后监理工作中更加合理地安排监理人员,提高监理效率。

监理规划的内容随着工程的进展而逐步调整、补充和完善,它在一定程度上真实地反映了一个工程项目监理的全貌,是最好的监理过程记录。因此,它是每一个监理单位重要的存档资料。

13.3.3 监理规划的编写依据

监理规划的编写依据涉及多个方面,可归纳为:

(1)工程建设方面的法律法规及政策。

(2)标准、规范和技术规程,包括《建设工程监理规范》(GB/T 50319—2013)及其他工程相关技术规范。

(3)各类建设合同,包括监理合同、施工合同、设备材料采购合同以及其他与工程有关的合同和协议等。

(4)监理大纲。

(5)各类咨询、勘察、设计文件,项目审批文件。

(6)建设工程的自然、社会和经济条件。

(7)工程实施过程中的动态输出信息,包括重大工程变更、外部环境变化等。

13.3.4 监理规划的编制要求

(1)应当与监理大纲相统一。

监理规划作为指导项目监理机构全面开展监理工作的指导性文件,在总体内容组成上应力求做到与监理大纲的主要内容相统一。这是监理工作规范化、制度化、科学化的要求。

(2)内容应当具有针对性。

监理规划是指导一个特定工程项目监理工作的技术文件,它的具体内容要适应这个工程项目,而所有工程项目都有单件性和一次性的特点,而且每一个监理单位和每一位项目总监理工程师对一个具体项目在监理思想、方法和手段上都有独到之处,因此在编写监理规划具体内容时,必然会体现出自己的鲜明特色。

(3)应当由项目总监理工程师主持编写。

监理规划应当由项目总监理工程师组织专业监理工程师编制,这是工程建设监理实行项目总监理工程师负责制的基本要求。同时,要广泛征求各专业监理工程师和其他监理人员的意见,并吸收他们中的水平较高的人员参与编写。编写之前要收集有关工程项目的状况资料和环境资料作为编制的依据。

(4)应当分阶段编写。

监理规划的内容与工程进展密切相关,没有规划信息也就没有规划内容。因此,监理规划的编写是一个循序渐进的过程,可将整个编写过程根据工程进展情况划分为若干个阶段。这样,工程项目各阶段所输出的工程信息即成为相应的规划信息,从而使监理规划编写变得有的放矢。

无论监理规划的编写如何进行阶段划分,它必须起到指导监理工作的作用,同时还要留出审查、修改的时间。所以,监理规划编写要事先规定时间,以免编写时间过长,从而耽误了监理规划对监理工作的指导,使监理工作陷于被动和无序。

(5)表达方式应当规范化、标准化。

规范化、标准化是科学管理的标志之一,监理规划的内容表达应当考虑采用更明确、更简洁、更直观的方式和方法,使其便于记忆且一目了然。监理规划应尽量采用图、表和简单的文字进行说明。

从以上编写要求可以看出,监理规划的编写既需要确定主要负责人(项目总监理工程师),又需要形成高效编写组。同时,监理规划内容丰富,涵盖监理工作的各个方面,项目监理机构的所有部门和人员都应给予关注,以使监理规划的编写满足科学性、完备性要求,真正发挥全面指导作用。

13.3.5 监理规划的内容

监理规划主要包括以下内容。

13.3.5.1 工程概况

工程概况主要包括建设单位的名称、项目名称、工程项目的地点、相邻情况、总建筑面积、基础与围护的形式、主体结构的形式等。

13.3.5.2 监理工作的范围、内容和目标

1. 监理工作范围

监理规划应根据建设工程监理合同明确监理工作实施的范围。

2. 监理工作内容

不同的监理项目、不同的实施阶段,监理的工作内容也不同。建设工程监理基本工作内容包括工程质量、投资(造价)、进度三大目标控制,合同管理和信息管理,组织协调,以及履行建设工程安全生产管理的法定职责。监理规划中需要根据建设工程监理合同约定进一步细化监理工作内容。

3. 监理工作目标

监理工作目标应根据工程监理单位所承担的建设工程项目的目标确定。通常包括工程质量目标、投资目标、进度目标、安全生产管理目标等方面。

13.3.5.3 监理工作依据

通常来说,监理工作依据包括:

(1)相关法律法规、规范。

(2)政府批准的工程建设文件。

(3)建设工程监理合同及其他建设工程合同。

(4)设计文件。

13.3.5.4 监理组织形式、人员配备及进退场计划、监理人员岗位职责

项目监理机构的组织形式应根据建设工程监理要求选择,项目监理机构可以采用组织结构图表示。项目监理机构的人员配备应根据建设工程监理的进程合理安排,各类人

员的数量应根据监理工作需要合理确定。应对项目监理机构中各级监理人员的岗位职责做出明确规定。

13.3.5.5 监理工作制度

项目监理机构应根据建设工程监理合同的要求、项目监理机构的组织状况以及工程的实际情况制定有关制度。这些制度应有利于目标控制和信息沟通。

项目监理机构应制定的监理工作制度主要有：

(1)可行性研究报告评议制度。

(2)设计大纲、设计要求编写及审核制度。

(3)设计方案评审制度。

(4)工程概预算及其审核制度。

(5)施工图纸审核制度。

(6)设计协调会及会议纪要制度。

(7)招标文件编制及审核制度。

(8)施工图纸会审及设计交底制度。

(9)施工组织设计(专项施工方案)审批制度。

(10)工程开工申请审批制度。

(11)工程材料、构配件质量检验制度。

(12)隐蔽工程、分部(项)工程质量验收制度。

(13)旁站、巡视、平行检验、见证取样工作制度。

(14)工程变更审核处理制度。

(15)工地例会制度。

(16)施工现场紧急情况处理制度。

(17)工程质量缺陷、事故处理制度。

(18)工程款支付证书签审制度。

(19)工程索赔处理制度。

(20)工程竣工验收制度。

项目监理机构应制定的内部工作制度主要有：

(1)项目监理机构工作会议制度。

(2)对外行文审批制度。

(3)监理工作日记制度。

(4)监理月报制度。

(5)资料文档管理制度。

(6)项目监理机构财务管理制度。

(7)保密制度。

(8)廉政制度。

13.3.5.6 工程质量控制

工程质量控制要依据建设工程项目质量的总目标，制定工程建设分阶段和按项目、单位工程及关键工程的质量目标控制措施。

13.3.5.7 工程投资(造价)控制

工程投资(造价)控制主要依据投资总额制订投资目标分解计划和控制流程图,并制定控制措施。

13.3.5.8 工程进度控制

工程进度控制主要依据工程项目的进度总目标,详细地制订总进度目标分解计划和控制工作流程,并制定控制措施。

13.3.5.9 安全生产管理的监理工作

安全生产管理主要依据工程项目建设安全的总体目标,详细地制订工程分阶段和按项目、单位工程及关键安全部位的安全生产计划,并制定安全生产管理措施。

13.3.5.10 合同与信息管理

合同管理主要是明确监理工作合同管理的工作内容、工作原则、基本程序等;信息管理主要是明确监理工作信息管理的工作内容、工作计划、工作流程等。

13.3.5.11 组织协调

组织协调主要包括协调的方式、方法,协调的工作原则等内容。

13.3.5.12 监理工作设施

监理规划应详细列出开展监理工作时,建设单位应提供的必要的办公、交通、通信、生活等设施的清单,还应该包括监理单位为项目监理机构配备的检测设备与工器具清单。

13.4 监理实施细则

13.4.1 监理实施细则的概念

监理实施细则(Detailed Rules for Project Management)是指针对某一专业或某一方面建设工程监理工作的操作性文件。

采用新材料、新工艺、新技术、新设备的工程,以及专业性较强、危险性较大的分部分项工程,项目监理机构应编制监理实施细则。监理实施细则应在相应工程施工开始前由专业监理工程师编制,并应报总监理工程师审批。在实施建设工程监理过程中,监理实施细则可根据实际情况进行补充、修改,并应经总监理工程师批准后实施。

监理实施细则一般应重点写明控制目标、关键工序、特殊工序、重点部位、质量控制点及相应的控制措施等。

13.4.2 监理实施细则的内容

监理实施细则应包括专业工程特点、监理工作流程、监理工作要点、监理工作方法及措施等内容。在实施建设工程监理的过程中,当工程发生变化导致监理实施细则所确定的工作流程、方法和措施需要调整时,专业监理工程师应对监理实施细则进行补充、修改,并应经总监理工程师批准后实施。具体包含以下内容:

(1)监理工作依据。

(2)专业工程的特点。

(3)施工方案分析。

(4)监理工作的流程。

(5)检验批的划分。

(6)材料设备的考察要点。

(7)监理工作的控制要点及目标值。

(8)监理工作的方法及措施。

(9)旁站方案与旁站记录。

(10)见证取样计划(如果有)。

13.4.3　监理实施细则的编写要求

13.4.3.1　编写依据

监理实施细则的编制应依据下列资料:

(1)已批准的建设工程监理规划。

(2)与专业工程相关的标准、设计文件和技术资料。

(3)施工组织设计、(专项)施工方案。

13.4.3.2　编写要求

(1)内容全面。

监理工作包括"三控、两管、一协调、一履行",监理实施细则作为指导监理工作的操作性文件应涵盖所有这些内容。编制监理实施细则前,专业监理工程师应结合工程项目的具体特点,对工程质量、投资、进度主要影响因素,信息、合同、安全生产管理的监理工作要求制定出详细的、全面的监理实施细则,以保证监理目标的实现。

(2)针对性强。

监理实施细则的编制应结合工程项目实际建设条件、环境、技术、设计、功能等,以确保其针对性。同时,在监理实施过程中,监理实施细则应根据实际情况进行不断补充、修改和完善。

(3)可操作性强。

监理实施细则的目的是指导项目实施过程中的各项活动,并对各专业的实施活动进行监督和对结果进行评价。因此,专业监理工程师必须尽可能地依靠技术指标来进行检验评定。在监理实施细则编写中,要明确国家规范、规程和技术指标及要求。只有这样,才能使监理实施细则更具有可操作性。

13.5　监理日志、监理月报和监理会议纪要

13.5.1　监理日志

13.5.1.1　监理日志的概念

监理日志(Daily Record of Project Management)是指项目监理机构每日对建设工程监理工作及施工进展情况所做的记录,由总监理工程师根据工程实际情况指定专业监理工

程师负责记录。每天填写的监理日志内容必须真实、力求详细，主要反映监理工作情况。

监理日志是项目监理机构实施监理活动的原始记录，是履行建设工程监理合同、编制监理竣工文件和处理索赔、延期、变更的重要依据，是分析质量问题的重要原始依据，是监理档案的基本组成部分。它应反映工程建设过程中监理人员参与工程质量、投资、进度、合同管理及现场协调的实际情况。它对监理工作的重要性体现在以下方面：

(1)它是项目监理机构、监理人员工作内容、效果的重要外在表现。管理部门也主要通过监理日志的记录内容了解项目监理机构的管理活动。

(2)通过监理日志，监理人员可以对一些质量问题和一些重要事件进行准确追溯和定位，为项目监理机构的重要决定提供依据。

(3)对监理日志进行统计和总结，可以为监理月报、质量评估报告、监理工作总结、监理例会等工作提供重要依据。

13.5.1.2　监理日志的内容

监理日志应记录施工过程中的主要事件和重大活动，尤其是施工中存在的安全、质量隐患和对承包单位的重要建议、要求等；应真实、准确、全面，用词要准确、严谨、规范。监理日志将所发生的问题以及解决途径、方法记录下来，不仅便于后期查找，而且利于建设单位和管理单位更全面地了解监理工作内容与监理工作业绩。全面、详细的监理日志不仅能为监理工作提供方便，有时还是工程延期、索赔的依据。

监理日志的主要内容包括：天气和施工环境情况；当日施工进展情况，包括工程进度情况、工程质量情况、安全生产情况等；当日监理工作情况，包括旁站、巡视、见证取样、平行检验等情况；当日存在的问题及协调解决情况；其他有关事项。

13.5.2　监理月报

监理月报(Monthly Report of Project Management)是指项目监理机构每月向建设单位提交的建设工程监理工作及建设工程实施情况等分析总结报告。项目监理机构应根据工程进展情况、存在的问题，每月定期编制监理月报，并以报告书的形式向建设单位和工程监理单位报告。监理月报应全面反映施工过程的进展及监理工作情况，应由总监理工程师编写，签认后报建设单位和本监理单位。

监理月报应包括本月工程实施情况、本月监理工作情况、本月工程实施的主要问题分析及处理情况、下月监理工作重点等内容。

13.5.2.1　本月工程实施概况

简要介绍本月开工的单位工程的性质、规模、功能和施工情况。对本月工程进展情况进行必要的说明和评价。本月工程实施概况的文字应简洁，紧扣主题。主要包括：

(1)工程进展情况，实际进度与计划进度的比较，施工单位人、材、机进场及使用情况，本期在施部位的工程照片。

(2)工程质量情况，分项分部工程验收情况，工程材料、设备、构配件进场检验情况，主要施工试验情况，本月工程质量分析。

(3)施工单位安全生产管理工作评述。

(4)已完工程量与已付工程款的统计及说明。

13.5.2.2 本月监理工作情况

(1)工程进度控制方面的工作情况。

(2)工程质量控制方面的工作情况。

(3)安全生产管理方面的工作情况。

(4)工程计量与工程款支付方面的工作情况。

(5)合同及其他事项管理工作情况。

(6)监理工作统计及工作照片。

13.5.2.3 本月工程实施的主要问题分析及处理情况

(1)工程进度控制方面的主要问题分析及处理情况。

(2)工程质量控制方面的主要问题分析及处理情况。

(3)施工单位安全生产管理方面的主要问题分析及处理情况。

(4)工程计量与工程款支付方面的主要问题分析及处理情况。

(5)合同及其他事项管理方面的主要问题分析及处理情况。

13.5.2.4 下月监理工作重点

(1)工程管理方面的监理工作重点。

(2)项目监理机构内部管理方面的工作重点。

13.5.3 监理会议纪要

13.5.3.1 项目监理机构现场会议形式

1.第一次工地会议

第一次工地会议是工程开工前,由建设单位主持,工程监理单位和施工单位授权代表参加,对各自人员及分工、开工准备、监理例会的要求等情况进行沟通和协调的会议。必要时,可邀请设计等相关单位参加第一次工地会议。会后由项目监理机构负责整理会议纪要,与会各方代表会签纪要。总监理工程师应介绍监理工作的目标、范围和内容、项目监理机构及人员职责分工、监理工作程序、方法和措施等。开好第一次工地会议,对理顺三方关系、明确办事程序特别重要,为此在会议召开之前各方应进行充分准备。第一次工地会议应包括以下主要内容。

1)各方人员及组织机构介绍

建设单位、施工单位和工程监理单位分别介绍各自驻现场的组织机构、人员及其分工,就有关细节做出说明,并以书面文件提交给相关方。

建设单位根据建设工程监理合同宣布对总监理工程师的授权,并委以授权书。项目总监理工程师向总监理工程师代表授权,并声明自己仍保留哪些权力;书面将授权书、组织机构图、职责范围及全体监理人员名单提交施工单位并报建设单位。施工单位应书面提出工地代表(项目经理)授权书、主要人员名单、组织机构、职责范围及有关人员的资格材料以取得项目监理机构的批准,总监理工程师应在本次会议中进行审查并口头予以批准(或有保留地批准),会后正式予以书面确认。

2)建设单位工程开工准备情况介绍

建设单位代表应就工程占地、临时用地、临时道路、拆迁以及其他与开工条件有关的情况进行说明；总监理工程师应根据批准或将要批准的施工进度计划的安排，对上述事项提出建议及要求。

3）施工单位施工准备情况介绍

施工单位应就施工准备情况按如下主要内容提出陈述报告，总监理工程师应逐项予以澄清、检查和评述：

（1）主要施工人员（含项目负责人、主要技术人员及主要机械手）是否进场或将于何日进场，并应提交进场人员计划及名单。

（2）用于工程的进口材料、机械、仪器和设施是否进场或将于何日进场，是否将会影响施工，并应提交进场计划及清单。

（3）用于工程的本地材料来源是否落实，并应提交材料来源及供料计划清单。

（4）施工驻地及临时工程建设进展情况，并应提交驻地及临时工程建设计划和布置图。

（5）施工测量的基础资料是否已经落实并经过复核，施工测量是否进行或将于何日完成，并应提交施工测量计划及有关资料。

（6）履约保函及各种保险是否已经办理或将于何时办理完毕，并应提交有关已办手续的副本。

（7）施工现场的住房、交通、通信、办公等设备及服务设施是否具备或将于何时具备，并应提交有关计划安排及清单。

（8）其他与开工条件有关的内容及事项。

4）总监理工程师评述

建设单位代表和总监理工程师对施工准备情况提出意见和要求，内容主要包括：

（1）总监理工程师应根据批准的或正在审批的施工进度计划，说明施工进度计划可于何日批准或哪些分项已获批准。根据已获批准或将要批准的施工进度计划，说明施工单位何时可以开始哪些施工，有无其他条件限制。

（2）对施工单位介绍的施工准备情况逐项予以澄清、检查和评述，提出意见和要求。

（3）对建设单位的施工准备情况提出建议或要求。

5）监理规划介绍

总监理工程师介绍监理规划的主要内容，应有明确具体的、符合该项目要求的工作内容、工作方法、监理措施、工作程序和工作制度、试验检测仪器及设备等。

6）明确工地例会

会议研究确定各方在施工过程中参加监理例会的主要人员，召开监理例会的周期、地点及主要议题。

另外，还有其他有关事项。

2. 监理例会

监理例会是履约各方沟通情况、交流信息、研究解决合同履行中存在的各方面问题的主要协调方式。会议纪要由项目监理机构根据会议记录整理，主要内容包括：

（1）会议地点及时间。

（2）会议主持人。

(3)与会人员姓名、单位、职务。

(4)会议主要内容、决议事项及其负责落实单位、负责人和时限要求。

(5)其他事项。

对于监理例会上意见不一致的重大问题,应将各方的主要观点,特别是相互对立的意见记入"其他事项"中。会议纪要的内容应真实准确、简明扼要,经总监理工程师审阅,与会各方代表会签,发至有关各方并应有签收手续。

3. 专题会议

项目监理机构可根据工程需要主持召开专题会议,解决监理工作范围内工程专项问题,邀请建设单位、设计单位、施工单位、设备供应单位等相关单位参加。专题会议由总监理工程师或其授权的专业监理工程师主持,并指定一名人员进行记录,根据记录整理编写会议纪要,与会各方代表会签。此外,项目监理机构可根据需要,参加由建设单位、设计单位或施工单位等相关单位召集的专题会议。专题会议纪要的内容包括会议主要议题、会议内容、与会单位、参加人员及召开时间等。

13.5.3.2 会议纪要的编写

1. 会议纪要的主要内容

会议纪要是记载、传达会议情况及议定事项的文件。会议纪要就是把会议的主要情况、主要精神加以综合整理,形成文字。

会议纪要与会议记录不同。会议记录是原始材料,基本上用"有闻必录"的方式把会议过程、发言、决议等记录下来。会议纪要则是正式文件,需要经过加工整理,只保留主干,而剔除次要的、枝节的东西。一般会议均有会议记录,而比较重要的会议才需要会议纪要。

会议纪要的主要作用是沟通情况和指导工作,一般是在会议结束后,根据会议记录、会议报告、简报、决议等材料,由会议主持单位编写而成。会议纪要的结构形式,可分为标题、正文和署名三部分。最常用的标题形式是"会议名称加文种",也可采用正副标题;正文一般分为会议概况、会议内容和结束语三个部分。会议概况应简洁扼要地介绍开会时间、会议名称、会议议题、出席者、主持人、会议过程等。会议内容侧重介绍会议重要发言和决议,这部分是正文的主干和重点,应观点鲜明、内容充实,不得有重要缺漏。结束语是正文的小结。署名是会议纪要主持单位的最后署名。

2. 会议纪要编写的基本要求

(1)会议纪要应在会后及时编写并打印成稿,经总监理工程师审核、签字后发送至各相关单位,最迟不得超过3天。

(2)会议纪要首页应注明以下内容:①会议时间及地点;②会议主持人;③出席者单位、姓名、职务。

(3)会议纪要应注明"与会各方如对会议纪要有异议,应在签收后3日内以书面文件向编写单位提出,留档存查"。

(4)会议纪要须做到内容真实、文字简明、用词准确。

3. 会议纪要的审签、打印和发放

(1)会议纪要经总监理工程师审查确认后方可打印。

(2)会议纪要的编写人应对打印出的清样和最后的打印成品进行认真的校核。

(3)会议纪要分发之前总监理工程师应签字,发至相关单位时应请对方在“发文记录本”上履行签收手续。

(4)会议纪要由与会各方代表会签。如对会议纪要有异议,应做出书面说明反馈到项目监理机构,由总监理工程师负责处理。

(5)会议记录、会议纪要文件及反馈文件应作为监理资料存档。

13.6 工程质量评估报告和监理工作总结

13.6.1 工程质量评估报告

工程质量评估报告的编制应文字简练、准确、重点突出、内容完整。工程竣工验收合格后,由总监理工程师组织专业监理工程师编制工程质量评估报告,编制完成后,由项目总监理工程师及监理单位技术负责人审核签认并加盖监理单位公章后报建设单位。工程质量评估报告应在正式竣工验收前提交给建设单位。

工程质量评估报告的主要内容包括工程概况、工程参建单位、工程质量验收情况、工程质量事故及其处理情况、竣工资料审查情况、工程质量评估结论。

13.6.1.1 建设工程项目质量评估报告

一个建设工程项目如果由一个单项工程或单位工程组成,就要从单个单项工程或单个单位工程的层次上去做质量评估报告;如果一个建设工程项目由多个单项或单位工程组成,在编制工程质量评估报告时,不能将工程项目质量评估报告简单地写成多个单项或单位工程质量评估报告的集合。在阐明有关工程情况时,首先,要将工程项目的组成情况说明,并将施工单位的基本情况及采取的主要施工方法做进一步的说明,一般以列表分类的形式加以区分细化。其次,对施工过程中发生的质量事故、问题、原因分析和处理结果要细化至每个单项或单位工程并加以重点说明。

13.6.1.2 单项工程质量评估报告

一个单项工程由多个单位工程组成,在编制单项工程的质量评估报告介绍工程的基本情况时,首先要阐明多个单位工程项目的性质和特点;其次,质量评估报告的其他项目的编制方法与建设工程项目质量评估报告的编制方法基本相同。

13.6.1.3 单位工程质量评估报告

单位工程质量评估报告以分部工程的质量评定为基础,因此单位工程质量评估报告要着重反映分部工程、分项工程的检查、验收情况。基础分部评定时应重点说明地基及钢筋混凝土基础的质量状况;主体分部评定时应重点说明钢筋、混凝土、砌体的质量情况;地基承载力分布不均、基础深度不同以及高耸建筑应说明沉降观测情况;设备安装、调试、试运转情况应做必要说明;装饰、装修应着重说明几何尺寸的控制情况和观感质量。

分部工程评定以各分项工程检验批的质量评定为基础;单位工程的评定以分部工程质量评定为基础。单位工程评定时,应对主要原材料的质量重点评定。

13.6.2　监理工作总结

监理工作总结是项目监理机构工作成效的外在体现,是外界全面了解项目监理机构的重要途径。项目竣工后,项目监理机构应对监理工作进行总结,监理工作总结经总监理工程师签字并加盖工程监理单位公章后报送建设单位。

项目监理机构的全体成员应在总监理工程师的带领下,以实事求是为原则对项目监理机构的管理效果、工作成绩进行全面、认真总结。工程监理单位应主动向建设单位提交监理工作总结,争取建设单位和政府管理部门更深入了解监理工作成效。

监理工作总结应包括下列主要内容:

(1)工程项目概况。包括:①工程名称、等级、建设地址、建设规模、结构形式以及主要设计参数;②工程建设单位、设计单位、勘察单位、施工单位、检测单位等;③工程项目主要的分部、分项工程施工进度和质量情况;④监理工作的难点和特点。

(2)项目监理机构。

(3)建设工程监理合同履行情况。包括:①监理合同目标控制情况;②监理合同履行情况;③监理合同纠纷的处理情况。

(4)监理工作成效。项目监理机构提出的合理化建议并被建设、设计、施工等单位采纳;发现施工中的差错,通过监理工作避免了工程质量事故、生产安全事故、累计核减工程款及为建设单位节约工程建设投资等事项的数据。

(5)监理工作中发现的问题及其处理情况。监理过程中产生的监理通知单、监理报告、工作联系单及会议纪要等所提出问题的简要统计;由工作质量、安全生产等问题所引起的今后工程合理、有效使用的建议等。

(6)说明和建议。

思考题

1. 简述监理大纲的编制内容。
2. 简述监理规划的编制内容及依据。
3. 监理大纲、监理规划、监理实施细则的关系如何?
4. 简述监理工地会议的形式及内容。
5. 监理月报编制的基本要求有哪些?
6. 简述监理工作总结的内容。

14 全过程工程咨询简介

14.1 概 述

14.1.1 工程咨询的概念

所谓咨询,其意义是"征求意见"。从实质上讲,咨询是以信息为基础,依靠专家的知识和经验,对客户委托的任务进行分析、研究,提出建议、方案和措施,并在需要时协助实施的一种智力密集型的服务。

工程咨询是受客户委托,在规定的时间内,将知识技术应用于工程领域,为寻求解决实际问题的最佳途径而提供服务。具体地说,工程咨询是适应现代经济发展和社会进步的需要,充分利用准确适用的信息和专家的智慧及经验,运用现代科学手段、经济管理、法律和工程技术等方面的知识,为工程项目的决策和管理提供咨询的智力服务。

工程咨询是智力服务,是知识的转让,可有针对性地向客户提供可供选择的方案、计划或有参考价值的数据、调查结果、预测分析等,也可实际参与工程实施过程的管理,其作用可归纳为以下几个方面:

(1)为决策者提供科学合理的建议。

工程咨询通常并不承担决策任务,但它可以弥补决策者职责与能力之间的差距。根据决策者的委托,咨询者利用自己的知识、经验和已经掌握的调查资料,为决策者提供科学合理的一种或多种可供选择的建议或方案,从而减少决策失误。这里的决策者既可以是各级政府机构,也可以是企业领导或具体建设工程的业主。

(2)保证工程的顺利实施。

由于建设工程具有一次性的特点,其实施过程中有众多复杂的管理工作,业主通常没有能力自行管理。工程咨询公司和人员则在这方面具有专业化的知识和经验,由他们负责工程实施过程的管理,可以及时发现和处理所出现的问题,大大提高工程实施过程管理的效率和效果,从而保证工程的顺利实施。

(3)为客户提供信息和先进技术。

工程咨询机构往往集中了一定数量的专家、学者,拥有大量的信息、知识、经验和先进技术,可以随时根据客户需要提供信息和技术服务,弥补客户在科技和信息方面的不足。从全社会来说,这对于促进科学技术和情报信息的交流与转移,更好地发挥科学技术作为生产力的作用。

(4)发挥准仲裁人的作用。

由于相互利益关系的不同和认识水平的差异,在建设工程实施过程中,业主与建设工程的其他参与方之间,尤其是与承包方之间,往往会产生合同争议,需要第三方来合理解决。工程咨询机构是独立的法人，不受其他机构的约束和控制，只对自己咨询活动的结果负责，因而可以公正、客观地为客户提供解决争议的方案和建议，而且由于工程咨询公司所具备的知识、经验、社会声誉及其所处的第三方地位，所提出的方案和建议易于为争议双方所接受。

(5)促进国际间工程领域的交流和合作。

随着全球经济一体化的发展，境外投资的数额和比例越来越大，相应地，境外工程咨询（往往又称为国际工程咨询）业务亦越来越多。在这些业务中，工程咨询公司和人员往往表现出他们在工程咨询和管理方面的理念与方法，以及所掌握的工程技术和建设工程组织管理的新型模式，这对促进国际间在工程领域的技术、经济、管理和法律等方面的交流与合作无疑起到十分积极的作用，有利于加强各国工程咨询界的相互了解和沟通。另外，虽然目前在国际工程咨询市场中发达国家工程咨询公司占绝对主导地位，但他们境外工程咨询业务的拓展在客观上也是有利于提高发展中国家工程咨询水平的。

14.1.2　全过程工程咨询

14.1.2.1　全过程工程咨询的提出背景

长期以来，中国工程咨询服务按照投资决策、勘察设计、监理、造价、招标采购代理等分别设置准入门槛，工程咨询市场碎片化，无法提供贯穿全寿命周期的统一服务，因而建设项目的产品质量安全、管理组织效率、社会和经济效益等难以优化。

建筑市场建设方普遍工程管理水平有限，而建设项目在工程技术、管理、法务等方面越来越复杂，虽然可以通过多次采购工程咨询服务涵盖全部工程范围，但对建设方的统筹协调水平也提出了更高的要求。因此，对于可以贯穿建设项目全寿命周期、涵盖各专业的全过程工程咨询服务形式，市场呼声越来越高。

在国家“一带一路”倡议的大背景下，中国建筑企业以“中国速度、中国管理”享誉全球，但中国的工程咨询企业的现状影响了其在国际市场上的竞争力。因此，为了与国际惯例接轨，提升工程咨询企业的综合服务能力和核心竞争力，培育一批具有国际水平的全过程工程咨询企业，显得尤为重要。

14.1.2.2　全过程工程咨询的概念

早在2003年，原建设部提出开展对工程项目的组织实施进行全过程或若干阶段的管理和服务的思路，并出台《关于培育发展工程总承包和工程项目管理企业的指导意见》（建市〔2003〕30号），明确了工程管理的主要概念，这便是全过程工程咨询的雏形。

2017年2月，国务院办公厅《关于促进建筑业持续健康发展的意见》（国办发〔2017〕19号）中提出“培育全过程工程咨询。鼓励投资咨询、勘察、设计、监理、招标代理、造价等企业采取联合经营、并购重组等方式发展全过程工程咨询，培育一批具有国际水平的全过程工程咨询企业。制定全过程工程咨询服务技术标准和合同范本。政府投资工程应带头推行全过程工程咨询，鼓励非政府投资工程委托全过程咨询服务。在民用建筑项目中，充分发挥建筑师的主导作用，鼓励提供全过程工程咨询服务”，在建设工程全产业链中首次明确了“全过程工程咨询”这一理念，政府投资工程将带头推行全过程工程咨询，鼓励非政府投资项目和民用建筑项目积极参与。

2017 年 5 月,住房和城乡建设部印发《住房和城乡建设部关于开展全过程工程咨询试点工作的通知》(建市〔2017〕101 号),选择北京、上海、江苏、浙江、福建、湖南、广东、四川 8 省(市)以及 40 家企业开展全过程工程咨询试点,探索全过程工程咨询管理制度和组织模式,为全面开展全过程工程咨询积累经验。随后,相关省(市)积极响应,浙江、广东、湖南、福建等地相应开展全过程工程咨询的试点工作,对全过程工程咨询的范围、资质要求、委托方式、收费标准、制度完善都提出了要求。

2017 年 5 月,住房和城乡建设部印发的《工程勘察设计行业"十三五"规划》中提出要"培育全过程工程咨询,鼓励投资咨询、勘察、设计、监理、招标代理、造价等企业采取联合经营、并购重组等方式发展全过程工程咨询,培育一批具有国际水平的全过程工程咨询企业"。并针对不用规模和实力的勘察设计企业转型提供全过程工程咨询服务给出了方向和建议,促进大型企业向工程公司或工程顾问咨询公司发展;中小型企业向具有较强专业技术优势的专业公司发展;鼓励有条件的企业以设计和研发为基础,以自身专利及专有技术为优势,拓展装备制造、设备成套、项目运营维护等相关业务,逐步形成项目全寿命期的一体化服务体系。

2019 年 3 月 15 日,国家发展改革委、住房和城乡建设部联合印发《关于推进全过程工程咨询服务发展的指导意见》(发改投资规〔2019〕515 号,以下简称《指导意见》),在房屋建筑和市政基础设施领域推进全过程工程咨询服务发展,提升固定资产投资决策科学化水平,进一步完善工程建设组织模式,推动高质量发展。《指导意见》指出,有必要创新咨询服务组织实施方式,大力发展以市场需求为导向、满足委托方多样化需求的全过程工程咨询服务模式。《指导意见》鼓励纳入有关行业自律管理体系的工程咨询单位开展综合性咨询服务,鼓励咨询工程师(投资)作为综合性咨询项目负责人。《指导意见》鼓励实施工程建设全过程咨询,由咨询单位提供招标代理、勘察、设计、监理、造价、项目管理等全过程咨询服务。《指导意见》规定,全过程工程咨询服务酬金可在项目投资中列支,也可根据所包含的专项服务(投资咨询、招标代理、勘察、设计、监理、项目管理等)在项目投资中列支的费用进行支付。全过程工程咨询服务酬金既可按各专项服务费用叠加后再增加相应统筹管理费用计取,也可按人工成本加酬金方式计取。鼓励投资者或建设单位根据咨询服务节约的投资额对咨询单位予以奖励。

2022 年 3 月 8 日,中国工程建设标准化协会发布了《建设项目全过程工程咨询标准》(T/CECS 1030—2022,以下简称《标准》),于 2022 年 8 月 1 日实施。《标准》中对全过程工程咨询的定义是"咨询人在建设项目投资决策阶段、工程建设准备阶段、工程建设阶段、项目运营维护阶段,为委托人提供涉及技术、经济、组织和管理在内的整体或局部的服务活动,包括全过程总控管理服务和单项咨询服务,其中单项咨询又包括基本咨询和专项咨询",简称"全咨管理"(Whole Management Consulting,WMC)。

全过程工程咨询是涉及建设项目全寿命期内的策划咨询、前期可研、工程设计、招标采购代理、造价咨询、工程监理、施工前期准备、施工过程管理、竣工验收及运营保修等各个阶段的管理服务。全过程工程咨询服务的主要内容如下。

(1)前期阶段:项目投资策划、编制项目建议书与可行性研究报告、编制投资估算。

(2)勘察设计阶段:编制勘察任务书,勘察实施,编制设计任务书,进行方案设计,初步设计,设计方案优化,编制初步设计概算、编制施工图预算(含设计图纸修改),按时提交审核报告、调整意见及合理化建议。

(3)招标阶段:包括编制工程项目各项招标的工程量清单及投标限价或工程预算,审核招标文件,提交相关计价、计量、支付、索赔等投资控制条款,按时提交审核报告、调整意见及合理化建议。

(4)施工阶段:按建设单位要求参与现场工程实物计量及与投资控制有关的专题会、审核工程进度款、编制/审核工程变更价及签证工程价、收存结算资料等施工的全过程投资控制,按月、季、年提交投资控制报告。

(5)项目竣工结算阶段:收集和整理结算依据资料,提供结算审核服务及初审报告,确保结算审计的完整性、合理性、正确性。

(6)项目决算阶段:收集和整理决算依据资料,提供决算报告,确保决算报告的完整性、合理性、正确性,完成整个项目投资控制管理建档工作。

(7)工程项目各类顾问合同、咨询合同及监理合同的合同款支付审核与合同价控制。

(8)建设单位交代的其他造价咨询服务及投资控制事项(含司法鉴定服务)。

14.1.2.3 全过程工程咨询的特点和优势

传统的建设模式是将建设项目中的设计、施工、监理等阶段分隔开来,各单位分别负责不同环节和不同专业的工作,这不仅增加了成本,也分割了建设工程的内在联系,在这个过程中,由于缺少全产业链的整体把控,信息流被切断,很容易导致建设项目管理过程中各种问题的出现以及带来安全和质量的隐患,使得业主难以得到完整的建筑产品和服务。

1. 全过程工程咨询的特点

(1)全过程。

围绕建设项目的全寿命期持续提供工程咨询服务。

(2)集成化。

整合投资策划、招标采购代理、勘察设计、监理、造价、竣工验收和运营维护等业务资源和专业能力,实现建设项目组织、管理、经济、技术等全方位一体化。

(3)多方案。

可以采用多种组织模式,为建设项目提供局部或整体多种解决方案。

高度整合的服务内容可助力项目实现更快的工期、更小的风险、更省的投资和更高的品质等目标,同时也是政策导向和行业进步的体现。

2. 全过程工程咨询的优势

(1)节省投资。

单次咨询招标的优势,可使其合同成本大大低于传统模式下投资策划、勘察设计、造价、监理等参建单位多次发包的合同成本,实现“1+1>2”的效益。由于咨询服务单位的服务覆盖全过程,整合了各阶段工作服务内容,更有利于实现全过程投资控制,通过限额设计、优化设计和精细化管理等措施降低“三超”风险,提高投资收益,确保项目的投资目标。

(2)加快工期。

由一家咨询单位提供全过程工程咨询服务的情况下，一方面，可最大限度地处理内部关系，大幅度减少建设单位日常管理工作和人力资源投入，有效减少信息漏斗，优化管理界面；另一方面，不同于传统工程咨询冗长繁多的招标次数和期限，可有效优化项目组织和简化合同关系，并克服勘察设计、造价、招标采购、监理等相关单位责任分离、相互脱节的矛盾，缩短项目建设周期。

(3)提高品质。

各专业过程的衔接和互补，可提前规避和弥补原有单一服务模式下可能出现的管理疏漏和缺陷，咨询单位既注重项目的微观质量，更重视建设品质、使用功能等宏观质量。全过程工程咨询还可以充分调动咨询单位的主动性、积极性和创造性，促进新技术、新工艺、新方法的应用。

(4)减小风险。

五方主体责任制背景下，建设单位的责任风险加大，咨询服务单位作为建设项目的主要参与方和负责方，势必发挥全过程管理优势，通过强化管控减少甚至杜绝生产安全事故，从而较大程度降低或规避建设单位主体责任风险。同时，可有效避免因众多管理关系伴生的廉洁风险，有利于规范建筑市场秩序，减少违法违规的行为。

总之，全过程工程咨询服务的推行，有利于革除影响行业前进的深层次结构性矛盾，提升行业集中度，是国家宏观政策的价值导向，更是行业发展不可阻挡的趋势；全过程工程咨询服务方式的推广，有利于集聚和培育出适应新形势的新型建筑服务企业，加快我国建设管理模式与国际建设管理服务方式接轨。

14.2 建设项目全过程工程咨询组织

任何一种管理模式都必然对应着一种组织模式，全过程工程咨询业务可由一家具有相应资质和能力的工程咨询单位承担，也可由若干家具有相应资质和能力的工程咨询单位以联合体方式承担。全过程工程咨询业务以联合体方式承担的，应在联合体各方共同与委托咨询方(一般为建设单位)签订的全过程工程咨询合同中明确联合体牵头单位。

14.2.1 全过程工程咨询组织模式

14.2.1.1 工程咨询公司单独组建项目部

在这种模式下，由建设单位委托工程咨询公司组建项目公司(或项目部)和各职能部门。由工程咨询公司负责项目前期阶段和建设实施阶段的组织管理工作，严格控制项目投资、质量和进度，对有关技术、方案、合同、法规、安全和施工现场管理等事项负主要责任。这对充分利用工程咨询公司的专业能力，减轻建设单位的建设管理事务等方面起到积极作用，是一种可靠、先进的模式。

但该模式亦存在一定的短板或者缺陷，问题集中在：建设单位对项目的参与度较低，对项目建设期间的掌控较弱，存在一定的管控风险；建设单位贯彻自己的想法、意图时渠道不畅或受限；建设过程形成的管理经验、制度、成果等无形资产，与建设单位关系不大；建设过程不能为建设单位培养工程专业人才，未能留下人才储备。

14.2.1.2　全过程工程咨询公司与建设单位共同组建项目部(以咨询公司为主)

在这种模式下,以工程咨询公司为主、建设单位为辅一起组建项目公司(或项目部),大部分的专业技术人员由工程咨询公司提供并组建各职能部门,建设单位仅安排少数人员在关键岗位任职。

具体实施过程中,由组建的职能部门提出解决方案或处理意见,重要事项由建设单位的相关负责人做出最终决策并签发指令。这种模式具有以下优点:建设单位对项目具有一定的参与度,确保建设方对项目的掌控力度和管控力度,又能显著减少建设方的建设管理日常事务。工程咨询公司对具体建设(如设计、施工等)的日常工作承担技术性、合规性、合理性的直接责任,建设单位主要承担重大决策和对外协调责任。工程咨询公司协助建设方建立一整套管理制度和流程,以制度管项目,提高整个建设项目的管理水平和规范化、流程化水准。既能充分利用咨询机构的专业力量,又能保证建设单位的决策权,有效减少建设单位的管理事务,解决建设单位人员编制过少以及专业力量不足的问题,同时能为建设单位培养及提高工程专业人才的管理技能和水平。

14.2.1.3　工程咨询公司与建设单位共同组建项目部(以建设单位为主)

这种模式是以建设单位为主、工程咨询公司为辅一起组建项目公司(或项目部),大部分的专业技术人员由建设单位提供并组建各职能部门,工程咨询公司仅在具体建设方面相关部门安排少量技术和管理人员,以此充实和加强各职能部门的技术力量。

在具体实施过程中,由工程咨询公司协助职能部门提出解决方案或处理意见,重要事项由建设单位的相关负责人做出最终决策并签发指令。

这种模式下,建设单位具有相对多的人员编制和投入,工程咨询公司人员投入较少;建设单位对所有工程有关的事项决策和指令负主要责任,咨询公司负次要责任。

14.2.1.4　由建设单位组建项目部,工程咨询公司仅为工程顾问身份

这种模式由建设单位自行组建项目公司(或项目部)和各职能部门,工程咨询公司不参与组建项目部(人员不常驻现场),仅对项目建设提供前期策划、制度建设、招标投标、法律法规、工程管理、合同管理、造价管理等与工程建设有关的技术支持。

在这种模式下,工程咨询公司现场工作方式为有需要时到场解决工程实际问题或参加工程会议。

在工程管理制度和流程中,可以在相关工作流程中加上工程顾问的审核环节,将工程顾问的日常工作融入建设项目管理制度和各项审核流程中,以此体现工程顾问的工作界面和工作成果。

这种模式下,工程咨询公司不参与组建项目职能部门,而是作为建设方的咨询顾问提供技术支持,工程咨询公司的参与度较浅;建设方对工程建设的所有事项负责,工程咨询公司仅对其提供的咨询服务成果负责;作为工程顾问,有关工程方面的问题都会集中到工程咨询公司,咨询团队需要直接面对和解决各式各样的专业技术问题。

14.2.2　全过程工程咨询各类人员的职责

14.2.2.1　总咨询师

全过程工程咨询实行咨询项目负责人责任制,工程咨询单位委派一名担任全过程工

程咨询项目负责人的专业人员，即总咨询师，并在与委托咨询方签订的全过程工程咨询合同中予以明确。

总咨询师应依据全咨管理服务合同，并在咨询人的授权范围、期限和内容内代表咨询人全面领导并主持全咨管理部的工作，实现建设项目的总体目标，一般应履行以下职责：

(1)参与制定全咨管理目标责任书，并签订全咨管理目标责任书，按照目标责任书规定和咨询人的授权范围、期限和内容为全咨管理服务负总责。

(2)参与组建全咨管理部，确定全咨管理部各部门设置及部门职责，确定全咨管理部各部门人员配置及其岗位职责。

(3)参与全咨管理的任务分解、资源配置和利益分配等事宜。

(4)审核全咨管理规划大纲、全咨管理实施规划、单项咨询任务书和单项咨询实施方案，并取得委托人的批复。

(5)审核制定全过程总控管理范围、流程、制度和单项咨询实施方案等，并检查和监督其执行情况。

(6)审核单项咨询人和承包人的各项履约成果，并取得委托人的批复。

(7)审核单项咨询人和承包人的各项请款申请，并协调委托人及时支付。

(8)协调解决项目实施过程中产生的重大变更认定和处置。

(9)协调解决项目实施过程中产生的责任的划分和处置。

(10)协调解决项目实施过程中突发的重大事件的调查和处置。

(11)协调解决委托人、承包人和各相关人之间的有关争议或纠纷。

(12)对全咨管理服务团队建设和管理负责，定期组织评价团队工作绩效。

总咨询师一般应具有以下权限：

(1)参与全咨管理目标责任书制定的权利。

(2)参与全咨管理部组建和资源配置的权利。

(3)参与全咨管理规划大纲和实施方案策划的权利。

(4)参与全咨管理范围内的重大事项决策的权利。

(5)参与全咨管理范围内的分包人选择和管理的权利。

(6)参与全咨管理范围内的重大采购决策和管理的权利。

(7)行使咨询人授权范围、期限和内容内的各项权利。

(8)行使全咨管理范围内的资源分配和利益分配的权利。

(9)行使主持单项咨询人工作评价和全咨管理部各部门管理绩效的权利。

(10)行使全咨管理范围内的其他各项管理权限。

14.2.2.2 全咨管理部

全咨管理部应在项目启动前建立，在全咨管理服务履约完成后或按合同约定解散，全咨管理部应承担项目实施的管理任务和实现目标的责任。全咨管理部一般应下设全过程总控管理部(简称“总控部”)，同时应结合项目全咨管理需要统筹考虑其他相关部门的设置，如项目投资决策管理部(简称“前期部”)、工程勘察设计管理部(简称“设计部”)、工程监理服务管理部(简称“工程部”)、工程招标采购管理部(简称“招采部”)、工程投资造价管理部(简称“造价部”)、项目运营维护管理部(简称“运维部”)或其他相关管理部门。

全咨管理部各部门主要工作职责一般包括以下内容：

(1)总控部,负责项目的总体沟通、协调、组织和管理及其他部门没有覆盖的工作。

(2)前期部,负责对项目投资决策综合性咨询进行全过程管理。

(3)造价部,负责对项目工程投资造价咨询进行全过程管理

(4)设计部,负责对项目工程勘察设计咨询进行全过程管理。

(5)招采部,负责对项目工程招标采购咨询进行全过程管理。

(6)工程部,负责对项目工程监理和施工进行全过程管理。

(7)运维部,负责对项目资产运营和设施运行进行全过程管理。

(8)其他相关管理部,负责对项目的相关专项咨询或其他未尽事项进行全过程管理,如报批报建管理部、信息化管理部等。

全咨管理部可根据项目全咨管理需要增设若干副总咨询师,副总咨询师应依据分工协助总咨询师的工作。

全咨管理部应依据部门设置情况,配置相应的部门负责人,负责相应部门的管理工作,部门负责人一般应履行以下职责：

(1)主持单项咨询管理部的全面工作,对单项咨询的管理目标负责。

(2)组织编制本部门实施规划、单项咨询任务书、管理制度、管理流程等,并遵照落实。

(3)审核本部门单项咨询实施方案,并监督控制。

(4)负责完成上级主管领导或主管部门安排的其他相关工作。

14.2.2.3　专业咨询工程师

专业咨询工程师根据咨询岗位职责分工,履行相应咨询职责：

(1)参与编制全过程工程咨询规划,负责编制所负责专业咨询服务的实施细则。

(2)按工作计划、任务分配和现行法律法规、标准规范、质量要求等,完成所负责的专业咨询服务工作,对所承担的任务和出具的成果负责,并向总咨询师报告。

(3)完成安排的其他咨询服务工作。

14.3　建设项目全过程工程基本咨询

建设项目全过程工程基本咨询,即对建设项目的投资决策、工程建设和维护运营等活动起到根本性影响作用的专业咨询服务,包括项目投资决策咨询、工程勘察设计咨询、工程监理咨询、工程招标采购咨询、工程投资造价咨询、项目运营维护咨询等。

14.3.1　项目投资决策咨询

项目投资决策的咨询一般包括项目投资策划咨询(项目投资机会研究)、项目建议书(项目初步可行性研究)、项目可行性研究报告、项目投资估算、项目申请报告、项目资金申请报告等咨询业务中的一项或多项。投资决策咨询一般由全过程工程咨询管理部下的投资决策部门负责。项目投资决策咨询的主要内容如下：

(1)对项目的政治、经济环境的分析,寻找投资机会、鉴别投资方向、选定投资项目,

形成项目投资策划咨询(项目投资机会研究)的成果,为行政主管部门或委托人的投资决策和项目立项提供依据。

(2)根据国民经济和社会发展的长远规划、行业规划、地区规划及经济建设的方针、任务和技术经济政策等要求,结合资源情况、建设条件、投资人的战略等,在广泛调查研究、收集资料、踏勘建设地点、初步分析投资效果的基础上编制项目建议书,为行政主管部门或委托人的投资项目审批提供依据。

(3)在可行性研究阶段提出的建设项目选址推荐意见的基础上,对建设项目选址的合理性进行进一步论证,形成项目选址论证报告,为行政主管部门审批选址意见书提供依据。

(4)对项目技术、经济、工程、环境、项目运营等方面的论证和分析预测,提出项目建设必要性、可行性和合理性的研究结论,形成项目可行性研究报告,为政府投资主管部门行政审批、备案提供依据。

(5)对拟建项目建设总投资进行估算,作为投资机会研究、项目建议书和可行性研究报告的重要组成部分,为项目建设前期财务分析、融资方案、经济评价、初步资金概算编制提供依据。

(6)编制项目申请报告,包括维护经济安全、合理开发利用资源、保护生态环境、优化重大布局、保障公众利益、防止出现垄断等内容,为政府投资主管部门核准项目提供依据。

(7)编制资金申请报告,重点阐述项目实施和资金申请的必要性与合理性,建设条件情况,项目完成审批(或核准、备案)情况,以及申请政府专项资金的主要理由和政策依据等,为项目申请政府专项资金支持提供依据。

(8)建立项目管理决策的相关制度,确定项目决策阶段的管理职责、实施程序和控制要求。

14.3.2 工程勘察设计咨询

工程勘察设计咨询一般包括工程勘察、工程测量和工程设计等专业咨询业务中的一项或多项。工程勘察设计咨询人应依据全过程咨询管理合同和勘察设计部的岗位职责及分工,对合同中约定的工程勘察设计的咨询服务和工程勘察设计的管理服务进行策划、执行、监督和控制,保证工程勘察设计质量。工程勘察设计咨询一般由全过程工程咨询管理部下的勘察设计咨询部门负责。工程勘察设计咨询的主要内容如下:

(1)按照勘察任务书检查勘察工作实施情况,分析进度偏差,进行勘察质量控制,一般包括对勘察外业工作实施的规范性进行管控、对勘察内业工作成果的质量进行审核、对整体勘察工作进度进行管控;按照设计任务书检查设计工作实施情况,分析进度偏差,进行设计质量控制。

(2)做好设计交底和图纸会审,说明设计意图,明确设计要求,提出新技术、新材料、新工艺、新产品对施工技术的要求;做好施工现场的技术服务工作,协助施工单位解决施工中遇到的与设计有关的质量和技术问题;按合同变更程序进行工程变更管理,审核变更并提出变更的审查意见和建议;根据施工需求组织或实施设计优化,组织关键部位的设计验收管理工作。

(3)依据相关技术规程、设计技术指标等要求,编制工程调试方案和项目试运行技术文件;对项目实施过程中的重大、关键性技术问题,组织专题讨论和研究,提出解决方案或意见,并对处理过程进行监督和指导。

14.3.3 工程监理咨询

项目的工程监理咨询是对合同中约定的工程监理服务和工程施工的其他活动进行策划、执行、监督和控制,保证工程建设目标。监理服务一般由全过程工程咨询管理部下的工程监理部门负责。

14.3.4 工程招标采购咨询

工程招标采购咨询应对咨询合同中约定的工程招标采购的咨询服务和工程招标采购的管理服务进行策划、执行、监督和控制,保证项目的招标采购质量。它一般包括招标代理咨询、材料设备采购咨询等咨询业务中的一项或多项。工程招标采购咨询一般由全过程工程咨询管理部下的招标采购咨询部门负责。工程招标采购咨询的主要内容如下:

(1)确定招标采购策略、选择招标采购方式、完成招标采购策划,配合相关政府部门办理相关工程招标采购手续。

(2)确定招标采购主要条件、工程量清单、投标限价、合同示范文本等,编制招标文件。

(3)发布招标(资格预审)公告,组织答疑和澄清,组织现场踏勘,收取投标保证金,组织开标、评标工作等。

(4)对需要清标的项目进行清标,并编制清标报告。

(5)定标和签约。

(6)配合提供相关的报批报建资料,协助招采部办理与项目有关的建设手续。

(7)及时、准确、完整地将工程招标采购过程中所形成的咨询成果文件进行收集、整理、编制、传递,并向招采部移交。

14.3.5 工程投资造价咨询

工程投资造价咨询应对合同中约定的工程投资造价的咨询服务和工程投资造价的管理服务进行策划、执行、监督和控制,保证工程投资造价的质量。工程投资造价咨询一般包括投资估算编制、概算编制、预算编制、限额设计造价编制、工程量清单编制、招标控制价编制、工程变更、工程签证和工程索赔服务、竣工结算审核、竣工决算编制以及工程投资造价信息咨询服务等咨询业务中的一项或多项。工程投资造价咨询一般由全过程工程咨询管理部下的投资造价咨询部门负责。工程投资造价咨询的主要内容如下:

(1)项目立项阶段,编制投资估算,并在可行性研究报告、项目申请书、资金申请报告时不断修正。

(2)项目勘察设计阶段,编制设计方案经济比选与优化文件、限额设计造价要求文件、初步设计概算、施工图预算、项目合约规划、工程量清单、投标限价、清标及报告、合同谈判备忘录、项目资金使用计划、拟采用的合同形式和合同范本等。

(3)项目招标采购阶段,编制招标采购清单、工程量清单、投标限价,协助委托人进行清标和组织编制清标分析报告,协助委托人进行合同谈判,协助委托人组织编制项目资金使用计划等。

(4)项目施工阶段,负责工程计量、工程款支付审核和合同价款调整、合同风险管理、工程变更造价测算、索赔处理、签证审核、询价与核价报告和审核意见、施工方案优化建议、各方案对应工程投资造价的编制与比选、项目全过程投资造价控制动态管理分析报表和报告等。

(5)项目竣工验收阶段,负责工程竣工结算及审核、项目竣工决算等。

(6)项目运营维护阶段,负责项目后评价、项目投资造价绩效评价等。

(7)配合提供相关的报批报建资料,协助办理与项目相关的建设手续。

(8)及时、准确、完整地将工程投资造价过程中所形成的咨询成果文件进行收集、整理、编制、传递、移交。

14.3.6 项目运营维护咨询

项目运营维护咨询应对合同中约定的项目运营维护阶段的咨询服务和管理服务进行策划、执行、监督和控制,保证项目设施正常运行和项目资产保值增值,充分发挥建设项目的投资效益。项目运营维护咨询一般包括项目设施运行维护、项目资产运营开发等咨询业务中的一项或多项。运营维护咨询一般由全过程工程咨询管理部下的运营维护咨询部门负责。项目运营维护咨询的主要内容如下:

(1)项目设施管理咨询。主要包括空间管理、租赁管理、维保管理、家具和设备管理、工作场所管理、物业服务、环境与风险管理、其他系统与运维系统的数据交换管理等方面的咨询和管理活动。

(2)项目资产管理咨询。主要包括资产的保值和增值、运营安全分析和策划、运营资产清查和评估、项目招商策划和租赁管理等方面的咨询和管理活动。

(3)项目绩效评价。主要包括绩效管理与绩效评价、绩效目标与绩效指标的确定、绩效评价组织与实施、绩效评价报告的编制等方面的咨询和管理活动。

(4)项目后评价。主要包括项目目标后评价、项目效益后评价、项目影响后评价、项目可持续性后评价、项目管理后评价等方面的咨询和管理活动。

14.4 建设项目全过程工程专项咨询

建设项目全过程工程专项咨询一般包括项目政策法律、项目产业、项目融资、项目特许经营、项目财务、项目信息、项目风险、项目绿色建筑、项目工程保险、项目资产评估、项目后评价等专项咨询业务中的一项或多项。

14.4.1 项目政策法律咨询

项目政策法律咨询是指在工程咨询评估或专题研究工作的基础上,对行业领域和企业管理中存在的问题进行研究,为企业和项目决策部门提供政策和法律制定、实施、运营、效果分析以及政策调整等方面的意见和建议。

14.4.2 项目产业咨询

项目产业咨询是指在产业发展基础与竞争环境调研分析，国家、省、市各级产业政策深入研究的基础上，以前瞻的眼光、科学的理论、客观的实践和翔实的数据，对产业项目做宏观的、方向性的咨询。项目产业咨询一般包括产业规划服务、产业招商服务和产业基金服务等。

14.4.3 项目融资咨询

项目融资咨询是指以项目投资机会研究及其投资决策为基础，在初步确定项目投资需求和项目效益后，通过确定项目投资结构、项目融资决策分析、项目融资结构设计以及构建项目融资信用担保体系等工作，策划和拟订项目融资方案，并配合咨询人协助委托人进行项目融资谈判。项目融资咨询主要包括投资结构、融资结构、资金结构、融资模式、风险识别与控制、信用保证结构、融资担保、工程保险、法律文件等方面的咨询服务。

14.4.4 项目特许经营咨询

项目特许经营咨询是指在充分调研项目情况、法律政策、前期规划后进行实施方案的编制，对项目进行财务测算，设计合理的商业模式，平衡企业和政府之间的风险，使项目全过程实施具有可行性、合规性、经济性、可靠性。项目特许经营咨询一般包括编制《物有所值评价报告》和《财政承受能力论证报告》。

14.4.5 项目财务咨询

项目财务咨询是指协助委托人建立完整的财务管理体系和管理流程，在项目财务管理中为委托人提供技术咨询意见。项目财务咨询一般包括资金管控和财务管理。

14.4.6 项目信息咨询

项目信息咨询是指协助委托人建立项目数字化协同管理平台，对项目实施过程中发生的各种文件、资料等要进行数字化的收集、整理、存储、传递、使用，项目信息管理应贯穿于建设项目各个阶段。

项目信息咨询人应明确各相关人对项目信息的管理责任，督促各相关人建立项目信息管理体系，协调督促各相关人建立信息管理制度，监督各相关人履行相应的管理职责。项目信息咨询人应编制项目信息全过程咨询实施方案，实施方案应经咨询人审核，报委托人批准后实施。项目信息咨询人应编制项目信息全过程管理制度。

14.4.7 项目风险咨询

项目风险咨询是指依据工程特点，协助委托人在建设项目各阶段，从投资、进度、质量、安全、技术等不同角度，对涉及社会、经济、公共卫生等诸多方面的风险要素进行管理。

项目风险咨询应明确各相关人对项目的风险和安全管理责任，督促各相关人建立风险和健康安全环境管理体系。项目风险咨询人应编制项目风险全过程咨询实施方案,对项目各阶段进行风险管理策划,制定风险识别、风险分析、风险减缓策略,确定风险管理的职责,为项目的风险管理提供行动指南,实施方案应经咨询人审核,报委托人批准后实施。项目风险咨询人应编制科学的项目风险全过程管理制度。

14.4.8　项目绿色建筑咨询

项目绿色建筑咨询是指协助委托人使项目满足绿色建筑标准,并通过第三方认证机构的认证评审,获得相应等级认证证书等提供咨询工作。项目绿色建筑咨询一般包括前期策划管理、设计管理、施工管理、招标采购管理、绿色建筑申报管理等。

14.4.9　项目工程保险咨询

项目工程保险咨询是指协助委托人进行项目风险识别、保险选择及保险管理。项目工程保险咨询一般包括:保险标的查勘与风险评估;工程保险方案设计;工程保险合同谈判;保险人的评价与推荐;投保流程与索赔流程制定;发生工程质量事故造成损失时,协助被保险人在本保险期限依据法律提出索赔申请等。

14.4.10　项目资产评估咨询

项目资产评估咨询是指对项目各阶段涉及的不动产、动产、无形资产、企业价值、资产损失或者其他经济权益进行评定、估算,并出具评估报告。项目资产评估咨询成果一般包括资产评估报告和资产咨询报告。

14.4.11　项目后评价咨询

项目后评价咨询是指在现场调查和资料收集的基础上,将项目建成投产后的实际效果与项目的可行性研究报告、初步设计及相关审批文件进行对比分析,形成项目后评价报告。

项目后评价报告一般包括项目概况、全过程总结与评价、效果和效益评价、项目目标和可持续性评价、项目后评价结论和主要经验教训、对策建议。

思考题

1. 什么是工程咨询? 工程咨询有哪些作用?
2. 什么是全过程工程咨询?
3. 全过程工程咨询的特点和优势是什么?
4. 总咨询师应履行什么职责?
5. 建设项目全过程工程基本咨询包括什么?
6. 建设项目全过程工程专项咨询包括什么?

附　录

附录1　建设工程监理范围和规模标准规定

(建设部令第86号,自2001年1月17日起施行)

第一条　为了确定必须实行监理的建设工程项目具体范围和规模标准,规范建设工程监理活动,根据《建设工程质量管理条例》,制定本规定。

第二条　下列建设工程必须实行监理:

(一)国家重点建设工程;

(二)大中型公用事业工程;

(三)成片开发建设的住宅小区工程;

(四)利用外国政府或者国际组织贷款、援助资金的工程;

(五)国家规定必须实行监理的其他工程。

第三条　国家重点建设工程,是指依据《国家重点建设项目管理办法》所确定的对国民经济和社会发展有重大影响的骨干项目。

第四条　大中型公用事业工程,是指项目总投资额在3 000万元以上的下列工程项目:

(一)供水、供电、供气、供热等市政工程项目;

(二)科技、教育、文化等项目;

(三)体育、旅游、商业等项目;

(四)卫生、社会福利等项目;

(五)其他公用事业项目。

第五条　成片开发建设的住宅小区工程,建筑面积在5万平方米以上的住宅建设工程必须实行监理;5万平方米以下的住宅建设工程,可以实行监理,具体范围和规模标准,由省、自治区、直辖市人民政府建设行政主管部门规定。

为了保证住宅质量,对高层住宅及地基、结构复杂的多层住宅应当实行监理。

第六条　利用外国政府或者国际组织贷款、援助资金的工程范围包括:

(一)使用世界银行、亚洲开发银行等国际组织贷款资金的项目;

(二)使用国外政府及其机构贷款资金的项目;

(三)使用国际组织或者国外政府援助资金的项目。

第七条　国家规定必须实行监理的其他工程是指:

(一)项目总投资额在3 000万元以上关系社会公共利益、公众安全的下列基础设施项目:

(1)煤炭、石油、化工、天然气、电力、新能源等项目;

(2)铁路、公路、管道、水运、民航以及其他交通运输业等项目;

(3)邮政、电信枢纽、通信、信息网络等项目;

(4)防洪、灌溉、排涝、发电、引(供)水、滩涂治理、水资源保护、水土保持等水利建设项目;

(5)道路、桥梁、地铁和轻轨交通、污水排放及处理、垃圾处理、地下管道、公共停车场等城市基础设施项目;

(6)生态环境保护项目;

(7)其他基础设施项目。

(二)学校、影剧院、体育场馆项目。

第八条 国务院建设行政主管部门商同国务院有关部门后,可以对本规定确定的必须实行监理的建设工程具体范围和规模标准进行调整。

第九条 本规定由国务院建设行政主管部门负责解释。

第十条 本规定自发布之日起施行。

附录2 注册监理工程师管理规定

(建设部令第147号,自2006年4月1日起施行)

第一章 总 则

第一条 为了加强对注册监理工程师的管理,维护公共利益和建筑市场秩序,提高工程监理质量与水平,根据《中华人民共和国建筑法》、《建设工程质量管理条例》等法律法规,制定本规定。

第二条 中华人民共和国境内注册监理工程师的注册、执业、继续教育和监督管理,适用本规定。

第三条 本规定所称注册监理工程师,是指经考试取得中华人民共和国监理工程师资格证书(以下简称资格证书),并按照本规定注册,取得中华人民共和国注册监理工程师注册执业证书(以下简称注册证书)和执业印章,从事工程监理及相关业务活动的专业技术人员。

未取得注册证书和执业印章的人员,不得以注册监理工程师的名义从事工程监理及相关业务活动。

第四条 国务院建设主管部门对全国注册监理工程师的注册、执业活动实施统一监督管理。

县级以上地方人民政府建设主管部门对本行政区域内的注册监理工程师的注册、执业活动实施监督管理。

第二章 注 册

第五条 注册监理工程师实行注册执业管理制度。

取得资格证书的人员,经过注册方能以注册监理工程师的名义执业。

第六条 注册监理工程师依据其所学专业、工作经历、工程业绩,按照《工程监理企业资质管理规定》划分的工程类别,按专业注册。每人最多可以申请两个专业注册。

第七条 取得资格证书的人员申请注册,由省、自治区、直辖市人民政府建设主管部门初审,国务院建设主管部门审批。

取得资格证书并受聘于一个建设工程勘察、设计、施工、监理、招标代理、造价咨询等单位的人员,应当通过聘用单位向单位工商注册所在地的省、自治区、直辖市人民政府建设主管部门提出注册申请;省、自治区、直辖市人民政府建设主管部门受理后提出初审意见,并将初审意见和全部申报材料报国务院建设主管部门审批;符合条件的,由国务院建设主管部门核发注册证书和执业印章。

第八条 省、自治区、直辖市人民政府建设主管部门在收到申请人的申请材料后,应当即时作出是否受理的决定,并向申请人出具书面凭证;申请材料不齐全或者不符合法定形式的,应当在5日内一次性告知申请人需要补正的全部内容。逾期不告知的,自收到申请材料之日起即为受理。

对申请初始注册的,省、自治区、直辖市人民政府建设主管部门应当自受理申请之日起20日内审查完毕,并将申请材料和初审意见报国务院建设主管部门。国务院建设主管部门自收到省、自治区、直辖市人民政府建设主管部门上报材料之日起,应当在20日内审批完毕并作出书面决定,并自作出决定之日起10日内,在公众媒体上公告审批结果。

对申请变更注册、延续注册的,省、自治区、直辖市人民政府建设主管部门应当自受理申请之日起5日内审查完毕,并将申请材料和初审意见报国务院建设主管部门。国务院建设主管部门自收到省、自治区、直辖市人民政府建设主管部门上报材料之日起,应当在10日内审批完毕并作出书面决定。

对不予批准的,应当说明理由,并告知申请人享有依法申请行政复议或者提起行政诉讼的权利。

第九条　注册证书和执业印章是注册监理工程师的执业凭证,由注册监理工程师本人保管、使用。

注册证书和执业印章的有效期为3年。

第十条　初始注册者,可自资格证书签发之日起3年内提出申请。逾期未申请者,须符合继续教育的要求后方可申请初始注册。

申请初始注册,应当具备以下条件:

(一)经全国注册监理工程师执业资格统一考试合格,取得资格证书;

(二)受聘于一个相关单位;

(三)达到继续教育要求;

(四)没有本规定第十三条所列情形。

初始注册需要提交下列材料:

(一)申请人的注册申请表;

(二)申请人的资格证书和身份证复印件;

(三)申请人与聘用单位签订的聘用劳动合同复印件;

(四)所学专业、工作经历、工程业绩、工程类中级及中级以上职称证书等有关证明材料;

(五)逾期初始注册的,应当提供达到继续教育要求的证明材料。

第十一条　注册监理工程师每一注册有效期为3年,注册有效期满需继续执业的,应当在注册有效期满30日前,按照本规定第七条规定的程序申请延续注册。延续注册有效期3年。延续注册需要提交下列材料:

(一)申请人延续注册申请表;

(二)申请人与聘用单位签订的聘用劳动合同复印件;

(三)申请人注册有效期内达到继续教育要求的证明材料。

第十二条　在注册有效期内,注册监理工程师变更执业单位,应当与原聘用单位解除劳动关系,并按本规定第七条规定的程序办理变更注册手续,变更注册后仍延续原注册有效期。

变更注册需要提交下列材料:

(一)申请人变更注册申请表;

(二)申请人与新聘用单位签订的聘用劳动合同复印件;

(三)申请人的工作调动证明(与原聘用单位解除聘用劳动合同或者聘用劳动合同到期的证明文件、退休人员的退休证明)。

第十三条　申请人有下列情形之一的,不予初始注册、延续注册或者变更注册:

(一)不具有完全民事行为能力的;

(二)刑事处罚尚未执行完毕或者因从事工程监理或者相关业务受到刑事处罚,自刑事处罚执行完毕之日起至申请注册之日止不满2年的;

(三)未达到监理工程师继续教育要求的;

(四)在两个或者两个以上单位申请注册的;

(五)以虚假的职称证书参加考试并取得资格证书的;

(六)年龄超过65周岁的;

(七)法律、法规规定不予注册的其他情形。

第十四条　注册监理工程师有下列情形之一的,其注册证书和执业印章失效:

(一)聘用单位破产的;

(二)聘用单位被吊销营业执照的;

(三)聘用单位被吊销相应资质证书的;

(四)已与聘用单位解除劳动关系的;

(五)注册有效期满且未延续注册的;

(六)年龄超过65周岁的;

(七)死亡或者丧失行为能力的;

(八)其他导致注册失效的情形。

第十五条　注册监理工程师有下列情形之一的,负责审批的部门应当办理注销手续,收回注册证书和执业印章或者公告其注册证书和执业印章作废:

(一)不具有完全民事行为能力的;

(二)申请注销注册的;

(三)有本规定第十四条所列情形发生的;

(四)依法被撤销注册的;

(五)依法被吊销注册证书的;

(六)受到刑事处罚的;

(七)法律、法规规定应当注销注册的其他情形。

注册监理工程师有前款情形之一的,注册监理工程师本人和聘用单位应当及时向国务院建设主管部门提出注销注册的申请;有关单位和个人有权向国务院建设主管部门举报;县级以上地方人民政府建设主管部门或者有关部门应当及时报告或者告知国务院建设主管部门。

第十六条　被注销注册者或者不予注册者,在重新具备初始注册条件,并符合继续教育要求后,可以按照本规定第七条规定的程序重新申请注册。

第三章　执　业

第十七条　取得资格证书的人员，应当受聘于一个具有建设工程勘察、设计、施工、监理、招标代理、造价咨询等一项或者多项资质的单位，经注册后方可从事相应的执业活动。从事工程监理执业活动的，应当受聘并注册于一个具有工程监理资质的单位。

第十八条　注册监理工程师可以从事工程监理、工程经济与技术咨询、工程招标与采购咨询、工程项目管理服务以及国务院有关部门规定的其他业务。

第十九条　工程监理活动中形成的监理文件由注册监理工程师按照规定签字盖章后方可生效。

第二十条　修改经注册监理工程师签字盖章的工程监理文件，应当由该注册监理工程师进行；因特殊情况，该注册监理工程师不能进行修改的，应当由其他注册监理工程师修改，并签字、加盖执业印章，对修改部分承担责任。

第二十一条　注册监理工程师从事执业活动，由所在单位接受委托并统一收费。

第二十二条　因工程监理事故及相关业务造成的经济损失，聘用单位应当承担赔偿责任；聘用单位承担赔偿责任后，可依法向负有过错的注册监理工程师追偿。

第四章　继续教育

第二十三条　注册监理工程师在每一注册有效期内应当达到国务院建设主管部门规定的继续教育要求。继续教育作为注册监理工程师逾期初始注册、延续注册和重新申请注册的条件之一。

第二十四条　继续教育分为必修课和选修课，在每一注册有效期内各为 48 学时。

第五章　权利和义务

第二十五条　注册监理工程师享有下列权利：

（一）使用注册监理工程师称谓；

（二）在规定范围内从事执业活动；

（三）依据本人能力从事相应的执业活动；

（四）保管和使用本人的注册证书和执业印章；

（五）对本人执业活动进行解释和辩护；

（六）接受继续教育；

（七）获得相应的劳动报酬；

（八）对侵犯本人权利的行为进行申诉。

第二十六条　注册监理工程师应当履行下列义务：

（一）遵守法律、法规和有关管理规定；

（二）履行管理职责，执行技术标准、规范和规程；

（三）保证执业活动成果的质量，并承担相应责任；

（四）接受继续教育，努力提高执业水准；

（五）在本人执业活动所形成的工程监理文件上签字、加盖执业印章；

(六)保守在执业中知悉的国家秘密和他人的商业、技术秘密;

(七)不得涂改、倒卖、出租、出借或者以其他形式非法转让注册证书或者执业印章;

(八)不得同时在两个或者两个以上单位受聘或者执业;

(九)在规定的执业范围和聘用单位业务范围内从事执业活动;

(十)协助注册管理机构完成相关工作。

第六章 法律责任

第二十七条 隐瞒有关情况或者提供虚假材料申请注册的,建设主管部门不予受理或者不予注册,并给予警告,1 年之内不得再次申请注册。

第二十八条 以欺骗、贿赂等不正当手段取得注册证书的,由国务院建设主管部门撤销其注册,3 年内不得再次申请注册,并由县级以上地方人民政府建设主管部门处以罚款,其中没有违法所得的,处以 1 万元以下罚款,有违法所得的,处以违法所得 3 倍以下且不超过 3 万元的罚款;构成犯罪的,依法追究刑事责任。

第二十九条 违反本规定,未经注册,擅自以注册监理工程师的名义从事工程监理及相关业务活动的,由县级以上地方人民政府建设主管部门给予警告,责令停止违法行为,处以 3 万元以下罚款;造成损失的,依法承担赔偿责任。

第三十条 违反本规定,未办理变更注册仍执业的,由县级以上地方人民政府建设主管部门给予警告,责令限期改正;逾期不改的,可处以 5 000 元以下的罚款。

第三十一条 注册监理工程师在执业活动中有下列行为之一的,由县级以上地方人民政府建设主管部门给予警告,责令其改正,没有违法所得的,处以 1 万元以下罚款,有违法所得的,处以违法所得 3 倍以下且不超过 3 万元的罚款;造成损失的,依法承担赔偿责任;构成犯罪的,依法追究刑事责任:

(一)以个人名义承接业务的;

(二)涂改、倒卖、出租、出借或者以其他形式非法转让注册证书或者执业印章的;

(三)泄露执业中应当保守的秘密并造成严重后果的;

(四)超出规定执业范围或者聘用单位业务范围从事执业活动的;

(五)弄虚作假提供执业活动成果的;

(六)同时受聘于两个或者两个以上的单位,从事执业活动的;

(七)其他违反法律、法规、规章的行为。

第三十二条 有下列情形之一的,国务院建设主管部门依据职权或者根据利害关系人的请求,可以撤销监理工程师注册:

(一)工作人员滥用职权、玩忽职守颁发注册证书和执业印章的;

(二)超越法定职权颁发注册证书和执业印章的;

(三)违反法定程序颁发注册证书和执业印章的;

(四)对不符合法定条件的申请人颁发注册证书和执业印章的;

(五)依法可以撤销注册的其他情形。

第三十三条 县级以上人民政府建设主管部门的工作人员,在注册监理工程师管理工作中,有下列情形之一的,依法给予处分;构成犯罪的,依法追究刑事责任:

(一)对不符合法定条件的申请人颁发注册证书和执业印章的；
(二) 对符合法定条件的申请人不予颁发注册证书和执业印章的；
(三) 对符合法定条件的申请人未在法定期限内颁发注册证书和执业印章的；
(四)对符合法定条件的申请不予受理或者未在法定期限内初审完毕的；
(五)利用职务上的便利,收受他人财物或者其他好处的；
(六)不依法履行监督管理职责,或者发现违法行为不予查处的。

第七章　附　则

第三十四条　注册监理工程师资格考试工作按照国务院建设主管部门、国务院人事主管部门的有关规定执行。

第三十五条　香港特别行政区、澳门特别行政区、台湾地区及外籍专业技术人员,申请参加注册监理工程师注册和执业的管理办法另行制定。

第三十六条　本规定自2006年4月1日起施行。1992年6月4日建设部颁布的《监理工程师资格考试和注册试行办法》(建设部令第18号)同时废止。

附录3　关于推进全过程工程咨询服务发展的指导意见

（发改投资规〔2019〕515号）

各省、自治区、直辖市及计划单列市、新疆生产建设兵团发展改革委，各省、自治区住房和城乡建设厅、直辖市住房和城乡建设（管）委、北京市规划和自然资源委、新疆生产建设兵团住房和城乡建设局：

为深化投融资体制改革，提升固定资产投资决策科学化水平，进一步完善工程建设组织模式，提高投资效益、工程建设质量和运营效率，根据中央城市工作会议精神及《中共中央 国务院关于深化投融资体制改革的意见》（中发〔2016〕18号）、《国务院办公厅关于促进建筑业持续健康发展的意见》（国办发〔2017〕19号）等要求，现就在房屋建筑和市政基础设施领域推进全过程工程咨询服务发展提出如下意见。

一、充分认识推进全过程工程咨询服务发展的意义

改革开放以来，我国工程咨询服务市场化快速发展，形成了投资咨询、招标代理、勘察、设计、监理、造价、项目管理等专业化的咨询服务业态，部分专业咨询服务建立了执业准入制度，促进了我国工程咨询服务专业化水平提升。随着我国固定资产投资项目建设水平逐步提高，为更好地实现投资建设意图，投资者或建设单位在固定资产投资项目决策、工程建设、项目运营过程中，对综合性、跨阶段、一体化的咨询服务需求日益增强。这种需求与现行制度造成的单项服务供给模式之间的矛盾日益突出。

为深入贯彻习近平新时代中国特色社会主义思想和党的十九大精神，深化工程领域咨询服务供给侧结构性改革，破解工程咨询市场供需矛盾，必须完善政策措施，创新咨询服务组织实施方式，大力发展以市场需求为导向、满足委托方多样化需求的全过程工程咨询服务模式。特别是要遵循项目周期规律和建设程序的客观要求，在项目决策和建设实施两个阶段，着力破除制度性障碍，重点培育发展投资决策综合性咨询和工程建设全过程咨询，为固定资产投资及工程建设活动提供高质量智力技术服务，全面提升投资效益、工程建设质量和运营效率，推动高质量发展。

二、以投资决策综合性咨询促进投资决策科学化

（一）大力提升投资决策综合性咨询水平。投资决策环节在项目建设程序中具有统领作用，对项目顺利实施、有效控制和高效利用投资至关重要。鼓励投资者在投资决策环节委托工程咨询单位提供综合性咨询服务，统筹考虑影响项目可行性的各种因素，增强决策论证的协调性。综合性工程咨询单位接受投资者委托，就投资项目的市场、技术、经济、生态环境、能源、资源、安全等影响可行性的要素，结合国家、地区、行业发展规划及相关重大专项建设规划、产业政策、技术标准及相关审批要求进行分析研究和论证，为投资者提供决策依据和建议。

（二）规范投资决策综合性咨询服务方式。投资决策综合性咨询服务可由工程咨询单位采取市场合作、委托专业服务等方式牵头提供，或由其会同具备相应资格的服务机构联合提供。牵头提供投资决策综合性咨询服务的机构，根据与委托方合同约定对服务成果承担总体责任；联合提供投资决策综合性咨询服务的，各合作方承担相应责任。鼓励纳入有关行业自律管理体系的工程咨询单位发挥投资机会研究、项目可行性研究等特长，开展综合性咨询服务。投资决策综合性咨询应当充分发挥咨询工程师（投资）的作用，鼓励其作为综合性咨询项目负责人，提高统筹服务水平。

（三）充分发挥投资决策综合性咨询在促进投资高质量发展和投资审批制度改革中的支撑作用。落实项目单位投资决策自主权和主体责任，鼓励项目单位加强可行性研究，对国家法律法规和产业政策、行政审批中要求的专项评价评估等一并纳入可行性研究统筹论证，提高决策科学化，促进投资高质量发展。单独开展的各专项评价评估结论应当与可行性研究报告相关内容保持一致，各审批部门应当加强审查要求和标准的协调，避免对相同事项的管理要求相冲突。鼓励项目单位采用投资决策综合性咨询，减少分散专项评价评估，避免可行性研究论证碎片化。各地要建立并联审批、联合审批机制，提高审批效率，并通过通用综合性咨询成果、审查一套综合性申报材料，提高并联审批、联合审批的操作性。

（四）政府投资项目要优先开展综合性咨询。为增强政府投资决策科学性，提高政府投资效益，政府投资项目要优先采取综合性咨询服务方式。政府投资项目要围绕可行性研究报告，充分论证建设内容、建设规模，并按照相关法律法规、技术标准要求，深入分析影响投资决策的各项因素，将其影响分析形成专门篇章纳入可行性研究报告；可行性研究报告包括其他专项审批要求的论证评价内容的，有关审批部门可以将可行性研究报告作为申报材料进行审查。

三、以全过程咨询推动完善工程建设组织模式

（一）以工程建设环节为重点推进全过程咨询。在房屋建筑、市政基础设施等工程建设中，鼓励建设单位委托咨询单位提供招标代理、勘察、设计、监理、造价、项目管理等全过程咨询服务，满足建设单位一体化服务需求，增强工程建设过程的协同性。全过程咨询单位应当以工程质量和安全为前提，帮助建设单位提高建设效率、节约建设资金。

（二）探索工程建设全过程咨询服务实施方式。工程建设全过程咨询服务应当由一家具有综合能力的咨询单位实施，也可由多家具有招标代理、勘察、设计、监理、造价、项目管理等不同能力的咨询单位联合实施。由多家咨询单位联合实施的，应当明确牵头单位及各单位的权利、义务和责任。要充分发挥政府投资项目和国有企业投资项目的示范引领作用，引导一批有影响力、有示范作用的政府投资项目和国有企业投资项目带头推行工程建设全过程咨询。鼓励民间投资项目的建设单位根据项目规模和特点，本着信誉可靠、综合能力和效率优先的原则，依法选择优秀团队实施工程建设全过程咨询。

（三）促进工程建设全过程咨询服务发展。全过程咨询单位提供勘察、设计、监理或造价咨询服务时，应当具有与工程规模及委托内容相适应的资质条件。全过程咨询服务

单位应当自行完成自有资质证书许可范围内的业务，在保证整个工程项目完整性的前提下，按照合同约定或经建设单位同意，可将自有资质证书许可范围外的咨询业务依法依规择优委托给具有相应资质或能力的单位，全过程咨询服务单位应对被委托单位的委托业务负总责。建设单位选择具有相应工程勘察、设计、监理或造价咨询资质的单位开展全过程咨询服务的，除法律法规另有规定外，可不再另行委托勘察、设计、监理或造价咨询单位。

（四）明确工程建设全过程咨询服务人员要求。工程建设全过程咨询项目负责人应当取得工程建设类注册执业资格且具有工程类、工程经济类高级职称，并具有类似工程经验。对于工程建设全过程咨询服务中承担工程勘察、设计、监理或造价咨询业务的负责人，应具有法律法规规定的相应执业资格。全过程咨询服务单位应根据项目管理需要配备具有相应执业能力的专业技术人员和管理人员。设计单位在民用建筑中实施全过程咨询的，要充分发挥建筑师的主导作用。

四、鼓励多种形式的全过程工程咨询服务市场化发展

（一）鼓励多种形式全过程工程咨询服务模式。除投资决策综合性咨询和工程建设全过程咨询外，咨询单位可根据市场需求，从投资决策、工程建设、运营等项目全生命周期角度，开展跨阶段咨询服务组合或同一阶段内不同类型咨询服务组合。鼓励和支持咨询单位创新全过程工程咨询服务模式，为投资者或建设单位提供多样化的服务。同一项目的全过程工程咨询单位与工程总承包、施工、材料设备供应单位之间不得有利害关系。

（二）创新咨询单位和人员管理方式。要逐步减少投资决策环节和工程建设领域对从业单位和人员实施的资质资格许可事项，精简和取消强制性中介服务事项，打破行业壁垒和部门垄断，放开市场准入，加快咨询服务市场化进程。将政府管理重心从事前的资质资格证书核发转向事中事后监管，建立以政府监管、信用约束、行业自律为主要内容的管理体系，强化单位和人员从业行为监管。

（三）引导全过程工程咨询服务健康发展。全过程工程咨询单位应当在技术、经济、管理、法律等方面具有丰富经验，具有与全过程工程咨询业务相适应的服务能力，同时具有良好的信誉。全过程工程咨询单位应当建立与其咨询业务相适应的专业部门及组织机构，配备结构合理的专业咨询人员，提升核心竞争力，培育综合性多元化服务及系统性问题一站式整合服务能力。鼓励投资咨询、招标代理、勘察、设计、监理、造价、项目管理等企业，采取联合经营、并购重组等方式发展全过程工程咨询。

五、优化全过程工程咨询服务市场环境

（一）建立全过程工程咨询服务技术标准和合同体系。研究建立投资决策综合性咨询和工程建设全过程咨询服务技术标准体系，促进全过程工程咨询服务科学化、标准化和规范化；以服务合同管理为重点，加快构建适合我国投资决策和工程建设咨询服务的招标文件及合同示范文本，科学制定合同条款，促进合同双方履约。全过程工程咨询单位要切实履行合同约定的各项义务、承担相应责任，并对咨询成果的真实性、有效性和科学性

负责。

（二）完善全过程工程咨询服务酬金计取方式。全过程工程咨询服务酬金可在项目投资中列支，也可根据所包含的具体服务事项，通过项目投资中列支的投资咨询、招标代理、勘察、设计、监理、造价、项目管理等费用进行支付。全过程工程咨询服务酬金在项目投资中列支的，所对应的单项咨询服务费用不再列支。投资者或建设单位应当根据工程项目的规模和复杂程度，咨询服务的范围、内容和期限等与咨询单位确定服务酬金。全过程工程咨询服务酬金可按各专项服务酬金叠加后再增加相应统筹管理费用计取，也可按人工成本加酬金方式计取。全过程工程咨询单位应努力提升服务能力和水平，通过为所咨询的工程建设或运行增值来体现其自身市场价值，禁止恶意低价竞争行为。鼓励投资者或建设单位根据咨询服务节约的投资额对咨询单位予以奖励。

（三）建立全过程工程咨询服务管理体系。咨询单位要建立自身的服务技术标准、管理标准，不断完善质量管理体系、职业健康安全和环境管理体系，通过积累咨询服务实践经验，建立具有自身特色的全过程工程咨询服务管理体系及标准。大力开发和利用建筑信息模型（BIM）、大数据、物联网等现代信息技术和资源，努力提高信息化管理与应用水平，为开展全过程工程咨询业务提供保障。

（四）加强咨询人才队伍建设和国际交流。咨询单位要高度重视全过程工程咨询项目负责人及相关专业人才的培养，加强技术、经济、管理及法律等方面的理论知识培训，培养一批符合全过程工程咨询服务需求的综合型人才，为开展全过程工程咨询业务提供人才支撑。鼓励咨询单位与国际著名的工程顾问公司开展多种形式的合作，提高业务水平，提升咨询单位的国际竞争力。

六、强化保障措施

（一）加强组织领导。国务院投资主管部门负责指导投资决策综合性咨询，国务院住房和城乡建设主管部门负责指导工程建设全过程咨询。各级投资主管部门、住房和城乡建设主管部门要高度重视全过程工程咨询服务的推进和发展，创新投资决策机制和工程建设管理机制，完善相关配套政策，加强对全过程工程咨询服务活动的引导和支持，加强与财政、税务、审计等有关部门的沟通协调，切实解决制约全过程工程咨询实施中的实际问题。

（二）推动示范引领。各级政府主管部门要引导和鼓励工程决策和建设采用全过程工程咨询模式，通过示范项目的引领作用，逐步培育一批全过程工程咨询骨干企业，提高全过程工程咨询的供给质量和能力；鼓励各地区和企业积极探索和开展全过程工程咨询，及时总结和推广经验，扩大全过程工程咨询的影响力。

（三）加强政府监管和行业自律。有关部门要根据职责分工，建立全过程工程咨询监管制度，创新全过程监管方式，实施综合监管、联动监管，加大对违法违规咨询单位和从业人员的处罚力度，建立信用档案和公开不良行为信息，推动咨询单位切实提高服务质量和效率。有关行业协会应当充分发挥专业优势，协助政府开展相关政策和标准体系研究，引导咨询单位提升全过程工程咨询服务能力；加强行业诚信自律体系建设，规范咨询单位和从业人员的市场行为,引导市场合理竞争。

中华人民共和国国家发展和改革委员会
中华人民共和国住房和城乡建设部
2019 年 3 月 15 日

参考文献

[1] 中华人民共和国全国人民代表大会常务委员会.中华人民共和国建筑法[Z].2011.
[2] 中华人民共和国全国人民代表大会.中华人民共和国民法典[Z].2020.
[3] 中华人民共和国全国人民代表大会常务委员会.中华人民共和国安全生产法[Z].2021.
[4] 中华人民共和国全国人民代表大会常务委员会.中华人民共和国招标投标法[Z].2017.
[5] 中华人民共和国国务院.建设工程质量管理条例[Z].2017.
[6] 中华人民共和国国务院.建设工程安全生产管理条例[Z].2004.
[7] 中华人民共和国国务院.建设工程勘察设计管理条例[Z].2015.
[8] 中华人民共和国建设部.建设工程监理范围和规模标准规定[Z].2001.
[9] 中华人民共和国建设部.工程监理企业资质管理规定[Z].2018.
[10] 中华人民共和国建设部.注册监理工程师管理规定[Z].2006.
[11] 国家发展改革委,住房和城乡建设部.关于推进全过程工程咨询服务发展的指导意见[Z].2019.
[12] 住房和城乡建设部,国家工商行政管理总局.建设工程监理合同(示范文本)(GF-2012-0202)[Z].2012.
[13] 住房和城乡建设部,国家工商行政管理总局.建设工程施工合同(示范文本)(GF-2017-0201)[Z].2017.
[14] 住房和城乡建设部,财政部.建筑安装工程费用项目组成[Z].2013.
[15] 中华人民共和国国家标准.建设工程监理规范:GB/T 50319—2013[S].北京:中国建筑工业出版社,2014.
[16] 中华人民共和国国家标准.建设工程项目管理规范:GB/T 50326—2017[S].北京:中国建筑工业出版社,2017.
[17] 中华人民共和国国家标准.建设工程工程量清单计价规范:GB 50500—2013[S].北京:中国计划出版社,2013.
[18] 中华人民共和国国家标准.建设工程施工质量验收统一标准:GB 50300—2021[S].北京:中国建筑工业出版社,2021.
[19] 中华人民共和国国家标准. 建筑施工组织设计规范:GB/T 50502—2019[S].北京:中国建筑工业出版社,2019.
[20] 中华人民共和国国家标准. 质量管理体系 基础和术语:GB/T 19000—2016/ ISO 9000:2015[S].北京:中国质检出版社,2016.
[21] 中华人民共和国国家标准. 质量管理体系 要求:GB/T 19001—2016/ISO 9001:2015[S].北京:中国质检出版社,2016.
[22] 中华人民共和国国家标准. 职业健康安全管理体系 要求:GB/T 28001—2011[S].北京:中国标准出版社,2011.
[23] 中华人民共和国国家标准. 职业健康安全管理体系 实施指南:GB/T 28001—2011[S].北京:中国标准出版社,2011.
[24] 中华人民共和国国家标准.环境管理体系 要求及使用指南:GB/T 24001—2016/ISO 14001:2015[S]. 北京:中国标准出版社,2016.
[25] 中国工程建设标准化协会标准.建设项目全过程工程咨询标准:T/CECS 1030—2022[S]. 北京:中国计划出版社,2022.

[26] 程建华,王辉. 房屋建筑与装饰工程估价[M]. 北京:化学工业出版社,2018.
[27] 顿志林,程建华,王煊. 建设工程监理概论[M]. 郑州:黄河水利出版社,2009.
[28] 顿志林,程建华,王煊. 建设工程监理概论[M]. 2版. 郑州:黄河水利出版社,2017.
[29] 全国监理工程师培训教材编写委员会. 建设工程监理概论[M]. 北京:中国建筑工业出版社,2022.
[30] 全国监理工程师培训教材编写委员会. 建设工程质量控制(土木建筑工程)[M]. 北京:中国建筑工业出版社,2022.
[31] 全国监理工程师培训教材编写委员会. 建设工程投资控制(土木建筑工程)[M]. 北京:中国建筑工业出版社,2022.
[32] 全国监理工程师培训教材编写委员会. 建设工程进度控制(土木建筑工程)[M]. 北京:中国建筑工业出版社,2022.
[33] 全国监理工程师培训教材编写委员会. 建设工程合同管理[M]. 北京:中国建筑工业出版社,2022.
[34] 全国监理工程师培训教材编写委员会. 建设工程监理案例分析(土木建筑工程)[M]. 北京:中国建筑工业出版社,2022.
[35] 全国监理工程师培训教材编写委员会. 建设工程监理相关法规文件汇编[M]. 北京:中国建筑工业出版社,2022.